王 军 —— 著

公司资本制度

COMPANY

北京大学出版社
PEKING UNIVERSITY PRESS

要 目

自　序	001
凡　例	005
引　言	011
详　目	017

第一部分　资本与资本制度

1. 资本的含义	005
2. 资本的功能	026
3. 资本制度的演进	047

第二部分　资本形成（股东资产投入公司）

4. 注册资本认缴登记制	088
5. 出资类型管制	108
6. 出资真伪审查	133
7. 股份基本规范	173
8. 股东的出资义务	246

第三部分　资本报偿（公司资产流向股东）

9. 规制资本报偿的两种方法	294

10. 抽逃出资规则 338

11. 利润分配规则 408

12. 减少注册资本规则 440

13. 股份回购规则 475

14. 改进资本报偿规范 507

第四部分　总结与展望

15. 主要发现 526

16. 观念更新与制度改进 536

参考文献 545

主题词索引 565

重要案例索引 572

自　序

亭林先生当年在文人士子痴迷科考、醉心八股的大潮中,逆流而行,抨击虚芜之学、模仿之辞,倡导"博学于文""行己有耻",提出文须"有益于天下""有益于将来"的主张(《日知录》卷19)。笔者感佩先贤的德行和思想,一直将"有益于天下、有益于将来"作为自己从事研究工作的思想指针。

"有益于天下、有益于将来"的法学研究,总要以扎实的经验分析为基础,无论分析的对象是历史的还是当下的,国外的抑或国内的,无论分析的结论是不是体现为对策和建议。即便没有对策和建议,发现真实的问题,实事求是地分析问题,追根溯源地说明现象或观念的源流演变,有效地解释现象和问题,这样的研究也是甚或更是有价值的学术工作。

目前看来,我们的分析和解释性的法学研究太少,而对策性、建议性的文字过多了。立法和修法建议不以经验分析为基础,可谓当前法学研究的"系统性风险"。建言献策并非不好,但大量的立法和修法建议没有对本国历史和实践做扎实研究与批判分析,只是通过简单比较中外制度就得出了许多见解。这些建议指向的"问题"未必是真实问题,提出的方案大多不做认真论证。在很多建议者的观念中,制定新法律、新规定便可以解决一切社会难题,只要是人有我无或人详我略的外国法律制度,都是解决中国难题的灵丹妙药。这些建议将其追慕的目标称为"国际惯例""国际通行做法"或"各国立法例",但实际上建议者可能只是潦草地甚至盲人摸象般看了少量样本。这些天马行空的"高见"不仅贻害学林,还可能误导公共决策。

热衷于罗列立法和修法建议的论文自然无暇顾及基础理论的反思和探究。"建议体"文章盛行表明基础理论研究在"主流学术场"上不受重视。"主流"如果偏爱建议、对策和"提法"上的花样翻新,则必定冷落那些扎根本国经验、有思想深度但"破而不立"的批判研究。但是,沙滩之上是建不起大厦的。中国的法学研究要获得可持续发展的自主性,必须立足于本国法律制度的经验研究,必须对本国法律实践和观念基础进行深入地批判分析。以海纳百川的态度学习借鉴外国法当然必不可少,但是,如果对本国的法律制度、理论和实践采取轻视态度,缺乏扎实、全面而深刻的批判研究,所谓的"中国法律理论"就不过是外国法律及其理论碎片外加一些故作高深的"提法"的大杂烩。

本书在研究思路和方法上力求避免上述痼疾,将集中全力深入分析我国公司资本制度的历史演进、观念基础和实行效果。在认真分析、批判和研究的基础上,我们会有所发现和揭示。发现和揭示自然会推动思考,带来观点的碰撞,引发辩论和批判,进而为原有知识和理论的发展准备条件。在一定经验研究和知识积累的基础上,尝试改进原有制度、探索新的解决方案才是有根据的,所提建议才是值得认真讨论的。这是笔者的基本态度。

二十多年前,笔者在课堂上聆听过方流芳老师对公司资本制度的深刻分析,妙语卓见至今难忘。本书研究和写作过程中,方老师一如既往地关心和赐教。他分析问题的独特视角和方法,独立自主、融会贯通的治学精神,以及他提出的学术工作要"承认别人的贡献,承认自己的有限"的告诫,都使笔者深受启发与警策。此外,还有很多师长、同事、朋友给予笔者各种宝贵的建议和支持。在此向各位师友深表谢意。最后,感谢中信改革与发展研究基金会对本项研究的资助。

资本问题吸引了历代思想家的关注和探究,引发无数争论,甚至影响了国家政经体制的走向。本书以公司资本制度为研究对象,牵涉多个学科,但重点仍集中于法律层面的问题。即便仅就公司资本的法律研究来说,本书也只能算是一个开始。公司资本制度的研究尚有漫长之路要走。本书的一管之见难免褊狭舛误,欢迎读者诸君批评指正(笔者电子邮箱地址是:wjun@cupl.edu.cn)。如本书的些许发现或分析有助于读者更全面、更深入地认识公司资本,思考公司资本制度,笔者不胜荣幸!

2021 年 10 月　北京

凡　例

注释体例

为简明起见,本书采取正文脚注和书末参考文献目录相结合的注释方法。这种注释体例是在 APA 引用格式基础上略作改动而成(APA 格式的详细说明,参见 Turabian K. L.,《大学生论文写作指南》,张晨、丁迅译,高等教育出版社 2016 年版,第 206 页、276-295 页)。

脚注显示参引文献的作者、发表年份和页码,例如:潘序伦(2008:84-85)。如文献为外文,则作者仅注姓氏。例如:Manning & Hanks(2013:39)。根据脚注,对照书末的参考文献目录,读者可查阅该文献的详细信息。

案例来源

本书所用各种实例包括诉讼的和非诉讼案例。诉讼案例主要来自《最高人民法院公报》、《人民法院案例选》(最高人民法院中国应用法学研究所编)、中国裁判文书网(wenshu.court.gov.cn)、无讼案例(itslaw.com)及北大法宝案例数据库(vip.chinalawinfo.com)。为简约起见,注释中不显示案例的发布网站和时间。非诉讼案例材料主要选自国家或地方的工商行政管理局、中国证监会(csrc.gov.cn)、上海证券交易所(sse.com.cn)、深圳证券交易所(szse.cn)和全国中小企业股份转让系统(neeq.com.cn)等机构的官方网站以及财经类报刊杂志。

裁判文书名号

本书所引裁判文书,一律按照一审原告和被告名称编名,不列案由,法院名称和案号尽量简化。例如:《最高人民法院公报》2009 年第 2 期发布"中国长城资产管理公司乌鲁木齐办事处与新疆华电工贸有限责任公司、新疆华电红雁池发电有限责任公司、新疆华电苇湖梁发电有限责任公司等借款合同纠纷案",文书原标题(含法院名称、文书名称和案号)为"最高人民法院-民事判决书-(2008)民二终字第 79 号"。本书引用该案例时,引注简化为:中国长城资产管理公司乌鲁木齐办事处诉新疆华电工贸有限责任公司等案,最高人民法院(2008)民二终字第 79 号判决。如案号足以显示法院名称,则案号前不复添加法院名称。例如:(2018)最高法民申790号裁定。

简　称

我国法律、法规、规章的名称均使用简称。例如:《中华人民共和国公司法》,简称《公司法》。如有必要,法规名称后备注立法机关通过该法的年份或修订年份。例如:《公司法》(2018年)。

机构名称尽量使用简称。例如:中国证券监督管理委员会简称"中国证监会";上海证券交易所简称"上交所";全国中小企业股份转让系统简称"股转系统"。

有限责任公司和股份有限公司分别简称"有限公司"和"股份公司"。

外国法律电子文本

(2021年8月21日最后访问)

英国2006年公司法(UK Companies Act 2006):https://www.legislation.gov.uk/ukpga/2006/46/contents

欧盟公司法指令汇编[DIRECTIVE (EU) 2017/1132]:https://eur-lex.europa.eu/legal-content/EN/TXT/? uri=CELEX%3A32017L1132&qid=1623208375835

德国有限责任公司法(Germany Limited Liability Companies Act)2017年修订后的英译本:http://www.gesetze-im-internet.de/englisch_gmbhg/index.html

德国股份公司法(Germany Stock Corporation Act)2017年修订后的英译本:http://www.gesetze-im-internet.de/englisch_aktg/index.html

新西兰公司法(New Zealand Companies Act 1993):http://www.legislation.govt.nz/act/public/1993/0105/latest/DLM319570.html

新加坡2006年公司法(Singapore Companies Act 2006):https://sso.agc.gov.sg/Act/CoA1967

加拿大商事公司法(Canada Business Corporations Act):https://laws-lois.justice. gc. ca/eng/acts/C-44/

美国加利福尼亚州公司法（California Corporations Code）：https://law.justia. com/codes/california/2018/code-corp

美国特拉华州普通公司法（Delaware General Corporation Law）：http://delcode. delaware.gov/title8/c001/index.html

引 言

我们应当认识"资本",学会驾驭"资本",至少与它和睦相处,让它造福人类社会。

资本具有相对稀缺性。如何有效筹集资本、配置资本和运用资本，一直是各个经济体的重大制度和政策问题。我国法学界一直关注公司资本制度。公司资本制度方面的专著既有系统性研究资本制度的，也有对局部问题的研究。① 有关资本制度的论文更是数量极多。资本认缴制实行以后，人们关于股东出资义务能否扩张、如何扩张的讨论尤其热烈。② 尚嫌不足的方面主要是：首先，对我国资本制度的实践情况缺少比较全面客观的"画像"。总体而言，对国外法律制度的介绍较多，对我国投融资实践、行政监管和审判案例的深入研究则相对不足。③ 其次，对我国资本制度的历史演进和观念基础缺乏系统性的批判研究。在这方面，同样存在重外轻内的现象：外国制度的历史和理论介绍较多，而本国历史（尤其是计划经济时期和改革开放初期的资本制度）和相关理论观念的发展演变及其对当下现实的影响却语焉不详，甚至鲜有探究。第三，现有研究比较偏重资本形成规范而对资本报偿规范研究不足。总体来说，对资本形成规范的讨论尤其是股东出资义务的讨论，显著多于对利润分配、股份回购、减少资本等基于资本向股东支付回报或者偿还资本的规范（简称"资本报偿规范"）的研究。上述三方面的理论空白或薄弱环节亟待补充和加强。

我国当前公司资本制度的框架形成于全国人大常委会1993年12月通过的《公

---

① 系统性研究如：冯果《现代公司资本制度比较研究》（武汉大学出版社2000年版）；傅穹《重思公司资本制原理》（法律出版社2004年版）；赵旭东等《公司资本制度改革研究》（法律出版社2004年版）；葛伟军《公司资本制度和债权人保护的相关法律问题》（法律出版社2007年版）等。局部问题的研究如：邱海洋《公司利润分配法律制度研究》（中国政法大学出版社2004年版）；薄燕娜《股东出资形式法律制度研究》（法律出版社2005年版）；王洪伟《公司股利分配法律制度研究——以相关主体利益平衡为中心》（中国民主法制出版社2009年版）；张雪娥《公司信用内部性保障机制研究：以资本维持规则的考察为基础》（经济日报出版社2015年版）等。

② 相关讨论参见本书第8章。

③ 例外是，关于股东出资义务的研究，许多文献都援引、研究了各级人民法院的审判案例。这得益于最近数年来案例研究方法受到提倡，以及人民法院对其裁判文书的大范围公开。

司法》(下文简称1993年《公司法》)。该法的观念和制度基础接续了1904年《公司律》所引进的西式公司法,也融合了1949年以后形成的一部分国家管制传统。在具体制度的设计上则更多地反映了二十世纪八十年代末九十年代初国家"清理整顿"公司所积累的经验。因此,1993年《公司法》的资本制度总体而言是"防弊胜于兴利",管制色彩较为浓重。尽管这套资本制度为国企公司化改造和私人投资设企架构了基础性规范,但是,迅速发展变化的社会经济实践很快就表现出对片面、刻板的法律条文的逆反。有些条文违背常规,实际上无法实施;有些条文被人们普遍规避,成为具文;有些条文则平时"沉睡",个别时候突然"醒来",成为打击特定对象的法律工具。严格的出资管制并未收到防止公司"滥设"和保护债权人的预期效果,反而增加了投资和交易成本,推升了法律风险。

现实逼迫法律作出改变。为鼓励投资设企,拉动经济持续增长,国家渐次放宽公司资本形成规范。1993年《公司法》的"资本全额实缴制",于2005年10月修订为"二年分期认缴制",2013年12月又修改为现行的"自由认缴制"。上述修订主要集中在资本形成规范上。在资本报偿规范方面《公司法》变化甚微,主要的修订是2018年10月对股份回购规则的修改。① 除《公司法》文本的修订外,监管机构的各种规章和"通知"、最高人民法院的"解释""规定"和"通知"、各级法院的判决裁定等也一起加入了构建公司资本制度的"大合唱"。不过,这个"大合唱"并没有一个统一的"指挥",部分曲谱还有差异(《公司法》条文并非唯一的曲谱),因此不同的"声部"时而和谐一致,时而"各唱各的调,各吹各的号"。

资本形成规范的松解大幅降低了投资设企的合法化成本。但是,借助公司形式制造"资本泡沫"或"资产泡沫",构建枝蔓庞杂的法人集团和代理链条,利用资本报偿

---

① 2005年、2013年和2018年三次修订、修正后的《公司法》,下文分别简称:2005年《公司法》[或《公司法》(2005年)]、2013年《公司法》[或《公司法》(2013年)]和2018年《公司法》[或《公司法》(2018年)]。

规范的疏漏实施"资本运作",损害、欺诈公众投资者和公司债权人的机会主义行为屡见不鲜。现有研究注意到了资本自由认缴制对公司债权人保护带来的挑战,围绕如何扩张股东的出资责任范围提出了许多对策和建议(例如:主张强制股东提前履行实缴义务的"加速到期"方案)。① 不过,这些建议实质上并非解释规则,而是试图创设新规则,审判机关难以完全认同。而且,片面扩张股东出资责任的做法仍是"个别清偿"思路的延伸,会进一步加剧公司不同债权人之间的利益冲突。② 另一方面,资本认缴制尽管降低了出资门槛,但《公司法》在筹资灵活性、出资方式、出资真实性审查、股份基本构造等方面仍然存在结构扭曲和冗余管制,法律适用上也有较大不确定性。③ 而在资本报偿规范方面,系统的批判性或者开创性研究更是稀少。

本书将在现有研究基础上,对我国目前的公司资本制度予以全面检讨:通过大量的实例分析,评估现行规则的实际效果,讨论实践中的创新和探索,揭示现行法律规范的系统性问题,探讨法律实践背后的历史和观念基础。我们将发现:有些规则并未发挥人们预想的功能,反而起到了其他作用;有些看似理所当然的标准或观念,实际上经不起推敲,更经不起实践的检验;有些长期存在的规范性事实则被人们有意或无意地忽略;还有一些规则的适用标准极为模糊,适用效果十分不确定。此外,将若干规则结合起来观察,我们还将发现不少系统性的缺陷。在对具体制度展开分析研究之前,本书将首先系统梳理资本和资本制度的基本概念、功能和历史演进,构建以利益冲突为中心的分析框架。最后,基于对我国法律实践和理论观念的深入分析,本书将对改进我国公司资本制度提出一些设想。

本书由四个部分构成。

第一部分"资本与资本制度"通过对资本的含义、功能和历史演进的梳理,界定

---

① 参见本书第8.2节。
② 参见本书第8.3.2节。
③ 详细讨论参见本书第二部分(第4-8章)。

和构建了本项研究的基本概念、历史基础和分析框架。公司资本具有调和公司股东与债权人以及股东之间、债权人之间利益冲突的功能。本项研究将紧扣三类基本的利益冲突,分析法律在股东资产投入公司(资本形成)和公司资产流向股东(资本报偿)两种情形中构建了何种约束机制,如何调和三类利益冲突,股东和债权人又如何回应法律的调整。

第二部分"资本形成(股东资产投入公司)"围绕股东资产资本化和企业所有者权益股份化两条线索,集中研究公司筹集权益资本过程中的各项主要法律制度。这部分由五章组成,分别探讨注册资本认缴制、可出资财产的类型、出资真实性审查、作为筹资工具的股份的基本制度(形式、面值、类型)、股东出资义务及其法律责任。

第三部分"资本报偿(公司资产流向股东)"集中探讨公司如何向股东分配或返还投资及其收益,法律如何调和其中的债权人与股东的利益冲突。具体包括以下内容:首先是对两种资本报偿规制方法的比较研究;其次是对我国的抽逃出资规则、利润分配规则、股份回购规则、减少注册资本规则的研究;最后,在上述研究的基础上分析并提出改进我国资本报偿规范的设想。

第四部分"总结与展望"则对本项研究的主要发现、结论和改进设想予以进一步总结和阐明。

在研究方法上,本书强调透过真实案例对我国法律实践予以深入考察和解读,从实践看法律而不是依据条文和理论想象法律。本书运用大量诉讼和非诉讼案例分析法律的实际运行情况,聚焦法律与实践的紧张和冲突,关注实践中的创新和发展,进而反思法律规则和相关理论观念的合理性。因此,基于个案和类案的分析是本项研究最主要的方法。同时,法律比较和历史分析也是本书的主要研究方法。法律比较为本项研究提供了横向的参考系,历史分析则铺垫了具有历史纵深的背景脉络。此外,公司资本制度不仅是法律的规范对象,同时也是经济学、金融学、会计学长期关注的问题。因此,本书也尝试借鉴这几门学科的理论、视角和方法。

详　目

第一部分　资本与资本制度

1. 资本的含义 　　　　　　　　　　　　　　　　　　　　005
   1.1　资本与公司资本 　　　　　　　　　　　　　　　　007
   1.2　注册资本：登记的出资承诺 　　　　　　　　　　　010
     1.2.1　注册资本与股本和资本 　　　　　　　　　　　010
     1.2.2　注册资本不同于授权资本 　　　　　　　　　　015
     1.2.3　注册资本与"legal capital"基本同义 　　　　　016
   1.3　实收资本或股本：会计确认的资本 　　　　　　　　017
     1.3.1　会计确认的资本可能不同于注册资本 　　　　　017
     1.3.2　基于会计推定而"维持资本" 　　　　　　　　　018
     1.3.3　会计资本与注册资本的共性 　　　　　　　　　022
   本章小结 　　　　　　　　　　　　　　　　　　　　　　025

2. 资本的功能 　　　　　　　　　　　　　　　　　　　　026
   2.1　一种筹资渠道 　　　　　　　　　　　　　　　　　027
   2.2　吸收经营损失 　　　　　　　　　　　　　　　　　030
     2.2.1　资本为什么可以吸收损失 　　　　　　　　　　031
     2.2.2　公司法应否效仿银行资本监管 　　　　　　　　034

 2.3 调和利益冲突 040
  2.3.1 三类利益冲突 041
  2.3.2 资本的调和作用 042
 本章小结 046

3. 资本制度的演进 047
 3.1 古代的"本"与"利" 048
 3.2 十七世纪英国东印度公司 051
 3.3 十九世纪美、英、德资本制度 056
  3.3.1 美国 057
  3.3.2 英国 061
  3.3.3 德国 064
 3.4 二十世纪中国资本制度的激变 069
  3.4.1 计划经济时期的"资本真空" 071
  3.4.2 经济改革初期(1979-1991) 076
  3.4.3 重建公司资本制度(1992年以后) 079
 本章小结 083

第二部分 资本形成(股东资产投入公司)

4. 注册资本认缴登记制 088
 4.1 认缴制的注册资本及其会计确认 090
 4.2 资本认缴制的实际效果 095
 4.3 资本认缴制与债权人保护 096
 4.4 资本认缴制与筹资灵活性 099
 本章小结 107

5. 出资类型管制　　　　　　　　　　　　　　108
5.1 出资类型管制的理由　　　　　　　　　　109
5.2 类型管制的扩张　　　　　　　　　　　　111
5.2.1 债权出资的限制　　　　　　　　　　112
5.2.2 专利使用权出资的限制　　　　　　　113
5.3 变通、迂回和规避　　　　　　　　　　　116
5.3.1 以"生产经营性资产及相关负债"折股　117
5.3.2 章程或股东协议重构股权内容　　　　121
5.3.3 通过资产购买规避非货币出资限制　　128
5.3.4 以未分配利润或盈余公积金转增资本　130
本章小结　　　　　　　　　　　　　　　　　132

6. 出资真伪审查　　　　　　　　　　　　　　133
6.1 出资审验　　　　　　　　　　　　　　　134
6.2 顾雏军虚报注册资本案　　　　　　　　　140
6.2.1 案件事实与疑问　　　　　　　　　　140
6.2.2 顾案"罗生门"如何产生　　　　　　147
6.2.3 顾案的法律意义　　　　　　　　　　152
6.3 安邦集团循环注资案　　　　　　　　　　153
6.3.1 循环注资如何实现　　　　　　　　　154
6.3.2 循环注资是不是"虚假出资"　　　　160
6.3.3 安邦增资案的法律意义　　　　　　　169
本章小结　　　　　　　　　　　　　　　　　172

7. 股份基本规范　　　　　　　　　　　　　　173
7.1 股份的形式　　　　　　　　　　　　　　174

  7.1.1 股份有限公司 175
  7.1.2 有限责任公司 178
 7.2 股份的每股面值(或每股金额) 182
  7.2.1 每股面值的作用 182
  7.2.2 低面值股和无面值股 186
  7.2.3 我国的股份面值规则 189
 7.3 股份的类别 199
  7.3.1 国家股、法人股、个人股、外资股 200
  7.3.2 正规的和仿制的优先股 215
  7.3.3 基于雇佣关系的员工股份 224
 本章小结 245

8. 股东的出资义务 246

 8.1 出资义务能否减免或延后 247
  8.1.1 股东会修改章程减免出资义务 248
  8.1.2 股东会修改章程延后缴资期限 250
 8.2 出资义务应否强制提前履行 253
  8.2.1 主张强制股东提前缴资的观点 254
  8.2.2 审判实践中的不同意见 266
  8.2.3 对修法建议的讨论 272
 8.3 违反出资义务的责任 273
  8.3.1 在公司内部的民事责任 274
  8.3.2 对公司债权人的民事责任 277
  8.3.3 行政和刑事责任 282
 本章小结 285

第三部分 资本报偿(公司资产流向股东)

9. 规制资本报偿的两种方法   294
9.1 资产负债表检测法(资本维持规范)   296
9.1.1 欧盟公司法指令   298
9.1.2 英国公司法   300
9.1.3 德国公司法   303
9.1.4 美国特拉华州公司法   306
9.1.5 主要发现   308
9.2 实际偿付能力检测法   310
9.2.1 1975年《加利福尼亚州公司法》   311
9.2.2 二十世纪八十年代 MBCA 的修订   313
9.2.3 加州公司法及其他地区公司法   316
9.2.4 主要发现   318
9.3 两种检测法的差异与兼容   321
9.4 我国资本报偿规范的特点   326
9.4.1 我国规则的特别之处   326
9.4.2 我国理论和审判中的"资本维持"   331
9.4.3 结合两种规制方式的尝试   335
本章小结   337

10. 抽逃出资规则   338
10.1 抽逃出资的语义变迁   340
10.1.1 "抽逃资金":资本家抗拒"社会主义改造"   341
10.1.2 "抽逃资金":《民法通则》的含糊表述   344
10.1.3 从"抽逃资金"到"抽逃出资"   347

10.2 抽逃出资的认定标准 352
  10.2.1 "直接抽逃"与"迂回抽逃" 354
  10.2.2 最高人民法院的指引 356
  10.2.3 最高人民法院的裁判 357

10.3 "侵蚀股本":更好的认定标准? 377
  10.3.1 "侵蚀股本"的认定 378
  10.3.2 侵蚀股本标准能否准确评价公司实际偿付能力 381

10.4 抽逃出资的法律责任及其实际功用 386
  10.4.1 民事责任 386
  10.4.2 行政责任 393
  10.4.3 刑事责任 395

10.5 抽逃出资规则的未来 399
  10.5.1 症结所在 399
  10.5.2 并非必要规范 403

本章小结 407

11. 利润分配规则 408

11.1 利润分配的基础和条件 410
  11.1.1 利润、税后利润、净利润 411
  11.1.2 利润调节与财务舞弊 413
  11.1.3 提取盈余公积金 417
  11.1.4 资本公积金的用途 419

11.2 利润分配规则的实施效果 421
  11.2.1 诉讼案件反映的总体情况 421
  11.2.2 公司违法分配利润的案件 423
  11.2.3 法院强制公司分配利润的案件 427

  11.3 分配规则与公司实际偿付能力 432
 本章小结 439

12. 减少注册资本规则 440
 12.1 目的各异的减资 442
  12.1.1 返还股东出资或回购股权 442
  12.1.2 减免出资义务 443
  12.1.3 弥补公司亏损 444
  12.1.4 缩小公司股本 446
 12.2 支付型和非支付型减资 446
  12.2.1 支付型减资 447
  12.2.2 非支付型减资 448
 12.3 同比例的和不同比例的减资 450
 12.4 债权人保护机制 454
  12.4.1 未通知债权人的减资"不得对抗债权人" 457
  12.4.2 要求股东对公司债务作出担保声明 461
  12.4.3 减资应否满足特定的财务条件 464
 12.5 减资规则的未来 465
  12.5.1 症结所在 466
  12.5.2 修补现有规则 468
  12.5.3 降低减资成本 470
 本章小结 474

13. 股份回购规则 475
 13.1 《公司法》规则的演变 477
  13.1.1 1993年《公司法》 478
  13.1.2 2005年《公司法》 478
  13.1.3 2018年《公司法》 481

13.2 债权人保护的现有措施	483
13.2.1 借助减资程序保护债权人	483
13.2.2 证券交易所的"债务履行能力"标准	489
13.2.3 人民法院的观点	496
本章小结	506

14. 改进资本报偿规范   507

14.1 现行规范的系统性缺陷	508
14.2 选择结合模式的理由	510
14.3 结合模式的基本构造	515

第四部分 总结与展望

15. 主要发现   526

15.1 资本含义与分析框架	527
15.2 资本形成规范	528
15.3 资本报偿规范	532

16. 观念更新与制度改进   536

16.1 反思成见,更新观念	537
16.2 改进资本形成规范	542
16.3 改进资本报偿规范	544

参考文献	545
主题词索引	565
重要案例索引	572

第一部分

资本与资本制度

对许多人来说，"资本"是一个熟悉的陌生人。"资本"的身影时常出现在人们的生活和语言中，但人们并不确知他是谁（或者谁是他），他从哪里来，他为什么这样，他将会怎样。人们知道"资本"是当下经济生活不可缺少的东西。人们借助"资本"开疆辟土，扩展生活空间，推动经济发展，改善生活水平。物质财富不转化为"资本"似乎就释放不出它的绝大部分能量。穷人手中的财产只有转化为法律承认的"资本"后，才能帮助他们脱贫致富。① 但是，许多人对"资本"却没有多少好感。科学、技术、教育、医疗、学术、艺术等一切有益于人、有益于公众的事物一旦和"资本"结合起来，似乎就变得令人不安和可疑起来。"资本"以牟取利润为目标，许多人视之为资本的贪婪本性。贪婪和金钱结合起来常常就成了造就各种罪恶的源泉。② 人们因向往财富而追慕"资本"，但"资本"给一些人带来财富和快乐，却给另一些人造成痛苦……总之，"资本"让人爱恨交织，看不透彻，一言难尽。

"资本"引发了古今中外无数人的致富梦想，也吸引了各个时代杰出思想家的深邃思考。他们留下的思想遗产足以令人眼花缭乱。在不同的时代和语境中，"资本"表现出不同的含义。有些含义交叉重叠，有些则冲突矛盾。本书以"公司资本制度"为分析和研究对象，首先就需要界定和说明研究对象的边界。

---

① 索托(2001:30-60)。

② 马克思对资本的政治经济学批判为很多中文读者所熟知。马克思在《资本论》第1卷第24章第6节的结尾处写道："资本来到世间，从头到脚，每个毛孔都滴着血和肮脏的东西"。在这句话的脚注里，马克思又转引了1860年出版的《工联和罢工》一书第35、36页所引用的《评论家季刊》的一段话："一旦有适当的利润，资本就胆大起来，如果有10%的利润，它就保证到处被使用；有20%的利润，它就活跃起来；有50%的利润，它就铤而走险；为了100%的利润，它就敢践踏一切人间法律；有300%的利润，它就敢犯任何罪行，甚至冒绞首的危险。"（《马克思恩格斯文集》第5卷，人民出版社2009年版，第871页）。《工联和罢工》一书全名是"Trades' Unions and Strikes: Their Philosophy and Intention"，由作者托马斯·约瑟夫·邓宁（Thomas Joseph Dunning）于1860在伦敦自行出版。查阅该书可知，上述《评论家季刊》应是当时的一本名为 Quarterly Review 的杂志。

因此,第 1 章将从"资本"概念谈起,简要说明不同视角的资本及相关概念的意义,澄清关键术语和规则的含义,进而阐明本书的分析和研究主要在法律、会计和金融层面展开,将聚焦于公司"权益资本"。以后各章节所称"资本"一般均指"权益资本"。

第 2 章从功能视角分析资本,讨论资本的三项基本功能。首先,资本为企业提供了一条有别于负债融资的筹资渠道,也即权益融资方式。其次,由于权益融资和负债融资的区别,以及债权人和股东对公司资产及其收益的索取权有先后顺序,资本事实上发挥了"吸收"企业经营损失(或者降低破产风险)的"缓冲垫"功能。最后,权益和负债两种融资方式导致了股东与债权人之间持续的利益冲突,股东和债权人群体内部也可能存在利益冲突。资本是各种利益冲突的交汇点,发挥着利益冲突调和器的作用。基于功能视角的深入讨论,本书建构了基本的分析框架。

概念和制度的演进既是历史长期发展的结果,也是历史自身运动的组成部分。第 3 章将回顾资本制度发展变化的主要历史轨迹。该章将为前两章的关键概念和分析框架提供历史注脚,同时也为本书第二、三部分的讨论铺垫历史背景,梳理历史脉络。

1. 资本的含义

在不同时代、不同语境下,人们使用"资本"一词表达不同的含义。有时,"资本"用来指称一定范围内的经济资源,有时则指向一个抽象概念(例如"价值")或者数据(或金额)。"资本"所指的对象,有时是实在的、具体的,有时则是抽象的,需要人们通过想象在观念中构建出来。区分不同语境下的"资本"含义,是我们探讨公司资本制度前不得不做的一个工作。

在政治经济学(最早则是神学、哲学、伦理学)视野中,关于资本,学者们争论不休的问题有:什么是资本(或哪些经济资源属于资本)?① 为什么资本(或本钱)能使其所有者"白白地"获得利息或利润?利息与利润有何区别?利息和利润分别来自哪里?资本所有者与劳动者之间的利益分配是否合乎正义?资本加剧还是缓和了社会的贫富差距?人类社会应当如何驾驭资本?等等。②

在现代的金融、会计、法律等领域,一般来讲,资本的含义相比政治经济学有所收缩,没有将政治经济学的上述"终极追问"都纳入关注范围,而是更多地聚焦于如何高效率地筹集资本,如何构建合理的资本结构,如何避免筹资、用资、资本回报和偿还过程中的利益冲突和外部性等问题。它们关注的利益冲突也有所不同。政治经济学更为关注资本所有者与其他人尤其是劳动者之间的利益冲突,而金融、会计、法律的关注点转向资本提供方,也即股东与债权人、股东之间以及债权人之间的利益冲突。③ 但即便在金融、会计和法律领域,不同语境下的资本也展现出或宽或窄甚至截然不同的含义。

以下从观念(抽象、虚拟)和实在(具体、现实)两个角度,依托资产负债表的结构,阐释资本与资产的区别,分析公司注册资本的具体所指及其与相关概念的区别,分析会计所确认的资本的含义及其工作原理。

---

① "资本"有许多不同的定义。大略来说,各种经济学说所定义的"资本"大多指的是不包含消费资料在内的,某种范围的生产手段。例如,有的认为资本是一切生产手段的集合(包括土地,甚至劳动),有的认为资本是"生产出来的获利手段的集合"(因此不包含土地、劳动)。庞巴维克(1964:51-100)梳理和批判了截止十九世纪末有关"资本"的各种经济学概念和观点,并提出了自己的看法。费雪(2017:52-69)对资本的定义也有一个简要的综述。

② 对这些问题的不同回答,导致了不同的意识形态和社会制度选择。第二次世界大战后,国际社会一度分裂为"资本主义"和"社会主义"两大阵营。关于资本为何产生利润这一问题的学术史回顾,参见庞巴维克(2010)。

③ 详见第2.3节的讨论。

1.1 资本与公司资本

"资本"的含义尽管不统一,但我们至少可以将其区分为以下两种意义:一种意义是指执行生产职能的各种经济资源(生产资料、货币等);另一种意义是指投资者因向企业投入上述资源而获得的权利。马克思将这两种意义上的资本分别称为"现实资本"(real capital)和"虚拟资本"(fictitious capital)。马克思观察到的"虚拟资本"的典型形态主要是汇票和有价证券,后者包括股票、企业债券、政府债券等。马克思称它们为"虚拟资本",是因为它们并不直接产生"剩余价值",只是人们基于现实资本构建出来的作为获取利润或利息的权利凭证。"虚拟资本"可以为持有者带来收益,可以出售变现,可以交易进而形成金融市场。①

现实和虚拟两分法向人们展现了资本的多重面貌,是区分和澄清不同意义资本概念的一个基本视角,也是认识资本属性和功能的重要维度。② 以这种两分法来区分资本的,还有与马克思同时代的德国法律学者莱曼(Karl Lehmann)。不过,莱曼用"资产"来指称企业所占有的生产资料(它们是实在和具体的经济资源),"资本"则是投资者基于投资而享有的权益(它们是虚拟的、观念的产物)。③

在法律上或法律从业者的表述中,"资本"没有严格而统一的定义。《布莱克法律词典》归纳了资本(capital)一词的三种常见意义,分别是:(1)已投入企

---

① 马克思对"现实资本"与"虚拟资本"的讨论,见《资本论》第3卷中译本第29章(马克思,2004:526-533)。《资本论》第3卷最初出版于1894年,由恩格斯编辑整理。
② 关于资本功能的讨论,详见本书第2章。
③ Lehmann(1898:158)。莱曼比较早地提出了两项资本原则:固定资本原则和资本稳定原则,详见第3.3.3节。

业经营或可用于投资的资金或资产;(2)企业的全部资产;(3)公司股份总数或总额,或者公司股本。① 前两种含义均指向一定范围的经济资源。第三种含义不指向具体的经济资源,而是抽象表示股东向公司已经投入或承诺投入的经济资源的价值,以及由此产生的股东对公司所拥有的一定权益。

对照资产负债表,可以看出上述三种"资本"含义的区别(见表1-1)。第一种含义的"资本"是指可以用于投资的资金或资产,类似于我们所说的"可出资财产",在资产负债表上反映的话,应当列入左侧相应的资产科目。第二种定义的所谓"资本"是指资产负债表左侧的各种资产。而第三种定义的"资本"是指资产负债表右下角"所有者权益"(owner's equity)中的一部分——股本。

表1-1 根据我国企业会计规则简化的资产负债表

资　产	负　债
流动资产	流动负债 非流动负债 负债合计:
非流动资产	所有者权益
	实收资本(或股本) 资本公积 盈余公积 未分配利润 所有者权益合计:
资产合计:	负债与所有者权益合计:

资产负债表的右侧反映了公司最基本的两种融资方式:一是权益融资

---

① Garner (2004: 221). ("1. Money or assets invested, or available for investment, in a business. 2. The total assets of a business, esp. those that help generate profits. 3. The total amount or value of a corporation's stock; corporate equity.") 学者葛伟军(2007:20-21)也引用和讨论了以上三种资本含义。

(equity financing)，二是负债融资(debt financing)。① 负债融资是以公司负担债务的方式筹集资金，资金提供者成为公司的债权人，公司通常要对债权人承担到期返还资金本息的义务。权益融资则是公司的现有所有者(股东)通过与他人分享公司所有者权益(或所有权份额、股份)的方式筹集资金，资金提供者成为公司的新股东。股东投资形成的投资权益可称为"权益资本"(equity capital)，而债权人拥有的投资权益叫"债务资本"(debt capital)。② 在资产负债表上，企业权益资本的余额反映在右下角，债务资本的余额反映在右上角。

《布莱克法律词典》的第二种资本含义实际上是将"资产"和"资本"等同起来，公司拥有的来自或归属于债权人和所有者(股东)的全部经济资源都被称为"资本"。而第三种含义的"资本"(公司股份总数或总额；或者公司股本)显然仅指权益资本。它反映股东已经投入或承诺向公司投入的资产价值，以及这一价值所代表的股东对公司的管理权和收益权。它的金额通常需要记载于公司章程并登记于官方登记簿上，同时也会按照一定的会计规则反映在会计报表上。相对于公司占有的具体经济资源而言，这种含义的"资本"是抽象的，是人们在法律和观念上创设出来用于反映股东投资权益的概念(也即"权益资本")。一个公司的资产形态和价值可能每天都发生变化，即便陷入亏损，该公司的登记"资本"(例如注册资本)也是相对不变的，除非公司变更章程和公司登记。

公司法意义上的"资本"基本上就是上述第三种含义的"资本"，即企业权益资本，反映股东已经投入或承诺向公司投入的资产价值，以及这一价值所代表的股东对公司的管理权和收益权。③ 本书以此种意义的"资本"为研究对

---

① Palmiter(2015：69)。

② 有时，人们也把股东和债权人投入企业的资金分别称为"权益资本"和"债务资本"，参见 Garner(2004：221)。

③ 参见 Davies(2003：225)；怀克、温德比西勒(2010：281)；Hamilton & Freer(2011：406)。

象,以下各章节所称"资本"或"公司资本",如无特别说明,均指此意。

在我国《公司法》中,指称"资本"的专用术语是"注册资本"(个别时候还用"股本"或"资本");在企业会计准则中,使用的则是"实收资本(或股本)"(见表1-1)。注册资本与实收资本(或股本)有联系也有区别,以下分两节讨论。

1.2 注册资本:登记的出资承诺

《公司法》提供了注册资本的基本规范。注册资本必须登载于多个重要文件:不仅要在公司登记机关登记,①还要记载于公司章程、②公司营业执照③以及有限公司的出资证明书。④ 在1993年《公司法》和2005年《公司法》中,曾经还有公司注册资本最低限额的规定,2013年12月的修订已将之取消。目前,仅在一些特定行业中保留最低注册资本额的要求。⑤

由于注册资本认缴登记制(下文简称资本认缴制)的实施,实际操作中产生了区分"认缴资本"和"实缴资本"的需要,这两个概念与"授权资本"和"legal capital"也有区分讨论的必要。

1.2.1 注册资本与股本和资本

注册资本中的"注册"是指在公司登记机关登记。关于什么可以登记为"注

---

① 《公司法》(2018年)第26、80条。
② 《公司法》(2018年)第25、81条。
③ 《公司法》(2018年)第7条。
④ 《公司法》(2018年)第31条。
⑤ 根据《国务院关于印发注册资本登记制度改革方案的通知》(2014年),除"特定行业"基于法律、行政法规及国务院决定继续保留"注册资本最低限额"规定外,其他公司一律取消对最低注册资本额的限制。"特定行业"多属商业银行、金融资产管理公司等金融类企业。

册资本",《公司法》的规则自1994年7月施行至今,有如下变化:

(1)根据1993年《公司法》,注册资本是指公司在登记机关登记的全体股东"实缴的出资额"或者公司"实收股本总额"。[①]

至于什么是"出资",什么是"股本",《公司法》未作规定。实际上,出资人投入公司的资产金额未必都计入注册资本。企业会计准则在股东权益中区分实收资本(或股本)与资本公积。出资人实际投入公司的资产金额,可能全部计入实收资本(或股本),也可能一部分计入实收资本(或股本)科目,另一部分计入资本公积科目(这部分金额被称为"股本溢价"或"资本溢价")。出资人投入的资产金额中,计入注册资本(因而对应一定数额或比例表决权和收益权)的金额应当计入实收资本(或股本)科目。反过来说,实收资本(或股本)科目的金额反映公司的注册资本额。出资人投入公司但未计入注册资本的资产金额,应当计入资本公积科目,也即资本公积金不反映注册资本的金额。[②] 例如,甲投资者向某有限公司增资,实际投入1000万元,其中600万元计入实收资本,400万元计入资本公积,则该公司注册资本应增加600万元,而非1000万元。甲投资者的股权数额按600万元计算,持股比例按600万元与注册资本总额的比例计算。如果说出资人的"出资"构成注册资本并与其股权对应的话,那么甲投资者的"出资"应当是600万元,而不是1000万元。

在1993年《公司法》的"注册资本实缴制"框架内,"出资"仅指实缴出资,所以,注册资本=实收资本(或股本)=股东出资总额。但这个完美的等式被后来的"资本认缴制"打破了平衡。

(2)2005年《公司法》缓和了僵硬的"资本实缴制",采取"实缴"和"认缴"

[①] 《公司法》(1993年)第23、78条。
[②] 参见陈国辉、迟旭升(2016:67-68)。

并行的做法,注册资本的定义也发生变化:有限公司以全体股东"认缴的出资额"为注册资本,发起设立的股份公司以全体股东"认购的股本总额"为注册资本;以上二种公司的全体股东在公司成立时至少须实缴注册资本的 1/5,且该笔首次实缴额须高于法定"注册资本最低限额",其余出资须自公司成立时起 2 年内缴足("投资公司"可延至 5 年);募集设立的股份公司仍以公司"实收股本总额"为注册资本。①

"认缴的出资额"和"认购的股本总额",简单说就是股东承诺要缴纳的出资额或者认购的股本额。据此,公司对作出承诺的股东享有一定请求权。该请求权性质上是一种债权请求权,在满足一定条件时似应在会计上反映为一笔公司资产(例如"其他应收款")。但根据目前的企业会计准则,公司资产负债表并不反映这一请求权,公司的实收资本(或股本)项目也不会涵盖股东认而未缴的出资额。②

(3) 2013 年《公司法》对有限公司和发起设立型股份公司实行更大范围的"资本认缴制",废除了原有的一些限制,总体上仍然是"认缴"与"实缴"并行:除法律、行政法规和国务院决定另有规定外,有限公司和发起设立型股份公司实行"资本认缴制",以全体股东"认缴的出资额"或全体发起人"认购的股本总额"为注册资本;募集设立型股份公司仍实行"资本实缴制",以公司"实收股本总额"为注册资本;同时,除法律、行政法规和国务院决定另有规定外,一般性地取消了注册资本最低限额要求、首次实缴出资的比例要求、实缴全部出资的期限要求、货币出资的比例要求以及强制验资制度。③

---

① 《公司法》(2005 年)第 26、81 条。
② 详细讨论参见第 4.1 节。
③ 《公司法》(2013 年)第 26、80 条。目前仍实行注册资本实缴制的公司,包括募集设立的股份公司、商业银行、外资银行、金融资产管理公司、信托公司等,参见《国务院关于印发注册资本登记制度改革方案的通知》(国发〔2014〕7 号)。

《公司法》在使用"注册资本"一词时并不十分严谨。有时使用全称,有时简称为"资本"。例如,"股份有限公司的资本划分为股份,每一股的金额相等。"① 这里的"资本"应是"注册资本"之意。此外,"新增资本"说的也是"注册资本"。②

在个别条文中,《公司法》又用"股本"一词指代"注册资本"。例如:"控股股东,是指其出资额占有限责任公司**资本**总额百分之五十以上或者其持有的股份占股份有限公司**股本**总额百分之五十以上的股东"。③ 这句话中的"股本"和"资本"均应解释为"注册资本"。

《公司法》中的"股本"与企业会计准则中的"股本"又不是同一含义。《公司法》创造了"认购股本"和"实收股本"两个术语:发起设立型股份公司的注册资本是其登记的全体发起人"认购的股本总额";募集设立型股份公司的注册资本是其登记的"实收股本总额"。④ "认购股本总额"等同于注册资本总额,但只有股东实缴部分的金额才计入资产负债表的股本科目。"实收股本"指公司实际收到并计入注册资本的股东出资额,其金额反映在资产负债表的股本科目。简单说,《公司法》中的"实收股本"与会计准则中的"股本"是同义的,"认购股本"与注册资本等额,"认购股本"中的"股本"与会计准则的"股本"不是一个意思。

在民事裁判文书中,注册资本和资本的含义,除法官陈述案件事实时特指公司注册资本金额外,也很难说遵循了一致的定义。例如,最高法院的一个判决写道:

---

① 《公司法》(2018年)第125条。
② 《公司法》(2018年)第34、168、178条。
③ 《公司法》(2018年)第216条。
④ 《公司法》(2018年)第80条。

注册资本是公司最基本的资产,确定和维持公司一定数额的资本,对于奠定公司基本的债务清偿能力,保障债权人利益和交易安全具有重要价值。股东出资是公司资本确定、维持原则的基本要求。①

由这段话可见,判决书作者是认可"资本确定"和"资本维持原则"的,认为公司"资本"是公司偿还债务的基础,具有保护公司债权人的作用。② 不确定的是,这段话中的"资本"是否都是指"注册资本"。(1)如果"资本"指的就是"注册资本",那么,说"确定和维持公司一定数额的(注册)资本"对公司债权人有保护作用是有些夸大其词的。因为,在实行资本认缴制的情况下,注册资本并不表示公司实际收到的股东出资额,股东认而未缴的出资额在会计上不计入公司资产。"注册资本是公司最基本的资产"并非事实。股东认而未缴、公司尚未收到的出资金额,对公司履行债务有多大程度的帮助是不确定的。③ (2)如果"资本"指的不是注册资本,那它是指什么？或许指的是实收资本(或股本),或许是与实收资本(或股本)等值的资产,或者另有所指。④ 我们将在后文(第1.3节)讨论实收资本(或股本)。至于实收资本(或股本)如何"确定"和"维持",对公司债权人有何保护作用,本书将在第三部分的各章中详细讨论。

---

① 中国长城资产管理公司乌鲁木齐办事处诉新疆华电工贸有限责任公司等案,最高人民法院(2008)民二终字第79号判决。
② 关于这两个原则的来历,请见本书第3.3节对德国公司资本制度的说明。
③ 在减资规则部分,本书讨论了与此相关的问题,参见12.2.2节。
④ 在万家裕诉丽江宏瑞水电开发有限公司案中,最高人民法院合议庭指出:"股东从公司抽回出资,则会减少公司资本,动摇公司的独立法人地位,侵害公司、其他股东和公司债权人的利益。"[最高人民法院(2014)民提字第00054号判决]这句话中的"资本"只有解释为与实收资本(或股本)等值的资产,才说得通。而解释为"注册资本"则是不成立的,因为注册资本是一个登记的数字,股东抽逃出资改变不了这个数字。

1.2.2 注册资本不同于授权资本

在实行注册资本认缴制的公司,注册资本只是股东承诺将向公司投入的资本总额,法律并不要求股东在公司成立时或者成立后一定时间内全额缴足。这意味着,公司在成立后可以不必履行增加注册资本的程序而持续获得资本注入。这种认缴的注册资本与外国公司法中的"授权资本"(authorized share capital)有何区别?

以美国法为例,授权资本通常是指公司组建章程(articles of incorporation)规定的,公司最多可发行的股份总数或股本总额。[①] 例如,一家公司的组建章程规定:本公司获准发行 1000 股、面值 1 美元的普通股。[②] 这表明,该公司的授权资本为 1000 美元或者 1000 股(每股面值 1 美元)。[③] 公司通常不会在成立时就将授权资本全额募足,而会将大部分授权资本额留待日后按需发行。授权资本条款其实是股东在组建章程中对董事会的"授权"(因此,只有股东会有权修改授权资本条款)。据此,董事会可以在授权资本范围内,根据公司的营业需求随时决定发行多少股份。围绕授权资本有以下几个需要区分的术语:(1)认缴或认购资本(subscribed capital),意指公司在授权资本范围内已发行并被投资者认购或认缴的股份数或股本额;(2)实缴或实收资本(paid-

---

① Hall(1903:430);Hamilton(1996:125);Chen(2020)。在不同的法律文本中,与"authorized share capital"同等含义的术语还有:"authorized capital""authorized stock""authorized capital stock"。

② Hamilton(1996:128)。("The number of shares the corporation is authorized to issue is 1000 shares of common stock with the par value of \$1.00 per share.")

③ 当然,这并不意味着该公司发行普通股最多只能筹集 1000 美元。1 美元是股份的"面值",股份的发行价格可以超过 1 美元。所以,公司具体在某次发行中可以筹集多少资金,取决于它发行多少股以及每股发行价是多少。关于股份面值,本书后文(第 7.2 节)还将详细讨论。

up capital),意指认缴资本中,投资者已经实际缴纳出资或股金的股份数或股本额;(3)已发行资本(issued capital),是指公司已经发行也即被投资者认购的股份数。已发行股份(issued shares)也称为发行在外的股份(outstanding shares)。①

不难发现,"注册资本"与"授权资本"最显著的区别在于:注册资本是公司成立时股东已经认缴或者认购的资本总额,而授权资本只是公司获准发行的股份总数或股本总额,公司成立时通常只有一小部分股份被股东认购。授权资本范围内已发行的股份被称为"认缴或认购资本",其余未发行部分可称为"未被认缴或认购的资本"。注册资本只相当于"认缴或认购资本"或"已发行资本"。

由此亦可见二者功能上的区别。授权资本给予公司董事会在一定范围内发行股份、筹集资金的权限。而注册资本只是给予股东不立即(或延期)实缴出资的权利和便利,并未给公司董事会丝毫发行股份筹资的自主权。因此,二者在公司筹资机动性上也是有差别的。②

1.2.3　注册资本与"legal capital"基本同义

讨论公司资本的英文文献中,常见"legal capital"一词。不过,"legal capital"并非法律法规中的专用术语,而是一个理论上的概念。它的意思是股东已认购或认缴的资本额。③ 如果公司股份有每股面值(par value),那么,"legal capital"的金额就等于股份总数与每股面值的乘积;如果公司股份没有每股金

---

① Chen(2020).
② 进一步的讨论参见本书第4.4节。
③ De Luca(2017:149)。德国学者 Lutter(2006:8)将"legal capital"描述为"公司公开宣示的,股东对公司的全部权益性出资"。同时,Lutter 交替使用"legal capital""share capital"和"capital"三个词,视之为含义等同的表述。英国学者 Davies(2003:228)也认为"legal capital"是指已发行资本,与已认购资本同义。

额,则"legal capital"通常是董事会设定的一个金额。① 可见,"legal capital"的意思是"公司已经依法筹集的资本",与我国"注册资本"的意思基本一致,按字面意思将其直译为"法定资本"或者"法律资本"似乎都不甚恰当。②

1.3 实收资本或股本:会计确认的资本

实收资本(或股本)是企业会计准则所规定的资产负债表"所有者权益"类中的项目。③ 它们用于反映股东实际缴纳并计入注册资本的出资金额。《公司法》尽管没有提及这两个术语,但是公司设立登记、增减资本、分配利润、回购股份等事项都需要依赖会计上确认的实收资本(或股本)及相关会计准则才能实施。

1.3.1 会计确认的资本可能不同于注册资本

一家公司的实收资本(或股本)与其注册资本有联系,但很可能是两个不同的数字。实收资本(或股本)显示股东实际上已经向公司注入了多少计入注册资本的出资财产。实收资本(或股本)的会计处理遵循"实收"原则。因此,股东认缴而未实缴的出资不能计入实收资本(或股本)。这就是说,当股东出资存在认而未缴的情况时,该公司的注册资本金额应大于实收资本(或股本)。《公司登记管理条例》曾要求公司分别登记"注册资本"和"实收资本"。④ 现行条例已无此要求,公司营业执照亦无须记载"实收资本"数额。⑤ 不过,公司应当通过

---

① Manning & Hanks (2013:39).
② 参见袁田(2012:107);后向东(2007:89)。
③ 企业会计准则第30号——财务报表列报(2014年修订),第27条。
④ 《公司登记管理条例》(2006年)第9条。
⑤ 《公司登记管理条例》(2016年)第9条。

企业信用信息公示系统公示其股东认缴和实缴出资、出资时间、出资方式等情况。①

实收资本(或股本)是企业资产负债表右下角"所有者权益"的组成部分。② 所有者权益(或称股东权益)反映企业资产扣除负债后应由股东享有的"剩余权益",故又称"净资产"。它通常由四个部分构成:(1)实收资本(用于有限公司)或股本(用于股份公司);(2)资本公积;(3)盈余公积;(4)未分配利润。其中,实收资本(或股本)反映股东实际缴纳的出资金额;资本公积反映的价值包括资本溢价或股本溢价以及直接计入所有者权益的利得和损失;盈余公积和未分配利润均为"留存收益",反映企业历年实现的净利润留存于企业的金额。③

1.3.2 基于会计推定而"维持资本"

资产负债表依据"资产=负债+所有者权益"的会计等式构建。资产负债表左侧的资产账户反映了各类资产的金额,而右下角所有者权益的四个科目则抽象地反映了所有者权益的金额、不同来源和归属。右下角的四个科目均非资金账户,也不对应具体资产,人们无法从中转移资产或者提取资金。例如,某有限公司全体股东两年前已实缴货币出资2000万元,该公司当前的实收资本仍显示为2000万元。这一金额只能说明股东曾经投入价值2000万元的出资财产,并不能由此认为该公司此时仍拥有(或应有)至少2000万元的资产,或者,该公司资产中至少有(或应有)2000万元银行存款。因为,股东两年前的货币出资已经投入公司的生产周转之中,有些已经转化为其他形态的资产,有些在生产中消耗,公司也可能发生亏损。所以,2000万元实收资本只是一个历史

---

① 《企业信息公示暂行条例》(2014年)第8-10条。
② 参见表1-1。
③ 财政部会计司编写组(2010:11)。

记录,一个脱离公司资产和盈亏实况的抽象数字。"未分配利润"同样如此。公司一定时期的利润额是财务核算的结果。会计等式为:利润=收入-费用。公司确认为"收入"的可能是收到的货币资金,也可能是"应收账款"等。利润显示一定金额,不代表公司实际拥有同等金额的货币资金。

但是,为了表述方便,人们牺牲了精确性。例如人们常说:公司必须遵守"无盈不分"的原则,只能"从利润中向股东分配红利"。《公司法》也曾规定,公司为奖励本公司职工的目的回购自己的股份时,"用于收购的资金应当从公司的税后利润中支出"。① 实际上,公司向股东分红或者提取资金回购股份,都要从资产(通常是银行存款科目)中支出。"分配利润""从税后利润支出"都是忽略了精确性、过分简化但比较形象的说法。② 正如曼宁和汉克斯所说:公司对股东的分红只能从资产中支付,从来没有、也绝不可能从所有者权益中的"股本外余额"(surplus)里支付,就像"从没有人在圣诞节时收到的礼物会是一袋子股本外余额"。③

再如:有学者指出,抽逃出资的实质是"公司从'股本'中向股东无偿支付",会"对公司股本造成侵蚀"。④ 这也是一种使用了比喻修辞的简略说法。

公司只能从资产中向股东拨付财产。这将导致公司资产负债表左侧的资产总额减少,而基于复式记账法的要求和"资产=负债+所有者权益"的会计等式,表右侧的某个或某些科目应当相应减少金额,以保持左右平衡。会计处理的这一特点,使人产生了所有者权益及其各科目似乎分别"对应"(correspond to)着一定金额的资产的联想。实际上,这种"对应"关系是虚构的。公司资产

---

① 《公司法》(2005年)第142条第3款。该条款在2018年12月的修正中删除。
② 从第1.1节讨论的概念来说,也可以说是混淆了"资本"的虚拟意义和现实意义。
③ Manning & Hanks(2013:43).
④ 刘燕(2015:194-195).

流向股东是一个具体行为,而"股本"或者"资本"都是抽象概念。判定某个具体行为"侵蚀"股本或者属于"返还资本",都需要做一定的抽象、拟制并借助推定的方法。

假设一家刚刚成立,尚未开业的有限责任公司。股东缴纳 100 万元出资后,该公司账务的资产项下就有了一笔 100 万元的银行存款。假设公司负债为 0 元,所有者权益项下仅有实收资本 100 万元,资本公积、盈余公积和未分配利润均为 0 元。假设股东在该公司成立后立即从公司银行账户无偿转走 100 万元。理论上,公司资产减少了 100 万元,根据"资产 = 负债 + 所有者权益"等式,所有者权益中的实收资本科目也应该反映 100 万元的流出。不过这种情况下,股东通常不会在财务上如实体现撤走资金的行为。他可能不做账,也可能将该 100 万元以其他应收款、预付账款等名义长期挂账。实收资本科目于是不会显示任何变化。因此,我们从账面上看不出"公司从股本中向股东无偿支付"或者股本遭到"侵蚀"。但是,由于 100 万元资金被股东无故转走,而该公司所有者权益中只有实收资本科目显示有金额,且也是 100 万元,这个金额已经"名不符实"。因此,我们**推定**实收资本账户损失了原来所"对应"的真实资产。[①] 只是在这个意义上,人们运用比喻修辞,说该公司的实收资本被"侵蚀"了。

假设这家公司成立运营若干时间后,所有者权益的结构变得复杂了。除了实收资本金额反映股东的初始投入而静止不变外,资本公积、盈余公积和未分配利润科目都可能记有一定金额,而且处于不断变化之中。假设公司这时无对价地向某股东转移了一笔与其出资等额的财产,而未做任何账务处理。这种情况下,我们无法直接作出这一资产流出导致实收资本账户丧失原来所"对应"资

---

① 这是欧式资本维持规范下的资产负债表检测法的基本逻辑,参见 De Luca (2017: 172)。

产的推定。因为,这时公司的所有者权益中不仅仅有实收资本。

有学者指出,这时应当区分来看:(1)如果公司向股东无偿支付的金额(假设为 100 万元)大于"公积金与未分配利润之和"(假设为 80 万元),那么,"超出部分实际上源自股本",因此造成股本侵蚀(意即从"股本"中抽走 20 万元);(2)相反,如果公司向股东支付的金额(假设为 70 万元)小于"公积金与未分配利润之和"(仍假设为 80 万元),那么,就不会侵损股本(因为,70<80,"公积金与未分利润之和"完全可以覆盖这一支付),而有可能只是违法分配利润。[①] 不难发现,这里仍然运用了**推定**的方法:只要公司支付给股东的资产金额多于"公积金与未分配利润之和",就可以推定为"侵蚀股本",即资产流出导致实收资本账户损失了原来所"对应"的资产额。[②]

"侵蚀股本"的上述会计核算方法,还可以换个方式表示。既然所有者权益由实收资本(或股本)、资本公积、盈余公积和未分配利润四部分组成,那么,流出资产的金额超过"公积金与未分配利润之和"的状态(即"侵蚀股本"),在会计上就可以反映为:

所有者权益(或净资产)< 实收资本(或股本)

反之,如果资产流出金额未超过"公积金与未分配利润之和",则公司净资产此时应仍然多于或等于实收资本(或股本),这就不"侵蚀"股本。也即:

所有者权益(或净资产)≥ 实收资本(或股本)

上述方法的实质是:通过比较公司向股东支付财产后的净资产与股本的大小,来判断是否出现"侵蚀股本"。这个核算方法实际上反映了资本维持规范的

---

① 刘燕(2015:194-195)。

② 实际上,我们根本无法确定公司资产中哪些资产是"对应"于实收资本、公积金或未分配利润的,哪些是"对应"于负债的。所以,这里所说的资产与资本的"对应"关系其实是虚拟的。

1. 资本的含义

判断利润分配和股份回购合法性的标准。例如,根据欧盟公司资本指令,公司分配利润的前提条件须是:公司上一财年的净资产数额大于或等于"认缴资本+不得分配之公积金",且利润分配之后仍能保持该状态。①

资产负债表上的资本,即实收资本(或股本),在这里发挥了标尺作用。以它为尺度,借助上述数字比较法,可以衡量公司资产流向股东的某个行为是否"侵蚀"公司股本。而"侵蚀股本"就意味着威胁或者损害了公司债权人的利益。这套测试机制有以下两个主要特点:(1)它只做抽象数字的核算,而不考虑资产的具体构成以及资产的流动性(也即资产的偿债能力);(2)"股本"是抽象的,看不见也摸不着,"侵蚀股本"实际上是在观念上借助数字核算的一种推定。

总结上述,实收资本(或股本)尽管比注册资本更接近股东实际投资金额的真实数据,它仍然是一个反映过往现实的历史记录,一个与公司资产、盈亏状况和实际偿付能力脱钩的静态数字。公司某个不当行为是否"侵蚀"或者"损害"了实收资本(或股本),判断方法只能是基于数字进行核算和推定。如果说,公司法以"资本"或"股本"为标尺构造了一台检测公司行为合法性的检测仪,那么,这台仪器最基本的工作原理就是数字核算和推定。②

1.3.3 会计资本与注册资本的共性

无论是注册资本还是会计确认的资本——实收资本(或股本)——都具有虚拟性。马克思在分析虚拟资本的时候,注意到了虚拟资本具有自我复制、不断膨胀的特点。虚拟资本可以为持有者带来收益,可以出售变现,可以交易(进

---

① 详细说明参见第9.1.1节。
② 我们将在本书第三部分借助这个看法深入分析资本维持规范,尤其是抽逃出资的判断标准(详见第10.3节)。

而形成金融市场）。① 从这个意义上说，虚拟资本与货币具有类似的功能，它们都属于商业活动中人为创造的货币（"商业货币"）。

因此，人们通过观念上、法律文本和会计账务上的操作就可以创制注册资本和会计资本，无限扩张注册资本和会计资本。注册资本和会计资本的这种抽象性、虚拟性和自我扩张能力，最终也会导致公司账面资产规模的无限扩张。

首先，法律允许股东以非货币资产出资入股，而非货币资产要通过价值评估折算价格。一项专利权或一宗土地使用权，通过价值评估就有了自己的价格。不管这个评估价值是"客观的""不够客观的"还是"不客观的"，它通过出资入股就转变成为公司的注册资本和实收资本（或股本）金额。由此，人们对一项资产的价值估计（实际上是观念的产物），通过投资入股就转变成了公司资本。

其次，股东只要认缴出资或认购股份就可以创设公司注册资本。在股东实际缴付出资财产之前，注册资本就是建立在股东承诺基础上的价值。股东的承诺就可以构筑、扩张注册资本。

第三，通过转投资，资本可以不断扩张规模。举一个极端的例子：假设股东出资100万元资金设立A公司，注册资本100万元。再假设法律上没有转投资限制，那么，A公司可以将其100万元资产的1/2再投资设立B公司。B公司注册资本50万元，资产50万元。B公司再以50万元资产的1/2投资设立C公司。C公司注册资本25万元，资产25万元。这样，100万元资产通过多次投资和转投资就产生了注册资本总计175万元的三家公司。也可以说，100万元资金创设了175万元的注册资本。如果C公司按同样方法继续注册公司，注册资

---

① 马克思对现实资本与虚拟资本的讨论，见《资本论》第3卷中译本第29章（马克思，2004：526-533）。

本总量还会继续放大。① 假如 A 公司和 B 公司交互投资,100 万元资金在 A、B 公司之间循环出资,它们的注册资本同样会按照人们的意愿膨胀起来。②

第四,资本的扩张同时导致账面资产规模扩张。投资者向公司投入资本,一方面令公司获得账面资产,另一方面也使自己取得股权。公司可以拿资产对外投资(即转投资),投资者则可以利用手中持有的股权再行投资(即以股权出资)——具有自我扩张能力的资本,最终也会不断扩大账面资产的规模。

---

① 人们称此种做法为"虚增资本",参见戴德生(1999:55)。
② 关于转投资与虚增资本的进一步讨论,参见后文(第 6.3 节)对安邦集团案的分析。

本章小结

- 资本至少可以做实在和观念两种意义上的区分：实在意义上的资本，是指执行生产职能的各种经济资源（生产资料、货币等）；观念意义上的资本，是指投资者因向企业投入上述资源而获得的权利。

- 在法律上或法律从业者的表述中，"资本"没有严格而统一的定义。

- 公司法意义上的"资本"仅指公司通过权益融资方式形成的权益资本，反映股东已经投入或承诺向公司投入的资产价值，以及这一价值所代表的股东对公司的管理权和收益权。

- 根据现行《公司法》，注册资本是指公司所登记的全体股东"认缴的出资额"或"认购的股本总额"。这意味着股东的出资承诺就可以构成公司的注册资本。

- 注册资本与授权资本不同。授权资本表示公司董事会获得在一定股份数量或股本数额范围内发行股份、筹集资金的权限。而注册资本只是给予股东不立即（或延期）实缴出资的权利和便利，公司董事会并未取得发行股份筹资的自主权。

- 实收资本（或股本）是经会计确认的，股东实际缴纳并计入注册资本的出资金额。它仍然是一个反映公司过往现实的历史数据，一个与公司资产、盈亏状况和实际偿债能力脱钩的静态数字。

- 公司的某个不当行为是否"侵蚀"或"损害"了公司的实收资本（或股本），判断方法只能是基于资产负债表的数据进行核算和推定。

- 无论是注册资本还是会计确认的资本都具有虚拟性。人们通过观念上、法律文本或会计账务上的操作就可以创制注册资本和会计资本，无限扩张注册资本和会计资本。资本的这种抽象性、虚拟性和自我扩张能力，最终也会导致公司账面资产规模的无限扩张。

2. 资本的功能

两种融资渠道引发利益冲突,而资本制度试图调和利益冲突。

资本最基础的功能是为企业提供一种有别于负债融资的筹资方式,即权益融资。① 由于存在这两种不同的融资方式,公司股东与公司债权人之间、股东与股东之间、债权人与债权人之间持续发生种种利益冲突。因此,居于各种利益冲突之焦点的资本(制度),被赋予另外两项功能:吸收经营损失和调和利益冲突。本章分三节依次讨论上述三项功能。

两种融资渠道引发利益冲突而资本制度试图调和利益冲突——这一视角将为本书建立一个基本的分析框架,即从三类利益冲突(股东之间、股东与债权人之间、债权人之间)出发,分析资产从股东投入公司和公司资产流向股东两种情形中,法律所建立的各种约束机制。

2.1 一种筹资渠道

公司融资方式通常被简单地分为负债融资和权益融资两种。② 负债融资是公司以负担债务的方式筹集资金,公司通常要承担到期返还资金本金和支付利息的义务,资金提供者成为公司的债权人。权益融资则是公司的现有所有者(股东),通过与他人分享公司所有者权益(或所有权份额、股份)的方式筹集资金,资金提供者成为公司的新股东。从公司所有者的角度,我们可以将上述两种融资方式做如下表述:负债融资其实是公司借入其他人的资金(即"负债"),权益融资则是公司的(已有和意向)所有者们自己出资。

上述区分暗含一个假设,即公司存在一个或一群"所有者"。谁是企业的所有者? 一般的观点是:企业所有者是那些名义上享有企业控制权和剩余索取权

---

① 如前所述,本书所称"资本"或"公司资本"仅指反映股东投资权益的权益资本。因此,本章标题所说的"资本的功能",也仅指公司权益资本的功能。

② Palmiter (2015:69).

(residual claim)的人。① 公司股东自然是符合这一定义的企业所有者。不过，向企业投入资本的人未必总是企业的所有者。"资本投入方"享有企业所有权固然是我们常见的企业类型（即投资者所有的企业），但汉斯曼也指出，企业所有权也可能配置给企业的消费者、原料供应者或劳动者（例如各种合作社），或者配置给企业的债权人（例如企业进入破产清算程序后），甚至企业可以没有所有者（也即没有人享有控制权和剩余索取权的企业，例如非营利机构）。② 在这些非投资者所有的企业中，企业所有者未必对企业有资本投入，或者他们虽有资本投入，但资本投入不是决定他们享有控制权和剩余索取权的关键因素。也就是说，资本投入与企业所有权是不对应的，权益筹资未必会改变或者决定公司的所有权配置。

实际上，即便在股份上市交易的公众公司，如果它们采取了特别的股权分类和控制架构，资本也可能仅仅提供一种融资渠道，而不是决定公司所有权配置的关键因素。例如，公司发行无表决权的普通股筹资，不会改变公司原有的控制权结构。再如，公司创始人通过合同关系（例如为实现"合伙人团队"控制而订立若干合同）、雇佣关系实施最终控制的公司（如阿里巴巴集团），权益融资也不会改变公司的所有权结构。③

所以，非资本投资者所有的企业和具有特别股权分类或控制架构的公司，即便发行股份筹集资本（即进行权益融资），也很难讲是公司的所有者以分享企业所有权的方式筹资。因此，严格地说，我们前面所说的两类融资方式（及其特征差异）主要适用于那些寻常可见的、资本投入与企业所有权配置相匹配

---

① 汉斯曼（2001:13）。作者所称"剩余索取权"，是指对企业利润或剩余收益［即企业偿付了其他契约债务（如工资、利息及原材料价款）后的剩余净收益］的索取权。
② 汉斯曼（2001:15-23）。
③ 对阿里巴巴集团控制权结构的分析，参见 Fried & Kamar（2021）。

的公司。

公司如果同时运用权益融资和负债融资两种方式筹集资金,则利益冲突难以避免。公司对债权人通常须承担按期偿还资金本息的义务。债权人于是对公司拥有一定的债权请求权。同时,股东也期待从企业获取投资收益。债权人和股东的利益都需要通过公司资产来实现。但一个公司在一定时期内的可即时偿债或变现的资产总是有限的,有时甚至是不存在的。债权人和股东之间的利益冲突不可避免。

不过,股东和债权人对公司资产的权利并不一样。[①] 债权人对公司资产所拥有的权利是一种法律上有强制执行力的债权。如果是基于贷款合同的债权,合同通常会约定公司偿还本金和利息的明确期限。而股东尽管对公司资产拥有直接或间接的管理权,但其收益权实际上只是一种"期待"。简单来说,股东只能期待公司在支付各种成本、偿还到期债务后仍有剩余收益向其分配股利,而无权要求公司无论盈亏、定期向其支付确定金额的回报。因此,人们通常说,股东对公司拥有的是"剩余索取权",即公司资产应当首先用于支付成本、偿还债务,有剩余的话才可以向股东分配收益。

公司资产为什么要优先满足债权人?经济上的理由是:不这样安排就没有人愿意成为公司的债权人。可以设想,如果公司将债权人的请求权放在股东之后,也就是股东分享收益之后再考虑偿还债务,那么,直接的后果就是再也不会有人愿意借钱给这家公司或与该公司开展信用交易。我们假设的这种情形,实际上把债权人放在了公司的"剩余索取权人"地位上,但这时债权人却不享有"剩余控制权"。公司由股东控管,收益先分给股东,债权人借钱给公司,但无权管理公司,还要在股东之后得到偿付。什么人愿意做这种"毫不利己专门利人"

[①] 关于股与债的界分,参见许德风(2019:78)。

的债权人？谁来为大家切蛋糕，谁就排在最后取自己的那一份，这才是可以接受的公平规则。

事实上，债权人"优先于"股东不是现实情况的常态，也极难成为绝对规则。公司各项债务不会在同一时间全部到期。在某些债务尚未到期时，是否允许公司向股东分红？如果不允许股东在公司尚有债务但还未到期时分配利润，股东只能在企业解散的时候先还债，再分配剩余财产。这对股东肯定是缺乏吸引力的。[1] 除非他们像英国东印度公司17世纪早期那样，每次远航贸易之后便进行一次清算。东印度公司这种单程结算制的分配方式，或许适合远航贸易业务，但对形成长期投资和持续性经营是不利的。事实上，单程结算制也做不到彻底干净的"一航一清"。最终，东印度公司在17世纪60年代抛弃了这种单程结算制，开始实行区分资本与利润、出资人只得分配利润的制度安排。[2] 因此，在公司负有债务时，完全否认股东有权分配利润是行不通的。对股东和债权人的上述利益冲突只能加以调和，使利益冲突处于可控和可接受的状态。指望某种制度安排一劳永逸地消除利益冲突是不现实的。

2.2 吸收经营损失

货币金融学教科书在谈到商业银行资本时，通常会指出，银行资本具有吸收（absorb）经营损失、防止破产的作用。[3] 这个道理同样适用于银行业以外的公司。

---

[1] Manning & Hanks（2013：19-20）.
[2] 本书第3.2节对英国东印度公司的资本安排有进一步讨论。
[3] 易纲、吴有昌（1999：115）；弗里德曼（2001：215）；米什金（2016：168）。

2.2.1 资本为什么可以吸收损失

资本为什么可以"吸收损失"？一本教科书举了如下例子：假设有甲、乙两家银行，甲银行的资本占总资产的比率为10%，乙银行的这一比率为4%，除此之外，两家银行资产负债表的其他项目都一样。

甲银行资产负债表

资产		负债与所有者权益	
准备金	1000万美元	存款	9000万美元
贷款	9000万美元	资本	1000万美元

乙银行资产负债表

资产		负债与所有者权益	
准备金	1000万美元	存款	9600万美元
贷款	9000万美元	资本	400万美元

假设甲、乙的贷款资产中都发生了500万美元的坏账（即贷款债权完全无法收回），这笔坏账被冲销后，两家银行的资本都将减少500万美元。此时，两家银行的资产负债表分别是：

甲银行资产负债表

资产		负债与所有者权益	
准备金	1000万美元	存款	9000万美元
贷款	8500万美元	资本	500万美元

乙银行资产负债表

资产		负债与所有者权益	
准备金	1000万美元	存款	9600万美元
贷款	8500万美元	资本	-100万美元

作者指出:甲银行由于有1000万美元的资本作为"缓冲"(cushion),所以在发生500万美元损失的情况下,银行资本(或者净值)仍然是正数——损失被资本吸收,并未导致甲银行资不抵债;而乙银行的资本较少,500万损失导致其资本成为负数(-100万),资不抵债(9500万资产<9600万负债)。这时政府将勒令乙银行破产偿债。[①]

由上可见,作者所说的"吸收经营损失",是指在会计上冲抵损失,降低银行资不抵债、陷入破产的可能性;作者所说的银行"资本"也不是认缴资本或股本,而是更宽泛的概念——银行的"所有者权益"或者"净资产"。这样看来,所谓"资本可以吸收损失",确切说应当是"公司所有者权益(或净资产)可以冲抵经营损失,降低公司破产的可能性"。

资本(或确切说"公司所有者权益")之所以具有"吸收损失"的功能,根本原因是股东对公司资产的索取权(会计上表现为"所有者权益")一般性地排列在公司债权人的索取权(会计上表现为"负债")之后。也就是说,公司的资产一般要优先满足债权人的请求权,之后才能向股东支付收益或将剩余资产分配给股东。**索取权顺序的差别决定了股东权益具有为债权人权益"垫底"的作用。**

公司的所有者权益通常由以下部分组成:认缴资本(或如我国为实收资本或股本)、公积金(例如我国的资本公积金、盈余公积金)和未分配利润。各个部分通常按一定顺序"吸收损失"。假设公司当年发生损失,那么,以前年度的未分配利润须首当其冲来弥补当前年度损失;如果以前年度利润不足以冲抵损失,接下来可以用公积金弥补;最后,如果利润和公积金都不足以弥补损失,则认缴资本(或实收资本)就会成为最后的"防线"。[②] 只要认缴资本(或实收资

[①] 米什金(2016:168)。

[②] 有关公积金和实收资本弥补亏损的讨论,参见第11.1.3节、第11.1.4节和第12.1.3节。

本)足以覆盖损失,该公司的净资产将仍然保持正值,不会发生资不抵债的局面。由此看来,从资本的通常含义即认缴资本(或者实收资本或股本)的意义上,说"资本具有吸收损失、防止(资产负债表意义上的)破产的功能",也是成立的。

不过,我们应当看到资本"吸收损失"、降低破产风险功能的局限性。必须注意的是,资本只能在其金额范围内,在资产负债表的意义上"吸收损失"。首先,如果公司的亏损大到超过了股本与公积金之和,以至于所有者权益小于0("股本+公积金+利润"<0),也即出现上面示例中的乙银行的情况,资本的"吸收能力"就用尽了,对于更大的损失便无能为力了。

其次,退一步说,即便资本可以覆盖当前的损失,也是账面数字意义上的"覆盖",不等于公司拥有足够的可变现资产清偿债务。因此,期待资本发挥"吸收损失"的功能,就不能不考虑**公司资产的结构**,也就是分辨哪些资产可以充作可"吸收损失"的资本,进而可能还需要对资本的"吸收损失能力"予以分类、分级。①

另外,"资本可以吸收损失、降低破产概率"这一命题并不能推导出股东总是乐意向公司投入尽可能多资本的结论。尽管公司免于破产似乎是对股东和公司管理者都有好处的事情,但实际上,在给定资产回报率的条件下,股东投入的资本越少,其"股权回报率"就越高。② 显然,股东在决定投入多少资本时需要寻求一种平衡:某一资本额既有利于吸收损失、避免破产,又不至于占用过多资本,减低股权回报率。③ 这种寻求平衡的努力实际上也暗示了公司股东与公司债

---

① 这正是《巴塞尔协议》(Basel Accord)的基本逻辑,相关讨论参见第2.2.2节。关于资产具体构成与公司偿债能力的关系,较早的讨论参见赵旭东(2003:119)。

② 资产回报率(return on assets, ROA)=税后净利润÷资产;股权回报率(return on equity, ROE)=税后净利润÷股本。参见米什金(2016:168—169)。

③ 当然,对于受监管的行业(例如金融企业)来说,资本大小还必须满足政府监管上的要求。

2. 资本的功能

权人之间的利益冲突。

2.2.2　公司法应否效仿银行资本监管

《巴塞尔协议》所建立的银行资本监管体系可以说是"资本吸收损失"这一原理的极致表现。如果银行业的偿付能力有可能借助《巴塞尔协议》要求的监管机制得以维持,那么,普通的公司制工商企业的资本制度是否可以借鉴《巴塞尔协议》的框架?

在金融业尤其是银行业,资本监管仍然是当前主要经济体金融监管当局十分倚重的手段。① 银行资本监管有杠杆率(leverage ratio)和资本充足率(capital adequacy ratio)两种指标。② 杠杆率是资本与银行总资产的比率。监管当局会要求银行的杠杆率不得低于一定比例,否则将根据具体情形施加不同程度的干预。③ 资本充足率与杠杆率不同,它对资本和资产都做了细化分类。**资本充足率的算式是"资本÷风险加权资产"**。④ 当前,商业银行资本充足率监管的主要推动者是 1974 年 12 月美、英、法、德等十国央行在瑞士巴塞尔成立的巴塞尔银行监管委员会(作为国际清算银行下设机构)。该委员会建立了成员国央行的定期磋商和协调机制,其宗旨是为各国银行监管建立一致性规则。至今,巴塞尔委员会已于 1988 年、2004 年和 2010 年发布

---

① 除了资本金要求外,米什金(2016:185)指出,金融监管的另外七种基本手段是:对银行持有的资产予以限制、即时整改行动、注册与检查、风险管理评估、信息披露要求、消费者保护和限制过度竞争。

② 米什金(2016:185)。

③ 米什金(2016:186)。作者指出,在二十世纪八十年代的大部分时间,5%的杠杆率是美国对银行资本金实施监管的唯一标准。

④ 风险加权资产(RWA)的算式为:$RWA = \Sigma A(i)W(i) + \Sigma B(j) \times \beta \times W(j)$。$A(i)$为表内资产$i$,$W(i)$为资产$i$所对应的风险权重,$\Sigma A(i)W(i)$为表内项目计算出来的风险加权资产;$B(j)$为表外资产$j$,$\beta$为信用转换系数,$B(j) \times \beta$表示将表外资产转换为表内资产,再乘以相对应的表内资产的风险权重,就得出了$\Sigma B(j) \times \beta \times W(j)$,即表外项目的风险加权资产。上述两部分之和为总的风险加权资产。参见用友银行事业部、廖继全(2013:16)。

了三版《巴塞尔协议》。①

《巴塞尔协议》资本监管框架的基本方法论是,以风险为尺度,对银行资产和资本予以分级、分类,进而要求一定风险权重的资产必须匹配一定级别的资本。首先,以吸收经营损失的能力为标准,将银行"资本"分为不同级别;其次,按风险大小对银行资产分类,对每类资产分别规定"风险权重";最后,统一规定一定级别的资本与特定风险类别资产的比率,以之作为对银行资本和资产实施监管的标准。三个版本的《巴塞尔协议》基本上都遵循了这一方法论。相比公司法的资本维持规则"一刀切"地为所有类型公司设定约束规范,《巴塞尔协议》的监管框架显得更加精细,当然也更为复杂。

根据1988年《巴塞尔协议》(下文简称"巴塞尔Ⅰ"),银行资本被分为"核心资本"(又称"一级资本")和"附属资本"(又称"二级资本")两大类;银行表内资产按照信用风险大小分成四个类别,每个类别有不同的信用风险程度(即风险权重,分别为0、20%、50%和100%四档);表外业务通过信用风险换算系数转化为表内项目,适用与表内资产同样的权重分类;银行资本适用统一的充足率指标:总资本充足率不低于8%,核心资本充足率不低于4%。②

基于上述规则,商业银行需要根据其持有资产的风险权重配备相应的资本额。例如:巴塞尔Ⅰ将经合组织(OECD)成员国发行的政府债券认定为无风险

---

① 崔婕(2016:42);巴曙松等(2015:20)。

② 崔婕(2016:59-60);巴曙松等(2015:22-23);米什金(2016:186)。核心资本主要包括永久股东权益(实收资本、永久性非累积优先股股本)和公开储备(股本盈余、留存盈余);附属资本主要是未公开储备、重估储备、普通呆账准备金、混合资本工具、长期次级债券。核心资本中须扣除商誉;总资本须扣除对不合并列账的商业银行及附属公司的投资以及对其他商业银行及金融机构的资本投资。根据风险划分的四类资产:第一类风险权重为0,风险最小,包括准备金以及经合组织成员国的政府债券等几乎不存在违约风险的资产;第二类权重为20%,包括经合组织成员国的银行同业存款;第三类权重为50%,包括市政债券和居民住房抵押贷款;第四类权重为100%,风险最大,包括消费者贷款和企业贷款。

2. 资本的功能

资产(风险权重为0),意味着银行持有这类资产时,不需要为之匹配相应的资本额(或者说这类"优质资产"无需占用银行资本);住房抵押贷款的风险权重被规定为50%,意味着银行必须按照此类资产总金额的50%,依"协议"规定的比率匹配一定金额的资本。

但是,巴塞尔 I 精心设计的风险分类和计量标准相对于复杂多变的银行业务仍过于简单。例如,它对风险的分类只涉及信用和市场风险,没有涵盖同样可能导致银行破产的操作风险、法律风险等。[①] 它基于风险权重而设定的资本充足率监管引发各种规避行为(所谓"监管套利"),反而加剧了银行经营风险。例如,在相同风险权重的资产类别中,银行可能选择那些实际风险较高的资产,比如向信用评级较低的公司发放贷款,而剔除信用评级非常高的公司(因为,这样可以为银行扩大贷款规模、增加利息收入,而同时又不占用更多资本)。[②] 再如,银行通过"创新"将大量"混合资本工具"计入二级资本甚至一级资本,或者通过资产证券化将表内资产转移到表外,降低风险加权资产的权重,从而使其资本充足率满足监管标准。[③]

1997年亚洲金融危机之后,巴塞尔委员会便开始修订《巴塞尔协议》,2004年推出新一版协议(下文简称"巴塞尔 II")。新版协议扩大了风险类别(将操作风险纳入),进一步细化了资本分级和资产风险权重的分类与计量,试图将资本要求与银行实际风险更紧密地结合起来。它还鼓励有条件的银行建立自己的信用风险模型,进行内部信用评级。此外,在监管方式和信息披露方面也有所改进。不过,巴塞尔 II 的复杂程度也大幅提高,内容比巴塞尔 I 增加将近20倍。欧美大银行执行巴塞尔 II 的时间表因标准争议和经济形势变化而不断延

---

① 巴曙松等(2015:24-25)。
② 米什金(2016:186)。
③ 崔婕(2016:47)。

后。美国金融当局则只要求12家左右的大银行执行巴塞尔Ⅱ,其余银行可以适用简化的标准。①

2007年,美国次贷危机引发全球金融动荡。巴塞尔Ⅱ的诸多弊端在危机面前浮现出来,诸如:对系统性风险关注不够;资本充裕性仍然不足以应对危机;对交易账户风险控制不力;"顺周期性";对表外业务疏于监管;对影子银行缺乏控制等。② 于是,巴塞尔委员会自2009年启动修订工作,2010年开始陆续发布新版协议(下文简称"巴塞尔Ⅲ")。

巴塞尔Ⅲ试图在以往经验教训的基础上,全面加固全球金融监管体系。它在微观(单一银行实体)监管层面,修订了资本和风险加权资产的分类和计量标准,提高了资本充足率要求,增加杠杆率作为资本充足率的补充,引入流动性风险监管;在宏观(整个金融体系)监管层面,主要的改进有:在资本框架中建立储备资本缓冲和逆周期资本缓冲机制,对系统重要性银行提出附加资本要求,提出建立总损失吸收能力的新方案。③

总体来看,银行资本仍然是巴塞尔Ⅲ关注的重中之重。以下从资本监管角度对其微观和宏观监管措施稍作展开说明。

首先,巴塞尔Ⅲ重新分类和定义了监管资本(目的是限缩资本范围),试图提升资本吸收损失的能力。银行监管资本被分为"一级资本(持续经营状况下

---

① 米什金(2016:186);巴曙松等(2015:25-30)。对巴塞尔Ⅱ的批评,见 Matten, Mars & Trout (2003: 4-10)。

② 巴曙松等(2015:33-37);崔婕(2016:50-52)。关于巴塞尔Ⅱ的"顺周期性",米什金(2016:187)解释说:经济形势好的时候,银行资本金不难达到协议的要求;经济形势恶化时,不同类别资产的违约概率和预期损失都会上升,银行要符合协议要求就需要保持较高的资本金,削减贷款规模。因此,在危机时期巴塞尔Ⅱ实际上进一步加剧了贷款的收缩,严重拖累了实体经济。巴塞尔银行监管委员会(2011:17)也不否认存在"顺周期性"问题。

③ 巴曙松等(2015:41-45)。

吸收损失的资本)"和"二级资本(破产清算情况下吸收损失的资本)"两类。一级资本又分作"核心一级资本"和"其他一级资本"两种。各种类资本经监管调整(即扣除规定项目)后,应当满足以下比例要求:核心一级资本不得低于风险加权资产的4.5%;一级资本不得低于风险加权资产的6%;总资本(一、二级资本之和)不得低于风险加权资产的8%。巴塞尔III规定了每种资本的定义和范围。例如:"核心一级资本"包括普通股及其股本盈余、留存收益、累计其他综合收益和公开储备、符合条件的少数股东权益,最后须扣除规定的扣减项(如:商誉、无形资产、递延税资产、库存股、交叉持股等);"其他一级资本"主要是优先股及其股本盈余和其他无限期的损失吸收工具(仅包括无限期的、类似债券的资本工具),也须扣除扣减项。①

其次,巴塞尔III试图构建一个更多层次、更为精细的资本监管框架。这个框架由五方面的监管要求组成:一是提高最低资本监管要求(标准如上段所述);二是提出2.5%的储备资本要求(储备资本由扣除递延税等项目后的普通股权益组成);三是要求设置逆周期缓冲资本(即要求银行在经济上行期计提一定超额资本,以便在危机时期吸收损失);四是要求系统重要性银行设立1%至3.5%的附加资本(附加资本完全由普通股权益构成);五是提出总损失吸收能力的方案。②

第三,巴塞尔III引入杠杆率指标,作为资本充足率监管的补充措施。其目的一是控制银行体系杠杆率累积,二是防止资本充足率计算中可能产生的模型风险和计量错误。③

---

① 巴塞尔银行监管委员会(2011:25—29);巴曙松等(2015:67—71)。
② 巴曙松等(2015:71—74)。
③ 巴塞尔银行监管委员会(2011:17、77)。巴曙松等(2015:78)进一步指出,杠杆率和资本充足率两个指标在监管功能上具有互补性。

巴塞尔 III 的实施效果如何,目前还难以断言。[①] 不过,巴塞尔 III 仍然延续了前两个版本的监管逻辑:都是通过对资本(基于其吸收损失能力)和资产(基于预先制定的风险标准)的分类计量,确保银行保有一定比例资本,以此作为抵御风险、吸收损失的"缓冲垫"。从第一版到目前的第三版,《巴塞尔协议》的分类和计量标准一步步细化,可吸收损失的资本的范围一步步缩小(例如扣除项越来越多),对资本的要求越来越多(例如引入超额资本、附加资本等),约束手段一步步增加(如引入杠杆率、流动性风险监管等),所有这些措施的目标几乎都指向银行的普通股权益。不过,批评者还是无情地指出:无论理论分析还是历史经验都表明,单纯增加资本并不能有效保障银行的经营安全;而且,巴塞尔 III 不可避免地会遭受(基于风险度量、主体类别、资产类别等的)各种监管套利行为的侵蚀。[②] 此外,《巴塞尔协议》的目标不单纯是为了确保国际银行体系安全。由于资本监管为银行经营施加了巨大成本,因此,协议对资本监管的每一条要求都关乎银行业国际竞争的条件和环境。所以,《巴塞尔协议》也是塑造银行业国际竞争秩序的一个工具。协议条款的具体设计难免会受到大国博弈的影响。

《巴塞尔协议》的资本监管理论基础与公司法资本维持规范的原理是相通的,二者共享的观念基础是:资本具有吸收损失和降低破产概率的功能。不过,相比普通公司法的资本维持规范,金融业资本监管规范显然复杂和精细得多。其部分原因在于,与普通的商业公司不同,金融企业依赖向客户负债开展

[①] 对巴塞尔 III 的批评性讨论,参见 Dimitris N. Chorafas, *Basel III, the Devil and Global Banking*, London: Palgrave Macmillan, 2012(中译本为《巴塞尔协议 III:全球银行业的大挑战》,游春译,中国金融出版社,2014年版)。

[②] 巴曙松等(2015:47)。

经营,①但它们对其客户(例如存款人、投保人等)并不提供抵押、保证之类的担保,而仅以其全部资产作为偿付债务的基础。因此,金融机构的资本,作为吸收损失、预防破产的"缓冲垫",就显得更为重要,对其实施精细化监管是有一定合理性的。

另外,《巴塞尔协议》的资本监管建立在对银行资本和资产风险的分级分类基础上,其监管目标更多地聚焦于银行的经营活动(也即银行配置不同风险权重的资产的活动),而不仅仅是普通公司法所关注的资本报偿事项(例如利润分配、股权回购、减资等)。②

对于普通的商业公司来说,它们的合同债权人(尤其是银行时)可以要求它们提供抵押、保证等方式的担保,而不完全依赖它们自己的资产为信用基础。不同行业的营业范围和风险种类也极不相同,根本无法制定类似《巴塞尔协议》那样的,基于资产风险分级分类而计量的资本充足率监管标准。对各个行业全面实施类似金融业的资本监管,成本之巨大也是超乎想象的。因此,《巴塞尔协议》设计的资本监管机制无法成为普通商事公司资本制度的发展方向。

2.3 调和利益冲突

公司的两种融资方式造成了对公司拥有不同索取权的两类利益相关者:股东和债权人。股东与债权人之间以及股东之间、债权人之间,都可能发生持续的利益冲突。资本及其规则扮演了调和上述利益冲突的调节器的作用,尽管并非唯一的调和机制。

---

① 参见米什金(2011:216)。
② 资本报偿的含义参见第292页。

2.3.1 三类利益冲突

曼宁和汉克斯条分缕析,详细而不失生动地描述了债权人和股东对公司资产(更确切说是公司现金流)的不同期待,以及二者间的利益冲突。① 他们将股东与债权人之间的各种利益冲突归纳为以下五个方面[这些利益冲突就是美国各州公司法围绕"资本"(legal capital / stated capital)所构建的诸多规则试图调和的矛盾]:

(1)公司债权人期望公司资产越多越好,且这些资产最好尽可能多地来自股东投资和公司利润;而股东则希望尽可能少地向公司投入资产,以减少自己的风险。

(2)公司债权人通常不希望公司再举债、再增加新的债权人;而股东通常希望公司加高杠杆、多负债,尤其是股东出资很少的时候。同时,股东也不希望有太多的其他股东与其分享收益。

(3)公司债权人希望在其债权得到偿付前,股东不从公司索取任何投资回报;相反,股东总是希望尽可能多且尽早地获得投资回报。

(4)公司债权人希望在公司向股东分配或输送利益(例如分红、回购股份、关联交易等)时,自己能够得到足够的保护。这意味着对公司向股东的各种利益分配行为施加更多约束。相反,股东则乐意在分享公司资产时拥有更大的自由度。

(5)股东之间也存在潜在的利益冲突,尤其集中于出资环节:如果某些股东取得一定单位股份的对价少于其他股东,则这些股东实际上侵占了其他股东的

---

① Manning & Hanks (2013:12-24)。关于股东与债权人的利益冲突,还可参见克拉克曼等(2012:119-125)。

利益。①

曼宁和汉克斯所描绘的前四项利益冲突发生于股东与债权人之间,第五项是股东之间的利益冲突。

实际上,不同的债权人之间也存在利益冲突。例如:在公司无力偿债但尚未启动破产程序的情况下,通过民事执行程序先行取得债务人公司资产的债权人,就与未取得资产的债权人存在利益冲突;在破产清算或者重整程序中,不同的债权人同样存在各种各样的矛盾。

因此,从利益相关者的角度,我们可以将资本规则所要调和的利益冲突归结为三类:一是,股东与债权人之间的利益冲突;二是,股东之间的利益冲突;三是,不同债权人之间的利益冲突。

2.3.2 资本的调和作用

资本在调和不同类型的利益冲突时,扮演的角色和所发挥的作用各不相同。

股东与债权人的利益冲突

对于债权人与股东之间的利益冲突,资本制度最初提供的调整框架是:公司运营期间,区分资本与利润,只允许股东分配利润。② 这看起来是对股东与债权人利益的一种"互惠性调和":债权人原则上享有获得偿付的优先地位,但股

---

① Manning & Hanks (2013: 24).
② 参见第 3.2 节关于英国东印度公司资本安排的讨论。需要说明的是,公司要区分资本和利润,必须借助会计方法。因为,股东投资之后,出资财产和货币便投入企业经营周转,不可能原封不动贴上"资本"的封条,充当债权人的担保物。区分"资本"与"利润"只能是借助会计技术的抽象处理。会计史的研究表明,公司资本制度的这一发展对会计行业提出了新的要求,促使复式簿记技术发展出区分资本与利润的方法和规范。参见利特尔顿(2014: 199, 203, 244)。

东在企业运营期间也可以分取收益,只是分配范围应当以利润为限。这样,股东曾经投入的资本看起来就永久性地留在公司里面了,成为公司持续经营和偿付债权人的"根基"和"担保"。就好像股东们种了一棵苹果树,他们只可以在苹果成熟时摘一部分果子,但不可以全部摘去,更不可以将树连根拔走。只要果树仍在,债权人似乎就有了安全保障。

区分资本与利润并只允许向股东分配利润这一规则,大致从十九世纪初开始,逐步发展为一套基于资产负债表数据核算的,调和股东和债权人利益冲突的规则,也就是我们今天常常提到的资本维持(capital maintenance)规范。不过,资本维持规范并不是调和股东与债权人利益冲突的唯一机制。19世纪初,美国一些州的公司法中就有以公司实际偿付能力为约束标准的资本报偿规范。20世纪80年代,美国示范商事公司法(Model Business Corporation Act, MBCA)经修订后,确立了以公司实际偿付能力检测(equity solvency test)为中心的资本报偿约束机制。这套新型规则不再通过区分股本与利润的方法对资本报偿实施约束,而是要求董事会在决定分配前自行审慎评估公司偿债能力,将基于股本标尺的事前审查,转变为对董事是否审慎尽职的事后评价和约束机制。两种模式,孰优孰劣,至今争论不断。①

股东之间的利益冲突

对于股东之间围绕公平出资的各种利益冲突,19世纪初的公司法就发展了诸多资本筹集方面的规则。例如,对可出资财产类型加以限制,要求对出资财产评估作价,规定股票发行价不得低于股票面值,股东对出资不实负担赔偿责任,原股东对公司发行新股享有优先认购权等。这些规则起初是为了保障股东们在出资认股时得到公平待遇。但20世纪30年代"经济大萧条"以后,它们越

---

① 本书将在第三部分详细讨论这两种机制,详见第9章。

来越多地被赋予保护公司债权人的使命。① 目前来看,这些规则在不同国家、地区和时期先后都发生了很多变化。② 有的公司法放松了上述限制,有的取消了限制,有的则继续将这些限制规则奉为"金科玉律"。

公司持续经营过程中,因资本报偿事项——如利润分配、减少资本、股份回购等——引发的股东间利益冲突更是无法避免。例如:持有不同类别股份的股东,可能就公司的某一利润分配方案发生争议;③公司增加资本、筹集资金,或者对部分股东实施减资(所谓"定向减资"),都可能引起股东间的矛盾。④ 本书将在第三部分各相关章节逐次探讨这些问题。

债权人之间的利益冲突

公司运营期间,无论是否出现偿债困境,它的各种债权人之间都可能产生利益冲突。因为,不同债权人对公司资产的请求权,在内容和顺序上可能大不相同。

曼宁和汉克斯在他们的著作中,开篇就分析了不同种类债权人在以公司资产为基础的清偿活动中可能有的各种顾虑。公司的债权人首先可以分为无担保债权人和有担保债权人两种。有担保债权人可以就债务人公司的特定财产受偿,或者有其他的担保利益;而无担保债权人则没有这方面的特权。所以,在先存在的无担保债权人通常会反对公司增设新的担保债务。⑤ 此外,当公司资产不足以偿付其全部债务时,具有不同受偿顺位的债权人也会产生利益冲突。⑥

---

① Lutter (2006:2-3).
② 例如在二十世纪上半叶,美国不同州的公司法在资本筹集规则上就存在不同的规则。德国公司法则与美国和英国的规则存在诸多区别,参见第3.3节。
③ Manning & Hanks (2013:86-87).
④ 关于公司定向减资时的股东表决权问题,参见第12.3节的讨论。
⑤ Manning & Hanks (2013:12).
⑥ Manning & Hanks (2013:13).

在论及资本制度以外的债权人自保措施时,曼宁和汉克斯又将债权人分为"一般商业债权人"(general trade creditor)和"金融债权人"(finance creditor)分别讨论。"一般商业债权人"基于销售产品或者提供服务而对债务人公司享有债权。"金融债权人"则是向公司发放短期贷款或者长期投资的债权人,典型者如银行等金融机构、债券持有人等。[①] 这两大类债权人还可以进一步细分为不同种类。因此,他们之间基于不同的交易地位、经济实力、自保措施、合同条款等,可能具有不同的利益诉求,相互之间的利益冲突不可避免。

调和不同债权人之间的利益冲突,并非公司资本制度的关注重点。这类利益冲突通常应当依照合同法、担保法、证券法、破产和清算法规处理。但是,在我国的审判实践中,债务人公司不能清偿债务时,破产程序未必会及时启动。公司债权人之间的利益冲突未必会在破产清算程序中处理,而很可能表现为各个债权人在追究债务人公司股东出资责任上展开"竞赛"。民事执行程序的"个别清偿"(或称"偏颇性清偿")与破产程序的"集体清偿"存在竞争现象,债权人之间的利益冲突经常需要在资本规则的框架内解决(例如:出资不实的股东对公司债务承担清偿责任)。因此,分析我国公司资本规则(尤其是当前的股东出资责任规则)时,不应当忽视债权人之间的利益冲突。[②]

[①] Manning & Hanks(2013:99)。

[②] 详细讨论参见第 8.3.2 节。

本章小结

- 资本的首要功能是为公司提供了一种有别于负债融资的筹资渠道。此外,资本还有吸收经营损失和调和利益冲突的功能。

- 负债融资和权益融资引发两类投资者之间的利益冲突,同时每类投资者内部之间也有利益冲突。具体而言:一是股东与债权人之间的利益冲突;二是,股东之间的利益冲突;三是公司债权人之间的利益冲突。

- 资本及其规范旨在部分地调和这些矛盾和冲突。公司资本(认缴资本或实收资本)的吸收经营损失、降低破产风险的功能,就是资本调和股东与债权人利益冲突的表现。

- 资本吸收经营损失的功能只能在资本的金额范围内,在资产负债表的意义上发挥出来。而资产负债表上反映的资产金额不必然等同于公司的偿债能力。

- 《巴塞尔协议》所建立的银行资本监管体系可以说是"资本吸收损失"这一原理的极致表现。不过,《巴塞尔协议》设计的资本监管机制无法成为普通商事公司资本制度的发展方向。

- 本书的分析框架是:紧扣股东与公司债权人、股东之间、债权人之间三类利益冲突,着重分析股东资产投入公司(资本形成)和公司资产流向股东(资本报偿)两种情形中,法律构建了何种约束机制,如何调和这三类利益冲突,股东和债权人又如何回应法律的调整。

3.
资本制度的演进

资本制度并不像瓦特发明工业用蒸汽机那样,是某一个人或者某一些人的发明创造。它大概是人类在极长期的生产、交易和合作过程中,基于直觉、习惯、经验,再加上理性思考和研究,逐渐发展出来的一种组织形式,一种生产经营方式,一种制度。

从历史演进的脉络看,人类与资本打交道的方法和规则总体上是日趋复杂的。从古代区分本、利,合伙留本固业,到十七世纪英国东印度公司区分资本与盈余(只许出资人分配盈余),到十九世纪规范资本形成、利润分配、股份回购等事项的规则普遍出现于北美和欧洲,再到二十世纪直至当下各国公司法、国际金融业监管规则的发展变化,资本制度正在变得越来越复杂,越来越精细(例外的是,普通商事公司的资本形成规则有不断简化的趋势)。造成这种发展演进的主要原因在于,人类的经济活动、分工和交易手段日益扩展和复杂,立法和监管机构为规范这些活动不得不制定复杂精细的规则,而复杂精细的规则又进一步激发更加复杂的交易手段("创新")——这种循环往复的游戏似乎永远不会终止。

不喜欢历史回顾的读者可以直接跳到第 4 章开始阅读。跨过本章不会过分影响您阅读以后的章节。不过,在以后章节的阅读中,您或许想知道:眼前的这些概念、观念、制度和实践做法究竟是从哪里来的,它们是如何变成现在这个样子的。这时候,您可以再回到第 3 章。回顾历史或许会给我们带来意想不到的发现。

3.1 古代的"本"与"利"

人类从事生产或经营必须有一定的物质基础。例如,从事农业生产需要土地、种子、工具等;经营商业需要有进货的资金、运输工具、售货的场所等。这些物质基础可以说是人们为获得经营收益而做的"投入"。

中国古人很早就注意到"投入"与"收益"的关系,而且注意到投入不同的事业,收益率常常不同。传说战国时期的大商人吕不韦早年曾经与他的父亲讨论何种投资收益最大。当时的吕不韦正在邯郸做生意,他问:"耕田之利几倍?"父答:"十倍。"又问:"珠玉之赢几倍?"答:"百倍。"再问:"立国家之主赢几倍?"

答曰:"无数。"实际上,在耕田收益率的判断上,吕不韦有着比其父更切实的看法。他认为,辛苦耕作的农人很难满足温饱("今力田疾作,不得暖衣余食。")。所以,耕田之利引不起他的兴趣。众所周知,吕不韦最终选择去投资"建国立君"的事业,因为回报最大,"泽可以遗世"。①

在上面这段对话中,投资收益被表述为"利"和"赢"。其含义大致就是我们今天说的"利润"和"盈利"。若干"倍"的"利"和"赢"显然是相对于"本"而言的。这表明,在大约2000年前《战国策》作者所处的时代,人们已经知道用专门词语形容生产和商业经营的"利润"或"盈利"。

古代文献表明,人们很早便用"本"来形容产生"利"或者"赢"的原始投入。《管子》的"国蓄"篇,呼吁君主垄断天下最有价值的资源和最富营利能力的生产("利出一孔"),并且管控商业、鼓励农耕,认为这才是强国之道。该文写道,在君主无力管控财源的国家,大商巨贾往往利用农业丰歉造成的价差,获得百倍于本金的利润("蓄贾游市,乘民之不给,百倍其本")。②

秦汉以降,农、工、商业愈益发展,文献中用"本"表示本钱、本金,用"利"表示利润、收益,以"息"或"子"示意贷款利息,都是常见的。③ 这都说明,古人已经认识到本金和收益(无论它是借款利息,还是营业利润)的区别。

在个人独资或以家庭为单位的经营活动中,区分"本""利",可能主要是业

---

① 《战国策·卷七秦五》:"濮阳人吕不韦贾于邯郸"。
② 《管子·国蓄》。
③ 《史记》载,孟尝君"使人出钱于薛,岁余不入,贷钱者多不能与其息……"。唐代韩愈《柳子厚墓志铭》写道,柳州"其俗以男女质钱,约不时赎,子本相侔,则没为奴婢。"意思是柳州有用儿女做抵押向人借钱的习俗,债务人如不能按时还债赎人,待利息与本金等额时,债主就把人质没收做奴婢。参见童第德(1980:180)。唐代元稹的乐府诗《估客乐》记述了一名商人的发迹史,说他制假卖假盈利丰厚:"所费百钱本,已得十倍赢……子本频蕃息,货贩日兼并。"参见谢永芳(2016:493)。

主核算盈亏的需要,其次是国家征收赋税的要求。① 单就业主的营业活动来说,业主以什么东西作为经营的"本钱",如何从"利"或"息"中获取回报,通常不影响其债权人的利益。因为,业主个人或家庭财产与营业财产并没有明确界限,业主个人或家庭财产要对营业债务承担清偿责任。

在多人聚合资本、联合经营的情况下又如何呢?我国历史上,合伙、合资也是常见的商业组织形式,明清时期更为普遍。② 合伙经商必定涉及经营收益或亏损在多个合伙人之间分配,因此合伙人必须事先确定每人的出资金额(包括什么财产可以出资,非货币出资如何折算价值等)、权益份额、管理权限和损益分配规则等。③

合伙经营的情况下,区分本金和利润不仅是核算盈亏的前提,也是合伙人之间分配损益、持久经营的基础。我国学者在明代商业合伙契约中发现,商人们会为持久营业而约定留存经营资本、只分配利润。④ 韦伯对意大利中世纪商法文献的研究也表明,12和13世纪的海上合伙或陆上合伙的合伙协议,通常都会对利润和亏损的核算、簿记方法及分配规则做明确约定。⑤ 单程结算的海上贸易合伙是这样(此类合伙的利润分配比例常常不同于出资比例),持续经营的一些陆上贸易合伙更需要如此。因为,合伙要持续经营,就必须保有一定的资

---

① 关于中国古代工商赋税的介绍,参见王志端主编书(1998)的相关章节。

② 在宋代的文献中,人们发现了商人聚合资本、共同经营的许多实例。其中有的叫"连财合本",有的叫"合本""共本"或"斗纽",参见斯波义信(1997:456-460)。范金民等(2007:16-17)认为合伙是明清时代商业经营中极为普遍的组织形式。

③ 范金民等(2007:17-18)引用了一份清嘉庆年间重庆的商铺合伙合同,当事人将合伙人的出资称为"本银",以"股"作为合伙人权益份额的基本单位,约定按股分配损益。

④ 刘秋根(2000:89-90)引用了一份在多个文献中出现的商业合伙契约示范文本,其中有这样的内容:"所得利钱,每年面算明白,量分家用;仍留资本,以为渊源不竭之计,至于私己用度,各人自备,不[得]支动[店]银,混乱账目。"

⑤ 韦伯(2019:20、30、101)。

金循环周转,而区分资本(本钱)和利润以及要求合伙人只分配利润,是实现这一目的简便方法。①

但是,这毕竟还是合伙协议,属于合伙人的内部事务,是合伙人追求持续经营的一种内部安排。外部权威,比如国家法律,并没有强制规定合伙人只准分配利润。其原因可能仍然在于合伙的债务承担方式。因为,无论合伙人如何约定出资和损益分配,合伙营业的债权人都可以将其清偿债务的索取请求直接追至普通合伙人的个人财产。换言之,合伙协议的约定对合伙营业的债权人不产生影响。既然如此,外部权威就没有动因或者需求为这类事务供给强制性规范。

总之,对合伙营业来说,区分本金和利润是合伙人核算盈亏、分配损益的前提条件,而保留资本、将分配限于利润则是合伙持续经营的必要条件。这些特征早在中世纪地中海沿岸城市的贸易组织中就已经显露出来了。可见,"资本维持"的思想早在古代就产生了,只不过维持资本的直接目的是持久经营而不是保护债权人。下节我们将要讨论的十七世纪英国东印度公司(起初它也是一个贸易合伙)的资本安排似乎也可以追溯到这里,至少它们是非常相似的。

3.2 十七世纪英国东印度公司

欧美学者一般将现代股份公司的起源追溯至欧洲 17 世纪的海外贸易公司。② 因为,海外贸易公司在其一、二百年的演进过程中,逐渐孕育了现代公司

---

① 这里的"资本"泛指"本钱"。布罗代尔(1993:236)的研究指出:"资本"(capitale,源自拉丁语 caput,指人的头部)一词"是在意大利被创造,被驯化和逐渐成熟的"。在十三世纪早期的意大利文献中就出现了这个词,十四世纪已被普遍使用。它的含义包括"资金""存货""款项""本钱"或"生息本金"等。

② 莱塞尔、法伊尔(2019:6);Palmiter(2015:8)。

的一些基本特征。诸如:公司具有不同于股东的独立法律地位(法律人格);公司资本来自股东投资;股东分享公司利润,且对公司债务不承担责任(有限责任)等。基于这一原因,贸易公司是我们观察公司资本演进的首选样本。

海外贸易公司中影响较大,同时可接触文献也比较丰富的,是英国东印度公司(以下无特指时均简称"东印度公司")。解读东印度公司资本安排的变迁,我们将看到:

——持续经营的需求推动了资本的联合和持久存续,资本持久存续就要求出资人不得随意取回"本钱";

——维护资本稳定和保障股东收益两种动机相互妥协的结果是,公司必须区分资本与利润,在不解散公司的情况下,股东只能从利润中获取回报;

——股东有限责任的合法化,促使公共政策开始关注公司债权人的保护,法律必须在维护资本稳固和保障股东收益两种利益之间寻求某种平衡。

从1600年12月31日获得英国女王颁发的特许状,到十七世纪末,东印度公司的资本安排大致上经历了四个阶段。

第一阶段:单次航程的一次性资本。1600年底的特许状授予东印度公司("伦敦东印度公司")为期15年的法人地位以及经营"东印度"(east indies)地区贸易的排他性特权。远洋贸易耗资巨大、风险难测,投资者起初对这一新航线的前景缺乏信心。公司最初没有筹集起足以持久运营的资本,只得采取这样的权宜之计:每次航程(voyage)都向公司成员单独募集资金,船队返航并将货物出售后,参与出资的公司成员就分掉此次航行的全部本金和利润。因此,每次航程都是一次单独的筹资、远航贸易和连本带利清算的过程。而每次航程的出资人也并非同一群公司成员。这个阶段的东印度公司实际上只是一个顶着国王特许状的躯壳,各次航海的出资人不过是在借用东印度公司的垄断经营权分别组团投资。

每次航行都单独筹资、返航清算,实际上操作起来并不容易。每次航行的清算通常都要经历漫长的时间,过程十分繁琐。经常有前次航行未清算的"余额"不得不合并到下次的航行中。① 而每次的"余额"及其不同的出资人名单累积下来,都会给后面的分配和结算增加麻烦和混乱。② 另外,单次投资、单次结算更像是一种赌博和冒险,③而持续性资本和持续性的经营,却有利于摊平不同航次的风险,也有助于与外国公司竞争。④ 这些因素都在促使东印度公司的股东走向一种持续性的资本联合。

第二阶段:固定年限的资本聚合。从 1613 年起,东印度公司决定以公司名义,按一定年限筹集资本。例如,第一次合资时间定为四年(1613-1616 年),出资人认缴资本后可以分四次缴付;第二次定为八年,分八次缴付。不过,由于种种原因,实际上每次认缴资本的都不是完全相同的成员组合,每次贸易结束后仍然像以前一样连本带利进行清算。⑤ 这样,单次结算的各种弱点被照旧继承下来,随着贸易次数越来越多,引起的混乱也越来越严重。迫于来自荷兰东印度公司的竞争压力,英国东印度公司摆脱这种混乱的愿望日益迫切。

第三阶段:永久资本。1657 年,克伦威尔推动了东印度公司的改组。招股说明书揭示了最主要的一项改革举措:单次远航贸易结束后不再立即连本带利清算,出资人获取投资回报的方式改为定期分配利润。这样,公司就可以持久保有一笔相对稳定的运营资产("资本"),而出资人也可以定期获得收益。同时,公司将每 7 年或每 3 年做一次资产核算,允许原出资人基于核算价值退

---

① 大塚久雄(2002:403)。
② 利特尔顿(2014:202-203)。
③ 这一阶段的公司出资人在相关正式文件上也被表述为"adventurers"(直译:"冒险者、投机者"),参见 Davis(2001:296)。
④ 富尔彻(2013:3)。
⑤ 大塚久雄(2002:427)。

股,其他人可以替补进来。① 这样,出资人就有了常规的退出渠道,公司资本就不会因出资人变动而频繁变化。

在以上三个阶段,东印度公司尽管有法人地位,但其出资人名义上都须以个人财产偿还公司债务、弥补公司亏损。② 也就是说,出资人名义上并不享受有限责任。出资人承担无限责任,意味着出资人的个人财产都是公司债务的担保物。③ 对公司债权人来说,这样的安排自然是极有利的。在此基础上,债权人显然不必去关注公司是不是始终保有一笔不少于股东原始出资的运营资产("资本"),也不必关心股东分红时是不是"侵蚀"了公司资本。也就是说,东印度公司第三阶段区分资本与利润,似乎与保护债权人没有多少关系。

第四阶段:永久资本+出资人有限责任。1662年,英王颁布法令,规定所有投资于东印度公司、皇家渔业公司(Royal Fishing Trade)、吉尼公司(Guiney Company)的人,不适用破产法中的商人连带责任规则,也即享有有限责任保护。④ 于是,东印度公司在拥有法人地位的基础上,其出资人又获得了有限责任的保护。

按常理说,这一变化对公司债权人肯定是有影响的:如果东印度公司名下的资产不足以清偿债务,债权人不能再像以前那样向出资人(实际上可能主要

---

① 大塚久雄(2002:432-433)。实际上,由于股权在此后可以自由交易了,这种退股和入股的安排变得可有可无了。参见大塚久雄(2002:441)。

② 大塚久雄(2002:408,436)。

③ 不过,根据大塚久雄(2002:425,436)的研究,由于追索出资人个人财产并不容易,公司债务或亏损实际上是由总裁(governor)和董事们承担清偿或填补责任的,非董事的出资人事实上享受着有限责任。

④ 'Charles II, 1662: An Act declaratory concerning Bankrupts.', in Statutes of the Realm: Volume 5, 1628-80, ed. John Raithby (s.l, 1819), pp. 419-420. British History Online http://www.british-history.ac.uk/statutes-realm/vol5/pp419-420 [accessed 11 June 2020]. 与该法令相关的讨论参见解玉军(2006:100-101)。

是担任总裁和董事的出资人)的个人财产提出追索。但是,1662年的有限责任法令并未对如何保护公司债权人利益创设任何规则;也没有要求公司区分资本和利润,保有持久而稳固的资本(运营资产),作为其出资人获得有限责任的前提条件。

如果我们将"资本"简单地定义为商人从事贸易的本钱,那么,十七世纪东印度公司的历史表明:

——在十七世纪,东印度公司的资本从商人基于单次航海贸易的一次性投资组合而演变为持久存续的公司运营资产,其动因是为了实现持久、稳定的经营,提升公司相对于荷兰东印度公司的竞争力。持续经营自然需要公司持续拥有一定的运营资产。这就要求出资人放弃完成一次贸易就连本带利清算的模式。那么,公司应当将哪些东西留下来,将哪些东西作为投资回报分给出资人?传统的"本利"观念似乎自然而然地驱使人们做出一个选择:将出资人的原始投资金额作为一个标准,这个金额内的资产作为"资本"留存于公司,"资本"的增值或收益即"利润"作为回报分配给出资人。

——东印度公司1657年开始区分资本和利润,并不是为了保护公司的债权人。即便1662年法令赋予某些公司的股东有限责任保护,法律上也不强制公司保有一定资本(比如要求公司分配利润时不得返还股本),更未通过其他规则使资本成为一种保护公司债权人的机制。

——对比上一节的论述可知:东印度公司的资本安排并无新意,实际上带有浓厚的合伙气息,丝毫没有超出中世纪地中海沿岸贸易合伙的资本架构。唯一值得注意的新气象是,一些公司的出资人基于1662年法令取得了有限责任的庇护。出资人一律享有有限责任,而不是中世纪地中海沿岸的有限合伙只承认部分合伙人享有有限责任,这是一个比较显著的变化。

出资人的有限责任重新定义了出资人与债权人间的风险配置。如何调和二者的利益冲突,成为不可回避的问题。十七世纪末,在英国议会许可某些公司成立的法令中,出现了以资本额为标尺的债权人保护规则。1694年,议会对英格兰银行的许可法令规定,银行负债如果超过其资本额(120万英镑),则股东应按持股比例对超过资本的负债承担偿付责任。① 这实际上是将银行的资本总额设定为负债总额的上限。该规则隐含了这样的立法观念:资本具有保持银行偿债能力的作用。② 1697年,议会许可英格兰银行增资。法令除重申负债不得超过资本外,又规定:银行分配股息如导致资本减损,则银行必须清偿或减少相应的负债,否则,收取股息的股东负有返还股息等责任。这条规则的目的是,防止银行因向股东分红而导致净资产(资产减负债之差)少于资本额。③ 1764年,英王对英国亚麻公司(English Linen Company)的特许状中也出现类似规则。④

按照凯尔(Donald Kehl)的看法,整个十八世纪,英国法律中的禁止从资本中分红的规则是个别和零星出现的。十八世纪末,推进资本规则向现代发展的历史舞台开始转移到了当时的新兴资本主义经济体——美国。⑤

3.3 十九世纪美、英、德资本制度

十九世纪是公司资本制度发展演变的极重要时期。二十世纪直至当下,公司资本制度及其观念基本上都可以追溯到十九世纪的法律和观念。在这一历史阶段,当时属于新兴资本主义经济体的美国,在资本制度的演进中常常领潮

---

① Kehl (1939:41).
② 类似于本书第2.2节所说的吸收损失、预防破产的功能。
③ Kehl (1939:42).作者认为,1697年法令是英国法中首次出现的禁止公司挪用资本分派股息的规则。
④ Kehl (1939:42).
⑤ Kehl (1939:43).

流之先。

3.3.1 美国

美国自建国至整个十九世纪,经济增长迅速,逐渐成为资本制度发展的主战场。在这一时期,人们渐渐接受了这样的观念:企业保有稳固的资本,除了具有维持持久经营的作用外,还有利于保持公司的偿债能力。在各州立法机构颁发的公司特许状以及后来制定的公司法规中,有关公司发行股票筹集资本和保持资本以维持清偿能力的很多新规则都是前所未有的,其中很多规则正是我们今天所说的"资本确定""资本维持"规范。

美国建国后的数十年中,各州规管营利性公司的方式延续了英属殖民地时期的特许状传统。各州立法机构取代英国王室和议会,行使特许私人组建法人公司的权力。打算组建公司的人必须先从立法机构获得一项特许状(charter),而立法机构则须为此制定一部特别法令。特许法令和特许状授予公司法人地位,规定公司的目的、权利、能力范围等,规管公司的各项内外部事务。十九世纪初开始,在工业革命的推动下,设立公司的需求爆发式增长,立法特许公司设立的做法无法满足经济发展的需要。有些州制定了专门适用于特定行业的公司设立法规。到十九世纪中后期,各州基本上都制定了不分行业的公司设立法规,议会单独立法特许公司成立的办法终于退出历史舞台。①

在资本筹集方面,股东出资受到出资财产类型和股票面值规则的约束。特许状时代,股东出资上的法律限制很少。按照普通法传统,除非特许状有特别规定,公司可以接受股东以现金、非现金财产甚至劳务作为出资,公司董事会有

---

① 美国独立革命后至十九世纪末公司及相关法律的一般情况,参见弗里德曼(2007:191-203,565-580)。

权对非现金出资的价值作出终局评估。① 十九世纪上半期,有些州的公司法规收紧对出资方式的限制。通常,只有现金可以作为出资财产。股东签发的本票,即使有履行担保也不能作为出资财产。公司发行的股票开始出现每股面值(par value)。每股面值乘上已发行股票总数即为公司资本总额。股票面值显示了股东为获得股份而必须缴纳的最低股金额。股东实缴的金额若低于股票面值,当公司无力偿付债务时,股东就可能在欠缴金额(股票面值与实缴金额之差)内对公司债务承担连带责任。② 这些规则一方面有维护出资公平(例如防止某些股东欠缴出资,稀释其他股东权益)的功能;另一方面显然也有通过公司资本保护公司债权人的意图。③

十九世纪末、二十世纪初,有些州的出资规则开始变得比较宽松。例如,纽约州1890年的制定法允许人们以非现金财产和劳务出资。④ 马萨诸塞州1903年商事公司法,开始允许现金以外的有形或无形财产、劳务、公司设立费用等出资认股;以现金认股的,可以分期缴付;股东缴足资本不再是公司开业的前提条件;该州1921年修法后,公司可以选择发行有面值股票或者无面值股票,后者的发行价格不受法律限制。⑤

要求公司保全资本以维持公司偿债能力的规则,在特许状时代就有所发展。十八世纪末的一些法人型公司的特许状中,就出现了要求公司区分资本与利润,分红须以利润为限的规则。例如:有些公司的特许状规定,公司只能以利

---

① Hall(1908:124)。
② 概括说明见 Berle & Means(1933:131-132)(中译本见伯里、米恩斯,2005:143)。Warren(1923:525-527)专门梳理了马萨诸塞州十九世纪三十年代至七十年代公司法法规中的出资规则,可作为上述说明的具体例证。
③ Berle & Means(1933:132)。
④ Hall(1908:6, footnote 16)。
⑤ Warren(1923:531)。

润向股东派息;还有一些特许状要求,以利润向股东派息前,必须先从利润中扣除折旧费和设备改进费。① 一家保险公司1787年的特许状中有这样的条文:公司应当保全资本(capital stock),以保障被保险人利益;利润必须首先弥补往年亏损才能向股东分配。② 宾夕法尼亚州1804年许可设立费城银行(Philadelphia Bank)的法令规定,银行分配利润不得侵损资本,违反该规则批准分配的董事须以个人财产对银行资本减损承担责任。③ 另外,英国以资本额限制银行负债总额的做法也被美国立法者学会。十八世纪末纽约成立的三家银行,其特许状都规定银行负债总额不得超过资本额的三倍。④

利弗莫尔(Shaw Livermore)发掘的资料显示,十九世纪三十年代以前的许多公司特许状或者公司法规中,已经出现要求保全资本的条款,而这种要求常常与股东或董事能否享受有限责任联系在一起。例如:有些保险公司的特许状规定,总裁或董事如果明知公司的亏损已经侵蚀股本,仍然对外签发保单,那么,他们应以个人财产对保单持有人承担责任。⑤ 这意味着他们失去了有限责任保护。还有保险公司的特许状规定,董事不得动用资本金向股东分红,否则董事须承担个人责任。⑥ 在康涅狄格州,1817年的一部制造业法规规定:如果公司每年都向官署报备公司资本金额以便公司债权人知悉,那么股东就不必以个人财产对公司债务承担责任(也即享受有限责任)。⑦ 通过资本保护债权人的观念也体现在同一时期该州立法机构颁发的特许状中。例如,有些特许状规

---

① Kehl (1939: 47-49).
② 巴尔的摩火险公司(Baltimore Insurance Fire Company)特许状,见 Kehl (1939: 51)。
③ Kehl (1939: 53).
④ Livermore (1935: 683).
⑤ Livermore (1935: 678).
⑥ Livermore (1935: 686).
⑦ Livermore (1935: 681).

定:公司应当保有特许状所宣示的资本额,如决议减少资本额,则必须在当地报纸公告以使债权人知晓。① 有的特许状则完全禁止公司减少资本:董事、管理人员和股东如果批准或允许公司减少资本,则应当对公司减资时和减资后的债务承担连带清偿责任。②

十九世纪三十年代至十九世纪五十年代,利润分配限制规则成为大多数州公司法规中的必备条款。凯尔发现,纽约州和马萨诸塞州的制定法被许多州效仿。凯尔将纽约州规则称为"资本侵损规则"(capital impairment doctrine),将马萨诸塞州的称为"偿付不能规则"(insolvency rule):③

——纽约州1825年的制定法规定:公司董事或管理人员只得从盈余中分配股利,除此之外的分配均属违法;未经立法机构许可,公司不得减少资本,不得将资本撤回或以任何方式分给股东;如果违反上述禁令,董事应当在违法分配或者违法撤资、减资的金额范围内,以其个人财产对公司及公司债权人承担连带责任。④ 可见,纽约州立法是将公司资本作为一种不可侵犯的东西,不允许任何方式的人为减损,并不考虑分配是不是实际上影响了公司的偿债能力。

——马萨诸塞州将偿付能力作为评判标准。该州1836年的制定法规定:在公司已出现偿付困难(insolvent)或者分配股利将导致公司偿付困难的情况下,董事不得向股东分配股利;违反该规定的董事应当在违法分配的金额内,对公司债务承担连带责任。⑤

上述纽约州和马萨诸塞州的不同做法,实际上就是目前两种资本报偿约束

---

① Livermore(1935:681).
② Livermore(1935:682).
③ Kehl(1939:60-65).
④ N. Y. Laws 1825, C. 325, § 2. 转引自 Kehl(1939:56-57)。
⑤ Mass. Rev. Stat. (1836) c. 38, p. 331, § 23. 转引自 Kehl(1939:59)。

机制的前身。①

3.3.2 英国

在1720年《泡沫法》(Bubble Act)颁行后的一百多年里,英国议会严格控制特许状的发放,没有得到特许的、无法人地位的共同贸易企业(unincorporated joint-stock firm)受到极大压制。② 至十九世纪上半叶,工业革命深刻改变了英国社会的政治经济结构。在此背景下,议会一步步地放开对营利性法人公司的设立管制。股东承担有限责任的法人公司最终向所有私人投资者和经营者开放。首先,议会于1825年废止了《泡沫法》;其次,1844年《公司注册法》(Registration Act)准许所有符合条件的合股公司注册为法人公司;最后,1855年《有限责任法》(Limited Liability Act)准予法人公司股东享有有限责任。③ 后两部法律均涉及较多资本筹集与利润分配方面的规范。另一方面,英国判例法也在十九世纪末发展出了类似美国判例法的若干资本维持规则。

《公司注册法》又叫《合股公司法》(Joint Stock Companies Act)。④ 根据这部法律,所谓"合股公司"仍然是一种合伙企业,不过,它们拥有资本,而且将资本划分为可任意转让的股份。⑤ 依照该法注册的合股公司具有独立于股东的权利能力和法人地位。⑥

---

① 即资本维持规范和实际偿付能力检测规范,详见本书第9章。

② 关于1720年泡沫法的历史背景,参见姜朋(2017:104-118)。

③ Butler(1986:171-174)。

④ 该法全称为"an Act for the registration, incorporation and regulation of joint-stock companies"(合股公司注册、取得法人资格及规制法)。

⑤ Registration Act 1844, s. 2; Butler(1986:180)。

⑥ Registration Act 1844, s. 25.该条列举了公司的诸项权利能力,例如拥有公司名称和印章,以公司名义签约、诉讼、拥有不动产、发行股票、借贷资金等。

在资本筹集方面,《公司注册法》定有详细规则,对股东施加了严格的出资义务。主要有以下内容:

(1)公司的"合资协议"(Deed of Settlement,类似于组建章程)应当详细记载股东出资情况,具体包括:股东拟投入的资本总额和"额外资本"(additional Capital)金额、资本筹集方式、非货币出资的类型和价值;已认缴资本额和拟认缴资本额;股份总数;认股人所持股份中已交款的股份数和未交款股数。

(2)为约束股东按约缴付股款,"合资协议"必须包含每个拟分期支付股款的股东所做的按期付款承诺。如果股东拟分期付款或者同意依公司催缴(call)而付款,"合资协议"应当注明分期缴款或者催缴付款的金额和期限。[1]

(3)股东全面履行缴付股款义务(分期缴款或者应公司催缴而缴款)之前,只能享有部分股东权利。股东如果违反约定欠缴股款,则不得分取股利,不得行使股权。[2]

在股东取得资本报偿方面,《公司注册法》的规则比较简单。只是在公司权利能力一节规定,公司有权从利润中向股东分配股利。[3] 这意味着分红应当以公司有利润为前提。除此以外,该法没有规定诸如哪些公积金不得分配、分配红利后公司净资产应不低于资本额,或者分红后公司偿付能力不得降低等规则。这部法律对股东分配股利极少约束的一个原因或许是,该法并未承认股东有限责任,也即股东如同普通合伙人一样,仍须对公司债务承担无限责任。[4] 这种情况下,严格约束股利分配似乎还不是十分紧迫的任务。

在1845年至1848年经济衰退的背景下,投资者有限责任问题成为英国公

---

[1] Registration Act 1844, s. 7, Schedule (A) III.
[2] Registration Act 1844, ss. 26, 55.
[3] Registration Act 1844, s. 25.
[4] Registration Act 1844, s. 68; Butler (1986:180).

共政策辩论的一个重点话题。《有限责任法》实际上是英国议会回应社会需求,对《公司注册法》所做的修订。其目的是允许符合条件的合股公司,通过注册程序使股东获得有限责任的保护。① 所谓股东"有限责任",其实质含义是股东对公司债务不承担责任。② 获得有限责任注册的公司,如果公司资产不足以清偿债务,股东只在其未缴付出资的金额范围内承担清偿义务。③

值得注意的是,《有限责任法》在赋予股东有限责任特权的同时,对股利分配建立了偿付能力检测标准,并将实施这一标准的机制与董事责任挂钩。规则并不复杂:如果董事在分派股利时,明知公司已出现偿付困难(insolvent),或者明知分红将导致公司偿付困难,那么,董事应当在违法分配的股利范围内,对公司债务承担连带责任。④ 这种简明扼要的偿付能力检测标准与前述美国马萨诸塞州1836年公司法的标准几乎完全一样。

除了制定法中的资本规则外,英国判例法在19世纪80年代也逐步确立了资本维持规范(Capital Maintenance Rule)。首先,法院作出判例,建立了资本不得任意返还的原则。根据这一原则,股东已缴资本(paid-up capital)应全部用于公司经营,公司债权人有理由依赖已缴资本作为债权受偿的资金保障,除因公司正常营业损耗或经营风险所致损失外,资本不应任意减少。⑤ 在此基础上,制定法对公司减资制定了严格规范,对公司回购自己股份则从最初的禁止逐步过渡为"原则禁止,例外允许"。⑥ 其次,资本不得任意返还原则也适用于利

---

① Butler (1986:180); Rix (1945:243).
② Limited Liability Act 1855, s. 7.
③ Limited Liability Act 1855, s. 8.
④ Limited Liability Act 1855, s. 9.
⑤ 英国资本维持规则的经典判例为Trevor v. Whitworth(1887)。其中,法官赫歇尔(Herschell)和沃森(Watson)的判决意见最常被引用。对该案及其他判例的讨论,参见Ferran & Ho (2014:274-275)。
⑥ Davies (2003:245-246); Ferran & Ho (2014:306).

3. 资本制度的演进

润分配。多个法院判例指出,资本不得用于利润分配。但是,判例法对"资本"的范围以及可分配财源的界定是不清晰、不一致的。最终,是制定法从财务角度规定了利润分配的具体规则。①

总之,英国十九世纪的资本制度,是在制定法和判例法两股力量推动下发展的。当然,在不同侧面上这两股力量所发挥的作用是不同的。②

3.3.3 德国

德国公司资本制度的发展相比英、美稍显滞后。直到1870年,德国法才构建了资本规则的基本框架。③ 但德国法学家似乎在抽象理论的构建上颇为擅长,他们很早就提出"资本固定"等抽象原则。这些原则在德国以及接受这些原则的国家至今发挥着不同程度的影响。

从十九世纪初到1871年统一的德意志帝国形成之前,所谓"德国"只是一个由若干政治实体(邦国)组成的松散联合。每个邦国都有自己的法律。这些邦国中,普鲁士和奥地利实力较强。十九世纪中期后,普鲁士逐渐胜出,成为领导德国统一的主导力量。本节以普鲁士的公司立法和之后的商法典来说明这段时期德国的公司立法状况。

1843年,普鲁士颁布了第一部适用于各行业企业的股份公司法。依照该法成立的公司拥有法人地位,股东享受有限责任,但设立股份公司需要事先得到政府许可。在资本方面,规则比较简单。除了规定公司在运营期间有权拒绝向

---

① Davies(2003:275-276).

② 例如,法人公司设立的自由度上,判例法总体上倾向于限制,而议会制定法则因应社会政治经济要求放松了限制规范。但在股东有限责任方面,最初是判例法支持各种变相的或事实上的股东有限责任安排(例如合同约定),制定法之后才允许公司通过特定注册程序为股东取得有限责任特权。参见 Butler(1986)和 Turner(2017)。

③ 德国学者莱塞尔和法伊尔(2019:7)认为,德国现代意义的公司法始于1870年。

股东返还股本外,没有其他有关资本的具体条款,也没有规定公司的最低资本额或每股的最低金额。①

1861年,在普鲁士主导下,大多数邦国都接受了《德意志普通商法典》(ADHGB)。ADHGB坚持公司设立的许可制传统。在资本制度方面,该法规定仍比较简单:公司组建章程应当列明获准筹集的全部资本额(Grundkapital [authorized capital]);公司不得向股东承诺按一定比例支付股利。② ADHGB没有规定公司的最低资本额和每股面值,它的关于资本保全的规则成为此后立法的样板。不过,ADHGB的设立许可制使得它刚一实施就在促进投资和企业创设方面落伍了。1862年英国公司法和1863年法国的立法都抛弃了设立许可制,允许私人自由创设公司。面对来自英国和法国的竞争压力,北德意志邦联(North German Bund)开始讨论废止许可制。③

1870年,德意志邦联修订ADHGB,对其中的公司法规作了重大修改(以下简称"1870年法")。其中,最显著的一个修改就是取消了公司设立的政府许可制。④ 相应地,为防止股份公司筹资中的欺诈行为,1870年法在公司设立、股份发行、内部组织机构以及不法行为惩戒方面,做出较以前更为详细的规定。为限制公司通过小额股票向公众募集资金,该法分别规定了记名股票和无记名股票的最低面值(minimum share value)。最低面值要求与股份公司最低股东人数限制结合起来,相当于规定了公司的最低资本额。为防止股东逃避缴资义务,1870年法设定如下规则:新设公司在获准注册和开业前,股东必须认缴全部资本,且须实际缴付其中10%;股东转让股份时,如果已实缴40%以上的股

---

① Guinnane(2018:180-181).
② Guinnane(2018:185-186).
③ Muchlinski(2013:349).
④ Muchlinski(2013:349);莱塞尔、法伊尔(2019:7)。

金,则无需在转让股份后继续对未缴付的股金余额承担责任。为防止公司发起股东以非现金财产认购股份时弄虚作假,该法规定:公司组织大纲必须列明所有非现金的出资财产及其价值,并载明发起人在发起公司阶段可能享有的特权,而且设立阶段的各项事务都要经创立大会(Generalversammlung)审核认可。① 以上诸项规则针对的是资本筹集。关于运营期间如何保全资本,主要规定是:公司分配股利不得减损资本;公司不得持有自己的股份等。②

1870年法的设立自由化措施旋即掀起创办股份公司的热潮。在公司数量激增的同时,公司也呈现小型化(平均资本额大幅降低)和短期化(减资、自愿解散、破产的数量较之前翻番)特征。③ 为此,1884年德国再次修订ADHGB(以下简称"1884年法"),试图以更严厉的公司设立、股票发行、组织机构和资本规则减少公司创办和筹资中的投机、欺诈现象。资本筹集方面的修订主要是:首先,大幅提高每股最低面值。目的是挤出小额资金投资者,增加积极参与公司管理的大额投资者。1884年法将每股最低面值提高到1000马克,较1870年公司法提高2倍,是当时德国人均国民生产净值的2.5倍。其次,提高股东实缴出资比例,要求股东在公司注册时至少实缴1/4的股本。④ 再次,对发起股东的非现金(如营业资产、专利权等)出资增设更多限制。资本保全方面,除了保留1870年法的规则外,新的一项规定是,公司必须在运营期间保有一笔金额相当于资本总额1/10的储备金(reserve fund)。为约束公司遵守上述资本规则,法律又规定,公司管理委员会和监督委员会成员对违反资本规则的行为应当承担无限连带责任。⑤ 1884年法的主要内容后经小

---

① Guinnane(2018:188-189)。
② Muchlinski(2013:349)。
③ Guinnane(2018:190)。
④ Guinnane(2018:912)。
⑤ Guinnane(2018:913)。

幅修订,整合进 1897 年德国商法典(HGB)。①

1892 年,德国立法机构还创制了一种混合了股份公司和合伙的特征,适合股东人数较少的企业的新型公司——有限责任公司(GmbH)。设立有限责任公司的程序比股份公司简单,但在基础资本的要求上与股份公司一致:有限责任公司的认缴资本总额不得低于 20000 马克,公司成立前股东必须实际缴付其中的 1/4。② 维持资本稳定的规则,例如要求公司分红不得导致资本所对应资产低于组织大纲记载的资本额,也基本与股份公司的一致。③

十九世纪末,德国学者莱曼(Karl Lehmann)基于 1870 年之后的法律所建立的主要资本规则,④归纳了股份公司资本应当遵循的两项原则。一是"固定资本原则"(Prinzip des festen Grundkapitals [principle of fixed share capital])。这个原则的意思是:股份公司成立时除了应当在组织大纲中准确记明资本总额外,股东还须认缴全部资本,否则公司不得成立。莱曼认为,"固定的资本"是成立股份公司不可或缺的前提,资本若不"固定",则公司无以立足。他顺便还批判了英国和美国法律,认为它们允许股东部分认缴资本的做法不符合"固定资本原则",削弱了对公司债权人的"担保"。⑤ 第二项原则是"资本稳定原则"(Prinzip der Beständigkeit des Grundkapitals [principle of stability of share capital])。意思是:公司资本一经确定,其金额即不得任意改变,除非依法减少

---

① Muchlinski (2013:353).

② Guinnane (2018:199).

③ Guinnane (2018:200).

④ 例如:新设公司在获准注册和开业前,股东必须认缴全部资本;组织大纲必须列明所有非现金的出资财产及其价值;公司分配股利不得减少资本;公司不得持有自己的股份等。

⑤ Lehmann (1898:167-168). 美国此等规则参见前文所述马萨诸塞州 1903 年的商事公司法,这部法律已经不要求股东在公司成立前缴足资本。也就是说,公司的组建章程可以设定"授权资本",公司成立时只需发行一部分股份,或者说股东只需认缴一部分资本即可。

资本。① 莱曼认为,资本稳定原则是固定资本原则的必然要求,资本稳定原则尽管限制了公司根据经营所需增减资本的自由,但相比资本可以自由变动的法律制度来说利大于弊。② 从莱曼的论说可见,他不仅将资本当做公司成立和持续经营的必备基础,而且还将之作为保障公司债权人利益的"担保基金"。

资本是保护公司债权人的"担保基金"这种观点,在美国出现得更早。③ 相比美国纽约州、马萨诸塞州同时期的公司法,德国的立法和理论学说,更加强调公司设立和资本筹集阶段的规制,资本全额认缴(即莱曼所说的资本得以"固定")被视为资本制度的重中之重;而同时期美国的公司法在资本筹集方面已经变得较为宽松,规制的重点主要在利润分配上。

值得一提的是,莱曼的观点后来成为日本公司法"资本二原则"和"资本三原则"的理论来源,而日本的学说观点在民国期间又经留日学生之手传入中国。

根据日本学者的研究,1916年,松本烝治将莱曼倡导的"资本二原则"介绍到日本,称为"资本确定原则"和"资本维持原则"(分别对应莱曼所说的"固定资本原则"和"资本稳定原则")。④ 1929年,冈野敬次郎所著《公司法》又综合莱曼和穆勒·埃尔茨巴赫(Rudolf Müller-Erzbach)的观点,⑤ 提出"资本三原则"之说。在冈野的书中,最为强调的是公司股本应当于公司设立时认足的"资本

---

① Lehmann(1898:168).
② Lehmann(1898:171).
③ Wood v. Dummer 30 F. Cas. 435 (C.C.D. Me. 1824). 在这个判决中,法官提出公司资本是保障债权人的"信托基金"(trust fund)。对该案的进一步讨论参见第9.1节的开头部分。
④ Eiji(2015:230).
⑤ 德国学者穆勒·埃尔茨巴赫1928年提出,公司资本金保持充实(Das Aufbringung des Grundkapitals)并永久保全(Die dauernde Erhaltung des Grundkapitals),应作为股份公司资本的两个基本准则。资本充实要求股东认足资本,永久保全资本则要求禁止公司向股东返还出资或回购本公司股份,意思与莱曼的二原则相同。见Eiji(2015:231).

确定原则"。由这一核心原则又衍生出"资本不变"和"资本维持"两项原则。冈野特别指出,"**公司必须保持与资本额相当的实际财产**"。自此,"资本三原则"学说成为日本商法学界不可动摇的"通说"。①

3.4 二十世纪中国资本制度的激变

我国第一部公司法——大清《公司律》——颁行于1904年1月。② 但是,效仿西式公司的"新式企业"早在十九世纪六十年代开始的"洋务运动"中就出现了。③ 一些"官督商办"或"官商合办"的"新式企业",向官、商两界筹集资金,或公开发行股票招募资本,或申请官府拨款,或向银行、商贾贷款。④ 自此,资本、股本、股份、股票、股息、红利等概念在中国社会逐渐为人熟知。

《公司律》的大多数条文仿自英国1862年《公司法》和日本1890年、1899年《商法》,关于资本的规范比较简略。⑤ 至于股份公司的招股集资、股本维持、分配股息、股利等事项的细则,通常要靠每个公司在自己的"招股"文件和公司章程中规定。⑥ 当时的股东除了有权分享利润("红利")外,普遍还享有实质为

---

① Eiji(2015:231).
② 据谢振民(2000:803),《公司律》于清光绪二十九年十二月初五颁行。
③ 例如:安庆军械所、上海洋炮局、江南制造总局、福州船政局、天津机器局等。参见张国辉(1979:24)。
④ 例如,1873年开业的"官督商办"的轮船招商局,其创办资本的筹集,实招股本的变化,以及借贷资金的金额和来源等,参见费维恺(1990:157-175)。"官商合办"企业的情况,参见陈锦江(1997:95-115)。
⑤ 李玉、熊秋良(1994:80);徐立志(2005:80)。
⑥ 参见刘淼(2004:29-31)。作者介绍了三家公司筹集资本、管理股金和分配红利的情况,分别是:1906年成立的江苏省苏州农业肥料公司,1907年成立的苏州张金有限公司以及1911年招股的中美轮船股份有限公司。

固定利息的"官利"。这使得所谓"股票"实际上具有债券和股票的双重特征。① 尽管如此,大体而言,《公司律》所构建的资本规则和当时股份公司的筹资和分配实践都是在仿效西式公司的资本制度。

民国期间的1914年《公司条例》和1929年《公司法》同样是在西式公司法的蓝本上绘制的,只不过仿效的对象从英国和日本转为德国和日本法律。② 就资本制度基本框架而言,二十世纪二三十年代出版的两本中国公司法教科书,均将德国学者提出的"资本确定"和"资本维持"二原则列为股份公司资本制度的基本特征。"二原则"的表述与松本烝治的说法完全一致。③ 此外,1929年《公司法》还奉行"节制资本"的"民生主义"方针。因此,在资本筹集、资本报偿等具体规范上,比德、日法律设有更多管制性条款。④

中华人民共和国成立后,包括1929年《公司法》在内的旧法一律废止。从1949年到1956年"资本主义工商业所有制改造"完成,中国的公司法律体系经历了一次脱胎换骨的转向:正如"社会主义"与"资本主义"截然对立一样,西式公司法元素被作为"资本主义的东西"悉数抛弃(其中自然包括资本制度),代之而来的是为社会主义计划经济服务的一种工厂制度。⑤

在实行计划经济工厂制度期间,"资本"和"资本制度"在法令、政策和经济生活中几乎销声匿迹。1956年后的20多年时间里,我们处于"资本真空时

---

① 李玉、熊秋良(1996:90-97)。
② 谢振民(2000:810-812);王文杰(1999:455)。
③ 1927年出版的北京朝阳大学"法律科讲义"中有《公司条例》一册,在"股份有限公司之意义"一节谈到"二原则",参见李秀清、陈颐(2013:184)。1930年出版的王效文著《中国公司法论》有同样表述,参见王效文(2004:135)。
④ 参见王文杰(1999:455)、方流芳(2002a:283)。
⑤ 关于1949年至1956年"所有制改造"和1956年至1979年"工厂制度"的简要叙述,参见王军(2017:28-30)。

代"。1978年"改革开放"以后,"搞活"国有企业的政策措施在探索中不断调整。到1992年,国家决策层正式提出以"现代企业制度"为目标改造国有企业,西式公司制度再次成为国家推动企业转型图强的治病良药。于是,"公司""资本""股份制"等词语,以及它们所代表的制度规范重新回到国家政策和法律文本之中。

3.4.1 计划经济时期的"资本真空"

1956年,"资本主义工商业所有制改造"完成后,社会主义公有制取代了资本主义私有制。① "公司"和"资本"等打有资本主义所有制烙印的东西都要退出历史舞台。

"资本"意味着"剥削","资本"与"劳动"截然对立。根据马克思主义政治经济学教科书,资本是能够"带来剩余价值的价值,而剩余价值是在生产过程中由雇佣工人的剩余劳动创造的。因而,资本体现着资本家对雇佣工人的剥削关系"。② 社会主义制度下的工厂不允许再有"剥削"的容身之地。③ 因此,社会主义工厂的各种生产资料绝不应当属于或视为"资本"。

"资本"还与计划经济天然互斥。因为,资本驱动资本投入者追逐利润,生产带有"盲目性"。计划经济要求工厂服从国家的统一计划,工厂占有使用的固定资产和流动资金都是国家按计划"拨给"的,绝不属于工厂自己的

---

① 1957年之后,官方经济统计便将公私合营企业从"其他经济类型"项下转移到"全民所有制"项下,参见刘岸冰(2011:236)和杨凤城、阎茂旭(2010:31)。

② 徐茂魁(2003:71)。

③ 1955年出版的一本《工厂管理基础知识》[黄澄静(1955:3-10)]开宗明义就提出了资本主义工厂与社会主义工厂在"阶级性"上的本质区别:前者是资本家追求利润,剥削工人的工具,而后者是为了"最大限度地满足整个社会经常增长的物质和文化需要"。因此,二者在管理和经济核算等方面具有本质差异。

"资本"。①

"资本等于剥削""资本排斥计划""资本与劳动势不两立",这一系列政治经济学教义的成立,从意识形态、伦理、文化、法律等各方面宣告了"资本"和"资本制度"的死亡。于是,"资本"及相关词语和制度从财务会计、银行金融、公司法等各个领域都被驱逐出去。

"资本"被撵走后,原来被叫做"资本"的东西如何称呼?人们用"资金"或其他词汇替代"资本"。国家拨给工厂的生产资料被分为"固定资产"和"流动资金"两类。"固定资产"包括生产用房、建筑物、机器设备、工具等。而原材料、燃料、备品、低值易耗品、在制品、成品、预付费用及库存现金等都属于"流动资金"。"固定资产"数额加上"流动资金"数额,再减去"银行信贷数",就得出了工厂的"资金"。这一"资金"就是国家对该工厂的"投资总额"。② 不难发现,这里作为"资本"替代者的"资金"一词,至少具有两种含义:一是作为"流动资金"的"资金";二是作为"投资总额"的"资金"。前一种"资金"表示工厂所占有经济资源的具体形态,后一种则抽象显示国家对工厂投资金额。

工厂对"资金"的运用奉行一套与西式公司资本制度完全不同的规则。计划经济的工厂,全部"固定资产"和"流动资金"均由国家拨给,并定期核定、调整。工厂从银行的"借款"不是工厂的"负债",银行也不是工厂的"债权人"。因为,银行按国家计划发放贷款,不过是国家配置资源的一种方式。生产必须按照国家计划进行。职工工资则须按照国家制定的"工资总额"发放。工厂利润基本上要全部上缴国家(根据不同时期的政策,工厂可能留下少量金额作为

---

① 黄澄静(1955:10)。
② 黄澄静(1955:153)。

职工奖励或福利基金等）。工厂如有亏损,国家会根据计划补充工厂资金。① 因此,尽管会计上仍然区分"资金"和利润,但"资金"的功能与"资本"完全不同,更不存在也不需要类似"资本维持原则"的、旨在保护债权人的"资金维持原则"。

说到底,计划经济体制下的工厂与现在我们说的企业和公司在性质上是完全不同的。工厂只是国民经济这个巨型生产体系中的一个小生产单位,就像大企业的一个车间或班组。每个工厂的资源配置都属于国家财政和计划工作的组成部分。这样的工厂是不需要"资本"的,自然也不需要"资本制度"。

在会计制度上,自 1952 年起,资产负债表的构造基础不再是"**资产=负债+所有者权益**"的会计等式,而改为"**资金运用=资金来源**"。② 这是因为,工厂并非独立的市场主体,所有的工厂都以国家为所有者,其全部资财均须依赖并服从国家计划调拨,以"负债"和"所有者权益"区分每个工厂经济资源的来源和归属已没有意义。1962 年起,"资产负债表"正式改为以"资金运用=资金来源"等式为基础的"资金平衡表"。③ "资金运用"是指"资金的分布和存在形态";"资金来源"指"资金的形成和取得";而"资金"则是"社会主义扩大再生产过程中财产物资的货币表现"。④ 会计等式不再区分"负债"和"所有者权益"的一个结果是,基于该等式构造的"平衡表"无法显示企业的"偿债能力"。⑤ 不过,对于一个国民计划体系中承担生产任务、资源和利润统收统支的工厂而言,有无"偿债能力"确实是不重要的。

---

① 黄澄静(1955:18)。
② 杨时展(1998:22)。
③ 杨时展(1998:104)。
④ 方之龙(1989:30)。
⑤ 杨时展(1998:22-23、69)。

会计等式既然与西方不同,西方会计的"资产负债平衡表"自然就不再适用了。自1962年起,国营企业正式使用"资金平衡表":

资金平衡表

年　月　日　　　　　　　　　　　　　　　　　　单位:元

资金运用		年初数	年末数	资金来源		年初数	年末数
一、	固定资产:			一、	国家基金:		
	固定资产原价				1.固定资金		
	减:固定资产折旧				2.流动资金		
	固定资产净值				合计		
二、	定额流动资产 （定额数）				抵充流动资金的定额负债（定额:千元）		
	1.原材料及主要材料			二、	定额流动资产银行借款:		
	……				1.超定额借款（计划数）		
	7.工业在产品及自制半成品			三、	其他银行借款:		
	……				1.结算借款		
	9.产成品				其中:		
	……				信用证结算借款		
	合计				……		
三、	货币资金:				……		
	1.库存现金						
	2.银行结算户存款				合计		
	……			四、	基本折旧基金:		
	合计				本年提取数		
四、	发出商品:				加:年初欠交数		
	1.已办理托收手续的发出商品				减:已交预算（上级）数		
	……				期末欠交数		
	合计						

(单位:元)(续表)

资金运用	年初数	年末数		资金来源	年初数	年末数
五、清算资产:			五、	固定资产变价收入:		
1.应收购买单位款				本年发生数		
……				加:年初欠交数		
……				减:已交预算(上级)数		
合计				期末欠交数		
六、待处理财产盘亏和毁损:			六、	利润:		
1.固定资产				本年实现数		
2.流动资产				加:年初欠交数		
合计				减:已提企业奖励基金数		
七、专用基金资产:				已交预算(上级)数		
1.大修理银行存款				期末欠交数		
……			七、	清算负债:		
……				1.应付供应单位款		
合计				……		
				……		
				合计		
			八、	待处理财产盘盈:		
				1.固定资产		
				2.流动资产		
				合计		
			九、	专用基金:		
				1.大修理基金		
				……		
				合计		
总计				总计		

资料来源:杨纪琬(1963:9-10);杨时展(1998:106-111)。

3. 资本制度的演进

3.4.2 经济改革初期(1979—1991)

改革开放初期,国营企业改革的努力方向主要是扩大企业经营自主权,使企业"独立核算""自负盈亏",以此增强企业"活力"。1983年,国务院又提出国营企业应当成为"法人"的要求。① 但是,强调国营企业的独立性甚至"法人"属性,并未使人们立即抛弃计划经济时期的工厂会计制度以及与之相应的话语和思考方式。原有制度和话语在改革举措反复尝试和试探的过程中,逐渐与新制度和新术语嫁接、混合。

法规文本和企业登记继续沿用之前的"资金"概念和相关制度。根据1982年《工商企业登记管理条例》,各类公办"工商企业"在办理登记时都应当登记"资金总额"。② 登记机关认可的"登记资金"可以是"固定资金"和"流动资金"。③ 依照1981年实施的企业会计制度,"固定资金"和"流动资金"是反映企业"资金来源"的会计科目,并非具体财产形态。在"资金平衡表"上,它们对应的"资金形态"分别是"固定资产"和"流动资产"。④

1985年《公司登记管理暂行规定》(以下简称"1985年《登记规定》")提出了"注册资金"概念,要求公司"注册资金"应与"实有资金"保持一致,且公司成

---

① 国务院《国营工业企业暂行条例》(1983年)第8条。
② 国务院《工商企业登记管理条例》(1982年)第5条。依该条例第2条可知,条例所规范的"工商企业"包括国营企业、合作社、集体企业、联营或合营企业、公用事业单位所属企业,均属"公办工商企业"。财政部工业交通财务司(1987:22-23)。
③ 国家工商行政管理局《企业登记管理条例施行细则》(1982年)第22条规定,开办工商企业的单位或者个人,"其登记资金包括固定资金和流动资金,申请登记时应提供资信证明"。转引自王恒道(1986:40)。
④ 财政部会计制度司(1981:15-33)。

立时应有一定比例的"自有资金"。① 但不清楚的是,"注册资金"、"与生产经营或服务规模相适应的资金"以及"自有资金"这几个概念各是什么意思,相互间又有什么关系。1988年,国务院发布《企业法人登记管理条例》(以下简称"1988年《登记条例》"),规定"注册资金"应当为"自有资金"。② 由此似乎可以总结出如下等式:注册资金 = 实有资金 = 自有资金。

但具体哪些"资金"属于或可作为"自有资金"? 根据1985年《登记规定》,银行贷款不能算作"自有资金"。③ 这表明,规则制定者有意从资金来源角度,区分公司的负债和开办者的投入。从当时发表的一些观点看,"自有资金"通常被认为是指国家或上级部门对企业的拨款、投资者的投资以及企业自身的积累,不包括企业的各类借入资金、租赁资产等。④ 可见,"自有资金"与现在所说的"所有者权益"大致对应。

---

① 根据1985年《登记规定》(国务院批准,国家工商行政管理局公布),开办公司除了要制定章程、有固定经营场所和从业人员等,应有"与生产经营或服务规模相适应的资金(自有资金应占一定的比例,银行贷款不能视作自有资金)和设施"(第5条)。这一条所说的"资金",从文义看,应该包含"自有资金"和借入资金(如银行贷款)两类。规定还要求公司章程中列明"注册资金及来源"(第6条),而且,"公司申请登记,其注册资金,除根据国务院有关规定经批准者外,应与实有资金相一致"(第12条)。财政部工业交通财务司(1987:26-29)。

② 该条例第12条规定,"注册资金是国家授予企业法人经营管理的财产或者企业法人自有财产的数额体现"。

③ 1985年《登记规定》第5条。

④ 喻晓(1987:35)认为,"自有资金"包括"国家(财政)的拨款、上级的拨款、投资者(包括单位和个人)的投入资金、企业自身积累等"。来自工商局的作者姚铁铮(1988:64)说,"自有资金"包括"自有固定资金"和"自有流动资金",企业租赁的房产、企业"临时借贷的资金"和企业接受机关团体投入的"行政经费""事业经费",都不属于企业的"自有资金"。来自基层审计机关的作者顾循良(1989:24-25)从会计角度做了一番详细说明:企业"自有资金"包括固定资金、流动资金和专用基金。其中,固定资金是"申请登记时已有固定资产净值和基本建设款项中已转入固定资产的部分,以及设备购置等属于固定资产的资金";流动资金是"企业在生产经营全过程中用于周转的资金";专用基金是指"企业内部形成并按有关规定提留的各种专项基金和上级的专项拨款"。

3. 资本制度的演进

1985年《登记规定》没有规定注册资金的最低金额,而是规定了各类公司"自有流动资金"的最低限额。① 从登记机关关于资金审验、资信证明的规定看,这里的"流动资金"一般情况下都应当是银行存款或者现金。②

由以上的简要梳理可见:改革开放初期,法规政策上继续沿用"资金"而避免使用"资本"概念,但迫于表达和区分的需要,不得不用"资金"概念创造一些新的术语,例如"自有资金""自有流动资金"。"自有资金"一词的出现表明,经济现实有将企业经济资源的来源区分为所有者投入和负债两类的需求。

有趣的是,这一时期,国家在"资本"和"资本制度"的使用上采取了"内外有别"的态度。一方面,"内资企业"极力避开"资本"而使用"资金"一词。另一方面,外商投资企业法早在1979年就使用了"注册资本"概念。③ 1985年更为中外合资企业制定了向西方会计制度看齐的会计规范。④ 这表明,立法机关十分明白,在表述企业所有者权益或者投资权益时,"资本"和"注册资本"是更容易取得外商理解的词语。如果法律文本、企业登记和会计制度上都不承认"资本"或者"股东权益",法律上承诺的保护外商投资权益如何落实? 如何吸

---

① 1985年《登记规定》第7条。
② 1985年10月《国家工商行政管理局关于执行〈公司登记管理暂行规定〉几个问题的通知》第11条规定:"资信证明必须说明资金来源及注册资金数额。没有上级主管部门的集体所有制公司,凭在银行的存款单或先把款项存入银行,由银行开具资信证明。也可由具有法人资格的企业担保,但担保的资金额度不得超过担保单位的注册资金总额。经核准登记的公司,在银行开立账户十天内必须将登记注册的流动资金存入银行。"财政部工业交通财务司(1987:31-32)。
③ 1979年《中外合资经营企业法》第4条。1983年《中外合资经营企业法实施条例》第21条规定了"注册资本"的含义,是指"合营各方认缴的出资额之和"(2001年修订为第18条)。1986年《外资企业法》第2条使用了"资本"一词。
④ 1985年财政部发布的中外合资经营企业的会计制度(试行草案),与当时国营企业会计制度有很多不同,基本上是按照西方会计的要素、等式、原则等构建的。参见杨时展(1998:182-187)、付磊(2012:22-23)。

引外商来中国投资办厂?① 道理确实如此。然而人们不禁要问:既然外商的投资权益需要法律制度承认与保护,"内资企业"尤其是非公有制企业的投资者权益为什么不能同等对待?

3.4.3 重建公司资本制度(1992年以后)

1992年是"文革"结束后国家发展历程中的一道分水岭。这年初春,邓小平在深圳等地发表讲话,为改革开放鼓劲,给"市场经济"和"股份制"正名。在此大形势之下,原本因意识形态争议而被搁置或进展缓慢的市场化改革举措,大多得以松绑放行。中央政府许多部门都被动员起来,以密集节奏出台大量涉及企业股份制改革的政策法规。

企业改革瞄准西式公司制度(时称"现代企业制度"),公司立法进程加快,企业会计制度重新与国际社会接轨。人们关于公司、企业的观念也发生了变化:公司"资本"、"股本"、投资者的"出资"等概念重新得到认可,公司资本与公司资产相区分、公司财产与投资人财产相区分的观念逐步建立起来。在这些制度和观念变化的基础上,投资者与公司的关系渐趋明晰。而基于"清理整顿公司"的经验,公司法规和会计制度都十分重视公司的"注册资金"。

1992年5月,国家体改委公布《有限责任公司规范意见》(以下简称《有限公司意见》)和《股份有限公司规范意见》(以下简称《股份公司意见》)。这两部规范文件都使用了"注册资本"而不是"注册资金"的概念。资本筹集方面,有限责任公司"注册资本"实行"认缴制",而股份有限公司实行"实缴制"。② 对两种公司,规范意见都规定了最低注册资本限额以及允许出资的财产种类。③ 股

---

① 刘玉廷(2009:12)。
② 《有限公司意见》第10-11条,《股份公司意见》第12条。
③ 《有限公司意见》第10、12条,《股份公司意见》第12、22条。

份有限公司除了发行普通股外,还可以发行优先股。① 两种公司的利润分配规则是一致的,公司只可以在弥补亏损、提取一定公积金后向股东分配利润。② 此外,对于回购股份和减少注册资本,也规定了比较严格的限制条款。③ 总的来说,两部规范意见的资本报偿规则呈现了一套简化版的十九世纪欧美资本维持规范。④

1992 年 11 月,经国务院批准,财政部发布《企业财务通则》和《企业会计准则》。这标志着我国企业会计制度重新开始与西方会计制度"接轨"。《企业财务通则》和《企业会计准则》以"资产=负债+所有者权益"的平衡公式替代计划经济体制下的"资金占用=资金来源"公式,重建"资本金"制度。⑤ "资产""所有者权益""资本金"概念的重建,为区分企业资产和投资人资产,进而明确企业和出资人的权利义务提供了会计基础。《企业会计准则》规定:企业投资人对企业净资产拥有所有权(即"所有者权益"),而不是对企业的具体资产拥有所有权;"企业净资产"包括"企业投资人对企业的投入资本以及形成的资本公积金、盈余公积金和未分配利润等"(第 38 条)。《企业财务通则》将"资本金"规定为设立企业的必要条件,"资本金"就是企业在工商机关登记的"注册资金"(第 6 条)。工厂会计制度中的核心概念——"资金"以及由其构建的一系列专门用语和规则,在这两个会计规范中已不见踪影。

1993 年 11 月,中国共产党十四届三中全会做出《中共中央关于建立社会主义市场经济体制若干问题的决定》,宣布以"现代企业制度"为国有企业改革方

---

① 《股份公司意见》第 23 条。
② 《有限公司意见》第 49、50 条,《股份公司意见》第 70-76 条。
③ 《有限公司意见》第 53 条,《股份公司意见》第 32 条。
④ 参见第 3.3 节。
⑤ 刘仲藜、张佑才(1993:5)。

向,并描述了"现代企业制度"的基本架构。① 这对《公司法》的定稿和通过产生积极作用。

1993年12月,全国人大常委会正式通过《公司法》(该法于1994年7月1日开始施行)。与一年前的两个规范意见一样,1993年《公司法》使用了"注册资本"概念。但是,与两个规范意见相比,《公司法》的资本筹集规则显示了更多的管制色彩。有限责任公司和股份有限公司除了有最低注册资本和出资方式的限制外,注册资本都须一步实缴到位,不允许分期缴付,更不准"认而不缴"。② 这比十九世纪末德国学者莱曼提出的"固定资本原则"(也即后来发展的"资本确定原则")有过之而无不及,后者也只是要求股份公司成立时股东认缴全部资本,而非一次全部实缴。③ 股份种类上,《公司法》只规定了单一种类的普通股,没有提及优先股,也没有对普遍存在的各类职工股设定任何规则。④ 关于资本报偿事项,《公司法》的利润分配、股份回购和减资规则与两个规范意见在框架上大致相同,只是规则稍微具体。

进入二十一世纪,到目前为止,我国公司资本制度经历三次重要修订。2005年10月的修订,主要是放松了出资管制,具体包括:降低注册资本最低限额,扩大可出资财产的范围,允许股东在认缴出资后二年内缴足出资。2013年12月的修订幅度较大,在资本筹集规范上,不仅回归了1992年两部规范意见的"资本认缴制",而且进一步取消了最低注册资本额等限制性规范。2018年10月,股份有限

---

① 人民网(http://www.people.com.cn/item/20years/newfiles/b1080.html)。该《决定》使用"资本"一词表述企业"出资者"的投资权益,参见文件第二部分第(4)节。
② 1993年《公司法》第23-26、78条。
③ 莱曼的观点参见第3.3.3节。
④ "改革开放"以后,在国营企业、集体企业的公司化改组过程中,普遍存在职工持股现象。许多民营企业也实施了职工持股计划。对职工持股的深入讨论参见第7.3.3节。

公司的股份回购规则作出修订,公司可以回购自己股份的合法事由有所扩大。

* * *

回顾二十世纪后半叶,公司资本制度在中国几经沉浮:前三十年,为了彻底消灭"资本主义",人们连"公司"和"资本"这类词语和制度也一并清除;三十年"艰辛探索"之后,人们不得不承认发展经济离不开"市场""公司"和"资本",于是又在二十世纪九十年代以后,将相关的词语、制度逐步恢复起来。

公司资本制度无法脱离大的政治经济环境孤立存在。本书第 1 章第 1 节分析了"资本"概念的多重含义。哲学、政治经济学视野的"资本"与企业会计和法律语境下的"资本"概念确有不同,但它们之间又具有难以切断的联系。在社会制度剧烈变化的大背景下,"资本"概念难免被人们重新解读和塑造。不同语境、不同含义的"资本"概念可能被混合通用,也可能被仔细地区分对待。区分意味着限缩不同"资本"概念自身的范围,避免以泛政治化、泛道德化的眼光看待一切事物,从而有助于人们有针对性地、实事求是地探讨和解决现实问题,而混合通用常常产生相反后果。

本章小结

- 古代社会,人们很早就学会区分"本金"和"收益"。进而又学会区分债权投资(如借贷)和权益投资(如合伙),将"本金"进一步区分为借贷本金(principal)和股本(equity),以及将"收益"区分为利息(interest)和股利(dividend)。但是,这些区分并未自然地导致公司资本制度的发展。

- "资本维持"的思想早在古代就产生了,只不过维持资本的直接目的是持久经营而不是保护债权人。

- 十七世纪,英国东印度公司从航程制到固定资本制的变化说明:企业保有稳定的资本是持续经营的前提条件;而区分资本与利润,仅向股东分配利润,是当时人们所构想的维持资本稳固的基本策略。

- 十九世纪,美国、英国和德国公司法的资本规范,基本上是沿着区分资本与利润,约束利润分配的方向发展,逐渐形成资本筹集规范和资本报偿规范两个规范群。美国各州有自己的公司法,发展出了多样化的资本规范;德国公司资本制度与英、美相比,偏重对资本筹集过程的管制;德国学者发明了"资本固定"和"资本不变"二原则,后被引入日本,再被传至中国。

- 二十世纪前半叶,西式资本制度起初被引进中国,招股募资、发展实业被当做国家富强之道。社会主义革命成功后,建设"社会主义计划经济"的政治决定最终结束了资本制度在中国的第一次旅程。

- 计划经济不需要工厂有"资本"。人们将"资本"的马克思主义政治经济学意义与会计、法律和经济管理层面的意义合并起来,不加区分。公司被视为实施经济计划的绊脚石,"资本"成为"剥削"的代名词。"资本"在话语上和制度上被全面清除。

- 1978年改革开放之后,人们不得不承认发展经济离不开"市场"和"公司",而公司又不能没有"资本"。于是,人们将政治经济学意义的"资本"和会计、管理及法律意义的"资本"仔细地区分开,在二十世纪九十年代以后开始将公司和资本制度努力恢复起来。
- 公司资本制度的演进无法脱离大的政治经济环境而孤立进行。在政治经济社会制度剧烈变化的大背景下,"资本"概念难免被重新定义。

第二部分

资本形成

(股东资产投入公司)

公司既是生产经营的组织体,也是一个融资工具。它通过权益融资和负债融资两种渠道获得生产经营所需的经济资源。权益融资使投资者分享了企业所有权(股东权益),负债融资则使公司对投资者负担债务。前面第2章对两种融资方式及其相关利益冲突做了初步分析。本书的第二部分将集中研究投资者向公司投入资源、取得股权,公司从而汇集权益资本也即"资本形成"过程中的主要问题。

这些问题,从股东出资角度看是:股东资产在何种法律框架内,经由何种机制能够被承认为公司资本(**即股东资产资本化的法律框架**)?从公司角度看则是:公司为筹集资本,可以发行何种形式、类型和金额的股份(**即公司所有者权益股份化的法律框架**)?

围绕上述问题,我们分五章内容展开探讨:首先,讨论我国资本形成规范的基本框架,即注册资本认缴制的内容、效果和改进方案(第4章);其次,分析出资类型管制,即投资者可用于权益出资的财产范围(第5章);再次,检讨出资真实性审查标准本身的真实性、可靠性(第6章);第四,讨论股份的形式、面值和类型,尤其是关注我国自改革开放以来形成的一些特有制度和实践(第7章);最后,分析股东出资义务以及违反出资义务的法律责任(第8章)。

4.
注册资本认缴登记制

为了防止虚假出资,草案规定,有限责任公司的出资人和股份有限公司的股份认购人,都必须在公司登记之前,全部、如实缴纳其出资,必须经过规定的资产评估机构和验资机构出具验资证明,接受公司登记机关的查验,符合条件的才予以登记。[①]

[①] 卞耀武(时任全国人大常委会法制工作委员会副主任)1993年2月15日在第七届全国人民代表大会常务委员会第三十次会议上关于《中华人民共和国公司法(草案)》的说明[中国人大网(npc.gov.cn)2015年12月16日发布]。

"资本认缴制"并非新鲜事物。1929年民国公司法在股份有限公司章节即规定了股份认缴制。① 二十世纪五十年代初的私营企业法规允许股份有限公司的股东分期缴纳股款。② 二十世纪八十年代初制定的中外合资企业法规允许股东将认缴出资额登记为注册资本。③ 1992年国家体改委制定的公司规范意见,也允许有限公司注册资本实行认缴制。④

1993年《公司法》出于防范公司"虚设""滥设"的目的,要求有限责任公司和股份有限公司一律实行注册资本一次性全额实缴。⑤ 但是,执法机关并没有足够有效的措施和手段实施严密监管。因此,在公司设立环节,违反出资实缴规定的虚假出资、抽逃出资等行为屡禁不绝。在不少地方,专门帮股东垫资设立公司或者伪造文件设立公司的"中介服务"一度成为颇为赚钱的生意。严苛的出资规范实际上变成了阻止守法投资者设立企业的法律障碍。《公司法》经过2005年10月的修订,部分缓和了1993年《公司法》刻板的资本实缴制,采取实缴制和认缴制并行的做法。2013年12月再次放松限制,将认缴制又推进一步。

"注册资本认缴登记制"是2014年2月国务院资本登记制度改革方案中提出的概念。其含义是,公司可以以股东认缴的出资总额或者发起人认购的股本总额,登记为公司的注册资本。⑥ 换言之,注册资本可以只反映股东的出资认缴额或者股份认购额,而未必反映公司实际收到的股东出资金额。除了注册资本

---

① 根据1929年民国公司法,发起人认足或者募足股份总数,并缴足第一批次股款后,公司即可召开创立大会,进而登记成立(参见第90、93、99、109条)。李楯(1996:257-258)。
② 《私营企业暂行条例施行办法》(政务院财政经济委员会,1951年)第63条。
③ 《中外合资经营企业法实施条例》(国务院,1983年)第21条。
④ 《有限责任公司规范意见》(1992年)第10-11条。
⑤ 1993年《公司法》第23、25、78、82条。
⑥ 《国务院关于印发注册资本登记制度改革方案的通知》(国发〔2014〕7号)。

认缴以外,此次改革还包括其他放松注册资本登记条件的措施。所有这些改革措施被统称为"注册资本认缴登记制"(简称"资本认缴制")。

总的来说,资本认缴制的实行扩大了股东的出资期限自由,降低了企业创设成本。但是,当公司不能偿还债务时,股东的出资期限利益就和公司债权人的利益发生了冲突。理论界有人提出在一定条件下应当强制股东在约定缴资日期前实缴出资(或称出资义务"加速到期")的对策,但审判实践目前只在极少的例外情形下强制股东提前缴资。另外,资本认缴制虽令创办公司更为便利,但对改善公司筹资灵活性的贡献却不明显。

本章首先说明资本认缴制的主要规范内容。其中,一个无法回避的基本问题是:实行资本认缴制后,会计上应当如何反映注册资本?就像资本认缴制不是新事物一样,会计上如何确认认缴资本也是一个八十多年前就出现的老问题。其次,本章将分析资本认缴制的积极作用,以及资本认缴制对债权人保护和公司筹资灵活性的影响。在分析公司筹资灵活性的部分,将讨论目前提出的两种改进方案(董事催缴权和授权董事会发行股份的制度)。

4.1 认缴制的注册资本及其会计确认

2005 年 10 月,全国人大常委会修订《公司法》,缓和了 1993 年立法的"一次全额实缴制"[1],采取资本"实缴制"和"认缴制"并行的做法:有限公司以全体股东登记的"认缴的出资额"为注册资本,发起设立的股份公司以全体股东登记的"认购的股本总额"为注册资本;以上两种公司的全体股东在公司成立时至少须实缴注册资本的 1/5,且该笔首次实缴须高于法定"注册资本最低限

---

[1] 根据 1993 年《公司法》,注册资本是指公司登记机关登记的全体股东"实缴的出资额"或者公司"实收股本总额"(第 23、78 条)。

额",其余出资须自公司成立时起2年内缴足("投资公司"可延至5年);募集设立的股份公司仍以公司"实收股本总额"为注册资本。①

2013年12月,全国人大常委会再次修订资本规范,在坚持"认缴制"和"实缴制"并行的基础上,又取消了一些限制,将有限公司和发起设立之股份公司的"认缴制"向前推进一步:除法律、行政法规和国务院决定另有规定外,有限公司和发起设立的股份公司以全体股东"认缴的出资额"或全体发起人"认购的股本总额"为注册资本;除法律、行政法规和国务院决定另有规定外,一般性地取消了注册资本最低限额要求、首次实缴出资的比例要求、实缴全部出资的期限要求、货币出资的比例要求以及强制验资制度;另一方面,募集设立的股份公司仍实行"实缴制",以公司"实收股本总额"为注册资本。②

不过,《公司法》在条文表述上并没有清楚地区分认缴出资和实缴出资。1993年《公司法》奉行出资一次性全额实缴的原则,因此作为动词的"出资"只有一层含义,仅指股东向公司实际转让财产权以获得股东资格的行为。③ 也就是说,"出资"只有"实缴出资"的意思。经过2005年10月的修订,《公司法》已允许出资人认缴后分期缴纳出资财产。所以,公司成立后,股东认缴的出资额和实缴出资额通常是有差距的。但《公司法》在表述上至今也没有严格区分哪些"出资"是认缴的出资,哪些是指实缴的出资。有些条文对"出资"一词加上了定语。④ 但更多的条文中,"出资(额/比例)"未加限定,究竟指"认缴出资"还

---

① 2005年《公司法》第26、81条。
② 2013年《公司法》第26、80条。目前仍实行注册资本实缴制的公司,包括募集设立的股份公司、商业银行、外资银行、金融资产管理公司、保险公司、证券公司、信托公司等,参见《国务院关于印发注册资本登记制度改革方案的通知》(国发〔2014〕7号)。
③ 1993年《公司法》第23、25、78、82条。
④ 例如:股东"认缴的出资额"(《公司法》第3、23、26、28条),股东"缴纳的出资额"(《公司法》第31条)。

是"实缴出资"并不清楚。①

另一方面,企业会计准则至今也未根据资本认缴制做出相应调整。尽管从法律意义上说,出资人认缴出资后就对公司负有出资义务,但按照当前的企业会计准则,公司实收资本(或股本)科目只反映股东实缴出资额,而不反映股东认缴的出资额,公司对股东所享有的出资请求权也不记为公司的"应收款项"。公司的会计信息无法全面、真实地反映公司的资产构成以及股东的出资义务履行情况。

在资本实缴制下,注册资本反映的是股东实际向公司缴纳的出资总额。② 股东出资全部到位后,公司才准予成立。当前的会计账务处理规则就是依照资本实缴制量身定做的。公司实际收到的股东出资记为"实收资本"或"股本",公司收到出资时应做如下会计分录:借记"银行存款""固定资产"或"无形资产"等科目(具体哪一科目取决于出资财产类型),贷记"实收资本"(有限公司)或者"股本"(股份公司);股东投入的金额超出注册资本中其所占部分的差额,贷记"资本公积——资本溢价或股本溢价"科目。③

2005年《公司法》推出资本分期认缴规则后,上述会计准则未作修订。无论股东认缴多少出资(或"注册资本"),公司的实收资本(或股本)科目只列示股东实际缴纳的出资额。

2013年《公司法》将资本认缴制又向前推进一大步。股东认缴出资后即使

---

① 例如:有限公司股东名册应当记载"股东的出资额"(《公司法》第32条);有限公司"首次股东会会议由出资最多的股东召集和主持"(《公司法》第38条);"股东会会议由股东按照出资比例行使表决权"(《公司法》第42条)。

② 1993年《公司法》第23、78条。

③ 参见《企业会计准则应用指南》附录"会计科目和主要账务处理"中的第4001项"实收资本"条。

没有任何实缴出资,公司也可以登记成立。会计上如何反映和核算注册资本,一度成为有争议的问题。

有观点认为,公司实收资本(或股本)应当反映股东的认缴出资额。以股东没有任何实缴出资的情况为例:公司成立后,会计上应当依照公司注册资本总额,借记"其他应收款"科目,贷记"实收资本"科目;公司实际收到股东缴付的出资时,借记"银行存款"等科目,贷记"其他应收款"科目。这样,从"其他应收款"科目的借方和贷方金额,就可以看出股东对公司负有的出资义务总额,以及该义务的履行情况(借方金额代表仍未履行的出资义务,贷方金额代表已经实际缴纳的出资额)。①

对此,批评意见认为:"其他应收款"中的借方金额没有完全按公司章程规定的实缴时间确认,而是在公司成立后就直接按注册资本总额一次性入账,不符合"权责发生制原则",也没有真实反映实收资本的"实收"性质。因此,认缴制下注册资本的会计核算仍然要按照实收的原则,认缴出资额不应当计入"实收资本"。②

实践中,公司一般是按照第二种做法操作的。这样做,除了符合资本"实收"的要求外,还有税负方面的原因。公司如果在实际收到股东出资前就将股东认缴额计入实收资本(或股本),那么,依照税法,公司就不得不为这笔尚未实得的出资提前缴纳"资金账簿印花税"。③

但是,认缴出资额完全不计入实收资本(或股本),似乎也不完全符合"权责

---

① 沈宽让(2016:220)。
② 沈宽让(2016:220);肖太寿(2016)。
③ 肖太寿(2016)。按照印花税法规,设立并使用营业账簿的单位或个人属于印花税纳税人。企业每年应就"记载资金的账簿"缴纳印花税,这笔印花税的计税依据就是该企业的"实收资本"和"资本公积"之和,税率为万分之二点五。

发生制原则",无法反映出股东对公司的出资义务或者公司对股东的出资请求权。

由此造成的问题,首先是信息上的混乱和表述的困难。公司登记的"注册资本"反映股东认缴出资总额,而公司会计信息只确认股东实缴出资为实收资本(或股本)。在资本认缴制下,股东认而不缴或分期缓缴是常态,公司登记的注册资本与财务报表上的实收资本(或股本),尽管都叫"资本",但金额却经常不同。这不仅带来了识别、表述和交流成本,也容易误导人们的判断。

其次,股东对公司的出资义务或公司对股东的出资实缴请求权,在公司的会计信息上没有相应的确认,削弱了会计信息的真实性和全面性。

因此,有会计专家建议增设会计科目,在所有者权益类科目中增加"认缴资本"一级科目,取消原来的"实收资本"科目。这样,在会计核算时,公司按照章程规定的出资时间和金额,借记"其他应收款"科目,贷记"认缴资本"科目;实际收到股东出资时,借记"银行存款"等科目,贷记"其他应收款"科目。在资产负债表中,原来的"实收资本"应改为"认缴资本",反映资产负债表日股东累计应缴的出资额,在"认缴资本"下面单独列示"其中:实收资本",反映股东累计已缴出资额。①

回顾我国公司立法和会计实践的历史,股东认缴出资而未实际缴付时应当如何记账,同样不是新问题。1929 年民国公司法就规定了类似于现行《公司法》的"认缴制":股份有限公司成立时,全部股份应当认足或募足,股东可以分次缴纳股款,但首次应缴股款不得少于票面金额的二分之一。② 当时的会计专家就提出,应当效仿英、美的会计规则,在公司股本账户中设"股本总额"和"未

---

① 沈宽让(2016:220)。
② 1929 年民国公司法第 93 条、第 96 条第 2 款。李栖(1996:257-258)。

收股本"科目,以反映公司发行股份的总额和股东的缴款情况;相应地,资产账户中应设"未收股款"科目,反映公司对股东认而未缴之股款的债权。① 无奈,由于法律和法律知识在"改革开放"前数十年的断层,八十多年前的老问题如今返老还童又成了"新问题"。

4.2 资本认缴制的实际效果

资本认缴制降低了自然人或公私机构设立公司的合规门槛,刺激了新设公司的数量迅速扩张。《公司法》的此次修改于 2014 年 3 月 1 日起实行。从官方公布的一系列数据可见,连同其他便利化措施,②资本认缴制确实推动了企业创设数和注册资本规模的快速增长,增速高于修法前的水平。

2014 年 7 月 7 日,国家工商行政管理总局(下称国家工商总局)公布当年上半年市场主体发展的统计数据,并认为,"注册资本登记制度改革实施以来,市场活力充分激发,市场主体快速增长":

> 今年上半年,全国新登记注册市场主体 593.95 万户,比上年同期增加 85.03 万户,增长 16.71%,增速比上年同期提高 8.41 个百分点;注册资本(金)9.3 万亿元,同比增加 3.97 万亿元,增长 74.51%。注册资本登记制度改革实施后,3 月至 6 月全国新登记注册市场主体 440.06 万户,同比增长 20.48%;注册资本(金)7.22 万亿元,同比增长 54.37%。截至 6 月底,全国实有各类市场主体 6413.83 万户,比上年同期增长 14.01%,增速

---

① 潘序伦(2008:84-85),原文"我国公司会计中股本账户之研究"发表于 1933 年 7 月的《立信会计季刊》第 2 卷第 1 期。

② 与资本认缴制同步推进的工商便利化改革措施还有:简化住所(经营场所)登记手续、废除企业年检并改行年报制度等。参见《国务院关于印发注册资本登记制度改革方案的通知》(国发〔2014〕7 号)。

比上年同期提高7.14个百分点;注册资本(金)总额115.05万亿元,同比增长23.76%。①

2016年4月,国家工商总局又公布了认缴制改革两年来的汇总数据:"2014年3月1日至2016年2月底,新登记企业830.17万户,是改革前四年新登记企业数的总和,平均每天新登记企业1.14万户,与改革前日均新登记企业0.69万户相比,增长了65.2%。"并认为,以资本认缴制改革为重点的"商事制度改革……推动了大众创业、万众创新,新设企业大量涌现,企业活跃度不断提高"。②

2017年9月公布的一份研究报告指出:商事制度改革以来,"市场主体入市速度明显加快","社会创业热情持续高涨,新登记企业数量大幅增长"。报告公布的一组数据是:"目前,全国市场主体总量突破9200万户,比2013年年底6000万户增长了50%。自2014年3月商事制度改革全面启动以来,全国累计新登记市场主体超过5300万户。""2016年新登记企业超过550万户,比2013年增长了一倍。与改革前三年相比,改革后三年的新登记企业数量在增速上提高64.2个百分点。"③

上述数据表明,资本认缴制改革对刺激投资设企确实产生了积极效果,实现了此次改革所设定的目标:"降低准入门槛……促进市场主体加快发展"。

4.3 资本认缴制与债权人保护

很多学者对资本认缴制可能削弱对债权人的保护表示忧虑,认为认缴制将

---

① 《国家工商总局公布上半年统计数据显示——市场稳步发展 改革成效显著》,原国家工商行政管理总局网站(home.saic.gov.cn)2014年7月8日发布。国家工商总局统计的"市场主体"包括各类企业、个体工商户、农民专业合作社。

② 《工商总局:商事制度改革取得明显成效向前迈出大步》,中央人民政府网站(www.gov.cn)2016年4月28日发布。

③ 《商事制度改革成效研究报告》,原国家工商行政管理总局网站2017年9月11日发布。

注册资本建构在股东承诺之上,必定对公司债权人产生不利影响。例如,有学者指出,认缴制必定催生许多"无赖公司"。这类公司注册资本巨大,但股东实缴出资极少,一旦不能支付到期债务,其债权人无权要求股东提前缴付出资,而只能对欠债公司先申请破产,再通过破产管理人要求股东缴付认而未缴的出资。这样会带来昂贵的社会成本。[①] 有学者列举认缴制可能产生的四种消极影响(诸如:注册资本随意增加、注册资本实际到位率低、注册资本承诺出资期限过长、股东承诺出资但实际虚假缴纳),认为都会对公司债权人造成损害或威胁。[②] 还有学者指出,认缴制使得"股东出资期限"自治化,为股东的机会主义行为提供了诱因,可能使股东、债权人与公司之间的法律关系变得更为复杂。[③]

上述观点表达的忧虑不无道理。但是,它们可能过分高估了债权人依赖注册资本评价债务人偿付能力的可能性,夸大了股东实缴出资与公司偿付能力的相关性,同时又过分低估了债权人的自我保护能力。

如前所述,资本具有"吸收"经营损失、预防企业破产的功能,而能够"吸收损失"的"资本"须是会计上确认的所有者权益(或称净资产,通常包括:实收资本或股本、公积金和未分配利润)。[④] 股东认缴而未实际缴付的出资额,由于不能确认为公司实收资本(或股本),因此无法发挥"吸收损失"的"缓冲垫"作用。对于普通的商业公司来说,现行资本认缴制允许公司股东任意创设注册资本,没有最低注册资本的要求,也不要求股东在公司成立时必须实缴一定比例出资。因此,出现注册资本极多而实收资本(或股本)极少甚至完全为零的公司是无法避免的。这类实收资本(或股本)"单薄"甚至"空虚"的公司,除非经营

---

① 甘培忠、吴韬(2014:93)。
② 蒋大兴(2015:35-37)。
③ 王文宇(2015:63)。
④ 关于资本吸收经营损失的功能及其局限性的讨论,详见本书第2.2节。

过程中积累了一定的公积金和未分配利润,否则,从账务上看它们的债权人是缺乏甚至完全得不到资本的"缓冲"保护的。

不过,我们不应当夸大股东实缴出资对公司偿付能力的积极作用。股东出资一旦进入企业经营周转,便不会保持原貌,价值和形态都将发生变化。以股东实缴出资的原始价值估计公司日后的偿付能力是不可靠的。如本书第 2.2 节所述,资本吸收损失、预防破产的功能主要是在破产法意义上成立的。一个公司即使账面上资本充足,没有达至破产标准(比如资产仍然大于负债),也不意味着它有足够的可变现资产偿付全部到期债务。

此外,债权人得不到债务人公司资本的"缓冲"保护,不等于他们完全没有其他任何保护,也不意味着他们对得不到资本的"缓冲"保护这一风险完全无知。公司债权人可以大致分为合同债权人和侵权债权人两大类。一般而言,合同债权人[①]在与交易相对方建立合同关系前,都可以通过企业信用信息平台了解对方公司的注册资本和股东实缴出资信息。[②] 但是,这些信息对于帮助债权人判断债务人的履约和偿付能力,作用不大。评估一个公司的履约和偿付能力,与其看它的股东出资情况,不如仔细了解公司目前的资产和业务情况,广泛收集与债务人有关的各种信息,包括官方和非官方网络平台所提供的信息。[③] 有条件的情况下,债权人当然可以要求债务人就其债务提供担保,这显然比债务人公司的资本更有保护作用。对侵权债权人来说,他们因受到公司行为侵害而被动地成为公司债权人(例如:产品缺陷受害人、环境污染受害人、交通

---

① 按照曼宁和汉克斯的看法,合同债权人可以再分为"一般商业债权人"和"金融债权人"两种。Manning & Hanks (2013: 99)。

② 查阅公司注册资本及其股东实缴出资数额的官方信息系统是"国家企业信用信息公示系统"(www.gsxt.gov.cn)。

③ 例如中国裁判文书网(wenshu.court.gov.cn)等系统发布的诉讼案件信息,以及一些商业平台检索该类诉讼信息而形成的特定企业涉诉信息数据。

事故受害人)。他们事先并不知道谁会(实施侵害)成为他们的债务人,显然无法事前调查和选择债务人,更不可能要求债务人预先提供担保。尽管侵权债权人有可能从商业保险和社会保障体系获得一定补偿,但总的来说,侵权债权人比合同债权人更有可能(也更加需要)依赖债务人公司自己的偿付能力。这就又回到了问题的起点:债务人公司的偿付能力究竟取决于哪些因素,股东最初的实缴出资对公司日后保持偿付能力究竟有多大作用?[①]

不少学者对认缴制提出上述批评的同时,也对立法和审判提供了几种建议:一种建议是,在公司无力偿债而又没有进入破产或清算程序的时候,强制股东提前实缴出资。[②] 另一种建议是,改进减资程序中的债权人保护规则。有学者提出,资本认缴制实施后,股东通过减资逃避出资义务的现象较多。因此,建议仿效英国公司法,增设"减资标注"要求,赋予债权人实质性异议权,建立以法院为主导的减资规则。[③]

4.4 资本认缴制与筹资灵活性

资本认缴制并没有显著提高公司的筹资灵活性。目前,人们提出的解决方案主要有两种:一是增设董事会催缴权,二是采用"授权资本制",将部分筹资权分配给董事会。

资本认缴制未显著改善筹资灵活性

法律允许股东先认后缴、分期出资,对公司筹集资本可能产生如下作用:一是,增加了筹资的可预期性。股东可作一个长期的、相对确定的出资安排,而

---

① 本书第5.1节和第6.1节对这个问题将做进一步探讨。
② 例如:甘培忠、吴韬(2014:94);赵旭东(2014:23);蒋大兴(2015b:157)。本书将在第8.2节对这一问题深入探讨。
③ 罗培新(2016:145)。关于减资程序中的债权人保护问题,本书将在第12.4节研究。

公司将按期得到股东投入的资产。二是,降低了公司的筹资成本。在股东认缴出资或者认购股份的金额范围内,公司可按期获得出资资产,不必因收到实缴出资而召集股东会作增资决议、修改章程、变更工商登记。三是,降低了股东的出资压力。对股东来说,可以分期投入出资,不必一步到位,出资压力显然是减少了。

不过,先认后缴、分期出资的制度设计并未显著提升公司的筹资机动性。原因主要是两个方面:

第一,分期出资只是允许股东延期缴资,难以满足公司成立后不断变化的资金需求。认缴制的设计假定全体股东有能力在设立公司时就能预见公司未来若干年(甚至数十年)的资金需求,并在章程中作出分期出资的安排。但这个假设显然无法成立。公司成立后每一年、每一季度、每个月需要多少资金、需要何种非货币资产,取决于许多未知的、不确定的因素,股东在设立公司时不可能全部预见。实践中,股东在章程中所规定的分期实缴出资期限,往往是粗略的估计,谈不上有所预期和规划。还有许多公司,将股东实缴出资的期限规定为未来10年、20年甚至更长时间之后。这类出资安排,与其说是长远规划,不如说是用尽规则空间,逃避出资负担。所以,认缴制的分期出资规则,实际上更多地是为股东延后缴资(乃至无限期延后)开了方便之门。而延期到什么时间,完全由股东们自己商定。

因此,当公司事后需要资金且无法以负债方式筹集,而股东的实缴期限尚未届至时,公司难免还要通过修改章程实现筹资目的:要么修改章程,将股东实缴出资的期限提前;要么修改章程发行新股、引进新的投资者。

当然,我们可以假设一种较理想的状态:公司章程可以规定,当公司发展需要资金时,董事会有权在股东实缴期限届至前要求股东实缴出资。但是,股东有什么动力给自己设定这样一项束缚自己的负担呢?事实上,倒是有这样的例子:股东们在公司大额债务即将到期前,一致同意修改章程,把即将到期的实缴期限向后推延 18 年。[①]

第二,分期出资的筹资对象仅限于现有股东,公司在筹资对象上没有足够机动性。章程的分期出资规定看似为公司预先安排了未来若干年的筹资规划,但是,筹资对象只能是现有股东。假如现有股东出资能力不足,公司还是要向外部筹资,还是要通过股东会增资决议,修改章程,变更公司登记。可见,允许分期出资的认缴制给公司的筹资机动性是很有限的。

从上述两点看,资本认缴制虽然扩大了股东的出资期限灵活性,但对于改善公司的筹资灵活性作用不大。我国台湾地区学者在 2015 年撰文指出:资本认缴制把出资的主动权悉数交给股东,确实赋予了股东"出资弹性",但却无助于提高公司的"筹资弹性",而公司的"筹资弹性"恰应是资本制度改革的重点。[②] 这一观点是切中要害的。

改进方案之一:董事会催缴权

针对认缴制筹资弹性不足的缺点,有学者提出建立董事会催缴制的建议。提出这项建议的学者指出,英国公司法和美国特拉华州普通公司法都允许公司发行"部分实缴股份(partly paid shares)"。此类股份发行后,股东应当依照公司章程大纲或章程细则的规定,缴付股款余额。章程大纲或章程细则可能定明缴付期限或缴付事由,也可能授权董事会视公司业务需要自行决定向股东催缴(call-up)。[③]

---

① 中国金谷国际信托有限责任公司诉浙江优选中小企业投资管理有限公司等申请执行案,北京市高院(2016)京执复 106 号裁定。对该案的讨论参见本书第 8.1.2 节。

② 王文宇(2015:61)。

③ 王文宇(2015:55,56,62)。

我国目前的实际情况是,公司章程通常都会规定股东认缴出资后的实缴期限。实缴期限届至,股东自然负有缴付出资的义务,违反则须承担相应的法律责任。① 如前所述,章程预先规定实缴出资的期限并不能增加公司的筹资机动性。要使公司具有筹资的机动性、灵活性,必须使董事会在发生业务需要或者特定事由时,有权作出决议向已认缴出资的股东召集出资。《公司法》固然可以通过修改条文,赋予董事会上述权限。公司章程也可以做此种授权。

不过,董事会催缴制的实际效果将受到以下因素的限制。首先,董事会只能在股东已认缴出资的金额内催缴,超出已认缴范围,则须经股东会决议增加注册资本。董事会也无权超出现有股东的范围去筹集资本。其次,董事会只能在章程预先设定的股东缴资时间区间内催缴,除非章程赋予董事会根据经营需要任意催缴。最后,如果董事会成员与股东高度重合,或者受股东全面控制,那么,当股东无意愿缴资时,期待董事会以公司利益至上的立场向股东催缴是不现实的。相反,如果股东自愿缴资,也就不需要董事会催缴了。总之,董事会催缴制仍然以股东为筹资事项的最终决策者,只能在公司股东预先设定的出资框架内增加一定的筹资机动性。

改进方案之二:授权资本制

资本认缴制筹资灵活性不足的根本原因在于,公司筹集资本的对象、金额、出资方式、股份类型、缴资时间等全由股东事先确定为章程条款,而董事会没有丝毫主动权。因此,扩大公司筹资灵活性的关键举措应当是将公司增资扩股的一部分决定权分配给公司董事会。具体说,就是股东需要通过章程或者决议的

---

① 股东违反出资义务的法律责任,详见本书第8.3节的讨论。

方式,将一定金额、时间或其他约束条件范围内的增加资本或者发行新股的决定权,授予公司董事会。这就涉及"授权资本"概念。

"授权资本"意指公司章程设定的,公司最多可发行的股份数或者最多可筹集的资本额。① 在"授权资本"的范围内,董事会可以根据公司营业需求自行决定股份发行事项。②

"授权资本"在美国各州和欧盟成员国的公司法中是常见的。美国各州公司法一般都承认公司董事会在章程授权的股份数量和种类范围内拥有股份发行决定权。董事会打算发行的股份如果在数量或种类上超出章程授权范围,则必须先提请股东会修订章程的相关条款。这表明,董事会的股份发行决定权不得逾越股东会的授权。此外,根据MBCA的规则,如果发行股份购买非现金资产,或者单次发行股份(包括转换股份)的数量超过已发行的有表决权股份的20%,也应当事先征得股东会批准(美国主要的证券交易所和纳斯达克系统也有类似规则)。③

欧盟公司资本指令要求,其成员国的公司法应当规定:公开发行股份的公司的组建章程须表明"授权资本"(authorised capital)和"已认购资本"(subscribed capital)的数额;如果公司没有设定"授权资本",那么章程就必须记明"已认购资本"。④ 据此,英国2006年公司法规定,公司可以不设定"授权资本",但任何有股本的公开和非公开募股公司都应当向登记机关提交"资本和初始持股情况说明"。该文件应当说明公司成立时的已认购股份数及其面值总额

---

① 关于"注册资本"与"授权资本"的区别,参见本书第1.2.2节。
② 国内学者关于授权资本制的讨论,参见邹海林、陈洁(2014:66-74)。
③ Bainbridge(2015:44-45)此处引用的是MBCA § 6.21(f)。
④ Directive 2012/30/EU, art. 2(c)(d)。根据Werlauff(2003:229-230)所述,欧盟指令所说的"授权资本"与美国法的含义是相同的。

(如有多种股份,则每种股份均须作出说明),每一股份的已收股款和未收股款情况以及股本溢价情况,每一认股人的已缴股款和未缴股款情况以及股本溢价情况等。①

从英国 2006 年公司法的股份发行规则看,股东会仍然拥有股份发行的终极权源,董事会所享有的股份发行决定权必须建立在股东会授权之上。② 董事会只有在两种情形下有权决定股份发行(以及授予股份认购权、将任何证券转换为股份,下同)。③ 第一种情况是,在只有一种股份的非公开募股公司,如果章程没有限制性规定,则董事会拥有决定股份发行的权力;④第二种情况是,在其他的公开或非公开公司,董事会只能在章程或股东会决议授权的数额、时间和条件范围内行使股份发行权。⑤ 可见,在仅有一种股份的非公开公司,公司法以董事会享有全部股份发行权为原则,限制发行权为例外(原因或许是这类公司的董事与股东通常是高度重合的);而在公开公司和发行多种股份的非公开公司,立法者对董事会的股份发行权持谨慎态度,第 551 节对授权内容有多方面的规范和指引。

我国《公司法》经 2018 年修正,在股份公司因三种事由回购自有股份的规则中,允许公司董事会依照公司章程或股东大会决议授权,决定实施回购。⑥ 这可以看做是在股份回购事项上局部实行了授权资本规则。《公司法》如果要通

---

① UK Companies Act 2006, s. 10.
② 英国 2006 年公司法尽管不再使用"授权资本"概念,但并未将股份发行权利全部交给董事会,参见 Wild & Weinstein (2011: 87-88, 227)。与其说英国公司法废除了"授权资本制",不如说修正了原先的"授权资本制",在董事和股东之间采取了更为灵活的权力配置。
③ UK Companies Act 2006, s. 549.
④ UK Companies Act 2006, s. 550.
⑤ UK Companies Act 2006, s. 551.
⑥ 《公司法》(2018 年)第 142 条第 2 款。三种回购事由参见第 142 条第 1 款 3、5、6 项。

过"授权资本制"扩大公司筹资灵活性,那么,以下诸项问题需要认真研究,诸多规则需要作出调整:

(1)公司法需要增设一个表示"授权资本"并与已发行资本(即注册资本)相区别的术语,其含义应当是公司章程设定的,公司最多可筹集的股本总额或者最多可发行的股份总数(例如称"设定资本"或"设定股份总数"、"拟发行资本"或"拟发行股份总数")。"注册资本"原本就是已发行或已认缴资本的意思,可以保留不变。

(2)所有公司一律实行授权资本制,还是允许公司自行选择？授权资本制旨在扩大公司的筹资机动性,因此,理应尊重公司参与人的自主选择。如有公司愿意继续实行资本认缴制,也应当允许。《公司法》可以对接受"授权资本制"和不接受"授权资本制"的公司章程必备条款分别作出示范规定。

(3)增资扩股决定权的配置方式,在股份公司(或公开募股公司)和有限公司(或非公开募股公司)是否应当有所区别？如果要设置有区别的规则,那么规则应当如何分别设置？

(4)股东会向董事会的授权方式(章程和/或决议)、授权期限、授权范围(包括授权发行的股份数额、股份种类、衍生工具种类①等)以及相关的表决程序等,法律上应当做何种指引和规范？

(5)公司登记、企业信用信息公示系统应当分别记载或披露哪些信息？

(6)董事会决定增资扩股势必影响原有股东的股份比例,如何通过增资优先认缴权或者优先认股权(preemptive rights)保护原股东的"比例利益"？② 我国《公司法》目前对股份公司的优先认股权未作规范,只规定了有限公司股东享有

---

① 例如权证、可转债等。公司发行衍生工具与资本制度的关系,参见郭土木(2016:127-130)。
② 美国和欧盟的优先认股权情况,参见 Bainbridge (2015: 45-46)和 Werlauff (2003: 229-230)。

增资优先认缴权。①《公司法》接受"授权资本制"的话,两类公司的优先认股权规则应当有所调整。

总的来说,公司是否采用"授权资本制",采用的话如何对董事会授权,最终仍须由股东决定。《公司法》只应当为有意愿授权的股东和公司提供一个合法性框架以及若干可选择的模式。

---

① 关于我国有限公司优先认缴权的实际情况和理论探讨,参见王军(2019:79-103)。

本章小结

- 资本认缴制允许投资者以出资承诺创制公司资本,不限制股东实缴出资的期限,显著扩大了人们创设普通商事公司的自由度。

- 依现行企业会计准则,公司实收资本(或股本)科目只反映股东实缴出资额,而不反映股东认缴的出资额。股东对公司的出资义务或公司对股东的出资实缴请求权,在公司的会计信息上没有相应确认。这削弱了会计信息的全面性和真实性。一种可行的改进方案是:在资产负债表中,原来的"实收资本"改为"认缴资本",反映资产负债表日股东累计应缴的出资额,在"认缴资本"下面单独列示"其中:实收资本",反映股东累计已缴出资额。

- 实收资本(或股本)"单薄"甚至"空虚"的公司,除非在经营过程中积累了一定的公积金和未分配利润,否则,从账务上看它们的债权人无法得到资本的"缓冲"保护。

- 资本认缴制筹资灵活性不足的根本原因在于,公司筹集资本的对象、金额、出资方式、缴资时间、股份类型等全由股东事先确定,董事会没有丝毫主动权。

- 改善公司筹资灵活性的方案有二:一是设置董事会催缴权;二是将公司增资扩股的一部分决定权分配给公司董事会。

5. 出资类型管制

法律限定何种财产可用于出资入股,实质上就是限定人们可以用何种财产换取公司股份,创立属于自己的(或与他人共享所有权的)企业。可以说,出资财产类型限制即法律对可资本化的财产范围的界定。

《公司法》至今坚持出资财产类型管制。[①] 本章的分析发现,出资财产类型管制与维持公司偿付能力没有直接关系。实务中的很多做法实际上已绕开或突破了管制。出资类型管制在法律条文上的严肃刻板与其实际操作过程中的稀松疲软,形成讽刺性的对照。从实际效果看,出资类型管制并未真正阻挡它要禁止或限制的财产进入公司资本,而只是为这些财产的资本化设置了更多交易成本。这些交易成本,一方面造成资源浪费,另一方面阻碍了弱小投资者的投资活动。放开出资财产类型限制,将促使更多的资产更便利地转化为公司资本。

5.1 出资类型管制的理由

从前文的历史回顾可见,公司法限定可出资财产类型的做法在十九世纪的美国和欧洲公司法中就出现了。[②] 其目的除了确保股东出资公平外,主要就是保护公司的债权人。因为,这样可以使得股东投入公司从而形成公司资本的非现金财产价实相符、具有变现能力,从而为公司构筑偿债"担保"。[③]

但是,无论从理论还是经验来看,为保护公司债权人而管制股东出资类型的理由都是可疑的。

首先,股东出资财产类型与公司债务偿付能力之间不存在可信的相关性。

[①] 《公司法》(2018年)第27条。除限制出资类型外,1993年和2005年《公司法》还对特定类型出资财产的金额在注册资本中所占的比例予以限制。1993年《公司法》第24条规定,股东以工业产权、非专利技术作价出资的金额不得超过有限责任公司注册资本的20%,国家对采用高新科技成果有特别规定的除外(第80条类似)。2005年《公司法》第27条和第83条规定,全体股东的货币出资金额不得低于注册资本的30%。这些限制性规则都与本书第6.2节所述的顾雏军虚报注册资本案有密切关系。

[②] 参见本书第3.3节。

[③] 参见赵旭东(2003:115);Palmiter(2015:82)。

公司的注册资本在公司登记后,只要不做变更,都会保持不变。但公司不可能将股东出资财产封存起来用于偿还债务。股东投入公司的出资财产,无论是现金还是非现金财产,都将在公司的生产经营过程中循环周转。它们在形态、类型和价值上不断变化,有的增值,有的减值,有的被消耗掉,有的转化为其他资产形态。股东出资财产虽然是计量注册资本的客观基础,但它无法在价值上与注册资本额始终保持一致。① 限制可出资财产的类型,即便像十九世纪美国一些州公司法那样仅允许货币出资,对于保持公司的偿付能力也是无甚作用的。相反,出资财产类型管制势必阻碍投资创业,妨碍资产向资本转化,最终减损社会整体收益。

其次,公司的合同债权人实际上不依赖股东出资类型来评估公司偿债能力。对公司的潜在合同债权人(如商业银行、供货商、销售商)而言,债务人公司如果不是公众公司的话,其股东的出资财产类型及其具体形态通常并非公开信息,债权人如要审查股东出资财产类型及其价值,一般都需要债务人公司主动披露。假如一个债务人公司愿意向它的合同债权人透露其股东的出资类型信息,那么,它通常也会愿意披露公司资产状况。而公司资产状况显然在评估债务人偿债能力时更能说明问题。如果让债权人选择根据什么信息判断债务人公司的偿付能力,债权人绝大多数情况下可能都会选择公司资产状况的信息。实际上,从银行业发放贷款时对借款人信用的调查评估办法可知,商业银行不关注、更不会依赖借款人公司的股东出资情况决定是否发放贷款。②

---

① 许多研究者都指出了这一点,参见赵旭东(2003:109-123)。
② 例如,中国银监会2010年发布的《流动资金贷款管理暂行办法》,要求银行业金融机构在发放流动资金贷款时,对借款人的资信情况做尽职调查。该办法第13条列举了若干必要调查事项。这些事项均为借款人的财务状况信息(诸如借款人的应收账款、应付账款、存货、融资负债、关联交易、贷款具体用途、还款来源等情况),没有一项涉及借款人的股东出资类型和价值以及是否实缴出资等情况。2009年银监会《固定资产贷款管理暂行办法》也有类似规定。

最后，出资类型管制事实上无法有效管控股东的出资类型，因为出资者可以变换其他合法渠道向公司投入非现金资产、获取股权。出资者出资入股的经济实质是以其资产交换公司股份。而实现这一目标的合法手段，不止出资入股一种方法。其他合法途径还有：出资者以货币出资之后，公司再向出资者购买非货币资产；出资者以"经营性资产及相关负债"出资，将各种不得作为出资的经济资源一并注入目标公司；A 公司吸收合并 B 公司，B 公司股东相当于以 B 公司（为出资财产）对 A 公司出资入股，B 公司拥有的各种经济资源悉数进入 A 公司，等等。看起来，出资类型管制只是增加了投资者组建企业的组织成本（例如：时间成本、支付给各种专业机构的费用、交易税费等），①似乎害处不大，可以容忍。其实不然。这些组织成本占用了资源、耗费了时间，经济实力较强的投资者或许可以承受，但实力较弱的投资者可能就被阻挡在管制门外了。企业组织成本实际上造成了歧视性的市场准入。

自相矛盾的现实情形是，出资财产类型管制，一边在登记机关的规章条文和隐形惯例中膨胀，一边又在实际操作中被不断突破和规避。

5.2 类型管制的扩张

1993 年《公司法》将合法的出资方式限定为：货币、实物、工业产权、非专利技术、土地使用权(第 24 条)。除了以上列举外，其他非货币出资方式看起来都是不被允许的。2005 年 10 月修订《公司法》时扩大了出资类型的范围，除了列举货币、实物、知识产权、土地使用权可以出资外，还规定"可以用货币估价"、可

---

① 从制度经济学的分析框架看，当产权被投入各种各样的市场交易和组织活动时，除了"排他成本"(即界定产权、防止他人侵犯产权所需成本)外，还会产生"协调成本"。"协调成本"包括两类：一是"交易成本"，二是"组织成本"。参见柯武刚、史漫飞(2000:154-156)。

以合法转让的其他非货币财产也可以作价出资。① 此外,公司登记法规规定,劳务、信用、自然人姓名、商誉、特许经营权或者设定担保的财产不得作为出资财产。②

不过,这套关于出资方式的"正面清单"和"负面清单"的组合,在实践中遭到不同方面的挤压,发生了明显的变形。一方面,法律条文上的限制在实践中被人为地进一步缩紧,一些法律上不禁止的出资方式,在公司登记环节上无法操作。另一方面,这些法律限制又像用灌木枝条编制的栅栏,漏洞百出、四面透风。在公司登记环节,有的非货币财产受到登记规章的重重限制,难以单独出资;有的则由于主管部门未制定具体操作规程,许多地方的登记机关不允许以之为出资财产。但矛盾的是,这些受限制的财产实际上又可以通过其他渠道或者搭载其他出资财产投入公司、换取股权。以下以债权和专利使用权的出资限制为例说明。

5.2.1 债权出资的限制

根据原国家工商总局的规定,债权出资仅限于债权人对债务人实施"债转股"的情形。也即,只允许出资人(债权人)将自己的、对债务人享有的债权转为股权。而且,实施"债转股"的公司(也即债务人)必须是"在中国境内设立的公司"。③

这种限制固然有降低信息成本和交易风险的效果。因为,参与交易的当事人减少了(仅限于债权人和债务人两方参与,而双方对债权债务的情况是了解的),也不必发生债权转让。但是,这显然也减少了可出资债权的范围和数

---

① 《公司法》(2005 年、2018 年)第 27 条第 1 款。
② 《公司登记管理条例》(2005 年)第 14 条。
③ 《公司注册资本登记管理规定》(2014 年)第 7 条。

量,限制了投资。例如,依上述规定,出资人基于所持公司债券而拥有的债权,不得作为出资财产投资于其他公司;出资人对个人(包括个体工商户)、合伙企业等非公司企业的债权,也无法作为出资财产。很明显,这是一种通过限制和减少交易的方法来降低交易风险的管制措施。

此外,拟用于"债转股"的债权还须符合下列条件之一:(1)"债权人已经履行债权所对应的合同义务,且不违反法律、行政法规、国务院决定或者公司章程的禁止性规定";(2)债权"经人民法院生效裁判或者仲裁机构裁决确认";①(3)债权在"公司破产重整或者和解期间,列入经人民法院批准的重整计划或者裁定认可的和解协议"。另外,债权如有两个以上债权人,债权人对债权应已作分割。②

从上述规章要求来看,在公司登记机关的层层压缩之下,债权出资的空间已经极为有限。然而实践情况是矛盾的:在企业改制为股份公司和上市公司的资产重组中,"经营性资产及相关负债"里面夹带债权出资的现象十分常见,债权出资事实上又是经常发生且普遍存在的。③

5.2.2 专利使用权出资的限制

允许拥有专利权的个人或机构以专利权出资入股,从而使专利技术有偿投入生产经营,是"促进科技成果转化"的主要的市场化方式之一。④ 权利人以专

---

① 基于该条件,因侵权行为、不当得利、无因管理而发生的债权,但未"经人民法院生效裁判或者仲裁机构裁决确认"的话,不得作为出资财产。这条限制看起来似乎是为了防范出资人与他人串通虚构债权。
② 《公司注册资本登记管理规定》(2014 年)第 7 条。
③ 详细分析参见本书第 5.3.1 节。
④ 参见《促进科技成果转化法》(2015 年修正)第 16 条。

利权作价出资,法律依据明确,没有争议。① 有争议的是,"专利使用权"能否作价出资。

《专利法》中并没有"专利使用权"概念。人们在实践中运用这个概念,意思一般是指,专利权人以外的人基于专利实施许可合同而对专利所享有的使用权(或称"实施专利的权利")。②

以专利使用权出资,可能是以下两种情形:一是,专利权人许可某公司实施其专利,该公司同意专利权人以专利使用权作为出资财产,获得相应股权;二是,专利权人许可某人(以下简称"专利使用权人")实施其专利,该专利使用权人复将其专利使用权作为出资财产,折价入股到某公司。

根据《公司法》第27条第1款,专利使用权如要作为"非货币财产"作价出资,它必须能够"以货币估价并可以依法转让"。一项专利使用权是否符合《公司法》第27条的规定,本应由出资人举证证明,公司登记机关可以个案审查判断。但实际上,许多地方的公司登记机关不接受出资人以专利使用权出资。2016年某律师调查发现:

> 就实践中是否可以专利许可使用权出资,笔者电话咨询了北京市、上海市、湖南省及四川省的部分工商行政管理局及知识产权局,电话调研情况显示:北京市接受咨询人员表示不允许股东以专利许可使用权出资;上海市接受咨询人员表示需要根据专利的实际情况判断能否以专利许可使用权出资;湖南省接受咨询人员表示虽然政策上较为支持,但操作层面因缺乏先例并不鼓励;四川省接受咨询人员表示投资者可自由选择出资形

---

① 《公司法》(2018年)第27条第1款、《民法典》(2020年)第123条第(二)项。
② 根据《最高人民法院关于审理技术合同纠纷案件适用法律若干问题的解释》(2004年)第25条,专利实施许可包括"独占实施许可""排他实施许可"和"普通实施许可"三种方式。据此,专利使用权可分为三种:独占许可使用权、排他许可使用权和普通许可使用权。

式,工商部门和知识产权局并不干涉。①

该律师最后总结道:"股东以专利许可使用权出资,可以履行评估、财产权转移等程序,符合《公司法》及《公司注册资本登记管理规定》关于股东以知识产权出资的条件和程序要求,且实践中已有成功案例;但在实际办理中,能否办理工商登记,在较大程度上取决于工商登记机关的态度。"鉴于上述实际情况,该律师给出资人的建议是:先许可公司使用其专利,再以公司支付的许可使用费缴纳其认缴的注册资本。②

实际上,商业实践中早已存在专利使用权出资的做法。一份裁判文书显示:1990年,在北京市成立的一家中外合资经营企业中,一方股东即以专利使用权出资入股。③ 引发公众关注的顾雏军案的裁判文书披露:2001年,顾雏军以货币1.8亿元和两项"专利技术使用权"(评估价值为9亿元)出资,与他人组建顺德格林柯尔企业发展有限公司。④ 2009年,一家股份公司的招股意向书披露,其前身某有限公司2001年有过一次增资,用于增资的出资财产即专利使用权。⑤ 此外,法院在一些案件中确认过专利使用权出资的合法性,⑥一些地方政

---

① 蔡咖娣(2016)。

② 蔡咖娣(2016)。

③ 美国环球科技开发股份有限公司诉北京橡果经贸有限公司案,北京市一中院(2003)一中民初字第9658号判决。判决书的具体表述是:一方股东"以制造、生产氧气发生器和氧气发生剂的配方、专利使用权和商标使用权总计折合10万美元作为出资,占合营公司注册资本的50%。"

④ 该案详细信息及相关分析请参见本书第6.2.1节。

⑤ 苏州罗普斯金铝业股份有限公司的《首次公开发行股票招股意向书》,中财网(www.cfi.net.cn)2009年12月18日发布。

⑥ 例如:陈伟强与李富申、翁锦仪案,广东省佛山市禅城区法院(2016)粤0604民初5763号判决;云南亿润文化旅游发展有限公司与上海亿润影视制作有限公司案,上海市二中院(2016)沪02民终2714号判决。

府规范性文件也承认"专利使用权"出资。[1] 同时,对专利使用权评估定价也是有准则可依的。[2]

上述情况表明:专利使用权出资的登记规则、登记惯例与实践情况是脱节的。对投资者而言,辨识专利使用权能否出资,澄清登记规则并制定一个可行的出资方案,的确是困难的。而避免这种不确定性的方法,就是律师所建议的,通过迂回方式间接实现专利使用权出资。这看似克服了专利使用权出资的困难。但问题是,人们为什么要容忍这种名不符实、无端制造资源浪费的隐性规则呢?

5.3 变通、迂回和规避

事实上,行政法规、登记规章以及各地登记机关的隐形惯例所限制或者禁止的一些出资方式(诸如债权、股权、知识产权的使用权、特许经营权、商誉等),在国有企业改组为股份公司、有限公司变更为股份公司、上市公司资产重组交易等操作中,都可以打着"生产经营性资产"的旗号,以"国企改制""资产重组""吸收合并"等名义"打包"出资入股。

此外,下列方法也可以避开或架空出资类型管制:公司章程或股东协议对出资和股权比例重新配置;出资人先以现金方式出资,后由公司购买股东特定资产;公司以未分配利润和盈余公积转增资本。资本认缴制施行后,股东更可以先认缴出资、再令公司购买其特定财产(或财产权),避开出资类型限制。出资财产类型管制貌似密不透风,实则漏洞百出。

---

[1] 例如:上海市工商行政管理局《关于积极支持企业创新驱动、转型发展的若干意见》(2011年2月16日发布);北京市政府办公厅《北京市促进科技成果转移转化行动方案》(京政办发〔2016〕50号)。

[2] 中国资产评估协会《专利资产评估指导意见》(2017年修订)第11条。

5.3.1 以"生产经营性资产及相关负债"折股

在上市公司公开披露的各种文件中,时常有某某企业或公司以"生产经营性资产及相关负债折价入股"或者以"生产经营性净资产折价入股",或者某某公司以某一价格购买、置换另一公司的"经营性资产及相关负债",或者上市公司向某某公司定向发行股份,交换某项"经营性资产"等表述——"生产经营性资产及相关负债"究竟是什么?

笔者在2011年的一篇论文中分析了这个概念。① 主要发现是:众多股份公司招股说明书等文件披露的会计报表显示,所谓"生产经营性资产及相关负债",基本上是指会计所定义的流动资产、非流动资产和负债。② 具体来说:(1)流动资产,可能包括货币(会计上列为"库存现金"或"银行存款")、债权("应收及预付款项"或"长期债权投资")、实物(例如"存货")等;(2)非流动资产,可能包括厂房、机器设备、运输工具等实物("固定资产")、商标权、专利权、著作权等知识产权、土地使用权、特许经营权("无形资产")、股权("长期投资")、商誉等;③(3)负债,可能包括企业的各种债务。

---

① 王军(2011:130-145)。
② 流动资产是指"可以在1年或者超过1年的一个营业周期内变现或者耗用的资产,主要包括库存现金、银行存款、应收及预付款项、存货等";其中,"应收及预付款项"可能对应着企业生产经营中形成的各种债权。非流动资产是指"不能在1年或者超过1年的一个营业周期内变现或者耗用的资产,主要包括长期投资、固定资产、无形资产等"。负债是指"企业过去的交易或者事项形成的,预期会导致经济利益流出企业的现时义务"。陈国辉、迟旭升(2016:19);财政部会计司编写组(2010:9)。
③ 关于商誉,参见财政部会计司编写组(2010:143-145)。根据《企业会计准则第20号——企业合并》,非同一控制下的企业合并涉及商誉的会计处理。该准则第13条规定:"购买方对合并成本大于合并中取得的被购买方可辨认净资产公允价值份额的差额,应当确认为商誉。初始确认后的商誉,应当以其成本扣除累计减值准备后的金额计量。商誉的减值应当按照《企业会计准则第8号——资产减值》处理。"

可见,"经营性资产及相关负债"不仅包括财产、财产权、特许权等,还附带大量债务。这些事物并不是杂乱无章地堆积在一起,而是组成了一个或若干个包含了财产和财产性权利以及生产、服务、经营和管理人员等各类生产要素的组织体。这些组织体实际上是一个或若干具有生产、服务或经营能力的营业单位。作为折股依据的"净资产额",即上述营业单位"资产扣除负债后由所有者享有的剩余权益"数额。[①] 所以,有很多公司的发行文件也将这种出资方式表述为"以净资产折股"或"以净资产出资"。[②]

尽管"经营性资产及相关负债"本身不是法律明确认许的出资类型,但在"企业改制""资产重组""吸收合并"等名义下,"经营性资产及相关负债"可以将各种被法规禁止或限制的出资类型投入股份公司,为其原来的所有者换得股份。以下是两个实例。

实例1:

西部金属材料股份有限公司的出资构成(债权以流动资产名义作价出资)[③]

2007年7月,西部金属材料股份有限公司(简称"西部材料")在首次公开发行股票并上市的法律文件中,对其主发起人西北有色金属研究院(简称"西北院")的出资有以下说明:"西北院的出资方式和范围以2000年8月31日为评估基准日,经×××资产评估有限责任公司评估的其拥有的下属非法人机构和部门西安地区贵金属研究所、位于宝鸡地区的难熔金属材料厂、复合金属材料所、压力容器厂、理化检验中心及西北院在宝鸡的部分管理部门的资产和负债按评

---

① 财政部《企业会计准则——基本准则(2006)》第26条。

② 山东新北洋信息技术股份有限公司(简称新北洋,证券代码002376)《首次公开发行股票招股说明书》披露的发起人出资方式中,就有"净资产出资"。深圳证券交易所网站(下文简称深交所网站)2010年3月11日发布。

③ 《北京市金诚同达律师事务所关于西部金属材料股份有限公司首次公开发行股票并上市的律师工作报告》第14-15页、第24-25页。深交所网站2007年7月18日发布。

估的净资产值出资,评估值为人民币 4292.25 万元。"

对于西北院投入西部材料的资产,文件又进一步指出:

(1)"将西北院与稀有金属新材料相关的可经营性优良资产及产品重组进入股份公司,突出主营业务;重组后的股份公司具有独立的供、产、销系统,独立的法人治理结构和组织机构及生产、办公场所;避免与母体的同行业竞争,尽量减少关联交易。"

(2)"西北院西安地区贵金属厂的土地使用权、房屋、设备、流动资产、无形资产连同相关负债进入股份公司;宝鸡地区的难熔厂、复合材料厂、稀有金属装备厂、理化研究所及管理部门的仪器设备、流动资产、无形资产连同相关负债进入股份公司。"

(3)"进入股份公司的现岗位人员原则上随机构和业务进入股份公司,股份公司成立后重新签订劳动合同。"

(4)"西北院投入公司的资产包括一处土地使用权、一处房屋建筑物、七项非专利技术以及其他固定资产、流动资产、负债,已经于 2000 年 12 月 31 日至 2001 年 4 月 30 日期间与公司办理了资产交接,重大银行债务的转移分别获得了债权人宝鸡市×××信用合作社、工行×××支行出具的《关于债务转移的确认函》"。

从上述材料可见,西北院投入西部材料的"经营性资产及相关负债"是具有独立营业能力的生产单位,绝不是散乱的物资杂烩。其具体内容除了土地使用权、建筑物、非专利技术外,还有"其他固定资产、流动资产、负债"。流动资产中的"应收及预付款项"可能对应着企业生产经营中形成的各种债权。也就是说,实质上西北院的出资中是含有债权出资的。按照前面所说的登记机关的规章要求,除了"债转股"以外,其他债权出资是不允许的。但是,股份公司发起人却可以把各种债权(显然它们不是发起人对拟成立股份公司享有的债权),装入

"经营性资产"的篮子里,以设立股份公司的名义,将它们连同其他资产一起作价出资。

实例2:

都市股份吸收合并海通证券(商誉、交易席位费作价出资)①

2007年6月,上海市都市农商社股份有限公司(简称"都市股份")发布公告称,该公司出售重大资产及吸收合并海通证券股份有限公司(简称"海通证券")的交易,已获得中国证监会核准。这个交易主要由以下三个环节组成:

(1)都市股份将其全部营业出售给它的控制股东光明集团,价格7.5亿元。交易完成后,都市股份成为一个仅拥有现金而无具体业务的上市公司。

(2)与此同时,都市股份吸收合并海通证券;海通证券注销,其原股东取得都市股份新增发的股份(每1股海通证券股份交换0.347股都市股份的股份);海通证券被吸收合并前的股本87.34亿股,折换为都市股份30.31亿股,占合并后都市股份总股本的89.43%;换股吸收合并后,都市股份总股本(注册资本)从3.58亿元增加为33.89亿元。

(3)合并完成后,都市股份更名为"海通证券股份有限公司",并承继原海通证券的各项证券业务资格。

都市股份吸收合并海通证券后,海通证券的全部资产和负债均将成为都市股份的资产和负债。查阅此次交易的财务会计资料可见:海通证券在被合并前的合并资产负债表显示,其"无形资产"金额是79,114,688.45元,其中包含"房屋使用权""商誉""车位使用权""软件"及"其他"五项;合并完成后存续公司

---

① 《上海市都市农商社股份有限公司重大资产出售暨吸收合并海通证券股份有限公司报告书》[上海证券交易所网站(下文简称上交所网站)2007年6月9日发布]。

模拟财务会计信息表明,这笔"无形资产"原封不动地进入存续公司。① 由此可知,通过吸收合并,被吸收方海通证券的"商誉"资产进入了吸收方都市股份,而海通证券的原股东以公司全部资产(包括商誉)和负债,换取了都市股份新增发的股份——这个交易无异于海通证券原股东以海通证券这个公司作价出资,交换股份,"商誉"以及"房屋使用权""车位使用权"这些禁止或限制单独作价出资的东西,都被裹在"资产"的包袱里投入都市股份。

与上述情况类似的,原海通证券的"无形资产及其他资产"项下还有一项金额为 62,482,396.58 元的"交易席位费"。"交易席位费"主要是海通证券为取得上海和深圳证券交易所的交易席位所支付的费用。根据《金融企业会计制度》第 44 条的规定,这些费用在财务报告中被记为"其他资产"。② "交易席位费"被记为资产,表明海通证券有权使用这些有偿取得的交易席位(代表一定的专营资质或资格),从事具有排他性的证券业务,获取经济利益。"交易席位费"资产对应的是一种基于法律规则而取得和使用的特许经营权。

无论是"商誉"还是"特许经营权"(交易席位),它们都属于公司登记管理条例禁止出资的财产。但在吸收合并的过程中,它们都可以某种"资产"的名义被投入(或吸收)到吸收方公司之中,为其原来的所有者换取股份。

5.3.2 章程或股东协议重构股权内容

《公司法》允许股东通过公司章程或者股东协议,对股权的具体权能作出不同于法定内容的自主约定。股东之间也可以事先约定一方为另一方提供出资资金。通过这些约定,出资人可以绕开法律上的出资方式限制。

---

① 同上,第 134 页、第 164 页。根据报告书第 154 页所述,这笔"商誉"资产应当是海通证券并购("托管")其他证券公司的若干证券营业部时形成的(报告称"购置营业部差价")。

② 同上,第 135 页、第 154 页、第 164 页。

股权的两项主要权能是表决权和收益权。根据《公司法》的规定,有限公司的股东有权对这两项权能自主配置。公司章程可以规定股东不按照出资比例行使表决权,例如按章程规定的某个比例行使表决权,或者实行一人一票制。全体股东还可以约定"不按照出资比例分取红利"。① 因此,出资人完全可以通过章程或协议约定,赋予某个股东较其出资更大比例的表决权和收益权,达到事实上接受该股东以某种法不允许之"财产"(诸如管理经验、个人信用、人力资本等)出资的相似效果。

例如:A、B 合资设立一个有限公司,公司注册资本 10 万元,A 出资 9.9 万元,B 出资 0.1 万元,A、B 的出资比例分别为 99%、1%。但公司章程规定:A、B 按 40% 和 60% 的比例在股东会会议上行使表决权,按 70% 和 30% 的比例分取红利。通过这种方式,A、B 二人实现了让 B 以某种特殊技艺(例如厨艺)出资,并对公司掌握控制权的目的。

出资人当然也可以约定:一方为另一方代缴货币出资;或者一方将资金转至另一方账户,双方各自以货币出资方式设立公司。至于一方代缴出资或划转资金的行为究竟是借贷、赠与抑或其他法律关系,须根据双方的意思表示判断或解释。通过这种方式,出资人也可以避开法律上的出资类型限制。

最高人民法院 2011 年的一个再审案件判决书,生动地展现了出资人绕开出资方式限制的整个过程,以及三级法院的法官对出资限制的不同见解。

实例:深圳市启迪信息技术有限公司与郑州国华投资有限公司等案②

事情要从两个自然人签订的投资协议说起。2006 年 9 月 18 日,刘继军为甲方、张军为乙方,签订了一份《合作建设北京师范大学珠海分校工程技术学院

---

① 分别见《公司法》(2018 年)第 42 条和第 34 条。
② 深圳市启迪信息技术有限公司与郑州国华投资有限公司、开封市豫信企业管理咨询有限公司、珠海科美教育投资有限公司股权确认纠纷案,《最高人民法院公报》2012 年第 1 期。

协议书》(简称"9.18协议")。约定:双方合作成立珠海市科美教育咨询有限公司(简称"科美咨询公司"),以该公司名义与北师大珠海分校签署合作协议,建设和运作珠海分校工程技术学院。关于双方的出资方式和股权比例,协议这样约定:

甲方以"教育资本(包括教育理论与理念、教育资源整合与引入、教育经营与管理团队、教育项目的策划与实施)"出资,占科美咨询公司70%的股份;乙方"以7000万元的资金投入珠海分校工程学院的建设和运作",占科美咨询公司30%的股份。

此外,双方还约定了乙方如何分步向科美咨询公司投入资金,双方如何分配利润等事项。协议签订后,乙方控制的国华公司于9月30日,依约向科美咨询公司汇款500万元,作为履约"保证金"。

但是,甲方的"教育资本"显然不是任何意义上的合法出资财产,"9.18协议"关于出资方式的约定看起来过于理想化了。经过一番协商并听取验资机构的"专业意见"后,双方决定采取变通方式"依法"出资:所有出资资金仍然由乙方提供,但出资人改为双方分别控制的三家公司,出资方式也全都变为货币出资。

2006年10月26日,国华公司(张军为董事长)与启迪公司(刘继军为经理)和豫信公司(与刘继军有关联)签订协议(简称"10.26协议")。关于出资和股权比例,作如下约定:(1)国华公司以现金出资人民币300万元,占公司注册资本30%;豫信公司以现金出资人民币150万元,占公司注册资本15%;启迪公司以现金出资人民币550万元,占公司注册资本55%。(2)公司注册资金1000万元和投资6000万元全部由国华公司筹集投入。协议约定启迪公司负责办理相关工商登记手续。同一天,三方还通过了公司章程,确认了三方的出资金额和股权比例。

国华公司没有违背投入全部资金的承诺,分别向豫信和启迪公司汇款150万元、50万元。然后,豫信公司将该150万元作为实缴出资汇入科美咨询公司账户。启迪公司将该50万元连同10月24日从科美咨询公司账户转出的500万元保证金,①汇入科美咨询公司账户。国华公司也汇入300万元作为出资。10月31日,经珠海市工商局核准,科美咨询公司变更为科美投资公司,注册资本由50万元变更为1000万元,股东由娄宏涛、刘继军、赵升云变更为国华公司、启迪公司和豫信公司。

此后,三方在合作中发生矛盾。2007年7月18日,国华公司向开封市中级人民法院提起诉讼,以启迪和豫信公司未履行出资义务为由,请求法院判令:(1)科美投资公司全部股权归国华公司所有,(2)如第1项请求不能得到支持,判决解散科美投资公司并进行清算。

本案的关键问题就是启迪公司和豫信公司是否履行了出资义务。

一审法院认为,"9.18协议"约定当事人以"教育资本"出资,违反《公司法》出资规范,"不具有法律约束力"。"10.26协议"约定三公司以货币出资而国华公司提供全部资金的约定,实质上与"9.18协议"约定以"教育资本"出资没有"质的区别",是规避法律的行为。国华公司是全部注册资金的"真实投资者","要求确认与其出资相应的股份于法有据,于情相合"。但是,法院并未将公司全部股权确认给国华公司。法院只是确认启迪公司从科美咨询公司账户转出旋即又转入的500万元,不应认定为启迪公司的出资,应是国华公司的出资。而启迪和豫信公司用国华公司汇给的50万元和150万元出资,法院认为符合出资要求。至于三公司之间由此产生的另外的法律关系,法院认为不应在该案中审理。最后,一审判决确认国华公司出资800万元,持股80%,启迪公司

---

① 该500万元由国华公司9月30日汇给科美咨询。

出资 50 万元,持股 5%,豫信公司出资和持股比例不变,仍为 150 万元和 15%。

启迪公司一共向科美咨询公司汇入出资款 550 万元,一审判决为什么说其中 500 万元不是启迪公司的出资,而是国华公司的出资呢？一审判决阐述的理由简单说就是,国华公司并未表示将该 500 万元交给启迪公司用于出资。这 500 万元起初是国华公司依"9.18 协议"交付科美咨询公司的"保证金"。一审合议庭认为,启迪公司利用控制科美咨询公司账户的便利,将该 500 万元转给自己,再以启迪公司名义连同另外 50 万元汇入科美咨询公司作为实缴出资,"这种资金倒流再流回的做法有悖诚信"。

然而,根据两份协议和法院查明的其他事实可见,当事人自始就达成并事后多次重申国华公司提供全部出资资金、启迪公司占股 55% 的共识,启迪公司用国华公司向科美咨询公司汇入的 500 万元出资,并办理工商登记变更,国华公司明知且未提任何异议。这些事实都表明,国华公司同意启迪公司使用该 500 万元实际出资。所以,本案的焦点问题其实是意思表示解释的问题,也即应当如何解释国华公司就该 500 万元所做的明示的和默示的意思表示。

不过,启迪公司上诉后,二审合议庭并未从意思表示解释入手处理,而是认为本案的争议焦点是相关协议和约定的效力问题。二审认为,"刘继军等名义上是以现金出资,实质上是以教育资源作为出资。双方实际上是通过签订协议的方式规避了我国相关法律的禁止性规定,"9.18 协议"应属无效协议。在此协议的基础上,启迪公司与国华公司及豫信公司达成"10.26 协议"也违反了法律的规定,国华公司代启迪公司出资的行为因违反法律规定而无效。"因此,二审判决驳回启迪公司的上诉,维持原判。

启迪公司不服,向最高人民法院申请再审。再审合议庭首先认为,"9.18 协议"和"10.26 协议"虽有联系,但无从属关系,二审以"9.18 协议"的效力否认"10.26协议"的效力,是"法律适用错误"。"10.26协议"约定当事人以货币出资,符合《公司法》第27条的规定,是有效约定。对于"10.26协议"约定的,国华公司投入全部资金而启迪、国华、豫信三公司分别持有55%、30%、15%股权(章程对持股比例亦予重申)等条款,再审合议庭认为,它们是"各方当事人的真实意思表示",不损害他人利益,也不违法,属有效约定。再审合议庭阐述的理由是:"在注册资本符合法定要求的情况下,我国法律并未禁止股东内部对各自的实际出资数额和占有股权比例做出约定,这样的约定并不影响公司资本对公司债权担保等对外基本功能实现,并非规避法律的行为,应属于公司股东意思自治的范畴"。

不过,结合本案事实仔细推敲上述理由,我们会发现有点文不对题。启迪公司汇入科美咨询公司账户的550万元,从外观看就是启迪公司的"实际出资数额"(再审法官也确认,这一安排是当事人的真实意思表示)。该550万元占全部注册资本的55%,与启迪公司登记持有的"股权比例"也完全一致。所以说,启迪公司的股权比例与其实际出资金额是完全对应的,跟当事人有没有"意思自治"的约定是无关的。换言之,再审确认了一点,即其判决书所说的,"以启迪公司名义对科美投资公司的500万元出资最初是作为保证金打入科美咨询公司账户,并非注册资金,后转入启迪公司账户,又作为投资进入科美投资公司账户完成增资,当时各股东均未提出任何异议,该500万元作为1000万元有效出资的组成部分,也属有效出资。按照"10.26协议"的约定,该500万元出资形成的股权应属于启迪公司。"那么,结论就不言自明了。这个结论是无须以"我国法律并未禁止股东内部对各自的实际出资数额和占有股权比例做出约定"这个判断为论据的。

但是,《最高人民法院公报》发布该案再审判决时发布的"裁判摘要",却恰恰把这段脱离案件事实的"离题阐发",又作了进一步的发挥:

在公司注册资本符合法定要求的情况下,各股东的实际出资数额和持有股权比例应属于公司股东意思自治的范畴。股东持有股权的比例一般与其实际出资比例一致,但有限责任公司的全体股东内部也可以约定不按实际出资比例持有股权,这样的约定并不影响公司资本对公司债权担保等对外基本功能实现。如该约定是各方当事人的真实意思表示,且未损害他人的利益,不违反法律和行政法规的规定,应属有效,股东按照约定持有的股权应当受到法律的保护。

再审判决书中的"我国法律并未禁止股东内部对各自的实际出资数额和占有股权比例做出约定",在"裁判摘要"中被阐发为一项抽象规则——"股东持有股权的比例一般与其实际出资比例一致,但有限责任公司的全体股东内部也可以约定不按实际出资比例持有股权"。实际上,启迪公司的持股比例和其实际出资比例是完全对应的,裁判摘要中的这一关键表述,是没有事实基础的。启迪公司案的事实和核心争议并不涉及股权比例与出资比例不一致的问题。处理该案纠纷不需要解释法律,需要做的是认定和解释事实。在解释当事人意思表示的基础上就足以作出正确的判决了。遗憾的是,再审判决没有满足于解释意思表示,还作出了法律解释,然而两个解释在逻辑上是互相矛盾的。

"有限责任公司的全体股东内部也可以约定不按实际出资比例持有股权"这一见解,从法律解释的角度看,当然是成立的。因为,我国《公司法》没有强令股东必须按实际出资比例持有股权,也不禁止股东作出"不按实际出资比例持有股权"的约定。尽管"裁判摘要"有"跑题"之嫌,但其见解并不新奇。《最高人民法院公报》将"裁判摘要"与判决书一并公布,相当于为这一法律见解加注官方背书,借助公报案例的"裁判摘要"公布了一条"准司法解释"。

5.3.3 通过资产购买规避非货币出资限制

尽管《公司法》对非货币出资的类型有所限定,但是股东可以先以货币出资,再让公司用现金购买其非货币资产,通过这种方式变相实现非货币资产的出资。这种变相非货币出资的方法,实质上是用资产购买的方式规避出资类型限制。[①] 实践中,公司将货币出资和资产购买交易放在同一天(甚至同时)进行的实例屡见不鲜。

实例:武钢股份与武钢集团的关联交易[②]

2003年12月,上市公司武钢股份的临时股东大会作出决议,该公司将发行新股,募集一笔资金向其控股股东武钢集团(持股84.69%)购买资产。这批新股的发行方案是:武钢股份向武钢集团定向增发一定数量的国有法人股,同时,也向社会公众公募增发一定数量的社会公众股。此次募集的资金将全部用于向武钢集团购买一批"钢铁主业资产"。

2004年5月,中国证监会核准武钢股份的股份发行和资产收购方案。武钢股份于是在2004年6月发行每股面值1元的普通股141,042.4万股(每股发行价6.38元),其中向武钢集团定向增发国有法人股84,642.4万股,向社会公众发行社会公众股56,400万股,募集资金总额8,998,505,120元。增发后,武钢股份的注册资本从2,508,57.6万元增加至3,919,00万元。

根据武钢股份与武钢集团于2003年11月签署的"钢铁主业收购协议",以

---

① 变相非货币出资或许是出资方式管制不可避免的伴生现象。德国有限责任公司法区分现金出资和实物出资,分别规范,实践中也存在"隐形的实物出资"现象,与此处讨论的变相非货币出资如出一辙。参见怀克、温德比西勒(2010:364)。

② 该案例资料均来源于上交所网站,包括:《武汉钢铁股份有限公司增发招股意向书》(2004年6月14日发布)、《增发新股发行结果公告》(2004年6月23日发布)、《股份变动及增发新股上市公告》(2004年6月30日发布)。

及武钢股份2003年12月的临时股东大会决议,武钢股份在此次增发所募资金全部汇入该公司银行账户的当月第一日(即6月25日),便向武钢集团支付了收购"钢铁主业资产"的价款。

从上述内容可见:武钢股份向其控股股东发行新股后立即购买控股股东的资产,是事先安排好的两个紧密相关的事项。将两个事项结合起来看,实际上是控股股东武钢集团用资产交换了武钢股份的股份。问题是,武钢集团为什么不直接用资产认购股份(即以非货币方式出资认股),而是先用现金认股、再令上市公司购买其资产?

武钢集团要注入上市公司的"钢铁主业资产",其实就是我们前文所说的营业体、营业资产,或者叫"经营性资产及相关负债"。根据"钢铁主业收购协议"的表述,武钢股份向武钢集团收购的钢铁主业的范围主要包括:

> 武钢集团及下属企业位于武汉市的烧结厂、炼铁厂、一炼钢厂、二炼钢厂、三炼钢厂、大型轧钢厂、轧板厂、热轧厂(含二热轧)、棒材厂;武钢港口存放的各类矿石、钢坯、煤等钢铁主业使用的存货资产和相关业务;销售公司的资产、业务和人员;物资供应公司有关非自产矿石、外购焦、高炉喷吹用煤、烧结用煤、重油、铁合金的存货资产及相关的国内采购业务与人员;储存于武钢集团金属资源有限责任公司的废钢存货及有关废钢采购的业务;武钢集团管理的与钢铁主业相关的在建工程以及与上述在建工程有关的银行贷款;若干钢铁主业的管理机构等相关资产、负债、业务及人员。

"钢铁主业资产"中不仅有炼钢厂、轧钢厂等工厂、矿石等实物、"业务和人员",还有"银行贷款"(实为负债)。这样一个内容复杂的"资产包"外加许多债务,显然无法满足《公司法》的出资类型限制。因此,武钢股份与武钢集团之间的"定向增发+资产购买"的交易,其实际作用之一是变相实现"钢铁主业资产"

的出资入股。①

5.3.4 以未分配利润或盈余公积金转增资本

有实务工作者发现,公司可将盈余公积和未分配利润转增资本,而盈余公积和未分配利润的来源——净利润,并不对应具体的、可辨认的财产。净利润"只是权责发生制下收入减除费用的结果"。公司可以通过会计手段,扩大收入、降低费用,从而增加净利润(实际上可能是"利润操纵")。② 但是,会计上计入公司收入的东西未必都是符合出资方式限制的财产。"如果年度收入形成的资产主要是应收账款而不是现金,年度发生的费用主要是支付现金而不是形成应付账款,即流出的是现金,而流入的是应收账款,则可以说,净利润中基本不含有现金,主要是应收账款"。③ 因此,以盈余公积和未分配利润转增资本,相当于以应收账款出资,这也是在看似严密的出资类型限制的高墙上凿出了一个不小的洞。

* * *

由前述实例可见,法律、法规和公司登记管理尽管建立了严密且层层缩小的出资类型限制,但实际上它们在很多情况下是形同虚设的。许多被法规明确禁止出资的财产,可能包裹在"经营性资产"之中,借道"改制""并购重组"等名义被投入到目标企业中。此外,出资人也可以先用货币出资,再让公司购买其非货币资产,以此方式变相实现非货币资产的出资。股东还可以通过章程或协

---

① 当然,武钢集团注入资产后得到的对价不止是上市公司的股份,还有"社会公众"认购5亿6400万股所缴付的资金35亿9832万元,以及武钢股份追加的其他资金。
② 对公司通过会计手段调节利润乃至财务舞弊的讨论,参见第11.1.2节。
③ 王军、於丽红(2011:40-41)。

议,约定与实际出资比例不一致的股权比例、股权权能。这又进一步松解了出资方式限制的实际效果。2013年的资本认缴制改革又将出资上的自由度向前推进一大步:出资人在出资入股时如果缺少合法出资财产,他可以先认缴出资,日后再实缴,而法律并不限制实缴期限。根据以上情况来看,《公司法》已经没有必要继续保留出资方式管制。

本章小结

- 股东出资财产类型与公司偿债能力之间不存在可信的相关性。
- 商业银行并不依据借款人公司的股东出资情况评估借款人的资信水平。
- 出资类型管制实际上无法有效管控股东的出资类型。因为，投资者可以通过许多非出资手段或渠道向公司投入资产、获取股权。
- 在某些领域，出资类型管制的传统观念仍在扩张不合理的控制，制约非货币资产的资本化。
- 放开出资财产类型限制并不影响公司实际偿付能力，反而将促使更多的非货币资产更便利地转化为企业资本。《公司法》没有必要继续保留出资方式限制。

6.
出资真伪审查

如果我们试图明确区分的(某种事物)特性,事实上是不能这样明确区分的,我们显然就制造了一个思维障碍。如果我们确实作出这种错误的尝试,我们就很可能用清晰的抽象概念代替了凌乱的事实。我们也许能够用这些抽象概念做智力游戏……但是危险的是,我们将与我们想要对之进行有效思维的这些事实失去联系。①

---

① 斯泰宾(2008:194)。

按照通常的理解,股东履行出资义务的首要标准是"真实到位"。出资真实、严禁"谎报、虚报注册资金",在二十世纪八十年代的政府文件中就被确立为规范出资行为的基本准则。① 为确保出资"真实到位",1993 年《公司法》曾规定强制性的"验资"制度。该制度在 2013 年修订《公司法》时废除。除了部分特殊行业的公司基于法律、行政法规或国务院决定而继续实行强制验资外,对普通商事公司不再要求强制验资。但"出资真实"仍然是资本形成规范中的一个没有争议的准则。

值得研究的问题是:如何判断一项出资是否"真实到位"? 如何约束股东真实出资? 强制验资为什么无法有效防止虚假出资? 通过对顾雏军虚报注册资本案和安邦集团循环注资等案件的分析,我们发现上述问题并不简单,出资"真实到位"的标准本身就是值得反思的。本章的基本见解是:"出资真实"并不是一个可检测的事实状况,而是一个基于法律规则作出的法律判断或者对当事人意思表示的解释。

6.1 出资审验

"真实性"是法律对股东出资的首要要求。所谓"出资真实性",是指股东应当真实地将出资财产或者财产权足额转移给公司。按照《公司法》的规定,股东以货币出资的,应当将资金足额存入公司在银行开设的账户;以非货币财产出资的,应当依照法律法规关于此类财产的权属转移方式,将出资财产权属移转至公司。② 例如,以动产或不动产物权出资,就需要依照法律关于动产和不动产物权转让的规定办理;以知识产权出资,就需要依照特定知识产权的法规办

---

① 参见 1985 年《国务院关于进一步清理和整顿公司的通知》以及 1985 年《公司登记规定》中的条文。
② 《公司法》(2018 年)第 28、83 条。

理权属转移。① 为保障出资的真实性,1993年《公司法》规定,出资缴纳后须由专门的验资机构(通常是会计师事务所)加以审验,简称"验资"。

但是,如何判断股东是否"真实"出资,并不是一个简单的事情。仅以货币出资为例:股东将资金打入公司账户后,如果旋即转走(比如以支付货款、预付款、偿还债务等名义),其出资是否真实?资金打入公司账户数日后再转走,是不是真实出资?如果股东缴纳资金后,公司又通过关联交易将一定资金支付给股东,该股东的出资是否真实?如果股东以一笔资金在若干公司之间"循环出资",其出资是否真实?验资能否或者在多大程度上能够审验出资是真实抑或虚假?

仍以货币出资为例。一个股东如果声称自己履行了货币出资义务,他就必须出具证明,证实自己已将出资资金存入公司银行账户。在实行全面强制验资时期,股东必须向"验资机构"出示银行的"收款凭证"(例如进账单),来证明自己的资金已经存入公司账户。验资机构如何审验这一证明的真伪呢?审计准则要求会计师"检查被审验单位开户银行出具的收款凭证、对账单及银行询证函回函等"。②

但实际上,验资机构常常只是基于"被审验单位"出示的银行"收款凭证"就开具"验资证明"。这就可能出现以虚假的银行"收款凭证"蒙混过关的情况。例如:在**吴跃峰诉南通晓辉物产有限公司等案**(简称"吴跃峰案"),当事人于2000年11月先通过账面临时挪借,将500万元资金汇入拟设公司("金鹰公司")的临时账户,取得银行开具的资金"到账证明单"后,又通知开户银行取消验资,将资金取回。但银行并未收回"到账证明单"。基于这张"到账证明

---

① 参见王军(2017:124-128)。

② 财政部《独立审计实务公告第1号——验资》(2001年修订);《中国注册会计师审计准则第1602号——验资》(财会[2006]4号)第14条。

单",验资机构向当事人出具了金鹰公司实收资本500万元的验资证明。① 显然,这个案件中的验资机构并未对"被审验单位"出示的"收款凭证"做进一步的核证。该案所谓"到账证明单"与真实情况不符,"验资证明"实际上是基于虚假信息做出的。验资机构轻信"到账证明单"证明股东出资到位(甚至丝毫不关注"到账证明单"的真伪),而工商登记机关又依赖"验资证明"(只作所谓"形式审查")确信股东出资到位。在这个过程中,银行出具的资金"到账证明"起到关键作用。

强制验资制度的初衷是安排一个独立于公司和出资人的专业机构(即"验资机构"),独立地审查出资真实性并出具独立意见。但是,验资机构的"独立性"是不可靠的。维持验资机构"独立性"的机制,主要是法律责任机制和专业机构市场的声誉机制。法律责任包括:民事赔偿责任,即验资机构如出具"虚假"或"不实"验资证明,则应承担相应赔偿责任;行政处罚;刑事责任。但是,学者的研究发现,上述两种约束机制要么十分脆弱,要么是失效的。首先,追究验资机构民事责任并不容易。验资机构承担民事责任的条件是,验资报告是"虚假"或"不实"的,且验资机构具有过错。但是,"虚假"或"不实"验资报告的认定标准一直是模糊和有争议的,而"过错"要件则为验资机构提供了不小的自我辩护空间。其次,从实际情况看,行政处罚(主要是罚款)并不严厉,对违规机构和人员的惩戒效果不大,而刑事责任则极为少见。② 最后,也是最重要的,验资机构始终处于有利益冲突的地位(委托人既是验资机构的付费客户,又是验

---

① 丁巧仁(2003:36)。
② 《刑法》(1997年)第229条规定了涉及会计师验资刑事责任的两项罪名:提供虚假证明文件罪、出具证明文件重大失实罪。王军、陈翊新(2018:71)研究了2002年至2016年的14个刑事案件判决后发现,会计师因犯上述两种罪名而承担的刑事处罚总体上较轻:最重的处罚是有期徒刑两年六个月;多数被告人被处以缓刑;并处或者单处罚金的数额最高是10万元。

资机构的审查对象;验资机构如违逆客户意志,结果将失去客户),这不仅导致验资机构市场的声誉机制失效,而且产生了"劣币驱逐良币"的效果。①

退一步来说,假如验资机构"负责任地"审验了开户银行出具的收款凭证、对账单及银行询证函回函,是不是就可能避免虚假出资?上述吴跃峰案当事人并不复杂的虚假出资行为,或许会在验资机构查验"对账单"和询证银行过程中"露馅"。但是,如果出资人与公司之间的资金运动表现为或者被包装为复杂的交易活动,答案就不那么简单了。"收款凭证、对账单及银行询证函回函"只能证明资金的流向,显示不出它的法律意义。某项资金流动事实的法律意义是人们通过特定形式的意思表示创造和赋予的。资金可能因为各种各样的理由、为了各种各样的目的而发生流动,人们也可能为之创造和赋予不同的法律意义。同样一笔资金运动,不同的观察者,从不同的视角,在事后对该行为的法律类型、合法性的评价,很可能是完全不同的。

在股东出资过程中同时或短时内发生资金回转的案例中,出资真实与否就不是一目了然的事实问题,而是一个同时涉及事实与法律争点的问题。股东在缴纳出资的过程中,同时或者短时间内与公司发生"来回倒账",资金看起来在股东与公司之间"循环往复"。审判实践中,这种做法有可能被法院认定为股东"虚假出资"或"抽逃出资"(称为"循环出资");但也有可能被认为是股东与公司之间正常的业务或资金往来。决定法院作出不同判断的关键在于,股东缴纳出资的过程中,公司同时或几乎同时向股东支付资金,能否成立足以令法院采信的合理解释。

在**中国中丝集团有限公司诉深圳汇金创展商业保理有限公司一案**(简称"中丝集团案"),合议庭就没有相信股东的解释。本案的焦点问题是:中国中丝

---

① 周学峰(2003:5-6,11-13,14-15)。

集团有限公司(简称"中丝集团")2014年向其全资子公司——中国中丝集团海南公司(简称"中丝海南")增资1.8亿元是否为真实出资？根据判决书所述,中丝集团的注资过程存在资金循环现象:2014年11月24日至25日,中丝集团账户内的2500万元资金,以"注资款"名义八次转入中丝海南账户(前七次的金额分别是2500万元,第八次为500万元),又八次全额转回,据此,中丝集团取得合计1.8亿元的进账证明,完成工商登记。诉讼中,中丝集团对"出资款"(合计1.8亿元)八次全额转回作出的解释是,中丝海南对其负有债务,向其转款1.8亿元是为了偿还债务。但是合议庭并不认可这个辩解。一审判决书指出,中丝集团所称债务关系"真实性存疑"。二审判决则称该债务关系"真实性无法确认"。① 可见,一、二审合议庭并未找到出资虚假(即中丝集团所声称的债权债务关系实属虚构)的直接证据,其判断在一定程度上仍然是基于间接证据和解释而作出的推断。

反之,合议庭如果接受了股东对资金回转的解释,那么,出资就被认为是真实的。在**上海捷如实业有限公司执行复议案**中,上海捷如实业有限公司(简称"上海捷如")2003年7月至9月向郑州铝业股份有限公司(简称"郑州铝业")分三次合计支付增资款2600万元。上海捷如7月向郑州铝业汇入第一笔出资款1000万元几天后,郑州铝业以支付"设备款"的名义,向上海捷如转款1030万元。次日,上海捷如又向郑州铝业汇入1000万元出资款。9月,上海捷如支付第三笔出资款600万元。十年后,河南省平顶山中院在针对郑州铝业的一宗债务执行案中认定,2003年7月上海捷如在向郑州铝业出资验资期间"回转"1030万元资金,构成虚假出资。因此,裁定将上海捷如追加为被执行人,令

---

① 中国中丝集团有限公司诉深圳汇金创展商业保理有限公司,海南省高院(2019)琼民终565号判决。

其在 1030 万元范围内对郑州铝业债务承担清偿责任。执行复议程序中,上海捷如对 2003 年 7 月郑州铝业在验资期间向其转款 1030 万元资金的解释是,其与郑州铝业存在"常年业务关系",1030 万元是郑州铝业向其支付的"设备款";且该笔"设备款"金额多于第一笔出资款 1000 万元,所以不属于"出资后转回"。这个解释得到审理本案的河南高院合议庭认可,于是,上海捷如 2003 年的 2600 万元出资中不被认为存在虚假出资。① 不过,在裁定书中,我们看不到证实本案最关键事实,即上海捷如和郑州铝业存在"常年业务关系"以及"设备款"真实可信的证据究竟是什么。

再举一例。在**北京昌鑫建设投资有限公司案**中,某出资人先对目标公司汇入 2545 万元出资款,验资完成后,该笔资金旋即转回出资人账户。此后,在针对目标公司的债务执行程序中,地方中院和高院均认为该出资人抽逃出资,应当在抽逃出资本息范围内对目标公司债务承担补充赔偿责任。出资人此后申诉至最高法院,最高法院裁定认为不构成抽逃出资。最高法院合议庭的主要理由是,目标公司与该出资人之间存在真实的债权债务关系,目标公司将 2545 万元转回出资人是用于清偿债务(上述中丝集团案中出资人的辩解理由与此相似,但合议庭并未采信);出资人先增资再接受偿债,实际上是将其债权转变为股权("债转股")的投资行为。②

上述三个案例表明,股东在缴纳出资的过程中同时或在较短时间内接受公司"转回"的资金(也即存在"来回倒账"的现象),未必都会被法院认定为股东"虚假出资"或"抽逃出资"。关键在于,公司向股东支付资金,是否具有某种被法院采信的真实且合法的基础关系(如债权债务关系)。而法院是否采信,很大

---

① 河南省高院(2013)豫法执复字第 00015 号裁定。
② 最高人民法院(2014)执申字第 9 号裁定。本书在第 10.2.3 节还将仔细讨论该案。

程度上取决于审理案件的合议庭对证据的取舍和解读。

不过,上述三个案件,我们只能读到裁判文书,信息量极为有限。为了更为细致地观察法庭对出资真伪的审查过程,我们接下来对备受关注因而资料较为翔实的顾雏军虚报注册资本案和安邦集团循环注资案做一番考察。

6.2 顾雏军虚报注册资本案

顾雏军原为广东科龙电器股份有限公司董事长,2009年3月因虚报注册资本罪、违规披露、不披露重要信息罪和挪用资金罪,经广东高院二审判处有期徒刑十年,并处罚金人民币680万元。① 2018年6月13日至14日,最高法院开庭再审顾雏军(及其他同案被告)案。②

结合一、二审裁决和再审庭审记录来看,关于顾雏军2001年至2002年间"虚报注册资本"一事,司法机关和被告人分别讲述了两个完全不同的故事:一、二审裁决以及再审判决认为,顾雏军是通过资金"来回转账"的方式虚假出资;被告人则坚持认为,被指控的行为只是一个与出资无关的股东变更登记事件。

6.2.1 案件事实与疑问

一、二审裁决认定的有关虚报注册资本罪的事实③

2001年5月,顾雏军为收购原广东科龙电器股份有限公司(简称"科龙电

---

① 广东省高院(2008)粤高法刑二终字第101号刑事裁定(简称"顾案二审裁定");最高人民法院刑事审判第一、二、三、四、五庭(简称"最高人民法院刑庭")(2019:325-326)。科龙公司的历史沿革,参见佛山中院(2006)佛刑二初字第65号刑事判决书(简称"顾案一审判决"),最高人民法院刑庭(2019:148-150)。

② 2018年6月13-14日最高人民法院开庭审理顾雏军案的庭审记录(简称"顾案庭审记录"),第1财经网站(https://yicai.smgbb.cn/live/5431390.html,2020年12月1日访问)。

③ 顾案一审判决、二审裁定,见最高人民法院刑庭(2019:150-152,256-257)。

器")的法人股,开始筹备设立顺德格林柯尔企业发展有限公司(简称"顺德格林")。同年10—11月,在当地镇政府支持下,顺德格林完成设立登记,取得营业执照。该公司注册资本12亿元,两名股东的出资分别为:顾雏军以货币出资1.8亿元、以无形资产(两项专利技术使用权)出资9亿元,共10.8亿元,占出资额的90%;顾善鸿以货币出资1.2亿元,占出资额的10%。在股东的全部出资中,无形资产9亿元,占75%,货币资金3亿元,占25%。

根据当时的《公司法》,全体股东的出资中,工业产权和非专利技术所占比重不得超过20%。① 2002年4月,原顺德市工商部门以顺德格林的股东出资中无形资产超法定比例为由,不准许其通过年检。为了将无形资产所占比例降至法律规定的20%,顾雏军等拟筹集货币资金6.6亿元置换原出资中的一部分无形资产。

2002年5月14日,顾雏军指派公司人员在某信用社,使用科龙电器提供的1.87亿元资金,通过在格林柯尔制冷剂(中国)有限公司(简称"天津格林")和顺德格林的账户之间"来回转账"四次(第一次:天津格林转账1.8亿元至顺德格林,顺德旋即将资金转回天津;同法,第二次1.7亿元、第三次1.6亿元、第四次1.5亿元),取得了天津格林向顺德格林转账共计6.6亿元的"进账单"。当天,该1.87亿元即通过天津格林转回科龙电器。

由于顺德格林账户的银行"对账单"上没有形成6.6亿元余额,验资机构要求该公司提供当天分四次向天津格林转账6.6亿元的"依据"。于是,顾雏军签署一份顺德格林向天津格林购买制冷剂并预付6.6亿元货款的"供货协议书",时间倒签为同年5月12日。这样就为顺德格林向天津格林支付6.6亿元

---

① 《公司法》(1993年)第24条规定,股东"以工业产权、非专利技术作价出资的金额不得超过有限责任公司注册资本的20%,国家对采用高新科技成果有特别规定的除外"。第80条的规定与此类似。

补充了合同依据。验资机构基于该"供货协议书"以及顺德格林"收到天津格林投资款人民币6.6亿元"的收据等材料,为顺德格林出具了验资报告。验资报告的主要内容是:顺德格林原股东顾善鸿将其持有的10%股权(1.2亿元出资额)及股东顾雏军将其持有的70%股权(8.4亿元出资额)共9.6亿元出资额转让给新股东天津格林,其中属于以无形资产出资的6.6亿元由天津格林以货币资产置换。

2002年12月,原顺德市工商局核准顺德格林股东及股东出资方式和出资比例变更:股东顾雏军以无形资产2.4亿元出资,持股比例为20%;股东天津格林以货币资金9.6亿元出资,持股比例为80%。

综上,一、二审法院认为,天津格林对顺德格林的9.6亿元货币出资中,有6.6亿元为虚假出资,顾雏军是这一犯罪行为的组织者。

疑 问

一、二审裁决对虚假出资的动机、操作过程给出了大致符合逻辑和常理的描述,但仍有几个问题不甚清楚。

(1)2001年10月,公司登记机关为何违反法律关于无形资产出资比例的明确限制,准许顺德格林登记成立?根据裁判文书,当地镇政府为顺德格林出具了"担保函",要求登记机关(原顺德市工商局荣桂分局)先发营业执照,后由顺德格林补办验资、评估等手续。但这个"担保函"只是担保顺德格林事后补办验资和评估等手续,并没有担保事后调整股东的出资方式。① 公司登记时,股东的出资类型和比例应当是确定的。也就是说,顺德格林股东的专利使用权出资额占总出资额75%,在登记时就是登记机关明知的。1993年《公司法》关于工

---

① 顾案一审判决(关于虚报注册资本罪的证据23、34、42),最高人民法院刑庭(2019:163,165,167)。

业产权出资比例限制的规定有一个例外,即"国家对采用高新科技成果有特别规定的除外"。对公司登记机关2001年批准顺德格林无形资产出资超标登记的一个合理解释是:顺德格林当时声称或事实上是地方政府认可的"高新技术企业"。① 不过,令人疑惑的是,2002年5月顺德市工商局以顺德格林股东无形资产出资比例超标为由,不批准其通过年检。这又表明登记机关认为顺德格林的出资情况不符合法律规定。顺德格林登记成立时究竟是不是"高新技术企业",目前仍不清楚。如果顾雏军的行为构成虚假出资(甚至虚报注册资本罪),那么,明知顾雏军无形资产出资比例不合法,还出具"担保函"等公文,支持顺德格林登记成立和通过年检的政府部门和其工作人员应当承担什么责任?这些事实能否成为顾雏军减免刑事责任的理由?

(2)为何先转让股权,再置换出资?如果说顺德格林在2001年成立时,股东的出资构成不合法,那么,纠正这一缺陷的办法应当是股东将原先的专利使用权出资直接"置换"为货币出资。专利使用权的出资人是顾雏军,照理说,由他本人"置换"出资类型是最合适的。但是,按照裁判文书的陈述,当事人没有这样操作,而是先将顾雏军和顾善鸿合计80%的股权(共计9.6亿元出资额)转让给天津格林,再由天津格林向顺德格林支付6.6亿元资金,置换天津格林9.6亿元出资中的6.6亿元无形资产出资。对此,一个可能的解释是:顾雏军个人无法与顺德格林建立供货关系,从而让顺德格林以支付6.6亿元预付货款的名义将6.6亿元货币出资反向支付回去。但是,如果顾雏军转让股权给天津格林只是为了将6.6亿元的无形资产出资置换为货币出资的话,他为什么不只转让6.6亿元出资额(代表55%股权),却要转让9.6亿元出资额(80%股权)?对此

---

① 再审庭审过程中,顾雏军声称顺德格林登记时即为"高新技术企业"。但最高人民法院从广东省科技厅调取的官方证明只能证实顺德格林在2004年被认定为"高新技术企业"。顾案庭审记录(法庭调查阶段,2018年6月13日下午13:22时段)。

尚无解释。

(3) 出资"置换"为何只有置入而无置出？天津格林向顺德格林转账6.6亿元(姑且不论真伪)的目的是"置换"起先的无形资产出资。可事实上，天津格林并未将顾雏军最初出资的无形资产"置换"到自己名下(进而返还给顾雏军)，该专利使用权一直由顺德格林持有。在会计处理上，"置换"之后，该项专利使用权评估价中的6.6亿元价值被计入顺德格林的资本公积金(意即顾雏军以评估价9亿元的专利使用权溢价出资，其中2.4亿元计入实收资本，6.6亿元计入资本公积)。① 因此，这里所谓的"置换"或许可以做这样的解释:顺德格林将原本计入实收资本的6.6亿元无形资产出资"置入"资本公积，新股东天津格林将本应支付给原股东的6.6亿元购股款，(经原股东同意后)投入公司，补足实收资本的6.6亿元空缺。这一解释说得通，但确实是一个不同寻常的"置换"。

(4) 顾雏军和顾善鸿合计转让9.6亿元出资额的股权给天津格林，但他们没有收取1分钱的对价。这9.6亿元的出资额，对应二名股东最初6.6亿元无形资产和3亿元货币资金的出资。对此，一个可能的解释是:顾雏军是天津格林的绝对控股股东和实际控制人，天津格林的利益最终都归属于顾雏军，"肥水未流外人田"。另一个可能的解释是:天津格林取得股权后向顺德格林注入了6.6亿元现金，并非无偿取得股权。

被告人顾雏军对上述不寻常的操作是如何解释的？

顾雏军在一、二审和再审中的事实陈述

根据顾雏军的陈述，其受指控的事实与虚假出资、降低无形资产出资比例

---

① 顾案二审裁定(认定虚报注册资本罪的第10项证据)，最高人民法院刑庭(2019:270)。

完全无关,他只是变更了顺德格林的股东而已。① 顾雏军在再审庭审中对具体理由有所阐述。

(1)为什么要变更顺德格林的股东? 顾雏军的解释是:当年顺德格林为科龙电器的大量银行贷款不断提供担保,贷款银行每次都要到北京找董事顾善鸿签字,非常繁琐。为了简化手续,顾雏军和顾善鸿便决定将部分股权转让给天津格林,由天津格林向顺德格林派出一名专职董事处理日常事务。②

(2)既然是股权转让,天津格林为何没有将购股款支付给原股东顾雏军和顾善鸿,而是支付给顺德格林? 顾雏军的解释是:原股东把他们应得的一部分股权收购款"转赠"给了顺德格林,这就是"整个事件的实质"。③ 按照顾雏军的说法,天津格林向顺德格林转账6.6亿元,并不是为了"置换"原先的无形资产出资,而是原股东将部分购股款"赠与"顺德格林。这一"赠与"不由原股东亲自向顺德格林转账,而由天津格林代为交付,也是为了简化手续。顺德格林收到股东"赠与"的6.6亿元后,立即向天津格林支付了6.6亿元的制冷剂预付款。

(3)顺德格林将当日收到的天津格林"投资款",再立即转账给天津格林(四次循环转账后,转账发生额合计6.6亿元),作为购买制冷剂的预付款,是否为真实交易? 本来,为满足验资要求,2002年顺德格林向验资机构提供了它与天津格林之间的"供货协议书",作为它支付6.6亿元预付款的合同依据。但是,一、二审法院认定该"供货协议书"为虚假协议,是顺德格林为返还天津格林6.6亿元"投资款"而虚构的。主要理由,一是协议的订立时间是事后倒签的;

---

① 资料来源:顾案一审判决、二审裁定,最高人民法院刑庭(2019:136-137,260-261)。
② 顾案庭审记录(法庭辩论阶段,2018年6月14日上午10:22时段,顾雏军自辩意见)。
③ 顾案庭审记录(法庭辩论阶段,2018年6月14日上午10:23时段,顾雏军自辩意见)。

二是被告供述和证人证言表明,协议是为满足验资要求而事后虚构的。[①] 这份虚假协议是法院最终认定顾雏军虚假出资的关键事实。

再审阶段顾雏军仍然坚称供货协议是真实的。他说,时间倒签只是表明两个公司事后补办书面协议,并不能否认交易的真实性。检方又指出,根据证人证言,天津格林 2001 年的制冷剂年产量最多不超过 1000 吨。按最高价格、最大产量计算,一年也只能完成 1 亿多元的销售金额,6.6 亿元的预付款是异乎寻常的。[②] 对此,顾雏军的回应是:"顺德格林柯尔是否需要这么多的制冷剂,什么时候可以履行完毕等问题,其实是两公司之间的问题,随着中国家电市场的飞速发展,制冷剂的使用量是难以估量的。……我作为顺德格林柯尔和天津格林柯尔的董事长兼法人代表,我代表两家公司签署的'供货协议书'是完全合法的,一、二审法庭有什么权力认定这份'供货协议书'是虚假的呢?"[③]

疑 问

顾雏军对案件事实的解释同样存在一些疑问。

(1)股东变更与出资置换的关系。顾雏军强调整个事件的"本质"是股东变更,与出资置换无关。但其实,这三者并非无法兼容。在股东变更(股权转让)的过程中,也有可能发生出资行为。比如,受让股权的新股东可能用某种出资替换原来的出资(一、二审法院阐述事实的逻辑并非不合常理)。

关于出资置换的动机,一、二审裁决提供了大致可信的解释,即为了降低顺德格林股东总出资中的无形资产比例。而顾雏军对股权转让(与出资置换无关)动机的解释却有诸多疑点:如果股权转让只是为了让天津格林派驻一名董

---

① 顾案一审判决、二审裁定,最高人民法院刑庭(2019:154,269)。
② 顾案庭审记录(法庭调查阶段,2018 年 6 月 13 日下午 13:21 时段,检察员刘小青的质证意见)。
③ 顾案庭审记录(法庭辩论阶段,2018 年 6 月 14 日上午 10:23 时段,顾雏军自辩意见)。

事,为什么要转让顺德格林80%的股权给天津格林?为什么转给天津格林的9.6亿元出资额中,恰好包括6.6亿元无形资产出资额(代表55%的股权)?而置换了该部分无形资产出资,顺德格林全部注册资本中的无形资产出资比例恰好就可以降到20%。说转让股权与置换无形资产出资完全无关,是颇可怀疑的。

(2)顾雏军将6.6亿元购股款"赠与"顺德格林,这笔资金进入顺德格林后,为什么会改变顺德格林的股东出资构成?根据一审的证据材料,2002年12月,顺德格林向登记机关申请变更出资构成的登记,声明天津格林已用货币出资置换了原先的无形资产出资;工商局随后核准变更登记,顺德格林注册资本中的无形资产出资比例变更为20%。① 如果没有发生出资置换,仅有股权转让显然不会改变原股东的出资构成。按照顾雏军的说法,天津格林向顺德格林转账6.6亿元是原股东向公司的"赠与"。如果仅仅是个"赠与"而没有发生出资置换的话,顺德格林出资构成的变更便是无法解释的。②

6.2.2 顾案"罗生门"如何产生

在1950年日本导演黑泽明的电影《罗生门》中,案件的加害人、受害人和目击者对同一事件有截然不同的陈述或证词,令人真假难辨。③ 顾雏军案的关键事实也出现了"罗生门"现象。

(1)"来回转账"的6.6亿元如何认定? 司法机关认定顾雏军虚报注册资本的核心事实是:天津格林和顺德格林之间通过四次"来回转账"的方式,取得了

---

① 顾案一审判决,最高人民法院刑庭(2019:168)。

② 在再审庭审的法庭辩论阶段,顾雏军似乎也无法解释这一点,而是抓住专利使用权仍旧留在顺德格林的事实,强调天津格林的6.6亿元即便是"空转"也没有减少顺德格林的注册资本和资产。顾案庭审记录(法庭辩论阶段,2018年6月14日上午10:23时段)。

③ 史有为(2019:699)。

顺德格林累计收到 6.6 亿元资金的进账单，但顺德格林银行账户并未形成 6.6 亿元余额。顺德格林提供"供货协议书"、收款收据等，意图证明顺德格林将收到的资金立即转回天津格林是为了支付预付款。但法院认定"供货协议书"是虚假的，进而确认天津格林的 6.6 亿元货币出资没有真实地交付给顺德格林（进账单因此也是虚假的）。法院最终的结论是：顾雏军等人利用虚假材料骗取了工商登记。

顾雏军对"来回转账"提出了完全不同的说明。他坚称顺德格林向天津格林预付货款是真实交易。按他的说法，两个公司约定购买多少产品，支付多少预付款，何时支付，完全是两家公司自己的事情。只要是公司之间订立了协议的，都是真实的，法院根本无权干涉，无权判定交易是否真实。至于协议的订立时间、是否为事后补签，都是形式上的要求，不能动摇交易和协议的真实性。作为两家公司的法定代表人，他本人即足以代表两家公司立约。

对于整个事件的动机和法律性质，法院和顾雏军的看法也截然不同。法院认为，顾雏军为了把顺德格林注册资本中的无形资产出资比例降至 20%，才实施了顺德格林和天津格林之间的四次"来回转账"（"供货协议书"不过是个幌子），进而取得虚假的出资置换证明，骗取公司登记变更。而顾雏军声称，他是为了简化日常管理手续，才将顺德格林 80% 的股权转让给天津格林。整个事件的"实质"是股东变更，与置换出资无关。天津格林与顺德格林之间的供货交易是真实的，故前者向后者支付 6.6 亿元预付款是有真实合同依据的。而顺德格林收到 6.6 亿元资金则是顾雏军和顾善鸿将一部分股权转让款"赠与"了顺德格林。

由上可见，判定顾雏军是否虚报注册资本的关键问题，就是顺德格林与天津格林之间的供货协议是否为真实交易。**然而，这实际上是一个无从判断或者没有确定答案的问题。**首先，司法机关一面承认企业享有经营和缔约自主权

(当然,应当在合法范围内),一面又用自己的标准去评判企业间的合同约定是真是假、是否合理,这本身就是自相矛盾的。顺德格林与天津格林约定6.6亿元预付款并未违反法律的强制性规定。检方基于对天津格林年产量的估计来判断供货量和预付款金额异常,是用外部人的观点审查企业间的商业约定的合理性,结论并不令人信服。而这两家公司事实上都处在顾雏军的实际控制之下。作为两个公司的法定代表人,顾雏军完全有权代表两个公司订立这样的合同。这两个公司之间的磋商、议价和立约,实际上都是形式意义大于实质意义的。在这种情形下,外界从合同形式和内容约定是否符合外人所理解的常理的角度质疑合同真伪,反而是不公允、不尊重事实的。其次,从协议是否事后履行的角度也难以判断协议真假。供货协议事后如果得到履行,固然可以很大程度上证明当事人签订协议时意思表示的真实性。但未实际履行的协议不一定都是虚假交易。当事人没有履行协议也可能是其他原因造成的。

(2)**注册资本真实性的悖论**。"虚报注册资本罪"旨在维护公司注册资本的真实性。顺德格林登记成立时,顾雏军以其两项"专利技术使用权"(无形资产)评估作价9亿元出资入股,注册资本中75%的股东出资是无形资产。实际上,对顺德格林资本真实性影响最大的是这笔无形资产出资是否"价实相符"。但颇令人意外的是,对于无形资产评估值是否真实、客观这一更为基础和根本的问题,检方并未表露兴趣。法院对顾雏军是否构成虚报注册资本罪的审理,因此也始终围绕着顺德格林无形资产出资比例降低的问题。

检方没有对无形资产评估值提出质疑的原因或许是评估程序未暴露明显缺陷。案件证据显示,两项技术均有专利证书作为证明资料,且价值评估报告是由专业机构作出的。证据表明,评估机构似乎是仅凭书面材料就作出了评估报告,而未到现场调查核实。① 但这看起来并不构成影响评估结果的"硬伤"。②

实际上,即便评估师做了现场调查,无形资产价值的评估结果也是极富弹性的。根据当时的无形资产价值评估准则,主要的评估方法有"成本法""收益法"和"市场法"三种。无论评估机构采取何种评估方法,评估值都在很大程度上依赖评估师对无形资产的"预期收益"或"合理收益"所做的估计。③

在顺德格林登记成立的2001年前后,资产评估的公正性、客观性已经备受质疑。2002年《证券时报》有这样一个报道:

> 一位不愿透露姓名的业内专业人士指出,虽然资产评估方法理论已经较为完备了,但在实践中,资产评估操作起来还是有如天马行空。国外一位业内人士则"惊叹"于中国资产评估业同行近乎"精确"的评估技术——他们可以将一项抵债资产评估得与拟偿债金额分毫不差。已经发展得较为成熟的国外资产评估行业的评估结果,误差率达到正负15%已经十分了不起了。那位不愿透露姓名的业内人士说,在激烈竞争的压力下,在市场上不少资产评估业务中,客户的要求就是资产评估师的评估结果;评估师所要做的,是给客户要求的评估结果从专业的角度找出"恰当"的理由。④

笔者并非在此质疑顾案两项专利技术评估的合规性,而是想指出:资产价值评估所谓的"客观",是建立在专业人员的估计和判断之上的。价值评估的"客观"并非事实上的"客观",而是法律基于一定条件认可的主观评价上

---

① 顾案一审判决(虚报注册资本罪相关证据18、20、21、55),最高人民法院刑庭(2019:161,162,169)。
② 根据当时的评估准则,现场调查核实并非明确的强制要求,参见财政部《资产评估准则——无形资产》(财会[2001]1051号)。
③ 参见《资产评估准则——无形资产》(财会[2001]1051号),第13-17条。
④ 李映宏(2002)。

的"客观"。如果出资真实性建立在出资财产评估价值的基础上,那么,关于出资价值实际上并没有客观事实可供争辩。可以争辩的只有评估机构和人员的资格、操作程序、方法和文件形式是否合规。"真实性"之争只能转化为"合规"与否的争辩。

实际上,法院对6.6亿元出资真伪的审查,同样无法触及客观"真实"。因为,6.6亿元出资的真伪取决于两家公司供货交易的真伪(以及进账单的真伪),而这两家公司完全处于一人控制之下:"供货协议书"所约定内容是否反映了两家公司的"真实意思表示"、是否具有履行的可能性,实际上都是可以人为决定的,很难客观评价。

但是,资产评估和供货交易在审判过程中遭遇了不同对待。"供货协议书"被认为是虚假的,故6.6亿元出资也是虚假的,而对仅凭书面文件就评估为9亿元的两项专利技术,司法机关没有提出任何质疑。"专业机构"依规则作出的主观判断和估计就是可信的,无须质疑和审查,而企业之间自行约定的供货和预付款交易则须符合外部人所理解的常理,否则就是异常的、虚假的。司法机关似乎并未遵循令人信服的一致性标准。

上述两点分析表明,**出资真实性的评价标准本身就是模糊的**。对于非货币出资,其价值需要评估作价。而评估避免不了不确定性,非货币出资的"真实性"自始就是模糊的。货币出资虽然不需要价值评估,但资金可以流动,出资人和目标公司之间可以发生交易,目标公司获得投资后有权支配资金的流向。货币出资并不像看起来那样确定、可靠。顾案司法机关实际上也不认为顺德格林和天津格林之间不得发生供货交易。假如"供货协议书"的真实性得到法院确认,天津格林分四次缴付的6.6亿元货币出资就可以认为"真实到位"了,就不属于"来回倒账"了。但实际上,即便"供货协议书"被认定为真实,顺德格林的对账单上依旧无法形成6.6亿元余额。顺德格林资产负债表的资产端,也至多

6. 出资真伪审查

只能增加 6.6 亿元的"预付账款",而非银行存款。顺德格林能否得到预购的货物(即合同债权转化为实物资产),仍然取决于天津格林的履约能力、履约意愿以及其他相关的外部条件。而天津格林又完全处在顾雏军的控管之下。

顾案"罗生门"的根源在于,出资真实性的评价标准本身是模糊的,但立法者和司法者却假定它是客观、精确的,并以之为基础构建了一套出资制度,并辅以严厉的刑事责任规范予以保障。指控出资不实的公权机关和为了躲避刑事惩罚的公司参与者,实际上都在事后按照某种有利于自己观点的逻辑,重构整个事件的法律叙事。

6.2.3 顾案的法律意义

2019 年 4 月 10 日,最高法院对顾雏军等人虚报注册资本、违规披露、不披露重要信息,挪用资金再审一案公开宣判。判决撤销原判对顾雏军犯虚报注册资本罪,违规披露、不披露重要信息罪的定罪量刑部分和挪用资金罪的量刑部分,对顾雏军犯挪用资金罪改判有期徒刑五年。[①] 再审判决撤销顾雏军的虚报注册资本罪,理由主要是:该案侦查期间,公司法提高了无形资产出资比例,被告虚报注册资本行为的"违法性"和"社会危害程度"明显降低;被告的虚报行为与当地政府的不当支持有关;被告虚报货币出资 6.6 亿元,但并未抽走原先投入的无形资产,故并未减少顺德格林的"资本总额"。[②]

顾雏军在 2009 年被判有罪和 2019 年再审改判,都是引起社会关注的要案。舆论对顾案再审的关注似乎更多地停留在国家保护民营企业产权的政策

---

① (2018)最高法刑再 4 号刑事判决(简称"顾案再审判决"),最高人民法院刑庭(2019:28);安健:"顾雏军再审案",载《人民法院报》(2019 年 9 月 27 日)。

② 顾案再审判决,最高人民法院刑庭(2019:13-15)。

导向层面。① 但从法律制度角度观之,尚有许多问题值得深思。

顾雏军虚报注册资本案几乎涉及了1993年《公司法》最主要的资本规则。诸如:(1)转投资限制。顾雏军2001年注册成立顺德格林时为什么一定要将该公司的注册资本设定为12亿元? 原因是顾雏军当时计划收购科龙电器20.6%的股份,收购价额高达5.6亿元。当时《公司法》规定,公司对外进行股权投资,"累计投资额不得超过本公司净资产的50%"。② 依顾雏军理解,该法条相当于要求收购方的注册资本必须大于或者等于收购价款的两倍(11.2亿元)。③ 这就是新设立的顺德格林为何将注册资本设定为12亿元的原因。(2)无形资产出资比例的限制。④ 这是顺德格林实施出资置换的根本原因(如果按照司法机关的认定来看的话)。(3)资本全额实缴制。⑤ (4)非货币财产出资须强制评估。⑥ (5)所有出资均强制验资。⑦ 上述规则尽管在2005年以来的历次修订中先后废除,但是它们所反映的以"出资真实"为目标的出资管制理念并未随着法条的废止而消失。这些理念仍然在影响着理论界和审判实践。

6.3 安邦集团循环注资案

安邦保险集团股份有限公司(简称"安邦集团")实现资本快速扩张的方法,比之前文所说的"来回倒账"稍显复杂和隐蔽。安邦集团的崛起和扩张、它在境内外的资产收购、其原董事长被判重罪、公司被接管进而解散,都发生在

---

① 参见新华社、人民网、法制日报等媒体的相关评论,最高人民法院刑庭(2019:120-130)。
② 《公司法》(1993年)第12条第2款。
③ 顾案一审判决(证据1、2),最高人民法院刑庭(2019:152-153)。
④ 《公司法》(1993年)第24条第2款。
⑤ 《公司法》(1993年)第23条第1款。
⑥ 《公司法》(1993年)第24条第1款。
⑦ 《公司法》(1993年)第26条。

十几年间,可谓"其兴也勃焉,其亡也忽焉"。透过安邦集团的兴衰浮沉,我们得以仔细观察一个以转投资方式扩大资本的典型实例。

安邦集团成立于 2012 年,其前身是 2004 年开业的一家产险公司。① 自 2004 年到 2014 年,产险公司及后来的安邦集团经过七次增资,注册资本从最初设立时的 5 亿元扩张到 619 亿元。仅在 2014 年的两次增资中,安邦集团注册资本就增加了 499 亿元。安邦集团的资本增长速度和规模在中国保险业是前所未有的。② 资本迅速扩张的同时,安邦集团在境内外展开大规模资产收购。③

但是,这个急遽崛起的"金融帝国"自 2017 年下半年起开始走向坍塌。2018 年 2 月,上海市检察机关对安邦集团董事长、总经理吴小晖提起公诉,指控其犯集资诈骗罪和职务侵占罪。同一天,中国保监会宣布接管安邦集团。同年 5 月,上海市一中院判决吴小晖集资诈骗、职务侵占罪名成立。三个月后,吴小晖上诉被驳回。2020 年 9 月,安邦集团及其子公司安邦财险分别宣布解散并启动清算,其大部分资产和业务由新成立的大家保险集团承接。

6.3.1 循环注资如何实现

2017 年 4 月底,一篇题为《穿透安邦魔术》的研究报告公开发表。④ 这篇报

---

① 百度百科(baike.baidu.com)"安邦保险集团股份有限公司"词条。国家企业信用信息公示系统(www.gsxt.gov.cn)显示安邦集团成立于 2004 年 10 月,这大概是直接追溯至其前身即安邦产险公司的设立时间。

② 郭婷冰(2017)。

③ 例如:2014 年,安邦集团高价购入美国纽约的五星级酒店华尔道夫;2014 年至 2016 年,安邦集团通过公开市场收购,成为多家上市公司如民生银行(600016.SH)、金融街(000402.SZ)、金地集团(600383.SH)、大商股份(600694.SH)、远洋集团(03377.HK)、华富国际(00952.SZ)等的最大股东。参见丁锋、贾华杰(2015);郭婷冰(2017)。

④ 郭婷冰(2017)。

告根据企业公示信息,梳理安邦集团及其相关企业之间的投资和持股关系,试图揭示安邦集团资本神速扩张的秘密。作者发现:安邦集团及其相关企业通过多层次、多角度、或交叉、或循环的股权投资,形成了一个层级繁复、勾连交错的投资控股关系网;这个"迷魂阵"一般的股权网络为公司的最终所有者提供了藏身之所,同时,交叉增资或循环增资又"创造"出巨额注册资本。

交叉增资和循环增资"创造"注册资本的能力理论上可以是无限的。[①] 因为,一笔资金可以出资的名义在不同的公司之间反复流转,而《公司法》并不限制这种流转。[②]

交叉增资的简单模型可表示如下:A公司向B公司出资入股100万元,B公司注册资本增加100万元;B公司再向A公司投资100万元,A公司注册资本也增加100万元;如此反复进行,理论上A、B两个公司的注册资本可以无限膨胀。如果在这个基本模型中加入C、D或更多公司,出资资金从单向流转变为多向、交叉、交错流转,再配合股权转让或代持,则A、B、C、D或更多公司之间将形成错综复杂的持股关系,令人眼花缭乱,难以辨认(图6-1)。当然,这个过程中,各家公司的注册资本也将同步扩张。

报告的最后一节,作者分析了安邦集团2014年的两次巨额增资,得出的结论是:安邦集团"经由6套有限合伙企业的三层传导机制,最终实现用安邦的资金给自己注资。"

我们把这个过程简化地显示出来:

(1)2013年11-12月间,安邦集团或安邦财产保险股份有限公司(简称"安邦财险")在上海和深圳分别设立了6家以股权投资为经营范围的有限合伙企

---

① 资本因其虚拟性而可以自我复制、无限膨胀的特点,参见本书第1.3.3节的论述。
② 详细讨论见本书第6.3.2节。

6. 出资真伪审查

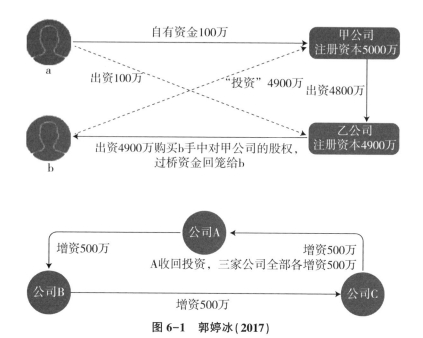

图 6-1　郭婷冰(2017)

业(设为 A、B、C、D、E、F)。2014 年 3-11 月,安邦财险和安邦集团先后向该 6 家合伙企业注资,到 11 月底的出资总额累计超过 270 亿元。这段时间同样是安邦集团自己完成增资的时间。

(2)第一层平台 A、B、C、D、E、F 既然是有限合伙企业,因此它们各自都有自己的有限合伙人和普通合伙人(又称"执行事务合伙人")。A、B、C、D、E、F 对应的普通合伙人分别是 E、F、G、H、I、J。与 E、F 一样,G、H、I、J 也是注册于上海或深圳的有限合伙企业。它们组成第二层平台。E、F、G、H、I、J 同样由普通合伙人和有限合伙人组成,它们的 6 个普通合伙人均为有限责任公司,分别是:K、L、M、N、O、P。这是第三层平台。

(3)在 2014 年不同时间段里,第二层平台企业(E、F、G、H、I、J)和第三层平台企业(K、L、M、N、O、P)各自或者两家、三家联合向安邦集团的若干股东(假设为 Q、R、S、T、W 等)注资,而 Q、R、S、T、W 等股东均在 2014 年向安邦集团增资。

这里有一个需要解释的问题。如前所述，安邦财险与安邦集团超过270亿元的资金投入了有限合伙企业A、B、C、D、E、F。但是，2014年向安邦集团股东Q、R、S、T、W等注资的并不是A、B、C、D、E、F，而是它们上面的两层平台企业，即第二层的E、F、G、H、I、J和第三层的K、L、M、N、O、P。除了E、F同时是第一层平台企业，直接接受了安邦财险或者安邦集团的注资外，其他企业只是第一层或第二层平台企业的"执行事务合伙人"。第一层平台企业的资金是否流入第二层和第三层平台（例如执行事务合伙人占用、借用或者挪用合伙企业资金），研究报告没有说明。

实际上，研究报告基于企业公示信息是无法解释这个问题的。但是，检索第三层平台企业的公示信息可以发现，它们大多是注册资本50-100万元、成立仅一年左右的微型有限责任公司。它们向外投资数亿元或者数十亿元，资金来源显然是可疑的。基于企业公示信息，我们无法揭开谜底。一个大致合理的推断就是，第三层平台企业利用它们作为普通合伙人的合伙事务执行权，以合法或违法的方式，透过第二层平台占用了第一层平台企业的资金。如果这个推断成立的话，那么，研究报告的结论就可以成立：即安邦集团通过交叉和循环注资，用自己（子公司）的资金为自己增资。

2018年4月4日，银保监会宣布保险保障基金向安邦集团增资608.04亿元，注资后，安邦集团注册资本仍为619亿元。有人分析认为，这意味着，在保险保障基金注资前，安邦集团的"真实资本"只有10.96亿元（619-608.04=10.96）。[①]

2018年3月，吴小晖集资诈骗、职务侵占罪案开庭审理。庭审中，公诉人指控吴小晖犯有职务侵占罪的一部分事实和理由就是，吴小晖在2014年将安邦

[①] 陈婷婷、黄蕾：《安邦11亿真实资本撬动2万亿，接盘者除了BATJ还有谁？》，载《上海证券报》(2018年4月5日)。

财险的数百亿元保费资金非法转移至其控制的数十家公司,利用这些资金向安邦集团增资,获得对安邦集团98.22%的控制权。吴小晖案的判决书至今尚未公开。我们权且引用2018年3月28日上海市一中院对外发布的三段庭审记录来展示公诉人所指控的事实及其理由:

(1)公诉人指控吴小晖"骗取资金652.48亿元"。"公诉人表示,(截至)2017年1月5日,(安邦财险)累计向1056万余人次销售投资型保险产品,超出批复规模募集资金7238.67亿元,并将部分超募资金转移至吴小晖实际控制的产业公司,用于对外投资、归还债务、个人挥霍等。至案发,实际骗取652.48亿元。"①

就上述指控,"公诉人宣读安邦集团、安邦财险、产业公司的董事、高管及工作人员等的证言,出示董事会决议、增资批复、股权转让协议及售后回购协议、资产管理合同、微信审批截图、资金划拨审批表、记账凭证、行政认定函等书证及司法鉴定意见书,证明被告人吴小晖通过虚假投资、分红等名义将1601亿余元超募的保费资金,划转至其个人实际控制的产业公司,用于对外投资、归还债务等,至案发时实际骗取652.48亿元的事实。"②

(2)公诉人指出,"2014年3月和12月,吴小晖控制的中兵投资集团有限公司等30余家产业公司分两次增资180亿元和319亿元入股安邦集团。截至2014年12月1日,安邦集团注册资本619亿元,吴小晖控制的37家股东公司控股比例达98.22%。"③

关于增资资金的来源,公诉人基于上述(1)部分的证据还指出:2014年的"180亿元和319亿元两次增资款,均是被告人吴小晖以股权投资等名义将安邦

---

① 吴小晖案庭审实录(2018年3月28日)。
② 同上。
③ 同上。

财险超募的保费资金划出后经过层层流转,最终进入31家产业公司作为自有资金转入安邦资本金账户增资。"①——由此可见,累计499亿元的保费资金是"以股权投资等名义"从安邦财险进入到31家产业公司,进而又以股权投资的名义增资到安邦集团。股权投资是资金转出安邦财险的主要方式。这与《穿透安邦魔术》的研究结论是一致的。

(3)"公诉人播放原安邦集团多位高管及吴小晖妹妹吴某某等证人的作证视频、出示证人证言,证明200多家产业公司都是吴小晖个人所有和控制的公司,并利用其中38家公司,通过2011年6月和2014年的两次增资入股,绝对控制了安邦集团及安邦财险等子公司;吴小晖将安邦财险作为融资平台,采用对安邦系公司与产业公司实施明暗两条线管理的方式,掌控核心财务人员,打通安邦保费资金与产业公司之间的划转通道,为其将安邦保费资金转移至产业公司作了充分准备。"②——这似乎说明,除了股权投资以外,安邦财险的保费资金可能还通过其他非法方式转出。

2018年5月,上海市一中院判决吴小晖集资诈骗、职务侵占罪名成立。三个月后,吴小晖上诉被驳回。可知,一审公诉人指控的主要事实和理由已经审判程序得到一、二审法院的支持。

将公诉人指控的上述事实和理由与前述研究报告结合起来,我们大致可以勾勒出安邦集团2014年巨额增资的操作路线:安邦财险通过发行"投资型保险产品",违规超额募集资金;其中600多亿元"保费资金"被以不同名义(主要是股权投资方式)转移至吴小晖控制的数十家企业平台,再经过层层投资注入安邦集团的若干法人股东,各股东又将这些资金增资至安邦集团;通过这种方

---

① 同上。
② 吴小晖案庭审实录(2018年3月28日)。

式,安邦集团利用子公司安邦财险所募集的保费资金,实现了自身注册资本的快速扩张,同时上述企业平台的最终控制者也掌握了安邦集团 98.22%的股权。

6.3.2 循环注资是不是"虚假出资"

安邦集团原董事长吴小晖的两项罪名——集资诈骗罪和职务侵占罪——均与安邦集团的循环注资有密切关系。据报道,一审庭审中,"原保监会工作人员出庭说明,被告人吴小晖利用保费进行巨额虚假注资"。① 但是,检方并未指控吴小晖(或者其他相关机构和个人)犯有虚报注册资本罪或者虚假出资、抽逃出资罪。②

仅以安邦集团 2014 年的 499 亿元增资来说,假如上文对注资事实的描述基本成立,那么,安邦集团以子公司保费资金,通过层层转投资实现自身注册资本增加 499 亿元,是否属于"虚假出资"?

《公司法》在 2005 年修订后关于公司对外股权投资只设两个条款:其一,公司向其他企业投资,不得导致本公司"成为对所投资企业的债务承担连带责任的出资人";其二,公司向其他企业投资的决议机关、投资限额须遵照公司章程的规定。③ 可见,《公司法》对公司转投资行为基本上是作为公司内部事务而不加干涉的。只要公司的股权投资符合其章程对决议机关和投资限额的规定,投资后取得的权益是有限公司或股份公司的股权,或者是有限合伙企业的有限合伙人份额,转投资即属合法。④ 连环(或线性)转投资或者循环(或环状)转投资

---

① 吴小晖案庭审实录(2018 年 3 月 28 日)。
② 虚报注册资本罪以及虚假出资、抽逃出资罪仍适用于实行资本实缴制的公司。参见全国人大常委会《关于<中华人民共和国刑法>第一百五十八条、第一百五十九条的解释》(2014 年 4 月 24 日第十二届全国人大常委会第八次会议通过)。
③ 《公司法》(2005 年)第 15、16 条。《公司法》(2018 年)依然如此。
④ 根据《合伙企业法》(2006 年修订)第 3 条,非国有、非上市的企业还可以成为普通合伙人。

均不受禁止。假设 B 公司接受 A 公司股权投资之后,再对 C 公司增资入股,甚或再对 A 公司增资,都不违反《公司法》(参见图 6-1)。因此,仅就安邦集团增资所涉及的转投资行为而言,与《公司法》的规定并不抵触。

但不难发现,连环或者循环转投资只是利用了公司资本的"虚拟性",制造了一连串的具有法律意义的数字,而没有实在地增加可用于生产经营的资金,更没有增加投资所涉及诸公司的债务偿付能力。[①] 以图 6-1 的示例来说:假设 A、B、C 三公司的注册资本全部以 500 万元循环注资生成(由于 C 公司对 A 公司亦有投资,故 A 公司注册资本为 1000 万元;B、C 公司注册资本分别为 500 万元);那么,当 B 公司没有现金偿付债务时,B 公司的可执行资产就只是 B 对 C 持有的一笔股权(由 500 万元出资形成)——该股权的价值取决于 C 公司的资产和偿付能力,但 C 公司可执行资产又是其对 A 公司持有的股权(由 C 对 A 的 500 万元出资形成);A 公司尽管注册资本是 1000 万元,但其资产只有 500 万元现金(假设这笔出资还未被消耗)和对 B 公司 500 万元股权投资形成的长期投资。所以,如果不考虑其他因素,将 A、B、C 三公司的偿付能力合并考虑,实际上最多只有 500 万元的清偿能力。因此,三公司合计 2000 万元的注册资本与它们的债务偿付能力是无关的。

A、B、C 三公司的连环或者循环转投资除了不断放大注册资本外,其作用主要是如下几方面:一是,增加了公司数量,便于这些公司的最初投资者或者实际控制者开展多领域、多种类、集团化的经营活动,乃至建立"公司帝国";二是,分散了最初投资者的投资风险,因为每一个公司都是"独立承担民事责任"的法人;三是,拉长了 A、B、C 公司的债权人通过诉讼追索债务的链条,延长了他们实现债务的时间,推升了实现债务的成本;四是,如果 A、B、C 之中有上市公

---

① 关于资本虚拟性的讨论,参见本书第 1.1 节和第 1.3.3 节。

司,则相互持股有利于上市公司控制者抵御来自公开市场的"敌意收购"。总的来说,转投资的积极意义是扩张投资规模、集中企业控管、分散投资风险,有利于扩大投资和财富生产,但其消极作用即制造"资本泡沫"和"资产泡沫",增加公司债权人风险的效果也是明显的。①

既然公司转投资免不了"虚增资本",法律为什么不对转投资予以禁止或者限制?历史上,法律曾经禁止过转投资,也出现过转投资限制规则,但都被证明是不合理(弊大于利)或者不可行的。

十九世纪,美国判例法一般将公司取得其他公司的股份,也即公司对外股权投资,认定为无效或可撤销的"越权行为"(ultra vires)。其理论基础与公司乃国家特许之产物的观念密不可分。具体来说就是:公司经由国家许可而成立,其权利能力(powers / privileges,即国家允许从事的活动范围)由特许状明确限定,不容擅自变更;除非法律或者特许状明文准许,一个公司购买、持有另一家公司的股权,实际上是间接从事了特许状许可范围外的事项。②

但是,公司通过股权投资扩大经营,实现投资多元化、集中化,在经济上具有正当性,这一发展趋势是法院难以阻挡的。到十九世纪末、二十世纪初,越权规则对公司行为的限制作用在法院和立法机构的共同努力下日渐式微;③有些

---

① 当然,债权人可以依据《公司法》(2018年)第20条第3款,请求法院将A、B、C三公司认定为事实上的一个公司,否认它们的"法人独立地位"。但这并不是一条容易的救济途径:法院否认"法人独立地位"通常是一种例外而非常规判决,且债权人的举证难度通常很大;即便法院支持否认"法人独立地位",也只能缩短债权人的追索链条,A、B、C三公司的总体偿债能力并不会增加。关于公司相互持股之动机与利弊的分析,参见卢晓光(2001:51-53)。经济学视角的理论综述,参见高煜(2008:39-45)。

② Hanmilton (1996: 72-73); Bainbridge (2015: 30); Palmiter (2015: 62)。缅因州最高法院1877年作出的一个判决中,法官援引了大量判例,说明一般性禁止公司持有其他公司的股份是当时美国判例法高度一致的规则,参见 Franklin Co. v. Lewiston Institution for Savings, 68 Me. 43, 44–46 (1877) (https://cite.case.law/me/68/43/)。

③ Bainbridge (2015: 31-32); Palmiter (2015: 63).

州制定的公司法开始赋予公司广泛的权利能力,不禁止公司购买和持有其他公司的股份。① 如今,除某些特许行业(例如金融业)的监管法规可能对公司转投资设一定限制外,公司法不再限制公司的股权投资行为,公司通常被允许从事一切合法经营,包括购买和持有其他企业的股份或权益。② 但是,公司转投资所形成的交叉或者循环持股(circular holding)关系,可能导致公司实质上持有或者控制一部分自己的股权,而这些股份最终被公司管理层控制。为了防止公司管理层利用交叉持股将自己的职位永久化,MBCA 和很多州的公司法都规定,公司的部分股权如果被该公司或者该公司控制的实体直接或间接持有,则该部分股权在该公司不得行使表决权。③

简而言之,美国 MBCA 和大多数州公司法不禁止公司对外股权投资,但如果转投资形成交叉或循环持股,导致公司实质上间接持有或控制自己的股份,那么这部分股份不得行使表决权。与美国不同的是,有些国家的法律不禁止公司转投资,但禁止或者限制公司交叉或循环转投资(也即禁止或者限制相互持股)。④

我国《公司法》对转投资的态度与上述情形都不相同。1993 年《公司法》曾

---

① 例如,1903 年马萨诸塞州商事公司法(The Massachusetts Business Corporation Law of 1903)第 4 条对公司权利能力范围有宽泛的规定,对公司购买、持有其他公司股份未做限制(只在第 24 条规定公司持有的本公司股份不得行使表决权),解释上认为并不禁止公司持有其他公司股份。参见 Hall (1908: 37-38, 59-60)。

② Hanmilton (1996: 73); Bainbridge (2015: 32)。例如, Model Business Corporation Act (MBCA) (2016 Revision)第 2.02 节(b)(2)规定,公司组建章程可以规定公司目标,也可以不规定;根据第 3.01 节(a),公司可从事任何合法经营事项,除非其组建章程有所限制;第 3.02 节规定,除非组建章程另有限制,公司具有与自然人同等的权利能力,其中包括第(f)项明确列举的,可以用任何方式取得、持有其他企业的股权或权益。

③ Hanmilton (1996: 177); MBCA §7.02(b) (2016)。

④ 例如法、德等国的法律,参见李晓春(2013:79-80)(除公司法外,作者还比较了不同国家通过证券法和反垄断法对相互持股加以规制情况)。

设有转投资金额限制,但2005年修法时废止。1993年《公司法》中的基本规则是:除"国务院规定的投资公司和控股公司"外,一家公司对其他公司股权投资的"累计投资额"不得超过本公司净资产的百分之五十。[①] 这一转投资限制规则源自1929年民国公司法第11条,乃中国立法者的原创。[②] 但是,有研究指出,法律限制转投资金额,并不能阻止公司"虚增资本"或"实质性减资"。[③] 而且,公司"净资产"时时变动,该条款并未规定以何时的"净资产"为准计算公司股权投资上限,再加上其他意思含糊、难以解释的术语,该条款的实行存在极大不确定性。[④] 2005年修改《公司法》时,立法机关回应"各方面要求",为"便利公司的投融资活动",将该条款废除。[⑤] 自此,《公司法》仅要求转投资不得导致公司"成为对所投资企业的债务承担连带责任的出资人",而转投资决议机关和投资限额则交由公司章程自行设定。[⑥] 至于转投资形成的交叉或循环持股是否对股份表决权产生影响,《公司法》未作规定。[⑦] 填补这一空白的主要是证券市场

---

① 《公司法》(1993年)第12条第2款。

② 民国学者对1929年公司法第11条立法理由的见解,见王效文(2004:41-42)。对1993年《公司法》第12条第2款与1929年及1946年民国公司法、中国台湾地区1966年和1980年"公司法"第13条之关系的讨论,以及该限制条款在中国台湾地区实施中所显现的弊端,参见方流芳(2002b:322-324)。

③ 戴德生(1999:55)。作者就虚增资本所假设的例子是:甲公司注册资本6000万元(设其净资产亦为此数),可以拿出3000万元设立乙、丙两家注册资本各为1500万元的公司。乙、丙二公司可以再分设注册资本各为375万元的丁、戊、巳、庚四家公司。这样,甲公司的6000万元资本通过层层分设6家子公司、孙公司,就创造出4500万元的注册资本,甲、乙、丙、丁、戊、巳、庚七家公司注册资本合计10 500万元。

④ 方流芳(2002b:324)。

⑤ 曹康泰:《关于〈中华人民共和国公司法〉(修订草案)的说明(2005年2月25日)》,载《全国人民代表大会常务委员会公报》2005年第7期,第572页。

⑥ 《公司法》(2018年)第15、16条。

⑦ 《公司法》(2018年)只对股份有限公司持有的本公司股份作出了不得行使表决权的规定(第103条)。公司通过关联企业间接持有或控制的本公司股份,不受该条款约束。

监管规章和证券交易场所自律规则,但它们仅适用于公众性股份公司(包括上市公司和非上市公众公司)。①

《公司法》尽管放开转投资限制,但在某些特许行业(主要是金融业),监管规章对转投资依然设定了种种限制(包括资金来源、转投资金额和交叉持股限制等)。②

以保险业为例来看,原保监会制定的《保险公司股权管理办法》(2010年)(简称2010年办法)对保险公司股东的资格、资金来源、出资方式、持股比例、股东变更等有详略不等的限制。③例如,将单个股东(包括其关联方)的出资或持股比例限制在保险公司注册资本20%以内;④要求股东"以来源合法的自有资金向保险公司投资,不得用银行贷款及其他形式的非自有资金向保险公司投资";⑤持有保险公司5%以上

---

① 监管规章和自律规则将企业间相互持股作为"关联(方)关系"对待,其规制措施包括实施特定会计规范(例如合并财务报表)、强制信息披露和限制股东或董事对关联交易事项的表决权等。例如:中国证监会《上市公司章程指引》(2016年修订)第79、119条;《上市公司股东大会规则》(2016年修订)第31条;《非上市公众公司监督管理办法》(2019年修订)第45条。再如:《上海证券交易所股票上市规则》(2019年修订)第10.2.2条。由于证监会《首次公开发行股票并上市管理办法》(2006年)要求发行人"股权清晰"(第13条),企业申请上市过程中,通常须根据监管要求,通过股权转让或减资等方式消除交叉持股。

② 例如:证监会制定的《证券公司设立子公司试行规定》(2012年修订)第10条禁止交叉或循环转投资;原保监会《保险资金运用管理暂行办法》(2010年)和《保险资金运用管理办法》(2018年)及相关"通知"等,均对保险公司对外股权投资设有各种限制;中国人民银行《金融控股公司监督管理试行办法》(2020年)对金融控股公司转投资设定了金额限制(第17条),禁止金融控股公司所控股的金融机构"反向持有母公司股权"和相互之间交叉持股,禁止金融控股集团内的金融机构与非金融机构之间交叉持股(第18条)。

③ 银保监会网站(www.cbirc.gov.cn),2021年3月11日访问。

④ 《保险公司股权管理办法》(2010年)第4条。原保监会在2013年4月将20%的持股上限修改为51%,见《中国保监会关于保险公司股权管理办法第四条有关问题的通知》。

⑤ 《保险公司股权管理办法》(2010年)第7条。该条在2014年4月的修订中增加了一个"但书",允许保监会另作规定,突破原有限制。

6. 出资真伪审查

股权的股东,须经保监会批准方可变更。① 2014年2月原保监会还对保险公司对外股权投资设定了与保险公司资产规模挂钩的比例限制。② 这些规则无疑都限制了其他公司或企业对保险公司的股权投资以及保险公司对外实施的股权投资。

现在来看安邦集团2014年的两次大规模增资,似乎明显违反了上述至少两项规则。一是,实际控制人通过关联企业超比例持有安邦集团股权(公诉人指控吴小晖实际控制安邦集团98.22%的股权,大幅超过"2010年办法"的极限51%);二是,各股东用于出资的资金大部分来自安邦财险的"保费资金",看起来都不属于增资股东的"自有资金"。

但问题并非如此简单。首先,安邦集团各股东背后的实际控制关系不是一目了然的。根据前文引述的资料,安邦集团2014年的增资是通过30多家公司、企业的多次转投资而最终注资给安邦集团的。研究者承认,安邦集团背后的层层股东关系形如一个巨大的"迷魂阵"。监管机关除非投入大量资源做深入的、实质性的调查,否则极难"穿透"表象而发现股权通过各种间接控制关系集中于极少数人的事实。这就不仅仅涉及监管机关的监管能力,更多的是监管机关有没有进行实质性监管的意愿和权限。

其次,各股东注入安邦集团的出资资金很难说不是它们的"自有资金"。什么是"自有资金",2010年办法未作定义。我们权且以2018年修订的《保险公司股权管理办法》的定义为准——"自有资金以净资产为限"。③ 安邦集团各个股东单位用于增资的资金,大多是这些股东单位的股东以出资名义投入的,所以,应当属于上述定义所界定的"自有资金"。资金在循环增资过程中,从一家公司流入另一家公司,每一环节都是货币出资,出资金额都会计入目标公司的净资

---

① 《保险公司股权管理办法》(2010年)第16条。
② 《中国保监会关于加强和改进保险资金运用比例监管的通知》(2014年)。
③ 《保险公司股权管理办法》(2018年)第32条第2款。

产。所以,"自有资金以净资产为限"的要求对循环增资来说是没有制约力的。

由此看来,以2014年的法律和监管规章来看,安邦集团循环注资(即利用子公司资金,通过多次转投资,增加自身注册资本)的做法,尽管事实上造成"资本虚增",但法律上并不构成"虚假出资",也不违反监管规章对出资资金应为"自有资金"的要求。就其每一环节的出资行为来说,作为出资财产的货币资金都是真实的,也都真实地转入了被增资公司的银行账户,完全符合《公司法》的缴资规则。而法律、法规或者监管规章并不要求公司登记机关(或者其他监管机构)深究资金来路,并将资金流动的各个环节和参与转投资的各个企业连接起来,整体判断增资是否真实地增加了公司可用于清偿债务的"资本"。

在安邦集团这类大案爆发之后,金融监管当局开始对金融机构(商业银行、保险公司、证券公司、金融控股公司等)的资本来源、股东资质、股东关联关系等进行实质性而非形式化的监管。①

2018年3月,原保监会公布了大幅修改后的《保险公司股权管理办法》(简称2018年办法)。该办法对不同类型的股东设定了不同的资质条件(以此严密监控保险公司股权或控制权的集中),对入股资金的来源则采取实质性、穿透式

---

① 例如:(1)2018年1月,银监会发布《商业银行股权管理暂行办法》,从股东出资资金来源、关联持股合并计算比例、信息披露、股东补充资本义务等方面强化对股东资质和结构的管制,并提出按照"穿透原则"管理股东及其关联方(《国务院公报》2018年11号)。同月,银监会又印发《关于进一步深化整治银行业市场乱象的通知》,将股东和股权关系列为首要整治对象。(2)2018年4月,人民银行、银保监会、证监会联合发布《关于加强非金融企业投资金融机构监管的指导意见》,提出严格审查股东资质、股权结构和资金来源,"穿透识别实际控制人和最终受益人","强化资金来源真实性合规性监管"等要求(《国务院公报》2018年26号)。(3)2019年7月,证监会发布《证券公司股权管理规定》,规定:要逐层穿透核查股权结构、资金来源;穿透核查股东关联关系,防止规避监管(证监会网站 www.csrc.gov.cn)。(4)2020年9月,中国人民银行发布《金融控股公司监督管理试行办法》,提出中国人民银行将会同相关部门按照"实质重于形式原则",对金融控股集团的资本、行为及风险进行"全面、持续、穿透监管"(中国政府网 www.gov.cn)。

的审查方法。① 这些监管措施几乎完全是针对"安邦式"循环注资而设定的。例如规定:"根据穿透式监管和实质重于形式原则,中国保监会可以对自有资金来源向上追溯认定";②投资人为保险公司的,不得利用注册资本向子公司"逐级重复出资";③"严禁挪用保险资金,或者以保险公司投资信托计划、私募基金、股权投资等获取的资金对保险公司进行循环出资"。④

2018年办法的"穿透式"监管的执行效果将受制于多重因素的影响。首先,"穿透式"监管赋予监管机关极大的执法弹性,规则存在诸多待解释问题,监管效果取决于监管意愿和监管能力。⑤ 例如:保监会有权对出资人"自有资金来源向上追溯认定",但如何上溯认定,上溯至哪一层级,监管机关都有较大机动性;保险公司不得利用注册资本向子公司"逐级重复出资","利用注册资本出资"和"重复出资"的含义亦有解释空间;什么行为构成"循环出资"也需要监管部门解释。⑥ 其次,"穿透式"监管势必带来巨额监管成本。这种监管成本不止表现为大量的监管费用支出(例如人力、物力成本),还有监管可能引起的竞争

---

① 《保险公司股权管理办法》(2018年)第3条(保监会"按照实质重于形式的原则,依法对保险公司股权实施穿透式监管和分类监管"。)

② 同上,第32条第2款。

③ 同上,第34条。

④ 同上,第35条第2款。

⑤ 实际上,在安邦集团2014年巨额增资和2015年大举购入民生银行股份成为第一大股东之后,业界便出现对安邦集团激进投资模式可能引发风险的担忧,并有人呼吁监管机关开展调查。但保监会当时并未对安邦采取实质性监管举措。参见蔡静:"解密安邦跃进",载《财经》2015年第3期,第72—73页。

⑥ 2018年办法施行后,第一例因入股资金来源瑕疵而无法转让股权的保险公司是国联人寿保险股份有限公司("国联人寿")。2018年7月,银保监会对国联人寿的股东变更作出不予许可批复,理由之一是,国联人寿股份受让方的股东单位"存在利用同一笔资金循环出资的可能",银保监会网站。

受限、投资不足、寻租等社会成本。① 监管收益与各种监管成本之比较,能否持续地支撑"穿透式"监管的正当性,是不确定的。第三,也是最基本的一点,目前的监管办法并未禁止以转投资方式对保险公司增资,"虚增资本"现象实际上无法彻底杜绝。

6.3.3 安邦增资案的法律意义

回到本章的中心话题——出资真实性审查是否具有真实、可靠的审查标准？或者更直接地问:判断某项出资真实与否是不是一个真问题？

如果孤立地看缴资行为,其真实性确实是一个有确定判断标准的问题。例如:股东是否将用于出资的不动产物权过户至公司名下？出资货币是否足额划转到公司银行账户？……这些问题都可以有确定答案,要么"是",要么"否"。但是,这些缴资行为一旦和公司与股东间的其他交易和行为交织在一起,或者将缴资行为放在一个公司资产不断变动的动态过程中,出资是否真实的问题就不再那么一清二楚了。顾雏军案以及其他类似案件都说明了这一点。

安邦集团的资本扩张依赖于多层次、多环节的交叉和循环转投资。在这个案例中,出资是否真实更是一个难以判断的问题——或者说,是一个事实判断和法律判断交错且相互冲突,令人困惑难解的问题。

一方面,安邦集团通过循环出资(即利用子公司资金转投资于其他公司或者有限合伙企业,进而再进行若干层次转投资,最终资金以出资入股或增资名义注入安邦集团)增加注册资本,并不构成"虚假出资"。② 每一笔出资都是真

---

① 关于监管对竞争和财富分配的影响,以及监管与被监管企业的关系,参见施蒂格勒(1996:212-215)。

② 似乎也不违反原保监会的2010年办法关于出资资金来源的规定,否则,2018年办法就没有必要增加专门针对"安邦式增资"的"穿透式"监管手段了。

实的资金,真实无误地从股东银行账户划转到公司的银行账户。一笔资金以转投资的名义在若干层企业之间流转,并不妨碍每次出资的"真实性"。每次转投资都是出资企业使用"自有资金"的投资:对出资企业来说,它们是以"自有资金"出资入股;对接受出资的企业来说,它们的"自有资金"因股东增资而扩大,它们于是可以利用增加的"自有资金"继续转投资。另一方面,转投资导致"资本虚增"几乎是没有争议的。这种做法可以将马克思所说的资本"虚拟性"运用到极致。于是产生这样的悖论:转投资不构成"虚假出资",但却可以几乎不受限制地"虚增资本"。

通过法律史的简要回顾,我们发现:即便法律如 1993 年《公司法》那样设定转投资金额限制,"虚增资本"也无法防止;即便我国效法美国的做法,一般性地限制相互持股公司的表决权行使,对避免"虚增资本"也不起作用。唯一能够阻止此种"虚增资本"的举措就是完全禁止公司转投资——但这在经济上是没有可行性的。毕竟,转投资对经济发展也有积极作用。事实上,我国政府自二十世纪九十年代以来一直对企业相互持股采取支持和鼓励的态度。因为,相互持股被认为是"做大做强"国有企业,增强企业竞争力的重要手段。①

吴小晖案件之后,金融监管当局对银行、保险和证券公司的资本和股权采取了较以前更为严厉的"实质性"和"穿透式"监管措施。② 这是因为,金融企业的资本被认为对"缓冲"其经营风险具有格外重要的意义。监管当局不得不采取"实质性"和"穿透式"监管措施,剔除(因交叉或循环转投资而)重复计算的

---

① 卢晓光(2001:55)。
② 参见:银监会《商业银行股权管理暂行办法》(2018 年);人民银行、银保监会、证监会《关于加强非金融企业投资金融机构监管的指导意见》(2018 年);证监会《证券公司股权管理规定》(2019 年)。

资本。① 这说明,普通的形式审查(例如公司登记机关对出资的审查和会计师的出资审验)对防止转投资"虚增资本"是无能为力的。同时也说明,金融业这种"穿透式"资本监管,在目前的技术条件下只能在少数特定行业施行。而在没有"穿透式"资本监管的行业,普通商事公司通过转投资"虚增资本"的合法行为仍将不断发生。

综上所述,在转投资合法且广泛存在而"穿透式"资本监管仅限特定行业的前提下,普通商事公司通过连续或循环转投资"虚增资本"是无法避免的——在此种法律框架内,对转投资的出资真实性审查实际上建立在事实判断(转投资导致"虚增资本")和法律判断(转投资不构成"虚假出资")相互矛盾的基础之上。

反过来讲,若要确保股东出资真正具有"真实性",外部监管机构所实施的实质性、"穿透式"审查,恐怕是必不可少的。但由于"穿透式"监管的成本是巨大的,即便它是可行的,也只能适用于极少数的特殊行业。

---

① 金融集团如果不是在全面合并财务报表基础上计算资本充足率,那么,评估其资本充足性时,应剔除集团内部机构相互持股造成的资本重复计算。这是国际金融监管自二十世纪末以来形成的一项普遍共识。参见联合论坛:《金融集团监管原则》(2012 年版),中国银监会政策研究局译,中国金融出版社 2014 年版,第 34—35 页、第 169 页("联合论坛"于 1996 年由巴塞尔银行监管委员会、国际证监会组织和国际保险监督官协会组织联合设立)。

本章小结

- 强制验资的目的是安排一个独立于公司和出资人的专业机构,独立审查出资是否真实到位并出具独立意见。但事实证明,验资机构的"独立性"并不可靠。

- 非货币出资的价值依赖于评估作价,而评估避免不了不确定性,非货币出资的"真实性"自始就是不确定的。

- 货币出资虽然不需要价值评估,但资金可以流动,出资人和目标公司之间可以发生交易,目标公司获得投资后有权支配资金流向,货币出资的"真实性"也不是人们想象的那么确定。

- 股东在缴纳出资的过程中,同时或者几乎同时与公司发生"来回倒账",资金看起来在股东与公司之间"循环往复"。这种做法有可能被法院认定为股东虚假出资或抽逃出资(或称"循环出资");但也有可能被认为是股东与公司之间正常的资金往来。关键在于,公司向股东支付资金能否成立足以令法院采信的某种合理解释。

- 在转投资合法且广泛存在而"穿透式"资本监管仅限于特定行业(主要是金融业)的前提下,普通商事公司通过连续或循环转投资"虚增资本"是无法避免的——在此种法律框架内,出资真实性审查实际上无法建立在真实、可靠的判断标准之上。

- "出资真实"并不是一个可检测的事实状况,而是一个基于法律规则作出的法律判断或者对当事人意思表示的解释。

7.
股份基本规范

有些做法已经成为历史,有的正在实行,还有的规则颇有扩张之势。成为历史的,我们要问:这类"特色"规则的目标和方法是什么,它们实施的实际效果如何?为什么它们没能成为可持续的法律规则?正在实行的,我们要研究它的机理、效果以及它们背后的观念基础。

第5章和第6章讨论了出资者可以将哪些资产投入公司,换取公司"所有权份额",以及出资真实性是否可以客观审查。本章将从交易的另一方——公司的视角出发,讨论公司可以发行(或向出资者出售)什么样的"企业所有权份额",交换出资者的资产。这里所说的"企业所有权份额"也就是"股份"。

除了传统的负债融资和权益融资工具,人们又发明了试图兼顾两种融资渠道优势或满足特定需求的融资手段,例如:各种各样的优先股、可转换为股份的债券等。此外,还有基于股份和债券的各种衍生工具。不过,在公司的财务报表上,会计师总要依据一定的标准,按照"实质胜于形式"的原则,将上述"非典型工具"归类到债务融资或者权益融资之中。

本章聚焦于股份的基本规范,即股份的形式、面值和类别问题。这三方面问题是许多公司法主题的文献都会关注的。但是,现有文献大多倾向于介绍国外的股份规则,而对我国股份制度的特殊现象和问题缺乏足够研讨。实际上,关于股份形式、面值和类别,我国的法律规则和实践都有一些独特之处。其中,有些做法已经成为历史,有的正在实行,还有的规则颇有扩张之势。成为历史的,我们要问:这类"特色"规则的目标和方法是什么,它们实施的实际效果如何?为什么它们没能成为可持续的法律规则?正在实行的,我们要研究它的机理、效果以及它们背后的观念基础。

7.1 股份的形式

股份应当表现为什么形式?"股票"是不是股份的唯一形式?股东拿什么证明自己是股东以及持有多少股份?实践表明,基于实物券形式的股份(即股票)而制定的各种传统规则无法适用于电子化或电子记账式股份。《公司法》中许多股票规则实际上处于闲置无用的状态。另一方面,《公司法》区分有限公司和股份公司的股东权益,前者叫"出资"或"股权",后者称为"股份"或"股票"。

但实践中,许多有限公司模拟"股份"的方式方法计算、增减和转让股权。区分有限公司和股份公司股权凭证的合理性值得反思。

7.1.1 股份有限公司

依《公司法》的表述,股份应当"采取股票的形式","股票是公司签发的证明股东所持股份的凭证"(第125条第2款)。股票应采取"纸面形式"或"国务院证券监督管理机构规定的其他形式"(第128条第1款)。股票分为记名股票和无记名股票两种(第129条)。无论是"纸面形式"还是"其他形式"的股票,都应当是实物券。因为,股票之上必须记载:(1)公司名称;(2)公司成立日期;(3)股票种类、票面金额及代表的股份数;(4)股票的编号。股票还应由公司法定代表人签名,公司盖章(第128条第2、3款)。但在目前,这样的股票(也即实物券形式的股份)数量不多,纵使存在也已成为历史遗迹。

试行股份制初期(二十世纪八十年代中后期到九十年代初),股份公司公开发行的股份确有一部分是纸质的实物券。但也有许多股份公司并未发行股票。当时,股份公司设立时的股份募集方式分为"社会募集"和"定向募集"。"社会募集"是指向社会公开募集,须发行股票;"定向募集"是指向特定对象募集,公司向股东签发"股权证"而不是股票。[①] 深圳早期的股份公司也主要是以"股金收据"、"收款收据"和"股金证"等形式招股集资。到1988年4月,为了挂牌交易,深圳的证券公司和其他证券经营机构才逐步将各类股份凭证换发为股票。[②] 在上述时期,股票显然不是股份的唯一形式。

1993年底,上海、深圳两个证券交易所交易的股份全面实现电子化(或称无

---

① 范中超(2009:34)。
② 范中超(2009:39)。

纸化)。① 目前,上市公司(即股份在上海或深圳证券交易所上市交易的股份公司)和非上市公众公司(即股份在全国中小企业股份转让系统公司——俗称"新三板"——挂牌交易的股份公司)的股份,均采取电子记账形式,都须集中登记、存管于专门的证券登记结算机构。② 其他不同时期成立的非上市、非公众股份公司也几乎没有发行实物券形式股份的。这些公司,有些将股份登记、存管于区域性的股权交易所、产权交易所等类似机构,有些自行造册、记录。③ 它们的股东用以证明股份的凭证可能是股权证、发起人协议、增资扩股协议或者收款收据等。④

对于电子记账形式的股份,《公司法》中的许多规则是无法适用的。例如,电子记账形式的股份无法"载明"公司名称、公司成立日期、股票种类、面额及代表的股份数和股票编号,并由公司法定代表人签名、公司盖章。《公司法》关于记名股票和无记名股票(第129条)、股票交付(第132条)、记名和无记名股票转让(第139、140条)等规定,也无法适用。区分记名和无记名股票是股份采取实物券形式的产物。股份无纸化使得这一区分失去现实意义。证券登记结算机构的股东账户即便实行实名制也无法看做是对股票"记名"的替代。⑤

---

① 范中超(2009:35)。

② 参见《证券法》(2019年)第145条、中国证监会《非上市公众公司监督管理办法》(2013年修订)第4条。该机构即中国证券登记结算有限责任公司(简称中证登)。

③ (1)股份托管于城市"股权托管中心"的实例,参见屠程远诉上海致达信息产业股份有限公司案,上海市普陀区法院(2007)普民二(商)初字第337号判决。(2)股份登记于"市金融服务中心",公司向股东签发"股权证"的实例,参见张淑荣与通化市金融服务中心案,吉林省通化市中院(2016)吉05民终1108号判决。(3)股份自行造册记录,股票自行印制的案例,参见陈敏刚诉上海卓越纳米新材料股份有限公司案,上海市一中院(2009)沪一中民三(商)终字第57号判决。

④ 范中超(2009:31-32)。

⑤ 范中超(2009:91)。不过,彭冰(2007:142)认为,无纸化股份的账簿记载可视为股票记名。

"股票是公司签发的证明股东所持股份的凭证"。[1] 但上市公司和非上市公众公司已不发行股票。那么,上市公司和非上市公众公司的股东如何证明自己是股东?根据中国证监会制定的《上市公司章程指引》,个人股东出席上市公司股东大会会议时,应出示"股票账户卡"而非股票来证明自己的股东资格。[2] 检索上市公司股东起诉上市公司的诉讼案件可以发现,原告在民事诉讼中证明自己股东资格的证据并不是"股票"。有的原告出示的证据是证券营业部开具的"股票对账单"和中国证券登记结算有限责任公司上海分公司开具的"投资者记名证券持有记录以及持有变动记录";[3]有的出示证券营业部出具的"资产账号情况表"、"历史成交情况表复印件"、××证券公司"融资融券账户对账单复印件";[4]还有原告以"××证券交易所股票账户卡"来证明自己的股东身份。[5] 这些证据与原告股东资格的关联性不仅得到法院的认可,而且也得到被告上市公司的认可。

《公司法》要求发行记名股票的公司应置备股东名册。但记名股票几近消失,该规则能否适用成为问题。即便认为上市公司和非上市公众公司的股份可视为记名股票,对这两类公司来说,实时置备股东名册在技术上也不可行。因为在正常情况下,股份在每个工作日都会发生交易,股东都在变更,公司无法制作和保有准确的股东名册。证券登记结算机构的计算机系统实时记录这两类

---

[1] 《公司法》(2018 年)第 125 条第 2 款。
[2] 《上市公司章程指引》(2016 年),第 60 条。
[3] 龚筱凤诉上海仪电(集团)有限公司案,上海市一中院(2015)沪一中民六(商)初字第 233 号判决。
[4] 张海琴与北京东方园林生态股份有限公司案,浙江省温岭市法院(2016)浙 1081 民初 3933 号判决。
[5] 许进诉云南云投生态环境科技股份有限公司案,云南省昆明市中院(2014)昆民五初字第 19 号判决。

公司的股东名单,但该机构又不是《公司法》规定的"置备"股东名册的主体。[①]

总的来说,《公司法》将"股票"作为股份的唯一形式,并以之为标准制定相关规则,是沿袭十九世纪公司法遗产而目前已脱离实际的做法。股份形式本来就是多样化的(基本上,上市公司和非上市公众公司股份均为电子账户记账形式,而各时期设立的非公众公司股份的形式也是多种多样的)。这一格局是历史沿革、监管政策变迁、公司需求不同等因素综合作用的结果。鉴于这一现实情况,《公司法》对股份形式保持开放态度,不以单一形式强行规范,是比较妥当的。

7.1.2 有限责任公司

有限公司股东持有的投资权益在《公司法》上叫"股权"而不称"股份",其股权凭证也不能称为"股票"。有限公司的股权凭证不是单一的,而是由至少四种文件共同组成。依《公司法》的规定,能够反映有限公司股东资格及其持股状况的凭证有:出资证明书、公司章程的记载、股东名册的记载和公司登记机关的登记。

出资证明书是有限公司成立后应向股东签发的,可证明股东实缴出资数额等事项的文书。出资证明书应当记载下列信息:(1)公司名称;(2)公司成立日期;(3)公司注册资本;(4)股东的姓名或名称、缴纳的出资额和出资日期;(5)出资证明书的编号和核发日期。公司应当在出资证明书上加盖公章。[②] 出资证明书并非股权"证券",它的移转占有不能代表股权移转。股权发生移转

[①] 《证券法》(2019 年)第 151 条规定,证券登记结算机构应当向证券发行人提供"证券持有人名册"等有关资料。结算机构也声称自己保存的是证券"持有名册",见中证登的公司介绍页面(http://www.chinaclear.cn/zdjs/gsgg/about_lmtt.shtml),2017 年 1 月 19 日访问。

[②] 《公司法》(2018 年)第 31 条。

后，公司应注销原股东的出资证明书，向新股东签发新的出资证明书。①

股东名册是《公司法》规定的表彰有限公司股东资格和权利的凭据。《公司法》要求有限公司置备股东名册，其上应记载：股东姓名或名称及住所、股东出资额、出资证明书编号。② 记载于股东名册的股东，可依股东名册主张股东权利。③ 由此可以推知：(1)股东名册具有股东资格推定效力，凡记载其上的人均推定为股东，除非依合法程序撤销股东资格或确认无效；(2)股东可凭股东名册的记载向公司主张其股东资格和权利；(3)公司应依股东名册履行其对股东的义务，如发出召开股东会的通知、派发股利；(4)股权变动的结果须记载于股东名册，才能约束公司。

不过，仅记载于股东名册还不足以使被记载者的股东资格"对抗第三人"。依照《公司法》的规定，"公司应当将股东的姓名或者名称及其出资额向公司登记机关登记；登记事项发生变更的，应当办理变更登记。未经登记或者变更登记的，不得对抗第三人。"④

此外，有限公司的公司章程也会记载全体股东的名单、股东的出资额和出资时间。⑤ 公司章程不仅需要全体股东签名、盖章，还必须提交公司登记机关备案。⑥

这样看来，一个有限公司的股东要证明自己是股东以及持股数量，是难以

---

① 《公司法》(2018年)第73条。
② 《公司法》(2018年)第32条第1款。
③ 《公司法》(2018年)第32条第2款。
④ 《公司法》(2018年)第32条第3款、《公司登记管理条例》(2016年)第9条。有待解释的问题是：(1)"第三人"是指哪些人？(2)"第三人"是否须为对股权真实归属不知情者(即所谓"善意第三人")？(3)"不得对抗第三人"是否指未经变更登记的股权变动对"第三人"无法律上的约束力？上述问题，难以从法条文义本身得出确定结论。
⑤ 《公司法》(2018年)第25条。
⑥ 《公司登记管理条例》(2016年)第20、27条。

依据单一的股权凭证来认定的。四种文件如出现有冲突的记载(这种情形在隐名出资、代持股权、股权变动等情况下经常出现),则相关人员的股东身份和持股数量就会产生疑问。复杂的股权凭证为法院甄别真实股东及其持股数量增加了困难,也必然增加确认股东资格裁判的不确定性。①

作为股权凭证的出资证明书、股东名册记载、章程记载和公司登记,是否都有必要?

首先,出资证明书类似于一份出资"收据",是股东实际缴纳出资的凭证,具有证据意义。法律明确要求公司向实缴出资的股东签发"收据"是必要的。不过,《公司法》规定出资证明书的法定格式,似乎不必要地制造了合规成本。实践中,很多公司只是向股东签发"股金款收据"一类的书面凭证,未必都叫"出资证明书",也不一定符合法定格式。从证明当事人是否实缴出资的角度看,这些"不规范"的收据的证明效力都应得到承认。所以,《公司法》实际上只需有一条简单的规则,即:股东实缴出资后,有权要求公司向其出具缴资收据。

其次,看股东名册。尽管《公司法》规定股东名册是重要的股权凭证,但实践中单独置备一份书面"股东名册"的有限公司,即便有也是罕见的。② 这种现象的原因可能是:一方面,公司章程、公司登记均记载了股东名单,公司再置备一份股东名册,不仅繁琐重复,而且容易因记载差异造成股东信息混乱,甚至引发纷争;另一方面,法律虽然规定有限公司"应当置备股东名册",但公司设立时

---

① 相关案例和讨论,参见王军(2017:117-124)。
② 一些实务工作者和研究者发现,有限公司通常都没有单独的股东名册。参见古锡麟、李洪堂(2007:53);陈敦(2012:121)。检索截至 2017 年 1 月 31 日中国裁判文书网发布的 395 件"股东名册记载纠纷"判决可知:这类案件的争议焦点基本上都是股东资格确认,判决书呈现的证据材料中从未出现单独的股东名册。

无须将股东名册向登记机关备案,法律也未规定不置备股东名册的法律责任。[①] 因此,有限公司不置备书面股东名册,选择"自行减负"不是没有道理的。

不过,在以"股东名册记载纠纷"为案由的案件中,主张确认股东资格的原告都会请求法院判决被告公司向其签发出资证明书、将其记入股东名册、变更工商登记。如果原告的股东资格得以确认,法院必定判令公司向原告签发出资证明书、将原告记入股东名册、修改章程并变更工商登记。在审判过程中以及判决书上,股东名册仿佛真的存在。实际上,据笔者访查,很多公司管理者和律师都将有限公司章程中记载的或者公司登记中记录的股东名单当作或视为股东名册。也许可以说,章程记载和公司登记事实上替代或吸收了股东名册的功能。法律条文中继续规定股东名册作为股权凭证既不符合实际,也没有必要。

最后,股东名单既然须向公司登记机关备案,那么,法律要求公司章程必须记载股东名单的必要性也是可疑的。

总结上述分析,本书的看法是:《公司法》对有限公司股权凭证的规则有必要合并、简化。以公司登记机关的登记备案为推定股东资格和持股数量的唯一凭证,可以使规则更为简单、明确,从而降低股东身份识别成本。章程是否记载股东名单,公司是否置备股东名册,完全可以交由公司自己决定。出资证明书也不必做格式上的强制规定,法律只须规定股东有权要求公司出具收据即可。同时,登记信息的电子化措施需要不断改进(企业信息公示公信系统目前要求有限公司在"年报"中公布股东名单和出资情况等信息[②]),以保障股东、利益相关人乃至社会公众查询股东名单和持股数据,取得相关证据的便捷性、及时性和可靠性。

---

① 可资参照的是,英国公司法要求公司设置股东名册,如不设置,公司及负有责任的高管均会受到罚款的处罚。参见吉南(2005:222)。我国台湾地区"公司法"第103条也有类似规定。

② 《企业信息公示暂行条例》第8条。

7.2 股份的每股面值(或每股金额)

股份具有每股面值或每股金额(par value)是十九世纪公司法的遗产。在股份采取实物券形态(即以股票为载体或书面凭证[stock certificate])的时代,纸质股票要显示每股面值。每股面值乘上公司所发行股份的总数,即得出公司资本总额(实例参见图 7-1)。

关于股份的每股面值,我国学者已有不少有价值的研究。[①] 但是,现有研究一方面需要整理、改进,另一方面我国最近十多年来规范上和实务中的新情况需要补充进来。此外,以往研究忽略的一个事实是:尽管法律上没有规定有限公司可以发行股份,但有限公司在增资和转让股权的活动中,常常为其股权拟制一个 1 元的每股面值。这一现象值得思考。

7.2.1 每股面值的作用

股票每股面值最初的功能是为了确保股东以同样价格认购股份。例如在美国,印制在股票上面的每股面值起初就是股票发行价格。[②] 股票按每股面值发行,意味着在一次发行中所有认股人都必须按相同价格认购股份,同股同价。[③] 这被认为是保护股东公平认购股份的一种措施。[④]

---

① 现有研究主要集中在三方面议题:面值股和无面值股的功能比较、国外无面值股的立法情况介绍和我国应引入无面值股的倡议,参见:傅穹(2004:42-49);黄辉(2011:78-81);官欣荣(2013:60-64);王心茹、钱凯(2018:50-56);卢宁(2018:174-182)。

② 例如,在最早承认股东优先认股权的 Gray v. Portland Bank (1807)一案中,银行就是按照每股面值 100 美元的价格发行其股票的。

③ Hamilton (1996:128).

④ Manning & Hanks (2013:27, 30); Cahn & Donald (2010:165).

既然股票每股面值对应股东出资金额,每股面值乘股份总数等于资本总额,那么每股面值就与公司资本的真实性联系起来。十八世纪末美国一些州的法律规定,公司不得低于每股面值发行股份。① 每股面值成为每一股份的最低发行价格。禁止低于每股面值发行的规则又与公司最低资本额限制结合起来。这类规则的目的是确保公司实际收到其组建章程所宣称的已发行资本。如果股东以低于每股面值的价格取得股份(例如认购股份的非货币财产价值不足),则其所持股份就被称为"注水股份"(watered stock)。该股东除了应当向公司补足认股款外,还可能因公司无力偿付债务,而在欠缴股款的金额内对公司债权人承担责任。②

　　每股面值在会计上还有一个作用,即作为区分公司声明资本(stated capital)和股本溢价(capital surplus)的分界线。当公司以高于面值的价格发行股份时,股东所缴购股款中,与面值对等的金额记入公司资本或声明资本,而超出面值的金额(即发行溢价)记入股本溢价。③

　　以每股面值作为区分股本和股本溢价的标准,与其说是每股面值的一项"功能",不如说是因其存在而造成的一个结果。公司之所以有股本溢价,是因为公司溢价(即超过每股面值)发行股份。而溢价发行的通常原因是,老股东希

---

① Berle & Means (1933:155)。作为例证,作者举出纽约州 1892 年股份公司法(the Stock Corporation Law)第 42 条的规定,以及新泽西州的类似法律规定。

② Manning & Hanks (2013:31)。

③ Hamilton (1996:130-135)。Berle & Means (1933:162)使用"paid-in surplus",与股本溢价为同一所指。现在,如果一家公司发行普通股获得溢价收入,在财务上已经不用"capital surplus"科目,而是改用如下科目:"Paid-in Capital in Excess of Par-Common Stock" 或者 "Premium on Common Stock"科目,参见 Accounting Coach 网站的解释(https://www.accountingcoach.com/blog/capital-surplus),2020 年 9 月 29 日访问。

图 7-1

说明：上图是西耶罗制铁公司(Sierra Iron Company)1871 年 8 月发行的一张记名股票。这家公司 1869 年成立于旧金山。票面左下角的数字表明,公司共获准发行股份 12000 股,每股面值 100 美元。与此对应,左上角"Capital, ＄1,200,000"意思是公司资本或股本(即授权资本)总额为 1,200,000 美元。票面右上角的"500 SHARES"和票面中央的手写文字表明,这张股票证明某某人购买并持有该公司股本中的 500 股。[图片来源:笔者 2015 年 9 月拍摄于加利福尼亚银行(Bank of California)旧金山金融区办公地的历史陈列室]。

望借此从新股发行中获得一定补偿。① 假设 W 公司成立时按每股面值发行了 ＄100/股的股份。两年后,W 公司计划再次发行股份筹资。由于发展势头良好,W 公司股份的二级市场价格在 ＄120/股上下波动。这时如果仍然按面值 ＄100 发行新股,新股东就无偿分享了 W 公司过去两年经营所产生的价值增长。而这些增加的公司价值被认为应当是属于老股东的财富。所以,合理的办法是公司参照当前的二级市场股价确定新股发行价。假定 W 公司将新股发行

---

① Berle & Means (1933:164).

价定为＄130/股(由于投资者看好 W 公司前景,故愿意接受高于市场价的发行价)。那么,新股东缴付股款后,W 公司就收到了＄30/股的发行溢价。所有溢价款均应计入股本溢价。作为所有者权益的一部分,这笔股本溢价自然成为新、老股东按持股比例共同享有的利益。老股东的所谓"补偿"就是这样得来的。

不过,人们很快就认识到,无论是保护股东或债权人,还是在发行新股时给予老股东补偿,并不是非要股票有一个每股面值才做得到。实际上,每股面值和不得低于每股面值发行的规则给公司融资带来很多不便。

首先,要确保各股东以同一价格认购公司某次发行的同类股份,关键是确保实际认购价一致,而不在于是否将该认购价规定为每股金额,是否将之印制在股票表面。公司成立后还会多次发行股份,每次的发行价可能都不一样,每股面值与实际认购/发行价是没有关系的。

其次,不得低于每股面值发行股份的规则,限制了公司制定股份发行价的灵活性,对公司未来的股份发行制造了麻烦。假定 M 公司成立时发行过一批每股面值＄100 的股票。一年后,M 公司打算再发行一笔股份募集资金。但这时第一次发行的股份在二级市场的交易价格只有＄80。这种情况下,M 公司如果仍以＄100/股的价格发行新股的话,是极难募集到资金的。M 公司股票市价低于发行价表明其市场估值已走低。投资者既然可以以＄80/股的价格在二级市场上买到 M 公司股票,他们为什么要花＄100/股的价格认购新股呢?[1] 很明显,股份不得低于每股面值发行的规则阻碍了公司(尤其是经营出现困难而急需资金纾困的公司)的权益融资。

再次,用不得低于每股面值发行来约束股东履行缴资义务,进而保护公司债权人是一个低效甚至无效的办法。股份的发行价可能高于每股面值,股东出

---

[1] Hamilton (1996:129).

资是否充足应当以实际发行价而不是每股面值为准。更重要的是,投资者是否以面值或面值以上价格认购股份,与公司偿付债务的能力几乎没有联系。因为,公司一旦开始运营,股东初始投入的资产就进入周转,产生增减盈亏,它们不可能以固定不变的价值(例如:每股面值×股份数)保持不变,从而确保公司具有一定偿付能力。

最后,每股面值在会计上的区分作用不是不可替代的,甚至不是必要的。以每股面值为标准区分股本和股本溢价,进而实现新、老股东之间的利益调和,这一效果在没有每股面值的情况下,可以通过新、老股东协商确定(或由董事会决定)一个新股发行价款在股本和股本溢价之间的配置方案来实现。甚至有观点认为,区分股本和股本溢价导致会计制度过分复杂,应当通过实行无面值股而将之取消。[1]

因此,为了尽量减少每股面值对股份发行定价的束缚,低面值股份(例如:＄1/股、＄0.1/股)在美国流行起来。[2] 20世纪初,美国一些州开始允许发行无面值股份。

7.2.2 低面值股和无面值股

不过,尽管美国绝大多数州的法律都允许发行无面值股,但低面值股看起

---

[1] 这是我国香港特别行政区2014年《公司条例》废止每股面值规定的主要理由之一,参见《公司条例草案》委员会"政府当局就二零一一年五月十九日会议所采取关于第4、5及9部的跟进行动",香港特别行政区立法会网站(https://www.legco.gov.hk/yr10-11/chinese/bc/bc03/papers/bc030617cb1-2439-4-c.pdf),第2页。

[2] Hamilton(1996:129)指出,低面值股流行还有另外两个原因:一是,联邦的单据印花税和州的股票交易税是以股份面值为基数征收的,公司尽量压低股份面值可以减少税负;二是,当股东以非货币财产出资时,股份面值如果较高的话,容易产生出资财产估值不满足面值(也即存在注水股)的争议。

来更受欢迎。其中一个重要的原因是,公司发行无面值股会导致其缴纳更多的税。因为,联邦印花税按无面值股的实际发行价征收,而面值股按面值征收。① 这就使得发行无面值股不如发行低面值股合算。只要公司将股份面值定得足够低,它对未来新股发行定价的束缚就可以尽量减少,甚至不存在影响。

其次,无面值股带来的会计处理上的便利,有面值股也可以做到。在没有股份面值的情况下,新、老股东可以协商确定(或由董事会决定)新股发行价款如何在股本和股本溢价账户间配置。但是,即便公司发行的是有面值股份,美国许多州的公司法也允许董事会将所募资金在股本和股本溢价两个账户间做任意配置。② 这样,每股面值对募集资金的会计配置也不构成限制了。

不可否认的是,每股面值在美国的法律和实践中已经根据实际需要而完全形式化了。在美国以外,有许多国家和地区实行无面值股制度。例如:新西兰1993年公司法规定股份不得有每股面值;澳大利亚2001年公司法允许发行无面值股;2001年,日本修订商法,废止每股面值规则,股份一律统一为无面值股。③ 我国香港特别行政区2014年《公司条例》也废除了每股面值制度,强制所有股份公司采用无面值股。④ 我国台湾地区则在2018年修订"公司法",规定股份有限公司可发行有面值股份,也可以发行无面值股份。⑤

不过,无面值股份在欧洲法律上并未得到广泛认可。欧盟公司资本指令尽

---

① Hamilton(1996:135-136)。

② Hamilton(1996:135)。

③ 对世界各地实施无面值股制度的情况汇总,参见富尔德律师事务所(2004:8-15)。

④ 2014年《公司条例》第135条。废除股份面值的主要理由是,"面值概念已经过时,并可能引起实际问题,例如阻碍筹集新资本和无必要地使会计制过分繁复"。新公司条例的《主要新猷》,香港特区公司注册处网页(www.cr.gov.hk),2020年10月10日访问。

⑤ 我国台湾地区2018年"公司法"第156条第1项,相关讨论见松本卓朗(2018:70)和庄荟安(2018:68-71)。

管允许公开募股公司发行的股份没有面值(no nominal value),但它又要求无面值股份的发行价不得低于其代表的认缴资本的账面价值(accountable value)。① 研究者认为,这并不是真正的无面值股份。②

德国《股份公司法》1998年修改后允许股份公司发行有面值或者无面值的股份。根据该法规定,每一股无面值股所代表的股本份额是均等的,每一股所对应的股本金额不得低于1欧元。③ 这实际上相当于要求无面值股的每股发行价不得低于1欧元。④ 有观点认为,德国法上的"无面值股"对于扩大公司融资便利的作用并不显著。⑤

英国从第二次世界大战后就开始研究要不要接受无面值股份。多份研究报告都建议英国公司法引入无面值股份。⑥ 但直至2006年公司法,英国仍然坚持每股必须有面值,不得低于面值发行股份的传统规则。⑦ 英国公司法迟迟不接纳无面值股份,主要还是受欧盟资本指令的束缚。⑧

---

① 欧盟资本指令第8(1)条[Second Council Directive 77/91/EEC, art. 8 (1)]原文:"Shares may not be issued at a price lower than their nominal value, or, where there is no nominal value, their accountable par."(https://eur-lex.europa.eu/legal-content/EN/ALL/? uri=CELEX:31977L0091),2020年10月10日访问。

② Ferran & Ho (2014:177-178).

③ Germany Stock Corporation Act, s. 8 (3):"No nominal amount shall attach to no-par-value shares. The no-par-value shares of a company represent equal portions of its share capital. The stake in the share capital allocated to the individual no-par-value share may not be lower than one euro. Subsection (2), second and third sentences, shall apply mutatis mutandis."

④ Cahn & Donald(2010:168)。

⑤ 实际上,德国允许公司发行不标注面值的股份,主要是为了避免使用欧元后,每股面值从马克换算为欧元时可能出现的余额折算困难。参见莱塞尔、法伊尔(2019:98)。

⑥ Ferran & Ho (2014:177).

⑦ Ferran & Ho (2014:176-178).

⑧ Ferran & Ho (2014:178).

7.2.3 我国的股份面值规则

清末股份公司所发行的股票就有每股面值[例见大生纱厂股票(图7-2)]。1904年《公司律》规定股份均须设定至少"伍圆"的"每股银数",并记于股票之上。① 民国《公司法》也有每股面值的规定。②

每股面值应当相等,不得折价发行

实行计划经济和工厂制度时期,"资本"和"股票"销声匿迹了将近三十年。改革开放后,政策允许它们复出了,人们只能按照数十年前的"知识遗存"搭建有关股票的规则。每股面值被认为是股票不可或缺的组成部分。③ 1993年《公司法》的股份规则也基本上是按照十九世纪纸质股票时代的逻辑设定的。这套规则一直保留至现行《公司法》的股份公司规则部分。

首先,股份公司的"资本"应当划分为"股份",且"每一股的金额"应当相等。④ 这里的"资本"只有解释为"注册资本"方才说得通,也与实践吻合。⑤ "每一股的金额"应解释为股份的每股面值。注册资本应划分为"每股金额"相等的股份,意味着公司发行的(包括首次及以后各次发行)、所募资金计入注册资本的股份(无论是普通股还是优先股),都应当具有相等的每股面值。目前,我国上市公司发行的普通股通常以1元人民币为每股面值,而优先股则以100元为每股面值。⑥ 这看起来似乎违反了每股面值应当一律的规则。其实不然。按照

---

① 《公司律》第25、28条。

② 1929年《公司法》第111条规定:"股份有限公司之资本应分为股份,每股金额应归一律不得少于二十元。但一次全缴者,得以十元为一股。"参见王效文(2004:173)。

③ 二十世纪八十年代,股份制企业发行的股票均有每股面值。参见马庆泉、吴清(2009:44-45)。

④ 《公司法》(2018年)第125条第1款。该条款原文并未出现"应当",但根据文义应做此理解。

⑤ 范中超(2009:58)。

⑥ 中国证监会《优先股试点管理办法》(2013年)第32条。

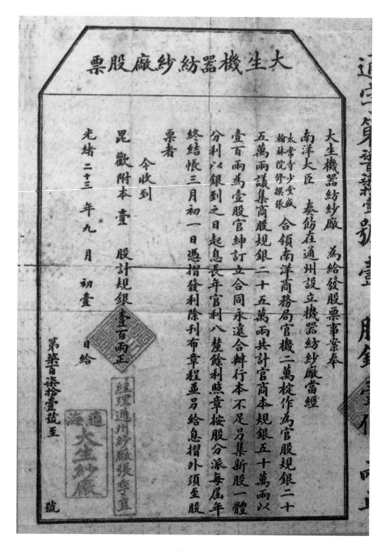

图 7-2

说明：上图是大生机器纺纱厂于清光绪二十三年（1894 年）发行的一张股票。股票上的文字显示，该厂筹集官商股本共计"规银 50 万两"，"以壹百两为壹股"，即每股金额为规银 100 两。这张股票注明的股份恰好是一股，"计规银壹百两正"。（图片来源：笔者 2018 年 6 月拍摄于北京首都博物馆"中国早期现代化的先驱——张謇专题展"。）

现行会计规范,优先股募集资金不计入注册资本。① 因此,优先股面值无须与公司先前发行的普通股面值保持一致。每股面值必须相等的规则,对于在香港发行 H 股之后又至上海证交所发行 A 股的公司,产生了特别的影响。②

其次,每股金额应当记载于股份公司的章程和招股说明书上,而股票须记载"票面金额"。《公司法》对每股金额的表述是不统一的。除上述"每一股的金额"外,还有"每股金额"和"每股的票面金额"的用法。③ 这几种表述都应当理解为每股金额,即股份面值。而股票上显示的"票面金额",未必是每股金额。④ 因为,股票可以"一票一股",也可能"一票多股"。⑤ 在纸质股票时代,"一票多股"是常见的。⑥ 但在当前股份普遍电子化的情况下,实物券形式的股份已极罕见,一票多股的现象基本消失。

再次,股份的每股发行价格不得低于每股面值。⑦ 这一规定与前述美国十九世纪一些州的公司法规则是一致的。

---

① 参见财政部《金融负债与权益工具的区分及相关会计处理规定》(2014年)。

② 详见下文讨论的紫金矿业案例。

③ 《公司法》(2018 年)第 81 条规定:股份公司章程应当记载"公司股份总数、每股金额和注册资本";第 86 条规定:招股说明书应载明"每股的票面金额和发行价格"。

④ 《公司法》(2018 年)第 128 条规定,股票应载明"股票种类、票面金额及代表的股份数"。

⑤ 范中超(2009:57-61)认为,一票多股的情况下,股票的票面金额不等于每股金额。《公司法》(2018 年)第 128 条规定股票应当载明"代表的股份数",也说明一票多股是合法的。

⑥ 晚清股份公司发行的纸质股票(例见图 7-2),票面股数由公司填写,一票多股很常见。直至二十一世纪初,我国非上市公司印发的纸质股票也有一票多股的做法。例如,在陈敏刚诉上海卓越纳米新材料股份有限公司案〔(2009)沪一中民三(商)终字第 57 号判决〕,卓越公司 2003 年 11 月印发给张红雨的股票即为 1 票 10000 股,面值 10000 元。陈敏刚案及相关分析,参见王军(2017:206)。

⑦ 《公司法》第 127 条规定,股票发行价不得低于"票面金额"。这里的"票面金额"与第 128 条的"票面金额"是同样意思,不同于每股金额。但是,无论是一票一股还是一票多股,第 127 条的规则都可以解释为每股的发行价不得低于每股金额(面值)。

7. 股份基本规范

股价低于面值须退市

二十一世纪,股份面值在我国又增加了一项新功能。每股面值成为证券交易所实施"股票强制退市"的一个判断指标。上海和深圳证券交易所的《上市规则》都规定,如果上市公司的股票收盘价连续20个交易日均低于股票面值,则交易所可以令其股票终止上市。① 这项规定被称为"面值退市规则"。

股份发行价不得低于每股面值的规则,并不能推导出二级市场交易价格也不得低于每股面值的结论。上市公司股份的二级市场交易价格一旦跌破其每股面值(通常为1元),意味着该公司全部股份的当前市值总和低于公司股本。这是否表明该公司股份的投资回报过低,甚至严重损害了投资者的利益?2019年有6家上市公司,2020年上半年有8家上市公司,因市值低于面值而退市。这些公司大多连续多年亏损。② 但是,股份市值在20个交易日内低于股本的上市公司,未必都是业绩不佳的"坏公司"。③

上市公司避免"面值退市"的一个方法是缩股,即数股合并为1股,从而在保持每股面值不变的前提下拉升股价。2012年7月,厦门灿坤实业股份有限公司(简称:闽灿坤B,证券代码:200512)股份收盘价连续18个交易日跌破面值。为保住上市资格,该公司不得不申请股票停牌,推出缩股方案。最终于当年12

---

① 《深圳证券交易所股票上市规则》(2018年11月修订)第14.4.1条第18-20项;《上海证券交易所股票上市规则》(2019年4月修订)第14.3.1条第5-7项。

② 2019年"面值退市"的5家公司为:*ST雏鹰、*ST华信、*ST印纪、*ST大控、*ST神城(黄湘源:《面值退市或将成市场化退市主流》,载《金融投资报》2020年5月23日)。2020年上半年的情况,参见苏启桃:《半年8股面值退市,还有一大波股票在挣扎》,载《金融投资报》2020年6月22日。

③ 例如,2020年4、5月间,包钢股份的股价多次接近1元,但该公司过去三年一直是盈利的。证券市场评论者认为,该公司不应被强制退市(皮海洲:《A股面值退市制度有待进一步完善》,载《国际金融报》2020年5月18日)。

月底完成缩股。①

在我国证券市场，令连年亏损或者违法乱纪的上市公司"退市"，一直是牵动利益广泛、难以实施的举措。以面值为强制退市的一项指标，固然是一个硬性的和易于执行的标准。但是，如果不结合其他财务指标，仅以股份市值是否低于每股面值为退市标准的话，很可能矫枉过正。

紫金矿业 0.1 元面值股

股份面值可能对投资者传递误导性的价格信号，这一判断并非虚言。2008年4月紫金矿业发行 0.1 元面值股这一事件可资证明。② 紫金矿业一案也提示人们，对于同时或先后发行 H 股和 A 股的公司，《公司法》的股份面值规则是它们必须面对的制度框架。

紫金矿业成立于 2000 年（起初名为"福建紫金矿业股份有限公司"，2004年更名为"紫金矿业集团股份有限公司"）。2003 年 12 月，该公司在香港联合交易所公开发行每股面值为 0.1 元的 4 亿余股股份（H 股）并挂牌交易。2008年 4 月，紫金矿业公布 A 股招股说明书称，该公司将发行 14 亿股人民币普通股（A 股），每股面值 0.1 元（人民币，下同），每股发行价 7.13 元。

在上海和深圳交易所上市的 A 股普通股历来都是 1 元面值。紫金矿业打算发行 0.1 元面值股份的消息在 2007 年 12 月传出，立即引起市场关注。当时有报道指出："一些投资者忧虑，低面值发行将对 A 股的发行传统造成冲击，公

---

① 具体方案是：以原有总股本 11.12 亿股为基数，全体股东按每 6 股缩为 1 股的方式缩股，相当于每股折算为 0.166666668 股。缩股实施完毕后，公司总股本减少 9.26 亿股，变更为 1.85 亿股，每股面值仍为人民币 1 元。详见厦门灿坤实业股份有限公司"关于公司拟实施缩股方案的公告"和"关于公司实施缩股方案的公告"（2012 年 8 月 25 日、12 月 27 日分别发布于深交所网站）。本书在减资一章的第 12.1.4 节也提到这一案例。

② 本节关于紫金矿业的信息均援引自紫金矿业"首次公开发行 A 股股票招股说明书"（上交所网站 2008 年 4 月 24 日发布）。

司的股本会有 10 倍左右的扩张,市场秩序可能因此受到考验,对于普通投资者而言,则会产生一个更复杂的投资判断。"①根据前文的说明,股本＝每股面值×股份总数,所以,在不考虑股份发行数量的情况下,认为股份面值设定为 1 元的 1/10 就会导致股本扩张 10 倍,是没有根据的。当然,对习惯了 1 元面值的普通投资者来说,的确可能产生"更复杂的投资判断"。因为,可能有人误以为低面值股投资风险更小。②

2008 年 4 月 7 日紫金矿业正式公布发行价后,"有投资者告诉记者,设计 0.1 元面值,其目的很可能是掩盖高价发行。假设 1 元面值发行,那么,紫金矿业的发行价将高达 71.30 元/股,这将创下新股首发发行价最高的新纪录。但通过拆细为 0.1 元面值后,紫金矿业的发行价格就变成了 7.13 元/股。因此,通过使用'障眼法',紫金矿业成功地将'实高'的发行价化为了'虚低'的发行价。"③

在笔者看来,事情可能没有这么复杂。紫金矿业将面值定为 0.1 元谈不上"障眼法",这么做可能一是为了便利发行,二是为了符合法律上的要求。该公司 2003 年发行的 H 股每股面值就是 0.1 元。2008 年发行 A 股,如果每股面值定为 1 元,则会造成两种面值不一、权利不同的普通股:每支 A 股的表决权和收益权将等于 10 支 H 股。这对股东行使股权和公司实施管理都是不方便的。同类普通股的每股面值保持一致比较合理。更重要的原因是法律上的。《公司法》规定股份公司资本须划分为股份,且每股金额相等。紫金矿业已发行的 H 股和即将发行的 A 股,都是普通股,所募集资金都要计入注册资本,因此,H 股

---

① 贺辉红:《紫金矿业 0.1 元面值发行惹争议》,载《中国证券报》2007 年 12 月 26 日。
② 董文胜:《紫金矿业低面值发行并不意味投资无风险》,载《中国证券报》2008 年 4 月 9 日。
③ 毛晋楠:《监管层关注紫金矿业 40 倍 PE 发行》,载四川新闻网-成都商报,新浪财经 2008 年 4 月 17 日转发。

和A股的每股面值应当相同。

如果紫金矿业遵循A股市场的惯例发行1元面值股份,那么,它就需要先对H股实施合股,即每10股合并为1股,将每股面值变更为1元。但这样的话,H股的每股股价就会扩大为原来的10倍。2007年12月时,该公司每股面值0.1元的H股价格超过11元/股,合股之后将变为110多元/股。

相对于H股股东来说,此次A股的发行价不应该过分低于H股市价。否则将稀释H股股东的权益。所以,紫金矿业股东大会对此次A股的发行价确定了一个区间,即"不得低于发行人A股招股意向书正式刊登前二十个交易日公司H股平均价的90%,亦不得低于发行人A股招股意向书正式刊登前一个交易日公司H股收市价的90%"。这样的话,如果以H股合股后的110元/股(面值1元)价格为基础,A股(面值1元)的发行价至少应当是99元/股。这样的高发行价在当时A股市场是前所未有的,不利于新股的首次发行。所以,紫金矿业选择0.1元面值发行A股,可能主要是为了满足《公司法》的要求,同时也有便利发行的考虑。

紫金矿业0.1元面值股事件也将内地与香港不同的面值规则如何兼容的问题提了出来。如前所述,香港特别行政区2014年《公司条例》已经废除了股份面值制度,强制所有股份公司采用无面值股。① 紫金矿业是先发行H股,后发行A股。那么,如果一家已在内地发行面值股的股份公司,2014年3月3日后赴港发行H股,是否应当发行无面值股份?实际情况表明,内地股份公司在香港发行的H股依然是有面值的股份。② 《公司条例》的强制无面值规则不适用

---

① 2014年《公司条例》第135条。
② 参见:招商证券"关于刊发H股招股说明书、H股发行价格区间及H股香港公开发售等事宜的公告"(上交所网站,2016年9月28日);赛特斯H股发行方案(新三板网站,2018年8月21日);申万宏源(HK6806)发布的《招股章程》[香港交易所网站(www.hkex.com.hk),2019年4月12日]。

于非香港"本地"的公司。① 从实际操作的层面看,这无疑是一个简便、务实的做法。因为,强制要求不在香港本地设立且已发行面值股的公司,在香港发行无面值股,除了可能导致它们违反公司注册地法律和监管规章以外,②其财务会计、股份权利行使上如何协调面值股和无面值股的关系也是个难题。

有限公司的拟制"1元面值"股份

从《公司法》规范看,立法者刻意区分了有限公司和股份公司。股份公司的主要设计目标是公开发行股份,向公众广集资本,而有限公司只面向少量股东(不超过50人)筹资,股权转让受限。因此,有限公司不仅不能向公众发行股份,甚至它的资本也不得区分为等额份额(禁止资本"份额化"也是为了限制股东权益的交易流通),股东所持的权益只能叫"出资额"或者"股权",而不能叫"股份"。在表述股东持股数额时,两种公司也是有差别的。对有限公司股东,人们通常说:"某股东出资×××万元,持股比例为××%";对股份公司股东,则说"某股东持×××股,占公司股本比例为××%。"

不过,实务中有不少有限公司将注册资本的每1元金额拟制为面值1元的股份。这样做至少有一个益处:简化了语言表述。

例如,在最高人民法院2010年再审审查的一个案件中,案件事实部分有如下内容:

> 2007年4月,贵阳黔峰生物制品有限责任公司(简称"黔峰公司")先后召开两次股东会,就公司增资扩股、改制上市等事宜进行磋

---

① 参见香港特别行政区公司注册处网站发布的就《公司条例》废除面值相关问题的解答,2020年10月25日访问。

② 法律规定是《公司法》(2018年)第125条。监管规章是国务院证券委、国家体改委1994年制定的《到境外上市公司章程必备条款》,其中第12条要求境外发行股份并上市的公司,股票均应为面值股,且每股面值应为人民币1元。

商,但均未能达成一致意见。2007年5月28日,黔峰公司召开临时股东会,对拟引入战略投资者,**按每股2.8元溢价私募资金2000万股**,各股东按各自的股权比例减持股权,以确保公司顺利完成改制及上市的方案,再次进行讨论。①

黔峰公司是一家有限责任公司,它并没有"股份",如何"按每股2.8元溢价私募资金2000万股"?从本案的一个关联案件可知,上述判决书所称"战略投资者"有意向黔峰公司增资入股,投入5600万元,其中2000万元计入实收资本(登记为注册资本),其余3600万元计入资本公积。"按每股2.8元溢价私募资金2000万股"的说法,实际上是有限公司在模拟股份公司的方式"说话"。如果按照有限公司"自己的语言",应该如何表述?根据关联案件所披露事实,按照有限公司的"说法",此次增资应当这样表述:投资者"按每投资2.8元增加黔峰公司1元注册资本的比例增加黔峰公司注册资本2000万元"。② 显然,后一种表述方式是非常累赘的。而当黔峰公司将其每1元注册资本拟制为面值1元的股份时,它的表述立即变得简洁明了。

繁琐的表述不止一种,还可以是这样的:"甲公司通过溢价增资的方式向乙公司投资1,500万元,依法持有乙公司10%股权,对应乙公司注册资本60万元。"③这个例子中,甲公司也是溢价增资。如果乙公司是一家股份公司,上面这句话就可以简化为:"甲公司认购乙公司60万股每股面值1元的股份,每股认购价25元。"假如乙公司可以发行无面值股份,则可以这样表述:"甲公司以每股25元认购乙公司60万股股份,持股比例10%。"

---

① 贵州捷安投资有限公司诉贵阳黔峰生物制品有限责任公司等案,最高人民法院(2010)民申字第1275号裁定,何抒、杨心忠(2011:5)。
② 余盛诉贵州泰邦生物制品有限责任公司等案,最高人民法院(2013)民二终字第19号判决。
③ 华宏伟诉上海圣甲虫电子商务有限公司案,上海市一中院(2018)沪01民终11780号判决。

实践中，投资者对有限公司"溢价增资"还有一种简练的表述方式。在2019年6月公布的著名"对赌协议"判决——华工创投案中，投资者向目标公司溢价增资2200万元，其中200万元作为注册资本，2000万元列为公司资本公积。该案"增资扩股协议"将此次增资的价格表述为："人民币11元/元注册资本"。① 这里虽然没有使用"股份"一词，但显然也是将"1元注册资本"作为一个标准单位使用。

有限公司的资本不划分为股份，也增加了有限公司统计表决权数的难度。实践中，有的有限公司直接以注册资本的1元为单位计算表决权数。例如，浙江金华中院审理的一个案件中，被告公司2015年召开了一次股东会会议。由于某些事项要求部分股东回避表决，所以计算某个议案的表决结果时，用参加表决的股东的出资或持股比例作为计算标准是不方便的。于是，该公司以"元"为单位计算表决权数。这实际上相当于将每1元注册资本拟制为1股。股东会决议是这样写的：

> 关于向陈士进支付利息(月利率2%)议案，金春娥、陈丽丽回避表决，总表决权数为3050万元，经表决，2050万表决权同意，1000万元表决权不同意，同意表决权数占67.21%；关于向马同宜支付利息(月利率2%)议案，经表决，马同宜回避表决，总表决权数为3750万元，其中2750万元表决权同意，1000万元表决权不同意，同意表决权数占73.33%。②

以上事实表明，即便法律禁止有限公司将资本划分为股份，不准其将股权称为"股份"，很多有限公司实际上仍然可以这么做。他们要么直接将其股权称

---

① 江苏华工创业投资有限公司诉扬州锻压机床股份有限公司等案，江苏省高院(2019)苏民再62号判决。
② 李建明诉义乌市住宅建筑工程有限公司案，金华市中院(2016)浙07民终2331号判决。

为"股份",要么将注册资本的每1元金额拟制为面值1元的"股份"或将之作为标准单位。这么做实际上对任何人都没有损害,反而简化了公司增减资本和计算表决权的过程。①

所以,需要反思的问题是:禁止有限公司发行"股份"究竟有何意义?

7.3 股份的类别

一般认为,普通股(common stock)和优先股(preferred stock)是股份最基本的两种类别。这是按照股份的权利内容所做的分类。普通股代表公司所有权的基本份额。普通股股东享有公司管理权(主要体现为表决权)和收益权。优先股是在利润分配或剩余财产分配上优先于普通股的股份。优先股股东参与公司管理的权利通常受到限制。普通股和优先股可以进一步再细分为不同类别或组别(classes/series)的股份。如A类、B类优先股或者A类、B类普通股。②

在我国,国有企业股份制改造初期的股份类别不是按照股份的权利划分,而是依据出资人身份划分,将股份区分为"国家股"、"法人股"、"个人股"和"外资股"四类。"个人股"又包括"社会个人股"和"内部职工股"两个小类。与优先股和普通股的区分不同,每一股国家股、法人股、个人股和外资股在表决权和收益权上是同等的,但它们在发行范围、发行额度、认购资格、持股比例、交易限制等方面存在诸多差异。

将股份区分为不同类别不是股份公司的"专利"。在许多有限公司中,股东们试图通过公司章程、股东协议、增资协议等设定符合自己需求的类别股。风

---

① 早在2000年就有学者指出,区分有限公司和股份公司,将有限公司股东投资叫"出资",股份公司的叫"股份",是没有任何合理性基础的。参见方流芳(2000:41)。

② Hamilton & Freer (2011:309)。

行一时的"对赌协议",有很多实际上构建了某种基于合同的类别股。有的公司甚至将这种有别于普通股的股份直接称为"优先股"。还有很多有限公司,员工直接持有股权或者通过某种"持股平台"(例如企业工会、持股会、有限合伙企业等)间接享有股东权益。借助公司章程、内部规章、协议等特别约定,这类公司实际上构造了一类与员工身份(雇佣关系)绑定的特殊的普通股。以上都是颇具"中国特色"的类别股。

与丰富多样的实践形成对照的是,1993年《公司法》对当时普遍存在的"国家股""法人股""职工股"等没有做出立法上的回应,只规定了单一的一种普通股。直至2013年11月国务院开展优先股试点,特定范围的股份公司才可以发行优先股。2019年3月开始,上海证券交易所"科创板"的上市公司可以设置表决权不同的普通股。[①] 2020年8月,深圳经济特区也发布法规,允许该市的科技企业设置有"特别表决权"的股份。[②]

理论研究方面,近十年来对境外股份类别的介绍和讨论已经积累了不少文献。很多研究基于境外理论与实践分析指出,企业的投融资需求和风险偏好是多种多样的,我国《公司法》有必要提供多元化的普通股和优先股类型。[③] 但是,对于上述"中国特色"类别股,理论上的关注远远不够。本节将把视线聚焦于中国特色的类别股实践。

7.3.1 国家股、法人股、个人股、外资股

以投资者身份为标准区分股份类型("身份股"),不同类型的股份具有不同的发行范围、发行条件和流通权,实质上是根据投资者身份分配投资和交易

---

① 上交所《科创板股票上市规则》(2019年)第四章第五节"表决权差异安排"。
② 《深圳经济特区科技创新条例》(2020年)第99条。
③ 参见朱慈蕴、沈朝晖(2013)、蒋学跃(2014)、蒋晓敏(2015)、汪青松(2015)、张巍(2020)。

机会。当这种投资和交易机会因政府管制而产生租金价值的时候,分配机会自然就相当于分配财富。

在公有制企业的公司化改组过程中,"身份股"为不同利益群体(国家、国企、国企高管、国企普通职工、证券市场各类投资者等)构建了一个利益再分配的制度框架。计划经济时代生成的公有制企业在这个框架内左冲右突,一步步改造为"现代企业"。可以说,"身份股"为公有制企业的改制提供了某种诱导性的激励。另一方面,身份股的存在加剧了证券市场的投机性和寻租色彩,也导致了难以控制的法规执行和监管成本。它的特征决定了它应当是一种过渡性的政策工具。随着公有制企业公司化改组的完成,这个工具本应当进入历史。但是,它既然"辉煌"地存在过,就不可能悄无声息地黯然退场。

按投资者"所有制成分"划分类别

二十世纪八十年代初,一些地方的企业开始发行股票募集资金,此时便出现将股票划分为国家股、企业股、职工股的做法。① 九十年代,国家推行国有企业股份制试点,将股份按"投资主体"身份(依所有制性质及境内、境外的标准)分为国家股、法人股、个人股和外资股。②

从投资主体"所有制成分"来划分股份类别,目的首先是保护公有制的"主

---

① 马庆泉、吴清(2009:6)。

② 依照规章的表述,(1)国家股,是指代表国家出资的部门或机构在股份公司持有的股份;(2)法人股,是指企业法人、事业单位法人或社会团体法人向公司投资形成的股份,分为国有法人股和社会法人股;(3)个人股,是指"社会个人或本公司内部职工以个人合法财产投入公司形成的股份"。1998年11月,中国证监会宣布股份公司不得再发行职工股。个人股此后仅指"社会个人股",指境内个人和机构持有的股份公司上市流通的股份。(4)外资股,是指外国和港、澳、台地区投资者以购买人民币特种股票形式向公司投资形成的股份。外资股又分为境内上市外资股(B股)和境外上市外资股(如在香港上市的股份被称为H股)。参见国家体改委、计划委、财政部、中国人民银行、国务院生产办发布的《股份制企业试点办法》(1992年)第四节,国家体改委发布的《股份有限公司规范意见》(1992年)第24条。

体"地位,也即维护国家对股份制企业的控制权。① 决策层认为,股份制改造尽管打破了国家投资的唯一性,但只要企业的控股权掌握在国家和集体手中,企业就依然具有"明显的公有性"。②

其次,在国家控制下发展法人股、个人股、外资股,可以为国企"开辟新的融资渠道","引导消费基金转化为生产建设基金"。③ 只要坚持国有控股,"国有资本"(包括国家股和国有法人股)就可以"吸引和组织更多的社会资本,放大国有资本的功能,提高国有经济的控制力、影响力和带动力"。④

要实现上述目标,就需要对不同性质的股份的发行范围、发行额度、投资和认购资格、持股比例、交易限制等,设置不同的规则,并赋予主管机关相应的审批权。

第一,限制发行范围和认购资格。"国家股"、"法人股"、"个人股"和"外资股"本身就是基于投资主体身份的分类,因此本身就具有界定发行对象和认购资格的作用。(1)国家股和国有法人股合称"国有股"。⑤ 二十世纪九十年代的股份制试点时期,发起股份公司(公开募股并上市交易)的权利专属于有资格持有国有股的企业或机构。个人无权充当股份公司发起人。因此,国有股通常也都是发起人股份。(2)"个人股"的发行范围和认购资格同样受到控制。1993年《公司法》施行前,国有企业发行股份可采取两种募股方式:"定向募集"和

---

① 《股份制企业试点办法》(1992年)第二节。
② 江泽民在中国共产党第十五次全国代表大会上的报告(1997年9月12日),第五部分"经济体制改革和经济发展战略"。
③ 《股份制企业试点办法》(1992年)第一节。
④ 《中共中央关于国有企业改革和发展若干重大问题的决定》(1999年9月22日),第三部分"从战略上调整国有经济布局"。
⑤ 国家国有资产管理局、国家体改委《股份有限公司国有股权管理暂行办法》(1994年)第2条。

"社会募集"。① 社会募集的个人股被称作"社会公众股",包括社会公众认购的股份和发行公司内部职工认购的股份;定向募集的个人股仅指发行公司内部职工认购的股份。"内部职工股"和"公司职工股"的发行对象都限于本企业内部职工。② 职工股权证不得向公司以外的个人发行和转让。③

第二,控制公开发行股份的数量。其方法是国家主管部门创设并分配股份发行额度。所谓"发行额度"(或称"发行指标"),是指某一股份公司在一次发行中可向社会公开发行的"流通股"股票的总额。发行额度以人民币元为单位,每1单位意味着可发行面值为1元的1股"流通股"股票。

发行额度的分配流程是:中央政府每年统一制定年度公开发行股票的总量,然后将该总量在地方政府之间和国务院各部委之间进行第一次分配,最后由地方政府和国务院部委在其管辖范围内选拔企业进行第二次分配。④ 1993年4月以后,公开发行社会公众股与发行上市合而为一,发行额度专指上市发行股票的额度。⑤ 1996年以后,发行额度按照"总量控制,限报家数"的办法实施。⑥

第三,限制自然人持股比例。一个自然人所持股份(不含外国和我国香港、澳门、台湾地区投资者所持外资股)不得超过公司股份总额的5‰。⑦ 这是保持

---

① "定向募集"是指公司首次发行的股份,除由发起人认购一部分外,其余部分向选定的其他法人(经批准也可向本公司内部职工)发行的募股方式。"社会募集"是指公司首次发行的股份,除由发起人认购一部分外,其余部分向社会公开发行的募股方式。见《股份有限公司规范意见》第7条以及国家体改委《定向募集股份有限公司内部职工持股管理规定》(1993年)第2条。

② 《股份制企业试点办法》(1992年)第五节。

③ 《股份有限公司规范意见》(1992年)第30条第1项。

④ 参见《股份制企业试点办法》第八节。

⑤ 申请公开发行股票的程序,见《股票发行与交易管理暂行条例》(1993年)第12条。

⑥ 中国证监会《股票发行审核工作程序》(1998年),转引自彭冰(2005:90-91)。

⑦ 《股份公司意见》第24条第3项。《证券法》(1998年)中没有这一限制。

股份公司公有制主体地位所要求的。

第四,不同类型的股份具有不同的流通性。一类股份叫"流通股",它们可以通过证券交易所的集中竞价系统交易,主要包括个人股中的"社会公众股"和非发起人持有的"外资股"。另一类叫"非流通股",它们暂时不允许通过证券交易所的集中竞价系统交易,只可以通过协议、拍卖等方式转让(内部职工股在获准上市转让前仅限在内部职工之间转让)。上市公司的"非流通股"主要包括:国家股、法人股和内部职工股。①

国家股、法人股暂不允许上市流通,目的是"防止国有资产流失"。与之不同,内部职工股满足一定条件后可以进入集中竞价系统交易。② 这就是说,内部职工股有朝一日可以像其他流通股一样在股市上自由交易。那么,在公司公开发行股份并上市交易之前,谁能够获得内部职工股,谁就取得了将来赚取股份交易差价(每股差价=股份市价-内部职工股发行价)的资格。由下文两个案例(猴王股份和大庆联谊)可见,这种差价是极具吸引力的。

国有股:发起人的"资本魔杖"

"股份制试点企业"均为中央与地方政府层层筛选出来的国有企业。③ 这些试点企业改组为股份公司的过程都被称为"发起设立"股份公司,因此必须有"发起人"。"发起人"通常是改制企业的原开办机构或者原出资机构或企业等,它们将持有改制后的股份公司的国有股(国家股或者国有法人股)。国有股持有者与股份公司发起人通常是重合的。在当时,发起人地位给予国有股持有

---

① 参见彭冰(2005:180-182)。关于法人股的转让方式,参见蒋铁柱、胡瑞荃(2001:32-38)。
② 参见国家体改委《定向募集股份有限公司内部职工持股管理规定》(1993年)第29条。根据《中国证监会关于对股票发行中若干问题处理意见的通知》(1995年),定向募集公司经批准公开发行上市时,其"内部职工股"如获得发行额度,可随新股一起上市流通。
③ 国务院1994年部署现代企业制度试点工作时,选择了不同类型、不同地区、基本能代表国有企业整体状况的100家企业为试点,参见邵宁(2014:347-359)。

者一种仿佛可以点石成金的神奇力量。

国有企业大多通过以下三种方式改建为股份公司。[①]

方法之一：国有企业以其全部资产改建为股份公司，原企业撤销，原企业的净资产折换为国家股。例如：青岛啤酒股份有限公司（简称"青岛啤酒"）就是以这种方式组建的。青岛啤酒的前身是青岛啤酒厂。该厂吸收合并了另外三家啤酒企业，整体改组为股份公司，"生产经营性资产"折换为国家股，由青岛市政府持有。[②] 不过，国有企业的全部资产未必都适合投入股份公司，所以整体改建的方法并非国企改组的典型方式。

方法之二：国有企业以其部分资产和负债为基础，发起设立股份公司。例如，2000年上海宝钢集团公司（简称"宝钢集团"）独家发起设立宝山钢铁股份有限公司（简称"宝钢股份"）前，其主要生产性资产包括原宝山钢铁（集团）公司主体一、二期和三期工程，还拥有其他下属子公司、下属企业。组建宝钢股份时，宝钢集团把一、二期工程形成的大部分生产性资产、三期工程形成的部分生产性资产以及一些生产辅助性资产投入宝钢股份，同时将一些生产职能部门也划入宝钢股份，取得国家股。[③]

方法之三：国有企业（或集团公司）以下属企业或公司（包括有法人资格的和无法人资格的企业、公司）的全部或部分资产为基础，发起设立股份公司。例如：中国北京同仁堂集团公司（简称"同仁堂集团"）组合其下属的北京同仁堂制药厂等六个生产经营单位的资产和负债，募集社会公众股，组建北京同仁堂

[①] 国家国有资产管理局、国家体改委《股份有限公司国有股权管理暂行办法》（1994年）第8条。

[②] 《青岛啤酒股份有限公司人民币股票（A股）上市公告书》（1993年8月24日），收录于金融界网站（www.jrj.com）个股档案。

[③] 《宝山钢铁股份有限公司招股说明书概要》（2000年11月16日），收录于金融界网站。

股份有限公司(简称"同仁堂")。招股说明书将改组过程表述为:同仁堂集团独家发起,投入其下属六个单位的"生产经营性资产合计22998万元","按1:1.533的比例折为国有法人股15000万股"。①

无论以上述何种方式发起设立股份公司,发起人通常都要完成以下工作:

其一,搭配、组合国有企业的资产与负债(即进行"资产重组"),形成一定范围的"经营性资产及相关负债",以之为股份公司日后开展生产经营的物质基础。

其二,聘请专业评估机构,对重组形成的"经营性资产及相关负债"评估定价,计算净资产值(也即资产减去负债的差额,称"国有净资产"值),以之作为发起人的出资金额。

其三,按照一定比例将上述"国有净资产"折换为股份(也即按一定价格认购股份),从而获得发起人股(国家股或者国有法人股,属于非流通股)。

其四,股份公司以高于每股面值1元的发行价,公开发行可上市交易的"社会公众股"(性质为流通股),从而筹集到流动资金。

直观而言,通过上述四个步骤,国有发起人至少可以实现以下收益:

一是,原国企资产重新资本化。通过将原国有企业的部分资产与负债"打包"、"重组"、"评估"、"改建"为股份公司,各种不符合1993年《公司法》规定的出资类型的资产(例如特许经营权、应收账款、长期投资、商誉等)得以出资入股。② 企业资产通过重组和价值评估后,账面价值通常也会大幅提升。

二是,原国企降低了破产风险。原国企的资产与负债重组后进入新设股份公司,通过股份公司承接、消化部分债务,原国企可能避免陷入资不抵债的

---

① 《北京同仁堂股份有限公司(筹)招股说明书概要》(1997年5月27日),收录于金融界网站。
② 关于"经营性资产及相关负债"的分析,详见本书第5.3.1节。

境地。①

三是，发起人取得对新股份公司的股份，成为控股股东。原企业资产重组后投入股份公司，实现资本化，为各种国资投资和管理机构换取了股份公司的股份。由于这类股份所占比例通常是控制性的，因此也给股份持有人带来了可观的控制权收益。

四是，原国企资产通过价值评估、发起设立和溢价发行取得两次大幅增值。原国企资产通过重组阶段的价值评估发生第一次增值。这些资产作为发起人的出资投入股份公司。股份公司溢价发行流通股，获得"溢价发行收入"（计入公司资本公积），发起人与"社会公众股"股东按持股比例分享这部分新增的所有者权益。原国企资产于是获得了第二次增值。

试点股份公司的发起人之所以能够获得上述超额"发起收益"，资产重组和价值评估固然是前提条件，但最主要的实现机制仍然是价格上的"双轨制"。

首先看发起人取得国有股的价格：发起人投入的"国有净资产"通常按每股面值或最高 1.53∶1 的比率折股。以"国有净资产"认购股份的价格（反映为"折股比率"，折股比率＝国有股股本额÷发行前国有净资产价值×100%）不得随意决定。根据相关法规，以"国有净资产"折算股份，一般应当按 1∶1 的比例折股（即 1 元净资产交换 1 股面值 1 元的股份）；如果不按 1∶1 比例折股，那么，折股比率不得低于 65%，且向社会公众发行股份的"股票发行溢价倍率应不低于折股倍数"。②

折股比率不得低于 65%，意思是国有净资产最多可以打 6.5 折去认购股份公司的股份；换言之，国有净资产可以溢价购股，但认购 1 股面值 1 元股份

---

① 详细分析，参见王军(2011:134-139)。
② 《国有股权管理暂行办法》第 12 条。

的净资产值不得高于1.53元(高于这个数额即属"贱卖国资"或"国资流失")。向社会公众发行股份的"股票发行溢价倍率应不低于折股倍数",意指:"股票发行价格÷股票面值"之商应当不低于"发行前国有净资产÷国有股股本"之商。也就是说,在每股面值1元且国有净资产折股比率不低于65%的条件下,向社会公开发行的流通股每股发行价不得低于1.53元。这一要求的目的是,确保社会公众认购流通股的价格不低于发起人的认股(折股)价格。

其次看"社会公众股"的发行价格。上述国有股管理办法要求股份公司向社会公众发行股份的"股票发行溢价倍率应不低于(国有净资产的)折股倍数"。通过计算可知,这个"发行溢价倍率"最低应为1.53倍。实际上,股份公司发行流通股的"溢价倍率"通常远远高于1.53倍。

前述同仁堂集团(发起人)的国有净资产按1∶1.533比例折为国有法人股,即以22998万元国有净资产交换了15000万股面值1元的国有法人股,折股价为1.53元/股。而5000万社会公众股的发行价则是7.08元/股,"溢价倍率"为7.08。通过此次公开发行社会公众股,同仁堂股份募集了35400万元资金。扣除发行费用11 51.5万元,共筹资金34248.5万元。34248.5万元中,除5000万元计入股本外,其余29248.5万元计入股份公司资本公积。资本公积是所有者权益的组成部分,29248.5万元的计入将增加每一普通股股份(包括国有法人股和社会公众股)的权益。① 上市公告书披露:公开发行"社会公众股"之前,发起人股(国有法人股)的每股净资产为1.533元;公开发行后,国有法人股和社会公众股的每股净资产为2.86元。② 可见,通过发行"社会公众股",发起

---

① 《北京同仁堂股份有限公司(筹)招股说明书概要》(1997年5月27日)。
② 《北京同仁堂股份有限公司股票上市公告书》(1997年6月23日),收录于金融界网站。

人股份的每股净资产增值约87%。相反,"社会公众股"的每股净资产相比每股发行价贬值约60%。

"社会公众股"投资者为什么愿意接受这种显而易见的、剥夺性的"投资损失"?为什么心甘情愿向发起人奉送厚礼?答案是,由于上市公司流通股("社会公众股")具有稀缺性,它们上市流通后的市价通常会大大超过发行价。流通股因此可以获得超额收益,足以弥补它们向发起人输送的利益。同仁堂股份1997年6月25日流通股上市首日的收盘价为17.22元/股,[①]相比7.08元发行价上涨超过143%。新股发行的超额回报吸引"社会公众"投资者涌入发行市场,股票交易抬高股价,股价攀升不仅补偿了"社会公众股"的投资者,甚至还让他们获利丰厚。股份公司发起人之所以能够启动这一财富制造和分配过程,依赖的便是新股发行和交易市场的股价上涨预期。只要有足够多的人相信投资股市可以获利,不断有资金进入股市,这个财富分配机制就可以继续运转下去。

同仁堂1997年6月首次发行股份并上市的资料还披露了一个事实:此次发行的5000万股"社会公众股"之中,含有500万股"公司职工股"。这500万股只能由"内部职工"认购的股份,可以在此次公开发行的6个月之后上市交易。"公司职工股"与"社会公众股"都属于"个人股",只是上市流通的时间不同。但都有可能为持股者带来IPO超额回报。

个人股:分享IPO超额回报的"粮票"

按常理看,规则越是复杂、越是因人而异,规则执行成本就越高。因为,因人而异的规则需要根据当事人的身份来分配机会、权利和义务,规则的执行者首先必须仔细甄别规则的适用对象。例如,规章要求特定种类的职工股只能发

---

① 参见《同仁堂筹资情况和首日表现》(上交所网站发布)。

行给本企业职工。如果不能准确确定内部职工的范围,有效管控发行过程,冒滥顶替是不可避免的。为防止冒滥顶替,规则执行者必须投入一定的执行成本。但执行成本不可能无限投入。在给定执行成本的条件下,如果仍不能控制违规行为,那么,管制通常会变得愈发严格,规则通常会更加复杂,必要时决策机关甚至会直接禁止某项活动继续开展。

股份制试点开始后的一年间,在定向募集的试点企业中,有的"超范围、超比例"发行内部职工股,有的以法人名义购买股份后分发给个人(或由法人为个人代持),有的在报纸上公开发布招股说明书在全国范围内招股,有些地方还出现了内部职工股权证的非法交易,造成"内部股公众化,法人股个人化"的局面。[1] 按照定向募集方式改制的企业似乎总是千方百计地让职工股冲破规定比例和范围的限制。据报道,1992 年至 1993 年间经批准成立的定向募集公司有几千家,其内部职工股始终存在超范围、超比例发行现象。[2]

违规屡禁不止导致管制加剧。1993 年 7 月,国家体改委对定向募集公司的职工股的发行比例和范围、股权的集中托管、股权转让和审批程序作出更细致、更严格的规定。包括:(1)大幅度压缩职工股比例;[3](2)更加细致地限定职工

---

[1] 国务院办公厅转发国家体改委等部门"关于立即制止发行内部职工股不规范做法的意见"的紧急通知(1993 年 4 月);国家体改委"关于清理定向募集股份有限公司内部职工持股不规范做法的通知"(1993 年 7 月)。

[2] 根据国家体改委 1994 年的统计,在被调查的 44 个省市中,天津、辽宁、吉林、甘肃、西安等省市内部职工的持股比例都超过了 20%,超过比例最大的西安市达到 41.4%。参见谢悦:《除却巫山不是云》,载《中国证券报》1997 年 10 月 13 日,转引自江平、卞宜民(1999:401)。

[3] 国家体改委《定向募集股份有限公司内部职工持股管理规定》(1993 年)(以下简称《定向职工股规定》)规定,定向募集公司发行的内部职工股总额不得超过公司股份总额的 2.5%,而《股份有限公司规范意见》(1992 年)规定的是 20%。

股发行对象;①(3)集中托管职工股;②(4)限制职工股转让;(5)实行职工持股以及职工持股的具体方案必须经过"体改部门"审批。③

监管规章严控职工股的种种举措(包括限制职工股的发行和转让),因执行成本过高而难以达到监管目标。但这种严格管制的一个副产品是,职工股的分配、管理和处分权越来越多地集中到股份公司的高级管理者那里。股份公司的高级管理者因此得到了低风险、低成本的财富分配权。上世纪末的两个案例是极有说明意义的例子。

实例1：

猴王股份案中的"内部职工股"

猴王股份有限公司(简称:猴王A,股票代码:000535)个人股的发行就是这样一个"暗箱操作"的典型。1993年11月30日,"猴王A"在深圳证券交易所上市。招股说明书没有披露公司原有职工股的发行情况。④ 上市公告书披露:截至1993年11月18日,猴王股份公司新增发行3000万股社会公众股,至此,个

---

① 内部职工股只限于以下人员购买和持有:公司募集股份时,在公司工作并在劳动工资花名册上列名的正式职工;公司派往子公司、联营企业工作,劳动人事关系仍在本公司的外派人员;公司的董事、监事;公司全资附属企业的在册职工;公司及其全资附属企业在册管理的离退休职工。下列人员不得购买和持有内部职工股:公司法人股东单位(包括发起单位)的职工;公司非全资附属企业及联营单位的职工;公司关系单位的职工;公司外的党政机关干部;公司外的社会公众;等(《定向职工股规定》第5、6条)。

② 公司不得印制职工股的股票,只能印制"股权证"。"股权证"是代表职工股权益的"书面凭证"。与先前不同的是,股权证不得交由职工个人持有,必须由公司委托省级、计划单列市人民银行认可的证券经营机构集中托管。职工持有的能够证明股权的"书面凭证",是公司依据"股权证"向持股职工签发的"股权证持有卡"。股权证持有卡不得载明持股职工所持股数和金额。内部职工可凭本人的股权证持有卡和身份证及工作证(职工离退休证),到公司委托的证券经营机构核对自己拥有的股份,办理股权证转让、过户、分红手续(《定向职工股规定》第7~17条)。

③ 《定向职工股规定》第18条至20条。

④ 参见《猴王股份有限公司招股说明书概要》,载《中国证券报》1993年10月24日。

人股(含内部职工股)总计4075万股。① 由此可以推知,猴王股份公司在此次公开发行前已经发行了1075万股职工股(4075万股减3000万股)。

1999年3月至11月,国务院派出"稽察特派员"调查猴王集团公司。稽察特派员事后著书披露,猴王集团1992年股份制改造时实际发行职工股2600万股,按每股发行价1.1元计算,募集资金应当是2860万元,但实收款不足2860万元,约有400万至600万元的差额。1992年股份制改造时,公司领导层一方面向主管官员大量"送股",少则几万股,多则十几万股;另一方面,公司高层领导还有私分职工股的重大嫌疑。②

实例2:

大庆联谊案中的"公司职工股"

在大庆联谊石化股份有限公司(简称:大庆联谊,股票代码:600065)案中,该公司高管的造假上市、行贿和贪污等全是通过或借助职工股实施的。③

大庆联谊的整个上市过程就是造假的过程,而且是企业、政府机构、中介机构联手共谋的造假。该公司"招股说明书"公告说:大庆联谊是1993年黑龙江省体改委批准成立的定向募集股份制企业。但实际上,大庆联谊1996年才被批准为股份制企业。为了适用《公司法》对国有企业的优待性规定,以便在1997年上市,大庆联谊连同有关政府部门伪造了股份公司成立时间和营业执照。1996年下半年,大庆市体改委向省体改委请示成立大庆联谊时,就将请示

---

① 参见《猴王股份有限公司股票上市公告书》,载《中国证券报》1993年11月30日。
② 路耀华(2002:27、209、214、221、260、275、362、376)。
③ 资料来源:新华社电,《中央纪委、监察部发出通报:严肃查处大庆联谊股票案》,载《中国证券报》1999年11月26日第1版;《大庆联谊股票案被严查》,载《北京青年报》1999年11月26日第7版;《大庆联谊股票案,新闻背后的新闻》,载《环球时报》1999年12月3日第10版;《大庆联谊股票事件》,载《南方周末》1999年12月10日第8版;中国证监会《关于大庆联谊石化股份有限公司违反证券法规行为的处罚决定》(2000年3月31日,证监罚字[2000]16号)。

时间倒签为 1993 年 9 月。黑龙江省体改委 1997 年 3 月批复同意,将批复时间倒签为 1993 年 10 月。1997 年 1 月,大庆市工商局向大庆联谊颁发营业执照,将颁发时间倒签为 1993 年 12 月 20 日。1997 年 3 月,黑龙江证券登记有限公司为大庆联谊提供虚假股权托管证明,将时间提前到 1994 年 1 月。大庆联谊编制了股份公司 1994 年、1995 年、1996 年的会计记录。经查,股份公司三年利润比相应同期企业真实利润多出 16176 万元。此外,大庆联谊将大庆市国税局一张 400 余万元的缓交税款批准书涂改为 4400 余万元,以满足证监会对其申报材料的要求。另外,会计师事务所和律师事务所在知情的情况下,出具了内容虚假的审计意见书和法律意见书。主承销商向证监会报送了虚假文件,证券登记公司向证监会提供了虚假的股权托管证明和虚拟法人股金、资本公积金、虚假的企业报告。

经过上述一连串的大规模造假,1997 年 4 月,大庆联谊向社会公众发行人民币普通股 5000 万股,发行价为每股 9.87 元。其中:1997 年 4 月 30 日上网发行社会公众股 4500 万股,5 月 23 日上市交易;①1997 年 5 月 15 日,大庆联谊用企业流动资金垫付,按发行价格,以虚构的 28 个大户的名义,将应配售给公司职工的 500 万股公司职工股全部买下。募集资金到位后,便用 4935 万元社会募集资金予以偿还。以此方式,大庆联谊公司高管层完全控制了职工股。1997 年 7 月以后公司才陆续收缴公司职工股的股本金。

大庆联谊原董事长张大生为报答在股票上市中给予帮助和今后对企业发展有用的单位和个人,决定从 500 万股公司职工股中,留出 200 万股外送,挂在虚拟的职工名下。

---

① 参见《大庆联谊石化股份有限公司招股说明书概要》,载《中国证券报》1997 年 4 月 26 日。《大庆联谊石化股份有限公司股票上市公告书》,载《证券时报》1997 年 5 月 20 日。

1997年12月中旬，大庆联谊职工股已上市交易，股票均价为23元左右。董事长薛永林召集监事会主席薛玉贵和总经理袁成文，商定了外送股票的原则、数量和名单。这个名单里主要是"中央、国家机关、黑龙江省及大庆市有关部门的一些干部"，他们都是在大庆联谊公司"股票上市中给予过帮助和今后对企业发展有用的单位和个人"。随后，董事局秘书陈明泉和张松涛、驻北京办事处主任李跃年、驻哈尔滨办事处主任王宇飞等23名代办人，分别按"股票对外发放明细表"与有关单位和人员联系，向购买股票的人收缴股本金，发放由大庆联谊公司自己制作的"股权证"（实际是将来领取股票转让溢价款的凭证）。购股人将"股权证"交给公司股票交易员，由公司集体持股，统一托管，代为交易。股票转让后，公司再将股本金和溢价款转给购股人。另有一部分人，既没交股本金，也未办理任何手续，而是由公司股票交易员将股票交易后，由经办人员直接将溢价款送给这些人。

中纪委、最高检、审计署和证监会组成的联合调查组公布的调查结果表明，中央、国家机关、黑龙江省有关部门和大庆市共有76个部门和单位的179人违反规定自己购买或帮助他人购买大庆联谊职工股票共计94.15万股，股票溢价款总额达1094万余元。大庆联谊公司的主要领导及有关经办人员也没有忘记中饱私囊。

职工股发行的冒滥失控局面看来只能通过停止发行这种股份的方式才能得到遏止。1994年1月，国务院通令全国暂停内部职工股的审批和发行工作。[1] 国家体改委在六个月后发出更严厉的禁令，命令各地各部门立即停止审批定向募集公司，立即停止内部职工股的审批和发行。[2] 1998年11月，中国证

---

[1] 《国务院关于继续加强固定资产投资宏观调控的通知》（1994年）。
[2] 国家体改委《关于立即停止审批定向募集股份有限公司并重申停止审批和发行内部职工股的通知》（1994年）。

监会正式规定,股份公司公开发行股票时,一律不再发行公司职工股。① 此后十多年间,上市公司已发行的各种职工股被作为"历史遗留问题"对待。② 直至 2014 年 6 月,中国证监会才发布文件,正式允许上市公司以"员工持股计划"的名义开展职工持股。

7.3.2 正规的和仿制的优先股

普通股和优先股是对股份最基本的分类。它不是按照出资人或者股东的身份,而是按照股份的权利内容分类。其目的是满足不同投资者的投资需求和风险偏好。

1993 年《公司法》只规定了普通股一种股份。直到 2013 年岁末,国务院才在上市公司和非上市公众公司开展优先股试点。这些试点公司发行的优先股我们姑且称为"正规的优先股"。而投融资实务中,还有很多"仿制的优先股"。它们实际上是股权投资者与有限公司及其原股东,通过协议为普通股附加上不同种类的特权,自行改装出来的"优先股"。这些特别的约定大多都有使投资者获得固定收益的目的。投资者通过这种约定躲避投资风险的倾向是不难识别的。在这一点上,"仿制的优先股"和"正规的优先股"是颇为相似。③

优先股的正式规范

二十世纪九十年代初,股份制改造初期的规范文件都规定股份公司可发行

---

① 中国证监会《关于停止发行公司职工股的通知》(1998 年)。

② 股份公司的招股说明书必须详细披露已发行职工股的信息,参见中国证监会《公开发行证券的公司信息披露内容与格式准则第 1 号—招股说明书》(2006 年修订)第 37 条。

③ 尽管"正规的优先股"从法律性质上看依然属于股权,只是分配利润和剩余财产的顺序优先于普通股。但从财务角度看,优先股(尤其是设有强制偿债基金的优先股)与债券是非常相似的,参见罗斯(2012:313)。

普通股和优先股。① 1993年《公司法》没有延续这种做法,只规定了普通股一种股份,同时授权国务院对普通股以外的其他种类股份制定规范。② 2013年11月,国务院发布在上市公司和非上市公众公司中开展优先股"试点"的规范文件。③ 因此,目前只有上市公司和非上市公众公司可以发行正规优先股。

根据国务院的规定,公司发行的优先股必须兼具盈余分配优先权和清算分配优先权。④ 根据公司章程对盈余分配优先权的不同配置,优先股还可有以下子类别:(1)固定股息率之优先股和浮动股息率之优先股;(2)累积性优先股和非累积性优先股;(3)参加性优先股和非参加性优先股。⑤ 优先股的股东权利、发行和交易、类型转换、回购等事项的规则在此不做详细讨论。⑥

依照当前会计准则,股份公司发行优先股不导致公司注册资本增加。(1)公司发行的优先股如果属于"权益工具",募集资金应计入所有者权益账户中的"其他权益工具"科目。公司应在资产负债表"实收资本"项目和"资本公积"项目之间,增设"其他权益工具"项目。(2)如该笔优先股属于"金融负债",则应计入负债账户的"应付债券"科目。确认某种优先股是"金融负债"抑或"权益工具","应当按照金融工具准则的规定,根据所发行金融工具的合同条款及其所反映的经济实质而非仅以法律形式,结合金融资产、金融负债和权益

---

① 例如:《深圳经济特区国营企业股份化试点暂行规定》第14条、《深圳市股份有限公司暂行规定》第51条、《股份有限公司规范意见》第23条、《上海市股份有限公司暂行规定》第36条、《深圳经济特区股份有限公司条例》第36条。参见范中超(2009:37)。

② 《公司法》(1993年)第135条。

③ 《国务院关于开展优先股试点的指导意见》(国发〔2013〕46号),以下简称《优先股意见》。

④ 《优先股意见》第一项之(一)。

⑤ 《优先股意见》第一项之(二)。该意见还规定,"试点期间不允许发行在股息分配和剩余财产分配上具有不同优先顺序的优先股"。

⑥ 参见国务院《优先股意见》以及中国证监会2013年12月发布的《优先股试点管理办法》。

工具的定义",进行确认。①

国务院优先股试点办法仅适用于上市公司和非上市公众公司。不过,在实践中,有限公司也有通过股东协议、公司章程设置"优先股"或者另类"普通股"的现象。《公司法》规定,有限公司全体股东可以约定不按照实缴出资比例分配利润(第34条),公司章程可以规定股东不按照出资比例表决(第42条)。基于该两项规范,有限公司通过章程或者全体股东的约定创设事实上的"优先股"和另类"普通股"是有法律依据的。但事实上,投资者似乎更加偏爱取得无风险的固定收益或固定股息,而他们的协议安排未必都能得到法院的认同。

固定收益型"仿制优先股"

实践中,有限公司依据《公司法》上述规范设置"优先股"是罕见的。观察裁判文书中披露的诸多有限公司"优先股"实例,可以发现:规定所谓"优先股"的章程或协议条款通常都含有使一方出资人获得固定收益的承诺。**这类约定并非对公司利润分配事项的安排(因为无论公司有无利润均要向出资人支付收益),实质上是一种负债融资的约定。**通常,法院裁判并不认可这类"优先股"的法律效力。

例如,在丽水市中院2015年审理的一个案件中,原告与被告之间约定了一种"优先股"。原告丽水市城市建设投资有限责任公司(简称:城投公司)是一家地方国有投资公司。2010年12月,原告与被告浙江金润担保发展有限公司(简称:金润公司)及其股东签订"参股协议书"约定:城投公司向金润公司投资参股500万元;城投公司股权为优先股,金润公司每年按投资额20%向城投公司支付固定股息,固定股息累计达到500万元后,固定股息率调整为1%,当年股息于次年1月30日前支付。金润公司股东对金润公司的应付股息,承担

---

① 财政部《金融负债与权益工具的区分及相关会计处理规定》(2014年3月)。

连带责任。后来,由于金润公司没有按约定支付股息,城投公司提起诉讼。法院认为,公司承诺向股东支付固定股息,违反了《公司法》关于利润分配的强制性规定(第166条)。同时,金润公司不属于国务院优先股试点范围内的公司,没有资格发行优先股。最后,法院判决原、被告关于优先股的约定(包括金润公司股东的连带责任条款)无效,驳回原告全部诉讼请求。[1]

如果约定了此类"优先股"的公司向股东支付了固定股息,那么,股东收取固定股息的行为可能被确认为变相抽逃出资。[2]

但是,如果"优先股"特权(即固定收益请求权)的合同基础是股东之间的约定,原告股东只是请求另一方股东履行回报承诺的话,法院也可能支持。因为,这样的约定只是股东之间的安排,并不约束公司,也不会危及与公司相关的第三人利益。例如以下案件:本案原告是神州易桥信息服务股份有限公司,被告是河南省焦作金箭实业总公司。原、被告约定:原告以现金出资,被告以经营性资产出资,共同设立一家新公司。双方签订了如下"合作协议":新公司成立后至原告下次增资前的"过渡期",被告承诺原告可获得初始投资金额8%的年投资收益;如果公司盈利未达到原告收益分配要求,被告同意将自己的分红让渡给原告;如果还达不到,则被告自行出资补足;如果某年利润分配超过原告8%投资收益,超过部分的分红归属于被告;任何一方违约都应向对方支付其认缴出资额5%的违约金。双方将上述收益分配方案记载于公司章程。后来新公

---

[1] 丽水市城市建设投资有限责任公司诉浙江金润担保发展有限公司等案,丽水市中院(2015)浙丽商终字第30号判决。类似案例见:晋城市经贸资产经营有限责任公司诉山西华桑食品有限公司,阳城县法院(2017)晋0522民初605号判决;四川康西铜业有限责任公司诉会理县干田湾铜业有限责任公司案,凉山彝族自治州中院(2018)川34民终744号判决;河南农投产业投资有限公司诉梦想园食品有限公司等案,郑州高新技术产业开发区法院(2018)豫0191民初7675号判决(法院认为公司章程关于优先股固定股息的条款,实际上反映了当事人建立借贷关系的真实意思)。

[2] 姜光先诉昌邑市华星矿业有限责任公司案,山东省高院(2007)鲁民二终字第63号判决。

司经营不善,两年没有分红,原告起诉要求被告支付收益分配和违约金。法院判决支持原告的诉讼请求。①

归根到底,以上两类案件中的所谓"优先股"都不是正式规范文件所定义的"优先股",它们都是股东之间约定的,对公司没有法律约束力的固定回报条款。因此,持有此种"优先股"的股东对公司提出的回报请求权,法院一般不予支持;但他们对作出固定收益承诺的其他股东的请求权,法院通常是认可的。

附业绩补偿请求权的"仿制优先股"

有一类"对赌协议"试图为股权投资者所取得的普通股附加一项"业绩补偿请求权"。2012年最高人民法院作出再审判决的"海富投资案"就是这样的典型案例。②

在海富投资案中,投资方苏州工业园区海富投资有限公司(简称"海富公司")向目标公司甘肃世恒有色资源再利用有限公司(简称"世恒公司")投入2000万元人民币,持有世恒公司注册资本的3.85%。海富公司所持股权不仅有投票权和利润分配权等普通股权利,还拥有一项"业绩补偿请求权"。增资协议约定:世恒公司2008年实现的净利润应不低于3000万元人民币;如果净利润低于该指标,海富公司有权要求世恒公司予以补偿,世恒公司若不补偿则由世恒公司其他股东补偿;补偿金额=(1-2008年实际净利润/3000万元)×本次投资金额。此外,协议还约定了世恒公司原股东收购海富公司所持股权的条件和价款。③

---

① 神州易桥信息服务股份有限公司诉河南省焦作金箭实业总公司案,西宁市中院(2016)青01民初150号判决。

② 该案被称为"对赌协议第一案",备受国内外投资界关注。许浩:《最高法审结首例对赌协议案为PE正名》,载《中国经营报》2012年12月21日。

③ 苏州工业园区海富投资有限公司诉甘肃世恒有色资源再利用有限公司等案,最高法院(2012)民提字第11号判决。

不过,这项"业绩补偿请求权"并未得到法院的完全认可。一审判决认为,增资协议的业绩补偿条款实际上是关于海富公司获取利润的约定。该约定不符合《中外合资经营企业法》第 8 条关于企业净利润应根据合营各方注册资本比例分配的规定,属无效约定,故驳回海富公司的全部诉讼请求。

二审判决认为,业绩补偿条款"违反了投资领域风险共担的原则,使得海富公司作为投资者不论世恒公司经营业绩如何,均能取得约定收益而不承担任何风险……海富公司除已计入世恒公司注册资本的 114.771 万元外,其余 1885.2283 万元资金性质应属名为投资,实为借贷。"因此,判决业绩补偿条款无效,世恒公司等应返还海富公司 1885.2283 万元及其利息。

最高法院再审合议庭同样认为业绩补偿条款无效。理由是,"这一约定使得海富公司的投资可以取得相对固定的收益,该收益脱离了世恒公司的经营业绩,损害了公司利益和公司债权人利益"(法律依据为《公司法》第 20 条和《中外合资经营企业法》第 8 条)。但是,再审合议庭认为,世恒公司的股东对于海富公司的补偿承诺并不损害世恒公司及其债权人的利益,不违反法律法规的禁止性规定,是当事人的真实意思表示,是有效的。[①]

综合看来,三份判决均不认可股东所持有的普通股可以附加一项要求公司给予股东"业绩补偿"的特权。但是,最高法院再审合议庭的意见表明,如果目标公司的原股东自愿对投资方承诺业绩补偿,此承诺不构成目标公司的负担(故不损害目标公司及其债权人利益),那么可以承认其合法有效。由此可见,所谓附业绩补偿请求权的"仿制优先股",实际上只能立基于股东之间的有效约定之上,而不是一种对目标公司具有法律约束力的、真正的另类普通股或优先股。

---

① 本书在股份回购规则一章也讨论了海富投资案,参见第 13.2.3 节。

附强制回售权的"仿制优先股"

"对赌协议"为保障投资方获得固定回报而构建的另一种机制是,让投资方的股权附带一种"强制回售权"。"强制回售权"有的以目标公司为收购义务人,有的以目标公司的原股东为义务人。凭借此种"强制回售权",持普通股的投资方可以变现股权,撤回投资并取得约定的投资收益。①

(1)以目标公司原股东为义务人的"强制回售权",并未对目标公司施加合同义务,所以法院通常都承认其效力。

例如,在"瀚霖公司案",投资方与目标公司原股东的此种回售约定,就得到三级法院(包括最高法院)合议庭的认可。②

不过,如果目标公司对原股东收购投资方股权提供连带责任保证的话,就成为一个有争议的问题了。③ 因为,目标公司一旦承担保证责任,就会成为股权收购款的实际支付者。尽管,目标公司承担保证责任后对原股东享有追偿权,但股款已经付出,追偿能否成功是不确定的——这就很有可能减损公司的偿付能力,"损害公司及其债权人的利益"。另一方面,从投资方角度看,目标公司提供这种担保,实质上使投资方可以从目标公司获得一种脱离经营业绩的支付保障,这就挑战了任何股东都应当承担投资风险的信条。④

(2)以目标公司为收购义务人的"强制回售权",对目标公司施加了回购股权的义务。这项义务在法律上能否成立本身就是有疑问的。

最高人民法院再审裁判的海富投资案给市场传递的一个重要信号就是,投

---

① 许德风(2019:82)将此种投资约定定性为"股权投资+卖出期权"的组合。
② 强静延诉曹务波等案,(2016)最高法民再128号判决。
③ 在强静延诉曹务波等案,关于目标公司提供担保的效力,一审和二审判决持否定态度,而再审合议庭认为是合法有效的。股东之间转让股权而公司提供担保这种有利益冲突的交易,本书在抽逃出资规则部分第10.2.3节还将做更深入的分析。
④ 参见强静延诉曹务波等案二审判决观点。

资方与目标公司"对赌"是无效的,但与目标公司的股东"对赌"是有效的。以目标公司为收购义务人的"强制回售权"看起来就是投资方与目标公司之间的"对赌"。海富投资案之后,这种"对赌协议"被市场冷落。所以,2019 年 6 月,江苏高院审理的"华工创投案"甫一披露,就引起投资界的高度关注。

华工创投案的再审判决认可目标公司回购义务的合法性。华工创投案的对赌协议约定,目标公司如果在 2014 年底未在境内资本市场上市或出现约定事项,投资方即有权要求目标公司按照约定溢价(具体回购价格按约定公式计算),以现金方式回购其全部股权。一、二审合议庭依照海富投资案的裁判逻辑,认为目标公司回购股权将使原告(投资方)获得"脱离经营业绩、不承担经营风险"的收益,有损公司及其债权人利益,因此违反"资本维持和法人独立财产原则",因此判决回购约定无效。但进入再审阶段后,裁判结果发生逆转。江苏高院再审合议庭回避了固定回报(年 8%投资回报率)是否有效的问题,而是指出该回报率"与同期企业融资成本相比并不明显过高",属于正常经营成本,符合企业经营规律。因此,不违反法律强制性规定。再审判决还指出,股权回购只要履行"法定程序"(实际就是减资程序),就不会损害公司股东和债权人利益。不过再审判决并未判令目标公司实施减资程序后再回购原告的股份,而是基于目标公司仍在经营且持续分红的情况,就判定目标公司支付回购款不会减损其资产和清偿能力。[1]

华工创投案的再审判决实际上表明,在现行的公司法规范框架中,附强制回售权的普通股或优先股(以公司为回购义务人)是很难得到法院支持的。因为,该案再审判决虽然支持股份回购,但回避了关键问题,即投资方通过股份回

---

[1] 江苏华工创业投资有限公司诉扬州锻压机床股份有限公司等案,江苏省高院(2019)苏民再 62 号判决。

购获得固定投资回报是否合法。这个问题的回答不明确,以公司为回购义务人的强制回售权的合法性就是不牢固的。

即便华工创投案再审判决支持了投资者的股权回购请求,但它将回购的合法性和可行性建立在完成减资程序的基础上,这就让股份回购不得不面临诸多不确定性。例如:目标公司股东会能否通过减资决议?启动减资程序后,公司债权人如果请求清偿债务或者提供担保,公司满足债权人请求后是否还有足够现金实施回购?华工创投案的再审合议庭显然意识到了先减资、后回购的操作困难,所以,再审判决大谈减资的前提意义之后,却没有判令目标公司实施减资后再行回购,而是直接认定目标公司实施收购不会减损其资产和清偿能力,判决目标公司向原告支付股份回购款。

2019年7月初,最高人民法院召开"全国法院民商事审判工作会议"。会后,最高人民法院将会议涉及和调查发现的重要审判问题归纳整理为《全国法院民商事审判工作会议纪要》(简称《九民纪要》),于同年11月公布。[①]《九民纪要》在对赌协议部分指出,回购型对赌协议纠纷案件,投资方要求股份回购的,目标公司必须先完成减资才能回购股份。该指导意见明确地将股份回购与减资程序强制结合起来,把华工创投案再审判决说而未作的工作落实为司法指导意见。因此,投资方通过协议与目标公司达成的"强制回售权"条款的可执行性势必进一步受到限制。

总的来说,所谓"附强制回售权的普通股或优先股",要么对公司没有法律约束力(仅约束缔约股东),要么其可执行性不得不依赖于公司减资程序,减资决议能否做出、公司完成减资程序后有无支付能力等因素都对股份回购的可行

---

① 最高人民法院《全国法院民商事审判工作会议纪要》,中国法院网(www.chinacourt.org)2019年11月4日发布。因该次会议为第九次全国法院民商事审判工作会议,所以业界简称该纪要为《九民纪要》。

性具有重大影响。公司回购本公司股份自然牵涉公司股东利益和债权人利益,与减资程序绑定是不是一个好办法,有待探讨。①

7.3.3 基于雇佣关系的员工股份

在证券市场严防企业职工股发行和上市交易的同时,②许多有限公司内部出现了各式各样的职工持股(以下统称"员工股份")。由于有限公司的股权不能公开发行和上市交易,这类员工股份不受证券市场监管规章的限制,规范它们的通常是地方政府制定的法规或规章。

从形成原因上看,有限公司的员工股份大致有两种:一是原国有企业改制时,职工从国有开办单位手中"买断"或"置换"企业所有权而形成的职工持股;二是非国有企业为进行内部融资或激励员工而逐步发展的员工持股。从持有方式上看也有两种:一种是企业员工以自己的名义直接持有公司股权,员工在公司登记中记载为股东,例如下文所述 96 号指导案例的情况;另一种是员工通过其他主体(例如工会或其委员会、职工持股会、有限合伙企业、个人等,以下统称"持股载体")间接持有公司股权。

在间接持有的情况下,公司登记所记载的股东是某个持股载体,而不是参与投资的员工本人。参股员工基于投资而享有的管理权和收益权由公司章程、内部规章或协议规定。他们手中的员工股份可能被笼统地称为"员工股",也可能像下文所述华为控股和平安集团那样叫"虚拟受限股"或"员工投资权益"等。参股员工不登记为公司股东。他们参与企业管理时通常要经由某个议事机构(例如持股员工会)形成集体意见,再由持股载体在股东会中代为表达,因

---

① 这些问题同时涉及股份回购的相关规则(尤其是保护债权人的标准和规则),本书后文(第 13.2.3 节)继续对华工创投案作深入分析。

② 参见第 7.3.1 节对"身份股"的讨论。

此就形成了某种代议机制。

这类员工股份与《公司法》规定的普通股(无论是有限公司还是股份公司的普通股)相比,最大特点是对员工身份的依附性。

首先,员工股份的取得和持有必须以员工身份(即员工与公司存在雇佣关系)为前提。员工股份只针对本企业的职工发行或者只允许本企业职工出资认缴。职工如果离职、退休的话,通常必须将股份转让给其他职工或者由公司回购,即所谓"人走股留"。员工股份依附于员工身份,而员工身份又与员工和公司的劳动合同结合在一起的。劳动合同解除,员工股份通常必须清退。员工拥有员工股份,除非持股比例较大,否则绝不足以维护或加固自己的员工身份。

其次,员工股份的转让、继承等都被限定在员工内部。员工股份不能任意转让给公司以外的人。

员工股份通常不享有固定收益。无论直接还是间接持股的员工股份,其收益通常都与公司的利润挂钩,员工股份收益与工资、奖金收入不同,并非"旱涝保收"。所以,它们与公司对职工的负债融资(相当于公司向内部职工发行的债券)不同。通常,员工股份也不比普通股享有优先分红或分配剩余财产的特权,因此也不属于任何一种优先股。

以下我们通过一些实例具体分析员工股份的上述特征,并探讨相关的法律问题。

员工以自己名义直接持股:指导案例 96 号

在最高人民法院 2018 年公布的 96 号"指导案例"中,西安市大华餐饮有限公司(简称"大华公司")的部分职工股就是由员工直接持有的。① 根据指导案

---

① 指导案例 96 号(宋文军诉西安市大华餐饮有限公司股东资格确认纠纷案),最高人民法院审判委员会讨论通过 2018 年 6 月 20 日发布。

例的案情介绍可知,大华公司的前身是一家成立于 1990 年的国有企业,该企业 2004 年改制为有限公司。宋文军当时是大华公司员工,出资 2 万元成为自然人股东。不过,参股职工似乎并未全部像宋文军这样直接持股。案情介绍中谈到 2007 年 1 月 8 日大华公司召开"股东大会"时写道:"大会应到股东 107 人,实到股东 104 人"。有限公司不可能有超过 50 人的登记股东。合理的推断是,大华公司至少 50 多名员工股股东是由其他股东代持股份的。只有这样,大华公司的登记股东才能控制在 50 人以内,以符合《公司法》对有限公司股东人数的限制。但召开股东会时,全体参股员工都可以出席,共同议事。实际上对大华公司这样的中小型企业,50 名股东也是过多的。通常,企业在改制时会将全部或大部分普通职工的股份集中在少量管理人员名下代持。[①]

大华公司的员工股份与员工身份牢牢绑定,转让受限,"人走股留"。公司章程第 14 条规定:"公司股权不向公司以外的任何团体和个人出售、转让。公司改制一年后,经董事会批准后可在公司内部赠予、转让和继承。持股人死亡或退休经董事会批准后方可继承、转让或由企业收购,持股人若辞职、调离或被辞退、解除劳动合同的,人走股留,所持股份由企业收购……"

根据指导案例所述,宋文军 2006 年 6 月向公司提出解除劳动合同并申请退还 2 万元股金,公司同意其请求并退还了股金。数年后(大约在 2013 年),宋文军起诉请求法院确认大华公司回购其股份违法,因而其仍拥有大华公司股东资格。经历一审、二审和再审审查程序,宋文军的请求全被驳回。指导案例转述了陕西高院的再审裁定意见(也反映了一、二审判决的观点),主要见解是:大华公司章程关于"人走股留"的规定(即员工解除劳动合同后,股权须由公司回

[①] 例如重庆大众糖果糕点公司 1997 年改制时,171 名员工参股。公司按照参股员工所在部门组成若干"股东组",每组以个人出资最多者为代表,登记为正式股东,参加股东会。参见郑祥英等诉重庆大众糖果糕点有限责任公司案,重庆市一中院(2005)渝一中民终字第 1084 号判决书。

购),符合有限公司的"封闭性"和"人合性","是公司自治原则的体现",不违反《公司法》的禁止性规定。因此,大华公司2006年回购宋文军股份是合法的,宋文军已不拥有大华公司股东资格。

法院的裁决理由看起来是无可置疑的:首先,大华公司是一个由国企改制而成的有限公司,股份大部分由原国企职工和管理层持有,不对外募集资金(故不涉及公众投资者利益,不会牵涉证券市场、金融秩序等),因此公司对股权转让可以有较大的自主决定权("公司自治原则的体现");其次,《公司法》并没有明确的条文禁止公司章程做"人走股留"这样的规定;最后,宋文军作为股东既然已在公司章程上签名,即表示同意,那就应当接受章程约束。法院完全是在程序和法律形式的意义上阐述自己的理由。

不过,如果跳出指导案例给定的信息和设定的"争议焦点",我们或许可以发现其他有意思的问题。

《公司法》对有限公司章程能否限制股权转让有一条非常明确的规定。第71条第2、3款规定了股权对外转让须经其他股东同意,且其他股东享有优先购买权之后,第4款写道:"公司章程对股权转让另有规定的,从其规定"。从文义看,规则是毫不含糊的,也没有任何例外:只要依法制定的章程对股权转让另有规定,公司和股东就应当遵从。然而,宋文军案的判决没有援引这个法条,反而花了相当多的笔墨论证"人走股留"的规定符合有限公司"封闭性"和"人合性",不违反法律禁止性规则。① 这是令人费解的。

也许有人会说,第71条第4款并不表示有限公司章程可以任意限制甚至禁止股权转让。因为,股权转让是股东的一项基本权利,是股东退出公司、变现投资、防范风险的基本手段。但是,如果股东在知情的情况下自愿接受这样的

---

① 第96号指导案例列出的宋文军案相关法条不包括《公司法》第71条第4款。

转让限制或禁止,法院为什么要违背他的意志否认这个章程条款呢?难道我们认为股东没有能力分辨利害并保护自己的利益吗?

或许有人还会指出,宋文军的确自愿签署了章程,但"人走股留"的条款对他确实不公平(或许作为职工的宋文军当时迫于改制的形势,没有充分的选择自由,我们不能假设职工和企业当时处于势均力敌的谈判地位),法院不应该袖手旁观只做程序和形式审查,而应当从实质意义上审查章程条款的公正性。宋文军在诉讼中是否请求法院对"人走股留"条款的公正性做实质审查,我们不得而知。假如他确实提出了这个请求,那么,有限公司"封闭性"和"人合性"以及"公司自治原则"这类来源不明、含义模糊的术语,也很难构建清晰有力的理由回应实质性审查要求。

在宋文军案,"人走股留"的规定是不是构成或造成了对职工股东的压迫,需要结合案件事实分析论证。笔者在此显然无法进行这样的工作。不过,基于员工股份与雇员身份绑定的独特构造,我们还是可以看到,员工股东在公司治理结构中确实处于比较脆弱的地位。

按照大华公司章程,股权不得对外转让,而在公司内部的流动则完全由董事会控制。不难看出,"人走股留"对持有多数股权并控制董事会的人(也即公司的控股股东或实控人)是最有利的。他们可以利用"人走股留"规则,将离职、死亡、退休职工的股权聚拢到自己人手中,不断扩大自己人的持股比例。甚至,由于员工股与雇佣关系捆绑,公司控制人还可能通过解除、终止雇佣关系而取得或者控制原属员工的股份。这么说并非无稽之谈。在另一职工起诉大华公司的案件中,原告就指控公司董事长为了独自控制公司,利用大股东地位和董事长职权,不断干扰、排斥职工股东的工作,以求将职工股东清除。[①] 尽管该职工指控的事实未

---

① 陈小红诉西安市大华餐饮有限责任公司案,陕西省西安市中院(2017)陕01民终11412号判决。

经合议庭审查确认,但理论上不无可能。

员工股东在公司内部关系中的这种相对脆弱地位,如果是员工在知情条件下自愿接受的,那么,法院没有足够的理由加以干预。但是,如果有人利用员工股东这种脆弱地位(或滥用自己的优势地位),对员工股东实施压迫性的不当行为,损害员工股东利益,那么,根据当事人的请求,法院完全有理由阻止和纠正这类不当行为。

所以,在笔者看来,**宋文军案真正的焦点问题**应当是:大华公司是否利用了员工股东的弱小地位,不公平地对待宋文军并损害了他的正当利益?为此,合议庭有必要调查的重点事实至少有如下两方面:宋文军与公司解除劳动合同过程中,他的各项员工权利是否得到充分保护?公司回购宋文军股份的价格是否公平合理?——从指导案例介绍的情况看,合议庭审查上述问题并不会超出宋文军的诉讼请求。①

员工通过持股载体间接持股:华为案例、平安案例

有限公司的员工通过某种持股载体(例如:工会或其委员会、持股会、有限合伙企业、其他个人等)间接持股,其原因除了有限公司有股东人数限制外,另一个重要原因是为了防止股权过于分散。

二十世纪八十年代,在国营企业的股份制改革中出现了职工持股的做法。② 这一实践的理论基础与计划经济时期资本与劳动对立的政治经济学保持了一致性:职工持股被认为体现了劳动与资本的联合,可以增强职工"主人翁"

---

① 宋文军的诉讼理由和请求是:"大华公司的回购行为违反法律规定,未履行法定程序且公司法规定股东不得抽逃出资等,请求依法确认其具有大华公司的股东资格"。

② 1985年开始,国家允许开展"经济体制改革试点"的城市选择部分企业多渠道筹集资金,尝试吸收本企业职工入股,参见《国务院办公厅转发全国城市经济体制改革试点工作座谈会纪要的通知》(1985年)。

意识,调动职工积极性。① 但另一方面,推行职工持股又有政治和经济上的风险,诸如:造成"国有资产流失"、被认为"搞私有化""否定公有制",或者"乱集资""扰乱金融秩序"。在正反两股政策判断的合力之下,从二十世纪九十年代初开始,中央和地方政府的许多规范性文件都倾向于严控股份公司发行职工股,限制职工直接和分散持股,限制职工股转让和交易。② 避免职工分散持股的办法之一就是,持股员工选举产生"员工持股会",由"员工持股会"集中持有和管理职工股。③ 在这些规范性文件中,"员工持股会"与工会关系密切:要么被界定为企业工会的下属机构,要么可以直接登记为工会社团法人。

二十世纪九十年代至今的三十多年中,员工通过工会或者工会下设的职工持股会间接持有公司股权,在中国已经成为一种常见的员工持股模式。④ 这些代表员工利益持股的"持股会"或"工会委员会"被称为"持股主体"或者"持股平台"。它们背后的员工股份,从参与管理权和处分权的角度看,都与《公司法》上的标准普通股不同。以下分析华为公司和平安集团两个典型实例。接下来,我们将分析持股载体与参股员工的法律关系。

---

① 王斌(2000:58-76)。

② 例如,国家体改委《股份制企业试点办法》(1992年)规定,采取有限责任公司形式的股份制企业,内部职工股可以由"职工合股基金"(法人)集中持有。国家体改委《定向募集管理规定》(1993年)要求,不向社会公开发行股份的股份公司,发行内部职工股时,不得印制股票,而应印制"股权证"(第7条);"股权证"不得交给职工个人持有,须由特定证券经营机构"集中托管"(第13条);持股职工仅可持有"股权证持有卡",而该持有卡不得显示股数和金额(第14-17条);公司要发行职工股必须依照规定事先获得审批(第18条);定向募集公司内部职工股总数不得超过公司股份总数的2.5%(第28条)。

③ 例如:外经贸部、国家体改委《外经贸股份有限公司内部职工持股试点暂行办法》第9条、上海体改委等《关于公司设立职工持股会的试点办法》第3条、《深圳市国有企业内部员工持股试点暂行规定》第30条。

④ 中国工运研究所员工持股课题组(2015:6)。

实例1：

华为的员工"虚拟受限股"①

华为企业集群的核心企业是两个公司：一个是成立于1987年的华为技术有限公司（简称"华为技术"），另一个是2003年成立的华为投资控股有限公司（简称"华为控股"）。华为技术旗下有数十家控股或参股公司、分支机构，它们构成华为的生产、服务和研发实体。目前，华为控股是华为技术的唯一股东，而华为控股又有两名股东——华为投资控股有限公司工会委员会（简称"华为控股工委会"或"工委会"）和任正非，他们分别持股98.99%和1.01%。②

华为公司历来称自己为员工持有全部股份的民营企业。③ 但是，在公司的登记信息中，员工并未直接持有股权。员工持有的"股份"在相关公司文件中被称为"虚拟受限股"。代表员工利益持股并登记为股东的是一个"持股载体"——华为控股工委会。

2019年4月，越南富布赖特大学鲍尔丁（Christopher Balding）和美国乔治·华盛顿大学克拉克（Donald Clarke）两位学者发表文章指出：鉴于中国工会与政府之间的紧密关系，以及华为控股工委会持有华为控股的99%以上股权的事实，有理由认定华为是一家受国家控制甚至被国家拥有的企业。④ 根据公司登记信息，鲍尔丁和克拉克将华为的股权结构绘制为以下图示（见图7.3）。⑤

---

① 笔者对华为公司股权与治理结构有专文讨论，请参见王军（2020：211-252）。
② 据国家企业信用信息公示系统（http://www.gsxt.gov.cn/corp-query-homepage.html），可查阅两公司的基本工商登记信息。据百度企业信用（https://xin.baidu.com），可查阅华为技术对外投资和分支机构信息。
③ 见华为官方网站披露的2010年至2018年年报（www.huawei.com/cn/press-events/annual-report/）。
④ Balding & Clarke (2019).
⑤ Balding & Clarke (2019：4).

7. 股份基本规范

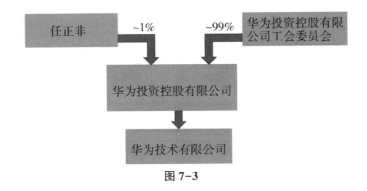

图 7-3

图 7-3 显示,华为控股全资拥有华为技术,而任正非和工委会又拥有华为控股的全部股权。因此,根据《公司法》关于有限公司组织机构的规定,观察者似乎很容易得出结论:任正非和工委会两个股东组成华为控股的股东会,该股东会有权决定华为控股的各项重大事务;由于华为控股持有华为技术的全部股权,因此,任正非和工委会又可以间接控制华为技术;由于工委会持股近99%,故工委会可以完全控制华为控股和华为技术。华为控股历年年报所绘制的公司治理架构图似乎也印证了外界的看法。[①]

不过,图 7-3 更多地反映了中国《公司法》对有限公司组织机构的设计,而没有或者无法展现出华为控股治理结构的个性和全貌。

首先,能够决定持股近 99% 的登记股东(即工委会)形成和表达意见的机构——持股员工代表会——没有显示出来。根据华为控股年报的表述,工委会尽管被登记为华为控股的股东,但它实际上是一个实现员工持股计划的"持股载体"(员工所持权益称为"虚拟受限股"),在其背后形成和表达意见的机构是

[①] 华为控股 2017 年报第 85 页、2016 年报第 80 页、2015 年报第 79 页、2014 年报第 85 页、2013 年报第 90 页、2012 年报第 77 页、2011 年报第 65 页。

持股员工代表会。① 持股员工代表会目前由 115 名持股员工代表组成,代表全体持股员工(截至 2018 年底为 96000 余人)行使权利。持股员工代表由在职持股员工选举产生,任期 5 年。②

持股员工代表会事实上拥有《公司法》所规定的部分股东会职权。③ 2015 年至 2018 年,持股员工代表会每年均举行一次或两次会议,会议审议通过的内容一般是年度利润分配方案、增资方案、公司治理制度、长期激励方案等,也可能选举董事或监事。④ 而根据《公司法》的规定,审议批准利润分配方案、对公司增资作出决议、选举董事或监事均属于股东会的职权。⑤ 为符合《公司法》规则,持股员工代表会的上述决议还必须交由股东会(由任正非和工委会组成)通过决议予以确认。理论上,股东会有可能拒绝作出决议确认持股员工代表会的某项决定。但在股东会中,工委会持有接近 99%的股权,它又以持股员工代表会作为形成和表示意见的机构,而任正非同时也是持股员工代表会的成员。因此,持股员工代表会事实上可以替代股东会的功能,股东会事后的"决议通过"实际上只具有程序意义。

其次,华为创始股东任正非在公司治理结构中的特殊地位也没有显示出来。根据华为最近的公开解释,华为内部订有"治理章程"。该章程明确规定了任正非在董事和监事候选人的提名、公司增资方案、"资本结构调整"、"治理章程"和"重大治理文件"的修订等方面,拥有"否决权"。华为公司的代表强调,任正非拥有的是部分事项上的"否决权",而不是全部事项上的"单独决策权"。⑥

---

① 华为控股 2018 年报第 101 页("工会履行股东职责、行使股东权利的机构是持股员工代表会。")。
② 华为控股 2018 年报第 101 页。
③ 华为控股 2018 年报前言。
④ 华为控股 2018 年报第 101 页,2017 年报第 85 页,2016 年报 80 页,2015 年报第 80 页。
⑤ 《公司法》(2018 年)第 37 条。
⑥ 孟庆建(2019),参见江西生对南华早报记者提问的回应。

由此可见,华为控股的治理结构与《公司法》规定的有限公司治理结构是极不相同的。一是,持股员工代表会"嵌入"股东会,分享股东会依据《公司法》拥有的大部分权力。持股员工代表会所分享的这部分权力(包括选举董事、监事、审议通过利润分配方案、增资方案、治理制度、激励方案等),关涉公司的重要人事安排、资本和股权结构变更、内部治理制度和利润分配。事实上可以说,持股员工代表会替代了股东会的功能。二是,持股员工代表会并不是持股员工直接行使表决权的机构(与股东大会不同),持股员工只能通过"代议制"方式行使权利。在职持股员工按"一股一票"的"资本多数决"规则选举产生持股员工代表会。代表会形成和表达持股员工的意见,代表员工行使员工股权利。三是,公司创始股东在部分公司事项上享有"否决权",与持股员工代表会形成共同治理、相互制约的格局。

基于上述分析,我们可以将华为控股的治理架构通过图7-4显示:

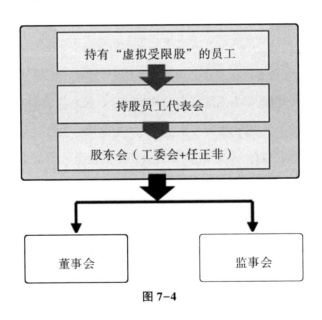

图7-4

不过,华为这套看起来很不寻常的股权架构并不是自己的独创。回顾历史可知,华为员工股的这些特点基本上都可以追溯至二十世纪八九十年代的职工持股实践。当时普遍的做法就是,职工股由工会或持股会集中持有,持股员工选举代表行使权利,职工股与职工身份捆绑并限制转让。1993 年《公司法》没有反映这些实践经验。它只是规定了立法者设想的"最标准""最清晰",同时也是"最单一"的股权类型和治理结构。但 1993 年《公司法》也没有完全终止原有的职工股实践。深圳市 1997 年公布专门规章,对国有企业内部员工持股予以规范。① 依照这个规章,实行内部员工出资认股的企业仍须通过工会集中管理员工股(员工股不是公司法上的普通股,不需要工商登记),持股员工通过选举代表参与公司决策;② 员工股不得转让和继承,员工离职时应由公司回购。③ 2001 年,深圳市制定了不区分企业所有制的员工持股规定。④ 该规定吸收了国营企业职工持股的经验,将员工股集中管理(以工会社团法人或员工成立的其他公司为持股载体)列为一种示范性的持股方式,尽管它并不禁止员工直接以自己名义持股。⑤

华为的员工股份("虚拟受限股")不是员工以自己名义直接持有的普通股,持股员工也无法直接参加股东会会议。但持股员工可以通过"代议机制"(选举代表组成持股员工代表会)间接参与公司事务。华为员工股份也不是公司向职工发行的内部债券,没有固定回报,员工股份的收益取决于公司的利润情况。除上述两方面外,华为员工股份同样与参股员工的雇员身份(或劳动合同)绑定,不

---

① 《深圳市国有企业内部员工持股试点暂行规定》,以下简称《1997 年员工股规定》。
② 《1997 年员工股规定》第 2 条、第 30、33、34 条。根据以上规定,持股员工应当选举代表组成持股会,集中管理员工股,而员工持股会部分成员应当按照法律程序进入公司股东会、董事会和监事会,代表持股员工参与公司决策。这实际上就是将员工持股会和公司法规定的"三会"(股东会、董事会、监事会)"嵌套"起来。
③ 《1997 年员工股规定》第 3 条、第 26 条。
④ 2001 年《深圳市公司内部员工持股规定》,以下简称《2001 年员工股规定》。
⑤ 《2001 年员工股规定》第 10 条。

可对外转让,离职时须退股。① 在这一点上,直接持股与间接持股的员工股份是一样的。

实例 2:

平安的"员工投资权益"②

中国平安保险(集团)股份有限公司(简称"平安集团")的前身是1988年成立的深圳平安保险公司,1992年更名为中国平安保险公司(简称"平安公司")。1992年底,平安公司开始通过持股载体——深圳平安综合服务(平安职工合股基金)公司(简称"合股基金公司")——吸收员工的股权投资。③ 合股基金公司接收的公司职工投资全部用于认购平安公司股份。

1996年,合股基金公司更名为深圳市新豪时投资发展公司(简称"新豪时公司")。1997年12月,平安公司工会委员会(简称"平安工会")注册成立,性质为社会团体法人。随即,新豪时公司由集体所有制企业改制为有限责任公司

---

① 2019年4月29日,华为控股董事会秘书江西生介绍,华为员工虚拟股不可以相互转让。在职员工每年可以申请回购一部分。如果员工从华为离职,公司一般会回购员工股;如果满足一定条件(工作满8年且年龄过45岁),离开公司的员工可以继续持有员工虚拟股。孟庆建(2019),参见江西生对CNBC和纽约时报记者问题的回应。在很多涉及华为员工的离婚诉讼中,法院通常会要求华为公司说明员工股的法律特征。在刘某1与张某离婚纠纷案中,华为公司给法院的回函称:"仅华为公司正式员工有资格持有华为公司虚拟受限股,受限股不得转让,也不可分割,非华为公司员工不能持有华为虚拟受限股,但华为公司可协助法院对税后股值进行分割,并依法扣缴个人所得税。"(上海市浦东新区法院(2017)沪0115民初34055号判决)

② 持有平安集团"员工投资权益"的员工起诉请求法院确认其享有平安集团股东身份的案件中,法院均须查明平安集团及其员工持股载体的演变和相互关系,因此相关判决文书提供了大量有价值的信息。本节关于平安集团"员工投资权益"的材料引自:刘晓霞等诉中国平安保险(集团)股份有限公司等股权确认纠纷案,深圳市中院(2014)深中法商终字第580-589号判决。另参见凌华薇,《平安股权交易幕后:谁买平安》,载财新网-新世纪2012年12月24日。

③ 这里的"合股基金"一词,极有可能来自国家体改委1992年发布的《股份制企业试点办法》。该办法规定,采取有限责任公司形式的股份制企业,内部职工股可以由"职工合股基金"(法人)集中持有。

(同时更名为"林芝新豪时投资发展有限公司"),注册资金2.05亿元,股东为平安工会和深圳市正直方实业发展有限公司(简称"正直方公司"),它们分别持有95%、5%股权。

2006年11月,正直方公司将其持有的新豪时公司的5%股权转让给林芝景傲实业发展有限公司(简称"景傲公司")。景傲公司成立于1996年。平安证券工会、平安信托工会于1999年6月份成立后,通过股权受让方式取得景傲公司全部股权,分别持有80%、20%股权。我们可以将这一阶段的持股架构以图7-5表示。

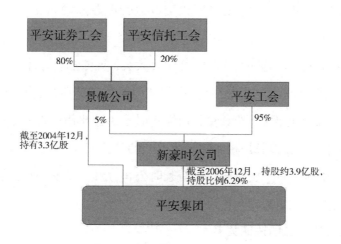

图 7-5

2007年3月1日,平安集团的股份在上海证券交易所上市。上市前新豪时公司、景傲公司、江南实业持有员工股份合计8.6亿股,经过三年禁售期,2010年3月1日起可上市流通。到2012年6月,平安工会将其持有的新豪时公司95%的股权全部转让给外部投资者,以平安工会为持股载体的员工股份全部变现。① 平安集团以工会为持股载体开展员工持股计划的历史阶段结束了。

---

① "中国平安近2万员工成百万富翁,10年收益近31倍",中国广播网(2012年7月13日),腾讯新闻(news.qq.com)转载。

符合条件的平安员工通过工会向公司投资,无论是以起初的合股基金公司还是之后的新豪时公司为持股载体,员工都是将投资款交给所在平安公司的分公司,平安公司出具收款收据,合股基金公司或新豪时公司入账,最后计入合股基金公司或新豪时公司向平安公司及其控股子公司的投资。合股基金公司或新豪时公司向投资员工出具"股份成员证",所有投资员工的股份均由平安工会代为持有。

根据新豪时公司制定的《平安员工股份管理办法》(1996年制定,2001年修订,2004年修订并更名为《平安员工投资权益管理办法》)可知:新豪时公司的定位是"负责平安员工股份的集中托管和入股资金的投资运作"平台。投资员工被称为"股份成员",通过"股份成员代表大会"参与公司管理。"股份成员"按照出资额从新豪时公司分得红利,在职期间不得转让股份,离职时按照该管理办法退股并获得退股款,新豪时公司终止时按出资比例取得剩余财产。这些特征与华为的员工虚拟股是相似的。所不同的是,平安工会并未直接持有平安集团的股权,中间还有一层持股载体新豪时公司,所以,平安的员工股份是双层持股载体架构。

工会与参股员工的法律关系

持股工会与参股员工大致上是一种受托人与委托人(受益人)的关系。这一点在地方性法规和规章上有所体现。[①] 但是,这种"委托—受托关系"是不是信托关系,是否适用信托法的规则,抑或只适用民法的委托合同规则,是不甚清

---

① 例如,深圳市政府2001年实施的《深圳市公司内部员工持股规定》规定,公司在实施员工持股时,可以由工会社团法人作为员工股的"持股主体"(第10条),"名义持有"员工股权(第10条);工会是"代表"员工行使股权的机构(第13条)。

楚的。工会与员工签署信托持股协议的实例不是没有,但总体上比较少见。① 诉讼案件中,法院通常承认员工通过工会间接持股的合法性,但如果没有协议上的明确定性,关于工会与投资员工的法律关系是什么,法院通常保持沉默。只有少量案件的判决明确认定工会与投资员工形成信托关系。②

根据目前的法律规范和审判观点来看,将持股工会与投资员工之间的关系确认或理解为信托关系,在事实上和法律上都是比较合理的。

第一,员工投资形成的股份虽然登记在工会名下,但依据有关工会资产的规范文件可知,工会所持员工股份不属于"工会资产"。因此,持股工会实际上只是名义上的股东。

在1993年的一个规范文件中,全国总工会和国家国资局指出:工会举办的企业中,由工会投入"工会资金和财产"而取得的股权,属于"工会资产"。③ 这反映了二十世纪九十年代初以来一直奉行的"谁投资、谁所有"的产权界定原则。④ 1997年《工会财产管理暂行办法》将工会资产分为两类:一类是工会占有

---

① 剑南春公司是明确以信托方式处理工会持股的实例。该公司在2003年从一家国有独资公司改制为"混合所有制"的有限公司。当时,公司(委托人)、工会(受托人)、职工(受益人)代表一同签署《民事信托合同》,约定工会以职工委托给它的资金(来自职工安置费)购买一定比例国有股权。参见:李然诉四川剑南春(集团)有限责任公司及其工会案,绵竹市法院(2017)川0683民初669号判决。

② 例如:前引刘晓霞案的一审判决中,法院指出,"员工为委托人,工会为受托人,信托财产为员工的出资,受益人为员工,工会与员工之间构成信托法律关系"(深圳市福田区法院(2011)深福法民二初字第7488-7490、7492-7497、7499号判决)。再如:王国初诉山东荣城建筑集团有限公司工会案,威海市中院(2018)鲁10民终2663号判决。

③ 《关于工会资产界定与管理的有关问题的通知》(中华全国总工会、国家国有资产管理局,1993年9月)。

④ 参见《企业国有资产所有权界定的暂行规定》(国家国资局、财政部、工商总局,1991年3月);《国有资产产权界定和产权纠纷处理暂行办法》(国家国资局,1993年12月)第4条。

使用的实物资产;另一类是工会投资兴办的企事业单位的资产,即"工会企业"资产。① 工会作为持股载体所持股份,资本金来自员工投入,而非工会经费或财产,分红发放给员工而不是成为工会收入,因此工会名下股份不属于工会以自有财产投资所形成的资产。通常,工会兴办企业是为了向职工提供文化福利方面的服务、创收或者安置富余人员(例如工人文化宫、俱乐部、体育场馆、疗养院、旅行社等),企业性质属于"社团集体所有制企业"。② 一个有限责任公司实施员工持股,且以工会为持股载体,不会导致该公司变成"集体所有制"的"工会企业"。从全国总工会发布的全国工会资产数据看,纳入统计的资产分为"工会行政性资产"和"工会企事业资产"两大类,"工会企事业资产"也不包括基层工会作为持股载体所持有的股份。③

在有关工会名下股权的权属纠纷案件中,法院通常依据"谁投资,谁所有"的原则,区分工会受托持有的股权和作为"工会资产"的工会企业股权,判断股权是否属于工会,关键看工会是不是真正的出资者。例如,在 2009 年北京市法院审理的一宗产权纠纷案件中,一、二审法院确认某工会拥有某家企业的全部股权。法院的关键依据和理由是,某工会在该企业成立时投入了全部注册

---

① 《工会财产管理暂行办法》第 1 条。另根据第 6 条,工会资产的来源主要包括:外部捐赠和援助的资产;政府和行政补助形成的资产;以工会经费投资形成的资产;工会兴办的企事业的资产。

② 全国总工会关于印发《工会企业财务管理办法》的通知,载《中国工会财会》1997 年第 8 期,第 24 页(见该办法第 4 条)。

③ 根据总工会的数据,2017 年度,全国县以上工会企事业单位资产总额 519.18 亿元,总收入 148.95 亿元。李庆堂,《关于 2017 年度全国工会资产监督管理情况的报告》,《中国工会财会》2018 年第 5 期,第 6 页。仅就华为一家企业来看,华为 2017 年度的总资产和销售收入都远远超过上述统计数字,分别为是 5052.25 亿元和 6036.21 亿元(华为控股 2017 年报第 7 页)。可见,全国总工会事实上也没有将华为工会代持的股份(以及其他类似情况的股份)纳入工会资产范围。

资本。①

第二,基于工会代持股份不属于"工会资产"的理由,持股工会如果被撤销,它们受托持有的股份是无须移交给上级工会的;如果工会自有资产(即"工会资产")不足以清偿债务,工会的债权人也无权要求工会以其受托持有的股份清偿工会债务。

《工会财产管理暂行办法》第 18 条规定,"工会组织撤销,其财产交上级工会"。这里的"财产"指的是"工会资产"。由于工会代持股份不属于"工会资产",因此,持股工会如果撤销的话,工会名下的股份就不属于应移交给上级工会的资产,而是应当分配给参股员工。② 有两个相关案例可供参考:一个是作为企业工会下设机构的职工持股会解散后,原职工股并未被移交给上级工会。相反,职工请求将自己登记为公司股东,得到法院支持。③ 另一个案件中,企业工会事实上停止运作,有员工主张将自己确认为登记股东,得到判决支持。④

基于同样的理由,假如一个工会无力清偿其债务,它的债权人是无权对其名下受托持有的股份主张强制执行的。⑤ 工会受托持有员工投资形成之股份的情形,与审判实践中常见的 A(作为名义股东)代持 B(实际出资人)实际投资所形成之股权的情况是不同的。在后一种情形,如无证据证明 A 的债权人(设为

---

① 田丰、任德隆、陈永晓、滕波、王静所有权纠纷案,北京市二中院(2009)二中民终字第10585号判决。

② Balding & Clarke (2019: 9)认为,假设华为控股解散进而其工会撤销的话,工委会持有的股权应当作为"工会资产"上交给上级工会。

③ 朱玉明诉南京长江石化有限公司案,江苏省高院(2016)苏民再309号判决。

④ 蔡德光诉珠海市香洲区珠洲消防工程有限公司、珠海市珠洲消防器材厂工会委员会案,珠海市中院(2015)珠中法民二终字第213号判决。

⑤ 不过,笔者在诉讼案例库中没有找到此种案件。这或许与工会属于非营利机构,通常不直接开展商业活动(因而债权债务关系较少)有关。

7. 股份基本规范

C)知悉 A 为 B 之利益代持股权,那么,C 主张以 A 名下之股权清偿债务的请求通常会得到法院的支持。[①] 但在工会受托持股,尤其是有些企业有大量员工股且广泛宣传员工持股的情况下,工会的债权人很难证明自己对工会作为名义持股载体的事实毫不知情。

第三,作为员工股份持股载体的企业工会,尽管被登记为股东,但它们对其名下股权没有自由处分的权利。

检索目前有关工会持股的纠纷案件可见:工会未经持股员工同意,擅自处分其受托持有的股权的行为不受法院认可。根据最高法院的司法解释,名义股东擅自转让其名下股权,属于"无权处分",实际出资人有权主张转让无效,受让人只有在符合"善意取得"规则时才能取得股权(善意即对代持关系完全不知情)。举两个案例说明。

案例 1(生效判决认为:未经参股员工同意,工会转让其受托持有的员工投资形成的股份给知情受让人,转让行为无效):1991 年,李女士作为广东东莞的一家公司(东岳公司)的技术顾问,认购职工股 30 万元。股权由东岳公司工会代为持有,工会登记为名义股东(名下代持数十名职工股东的股权)。2007 年,已经退休的李女士要求东岳公司同意其向他人转让股权,但发现:此前工会已经将其名下股权都转让给了公司的董事长(罗先生)及其他高管人员。2008 年,一审法院判决:工会未经李女士同意擅自转让名下股权,是无效的,罗先生不是善意受让人;因此,李女士仍然是 30 万元股权的实际出资人,罗先生并不是真正的股东,而仍是代持股权的名义股东(这意味着,李女士仍然有权获得分红,公司清算时可以获得剩余财产分配)。一审判决后,罗先生不服提起上诉、

---

① 例如:成都广诚贸易有限公司诉福州飞越集团有限公司案,最高人民法院(2013)民申字第 758 号裁定。

再审申请,广东省高院2017年作出维持一审判决的终审判决。①

案例2(生效判决认为:工会依规则回购员工股份后,受托持股关系即告终止,工会成为实际股东,有权转让其名下股份):2001年,武汉的两家国营食品厂合并改组为一家冷储物流有限责任公司(简称"L公司")。当时,两家企业的837名职工参加了持股计划,员工投资形成的股份均由L公司工会代为持有。L公司成立时有两个股东:一个是武汉市政府控股的某集团公司(持股51%);另一个是L公司工会(持股49%)。L公司参股员工通过工会下设的"职工持股会"行使权利。职工持股会又设"会员代表大会",由职工代表组成,有权决定职工股的重大事项。

2003年2月,L公司召开职工持股会"会员代表大会",作出了由工会回购员工股份并解散职工持股会的决议。之后,L公司职工持股会的多数会员代表签署"股份转让协议书"。700余名职工自愿办理了回购结算手续。对于不同意回购的职工,公司将回购金额存入他们的个人账户。同年4月,L公司工会将其名下股权转让给第三人。2005年,职工持股会解散。

2016年,五名职工股东提起诉讼,请求法院认定L公司工会2003年4月的股权转让无效。法院经多次审理后最终判决:工会回购员工股份的决定经"会员代表大会"多数代表赞成通过,符合职工持股会章程,为有效决议。该决议对每一个参股员工都有约束力。L公司工会对经由合法回购的其名下股份拥有自由支配的权利,转让给第三人是有效的。② 根据这个判决可以推知:如果L公司工会没有通过合规程序回购员工股份,进而终止代持关系,它是无权擅自将名下代持的股份转让给第三人的。这与案例1(东岳公司案)的判决理由是一致的。

---

① 李天敏诉罗明昌等案,广东省高院(2017)粤民再125号判决。
② 张黎花、方凯诉武汉万吨冷储物流有限公司案,武汉市中院(2020)鄂01民终6165号判决。

第四,工会所持股份的收益归属于投资员工。投资员工是受益人这一点,在前述华为控股和平安集团的案例以及其他简要援引的案例中已十分清楚地说明了。

综上所述,在企业工会作为员工股持股载体的情况下,尽管在法律法规、企业章程、投资协议中,持股工会与投资员工的关系极少被表述为信托关系,但基于事实和现行法律规则、审判观点来看,将这种关系认定或解释为信托关系是比较合理的。

本章小结

- 无论从历史还是现实的角度看,股票都不是股份的唯一形式。
- 无论是证券市场制度、专业人员还是投资者观念,对面值股都形成了"路径依赖"。但是,面值规则实际上已经空洞化。
- 有限公司同样有将注册资本划分为股份的需求,事实上很多有限公司模拟股份公司将每1元注册资本拟制为面值1元的1股。
- 有限公司股权凭证的规则有必要合并、简化:以公司登记为合法推定股东资格和持股数量的唯一凭证。
- 股份制试点时期确立的"国家股""法人股""个人股"和"外资股"的分类,实际上充当了国企公司化改造和证券市场利益分配的工具。它们因人而异的分配功能过于强烈,运用成本过高,无法成为持久存续的股份规则。
- 投融资实务中,股权投资方与有限公司及其原股东,通过协议可能为普通股附加多种非典型的特权,构建各种各样的"仿制优先股"。"仿制优先股"大多有让投资方获得固定收益的目的,但它们对公司债权人通常不具有法律约束力。
- 员工股份的取得和持有(无论直接还是间接持有)必须以员工身份为前提。员工股份依附于员工身份,而员工身份又与员工和公司的劳动合同结合在一起的。这是所有员工股份的共同特征。
- 员工通过工会或工会下设职工持股会间接持有公司股权,在我国是一种常见的员工持股模式。根据目前的实际情况、法律规范和审判观点来看,将持股工会与投资员工之间的关系认定或解释为信托关系,在事实上和法律上都是比较合理的。

8. 股东的出资义务

《公司法》第 3 条第 2 款规定,"有限责任公司的股东以其认缴的出资额为限对公司承担责任;股份有限公司的股东以其认购的股份为限对公司承担责任"。这条规则究竟意味着什么?

股东出资形成公司资本。而公司资本通常被认为具有维系公司经营、确定股东权益和保护债权人等功能。因此，立法者花费颇多笔墨设定规则，力图促使股东依章程规定的出资类型、金额、时间等要求向公司缴纳出资财产。这些规则大致可分为两部分：一是行为规则，即设定股东出资义务的具体内容的规则；二是责任规则，即规定股东违反出资义务应承担何种法律责任的规则。

股东出资义务的边界何在？资本认缴制准许公司章程自行设定股东出资实缴期限。由此产生两个颇多争议的问题：一是，公司仍有债务未清偿时，通过修改章程减免或延迟股东的缴资义务是否合法？其二，公司无力清偿债务但又没有进入清算程序时，缴资期限尚未届至的股东，是否有义务提前履行出资义务？进而，股东拒绝提前缴资是否构成"未履行出资义务"，股东应否对公司债权人承担"补充赔偿责任"？上述问题均涉及股东出资义务的界定。本章将在8.1节和8.2节对现有的理论和审判观点予以梳理和探讨。8.3节将讨论股东违反出资可能导致的民事责任和刑事责任。其中，"个别清偿"和"集体清偿"两种机制的竞争尤其值得关注。

8.1 出资义务能否减免或延后

资本认缴制允许股东在出资承诺基础上设立公司，缴资期限自定。于是，在投资创业得到鼓励的同时，市场上也涌现了许多设立时没有或者极少实缴出资的"空壳公司"。[1] 这是实行资本认缴制不可避免的结果，因为人们总会在趋利避害的动机下用尽规则的有利空间。通常，股东在承诺的出资期限到来之前不会自愿提早实缴出资。近几年来，实践中出现以下两类比较典型的情

---

[1] 例如，股东将认缴出资额定得很高，实缴出资的期限却定在公司成立后10、20、30年甚至更久。

况：一是，股东在明知或应知公司将有大额债务到期时，不是提早实缴出资，而是提前修改章程，减免或者延后自己的出资义务；二是，当公司不能清偿债务时，股东以其实缴期限未至为理由，抗辩公司债权人对其提出的补充清偿公司债务的请求。

这些问题暴露了法律在约束股东实缴出资方面还缺少足够清晰的规则和有效的措施。股东可以任意扩大注册资本，因为承诺（"认缴"）就可以登记为注册资本。但是，约束股东履行出资承诺，防范减少资本（通常是减免认而未缴的金额）损害债权人的机制存在较大疏漏。"宽进"有了，"严管"还未实现。

目前，人民法院在处理上述争议的过程中，形成很多不同意见。其中有不少法律解释观点和方法值得我们探讨、总结和重述。

8.1.1 股东会修改章程减免出资义务

在香通国际公司诉昊跃投资公司等一案①，债务人昊跃投资公司在未清偿巨额债务的情况下，其股东会作出修改章程的决议，免除股东已认缴而未实缴的出资额，将注册资本从 10 亿元减至 400 万元。一审判决以昊跃公司减资程序存在瑕疵（主要是未依法通知债权人）为由，确认减资无效，昊跃公司注册资本保持不变，仍为 10 亿元。

回顾案情可见，昊跃公司从成立到增资扩股，再到减少注册资本，每一步都踏准了资本认缴制改革的节奏。

2013 年 11 月，昊跃公司成立，注册资本为 2000 万元，实缴出资金额 400 万元。

---

① 上海香通国际贸易有限公司诉上海昊跃投资管理有限公司等案，上海市普陀区法院（2014）普民二（商）初字第 5182 号判决。本案二审期间，当事人达成案外和解，原审原告申请撤回一审起诉，二审法院准许后裁定撤销一审判决，参见上海市二中院（2015）沪二中民四（商）终字第 1398 号裁定。

其中,初始股东 A 认缴 1400 万元(占注册资本 70%),实缴出资 280 万元,B 认缴 600 万元(占注册资本 30%),实缴出资 120 万元。章程规定,A、B 认而未缴的出资将在 2 年内缴付。这完全符合 2005 年《公司法》第 26 条第 1 款的规定。

2014 年 4 月,B 将其股权转让给 C。同月,昊跃公司通过股东会决议,将公司注册资本由 2000 万增至 10 亿元,并变更公司章程和登记。章程规定,公司注册资本为 10 亿元,股东已实缴金额为 400 万元,股东 A 与 C 应在 2024 年 12 月 31 日之前实缴其余出资。2014 年 3 月 1 日,新的资本认缴制开始实施。昊跃公司 4 月就将注册资本扩大 50 倍,且新增注册资本全部为认缴,实缴期限长达 10 年。昊跃公司股东充分利用了认缴制改革的"政策红利"。

4 月扩大注册资本后,昊跃公司很快就签署了一份价额不菲的合同。2014 年 5 月 1 日,昊跃公司与香通公司签订协议约定,香通公司同意将其持有的卫运公司 99.5% 股权转让给昊跃公司,转让价格为 7960 万元,昊跃公司承诺于 30 日内付清全款。5 月 22 日,卫运公司 99.5% 股权变更登记至昊跃公司名下。但昊跃公司并未按约定时间在 5 月底前付清全款。7 月 1 日,香通公司与昊跃公司签订补充协议,约定昊跃公司于 8 月 30 日前付款 2000 万元,11 月 30 日前付款 2000 万元,12 月 31 日前付款 2000 万元,2015 年 1 月 31 日前支付剩余的 1960 万元。但截至香通公司起诉之日,昊跃公司未支付任何款项。相反,在与香通公司签署补充协议后,昊跃公司立即修改章程,减免股东的出资义务。

2014 年 7 月 20 日,昊跃公司召开股东会作出决议,决定公司注册资本由 10 亿元减至 400 万元,免除股东全部认而未缴的出资。7 月 30 日,昊跃公司在《上海商报》上刊登减资公告:"昊跃公司经股东会决议注册资本由 10 亿元减至 400 万元,特告"。随后昊跃公司的原股东 A 也抽身离去。8 月 21 日,昊跃公司股东会同意 A 将其股权转让给 D,并同意 D 担任法定代表人。9 月 3 日,工商局核准昊跃公司的股东变更和法定代表人变更。10 月 10 日,工商局准予昊跃公司注册资本金额由 10 亿元减资至 400 万元的变更登记,并核准了公司章程。

从上述案情的各个时间节点看,昊跃公司的股东们抓住了资本制度提供的每一次机会:先是利用宽松的认缴规则大幅扩张注册资本;受让卫运公司股权后,拖欠转让款迟迟不付;与香通公司达成延期付款协议后,旋即减少注册资本,减免股东出资义务。**在这个案例中,股东对其出资规模和期限的"意思自治"以这样的方式表现出来**:他们可以任意修改章程扩大注册资本,以彰显公司"实力";交易完成后,又可以回缩资本,修改章程,缩减股东出资义务。

尽管,从法律条文上看,公司减资并非可以随意为之。但这些约束机制还不足以防止不合程序的减资,也无法保障债权人有机会及时获得清偿或担保。[①]

法官认定昊跃公司减资无效,理由是减资存在程序瑕疵,主要是未将减资事项通知已知的债权人香通公司。实际上,《公司法》并未规定未通知债权人的减资应确认无效。法官确认昊跃公司减资无效,其实是对法律加入了自己的解释。其理由是,减资前通知债权人是保护债权人利益的重要措施,公司没有尽到通知义务,减资即应认定无效。[②]

昊跃公司案的审理法官看到了资本认缴制赋予股东出资自主权而缺少必要约束机制的现实,没有拘泥于法律条文的文义,试图通过解释去修复减资规则的漏洞,矫正当事人机会主义行为导致的利益失衡。

8.1.2 股东会修改章程延后缴资期限

在**金谷信托公司申请执行浙江优选公司财产一案**[③],债务人浙江优选公司

[①] 减资过程中的债权人保护问题,参见第 12.4 节的分析。

[②] 在其他一些案件中,法官并未认定减资无效,而只是将违规减资认定为"不得对抗债权人",参见第 12.4.1 节。

[③] 中国金谷国际信托有限责任公司诉浙江优选中小企业投资管理有限公司等申请执行案,北京市高院(2016)京执复 106 号裁定。

已无财产可供执行。债权人金谷信托公司发现,债务人股东会在2014年6月作出决议,修改了公司章程,将股东实缴剩余出资的截止日期,从2014年10月15日推延到2032年10月15日。债权人认为,债务人的股东修改章程推延缴资时间的做法应当被认定为"股东出资不实"。于是,债权人向北京二中院申请将债务人的一名自然人股东许某某追加为被执行人,要求其在未实缴出资本息范围内承担债务人的债务。许某某在浙江优选公司2012年10月成立时认缴出资500万元,首期实缴200万元,其余300万元章程原本规定应于2014年10月15日前实缴到位。章程经修改推迟实缴期限后,许某某又将股权转让给其他人。

北京二中院没有支持债权人的上述申请。理由是:根据现行规则,"被执行人无财产清偿债务,如果其开办单位对其开办时投入的注册资金不实,可以裁定变更或追加其开办单位为被执行人,在注册资金不实的范围内,对申请执行人承担责任";但在本案中,债务人变更章程之前,许某某实缴出资期限未至,不能认定违反出资义务;债务人修改章程的实缴出资期限不违反法律规定,修改后的出资截止日期是2032年,因此许某某仍不违反其出资义务,不构成"出资不实"。因此,"本案不符合以股东出资不实为由追加被执行人的法定情形"。

债权人不服,向北京高院申请复议。北京高院作出的裁定认为:股东认缴出资即构成对公司的出资承诺,该承诺记载于公司章程并登记于工商管理机关后,便具有了公共性,成为股东对社会负有的"资本充实义务",与公司进行商务往来的人有理由对股东的承诺以及公司的注册资本产生"信赖利益";因此,股东在明知公司负有未清偿之债务的情况下,修改章程、推迟出资日期,显然就损害了债权人的"信赖利益",违反诚信原则,同时也妨碍了债务人公司实现"资本充实";基于上述理由,应当确认股东构成"出资不实"。

对本案的处理,北京二中院合议庭和北京高院合议庭的思路是不同的。前者严守法律和司法解释的文义,不越雷池一步,演绎推理尽管滴水不漏,但拘泥于法条的裁定对债务人股东显而易见的逃避义务、转嫁风险的行为束手无策。北京高院合议庭的裁定摆脱了法律条文的束缚,从"信赖利益"入手立论:既然债务人公示了股东的出资承诺,则债权人对股东出资承诺理应享有"信赖利益",进而,股东就有义务善意地履行出资义务,不得明知有未偿债务而修改章程、延迟出资,损害债权人基于信赖而应有的利益。① 但是,损害债权人的"信赖利益"为什么就构成了股东"出资不实"? 这里的逻辑链条不够完整。

从裁定书所述事实来看,股东修改章程、延迟出资日期,与其说是或者类似于"出资不实",毋宁说就是在减免股东的出资义务。只不过,这种"减免"不是出资金额上的减少,而是时间上的宽免,即推延实缴出资的时间。延后出资时间的效果与减免出资金额是相似的,都减除了股东当下或者即将发生的实缴义务。从这个角度看,本案类推适用减资(减免认缴出资金额)规范处理或许更有说服力。具体而言,公司修改章程、推延出资时间类似于减免股东出资义务;按照减资规范,债权人应有权要求公司清偿债务或者对债务提供担保;如果公司没有清偿债务或者提供担保,则减资理应无效或者至少对债权人不生效力。显然,这里又涉及对减资规范的解释和补充。

本案债权人的另一种可行的诉讼思路是,行使债权人撤销权,请求法院撤销浙江优选公司的章程修改。理由是,债务人浙江优选公司在大额债务到期前通过修改章程延后股东缴资期限,实际上是"恶意延长"自己所享有债权的履行期限,降低自身债务偿付能力,导致债权人(金谷信托)的债权难以实现。②

---

① 当然,"信赖利益"之说实际上也是法官对案件事实的"拟制"或者"推定"。因为,债权人是否真的对债务人的注册资本(也即股东们的出资承诺)有所"信赖",是根本无从证实的。拟制或推定"信赖利益"的存在,反映了法官对公司资本制度的一种理解。

② 法律依据为《民法典》第538条。

8.2 出资义务应否强制提前履行

公司不能清偿到期债务时,其股东应否在章程规定的实缴出资期限之前缴资,以供公司偿债?进而,公司债权人能否依据司法解释,①要求未至缴资期限的股东对其承担"补充赔偿责任"?

根据现行法律和司法解释,在公司进入破产清算程序或启动非破产清算前,股东无须提前履行实缴出资义务。《企业破产法》(2007年)规定,针对债务人企业的破产申请一旦被人民法院裁定受理,则破产管理人有权且有义务要求该企业出资人履行出资义务,无论其出资义务是否到期(第35条)。② 另据公司法司法解释,公司解散时,股东尚未缴纳的出资均应列为"清算财产",其中包括到期应缴而未缴和未到实缴期限的出资。③ 因此,就现有规则而言,在公司进入破产或非破产清算程序前,即便公司已陷入清偿困境,股东并没有义务提前缴纳出资,公司债权人也无权主张股东提前实缴出资或直接对其承担债务。④

这一结论难免令人失望。不少学者认为,公司如果无力清偿债务,即便它没有进入破产或解散清算程序,股东也应当提前缴纳出资;股东如果拒不提前缴资,则应认定其违反出资义务,公司债权人有权请求该等股东对公司债务承担"补充赔偿责任"。不过,截至目前,这些理论观点看起来对审判实践的影响并不大,判决上支持股东提前缴资的案例仍属极少数。在现有法律框架内,通

---

① 《最高人民法院关于适用〈中华人民共和国公司法〉若干问题的规定(三)》(2011年发布,2014年修订)第13条第2款。该规定以下简称《公司法解释三》。

② 相关司法解释见《最高人民法院关于适用〈中华人民共和国企业破产法〉若干问题的规定(二)》(2013年)第20条。

③ 《最高人民法院关于适用〈中华人民共和国公司法〉若干问题的规定(二)》(2008年发布,2014年修订)第22条第1款。该规定以下简称《公司法解释二》。

④ 详细论述参见陈克(2015:42)。

过法律解释很难确立强制股东提前缴资的正当理据。

以下对理论和审判实践中的观点逐一讨论。

8.2.1 主张强制股东提前缴资的观点

在支持提前缴资的论点中，有的主张将破产法中的缴资义务"加速到期"规则扩大到破产程序之外；有的主张扩张解释股东"未履行出资义务"的含义；或者扩张解释股东的有限责任；还有学者援引美国判例法的理论作为论据。下面分析其中的五种主要观点。

观点一：破产并非强制股东提前缴资的必要条件，避免债务人破产可增进整体利益

资本认缴制于2014年3月施行后，有学者撰文提出如下问题：既然在破产程序中，股东必须放弃认缴出资时约定的"期限利益"，立即缴纳出资，那为什么不能在公司无法清偿债务但未进入破产程序时要求股东提前履行出资义务？如果股东提前缴资可避免公司破产，为什么非要置公司于破产境地？作者认为，在公司不能清偿债务时，避免破产是有益于股东和多数债权人的较优选择。既然在公司破产状态下，股东未缴出资必须被追缴为破产财产，那么，"将这种追缴延伸至破产程序之外也就不存在根本的法律障碍"。因此，"要求未届履行期或履行期不定的股东提前承担出资责任，未尝不可"。①

但是，债务人公司、债权人以及公司股东的利益实际上经常是不一致的，或者说总是存在难以调和的利益冲突。② 避免债务人破产未必产生"共赢"结

---

① 赵旭东（2014：23）。类似观点亦见于朱慈蕴、刘宏光（2014：78）、梁上上（2015：656）、蒋大兴（2019：110）。

② 参见本书第2.3节对债权人与公司股东利益冲突的分析。

局,也不一定是各方当事人心所向往的共同目标。① 从股东与债务人公司角度看,一个股东提前实缴出资固然有可能避免公司破产,但该股东由此获得的收益(公司存续)可能远远小于其为此支付的代价(股东自有资产减少)。在给定资产回报率的条件下,股东实际投入的资本越少,其"股权回报率"就越高。② 我们没有理由假设所有股东在公司破产问题上都与公司和债权人利益一致。③

从债权人角度看,债务人是否进入破产清算,对不同债权人的影响也是不同的。破产清算程序是债务人财产对债权人的集体清偿程序。一般而言,有担保的债权人优先获偿,无担保的债权人按债权比例受偿。但诉讼求偿程序是对个别债权人的清偿。也就是说,只有率先赢得诉讼并成功执行判决的债权人,才能从债务人财产(以及债务人股东的提前缴资)中获得清偿。诉讼求偿程序遵循"先到先得""先下手为强"的法则。这将迫使债权人展开诉讼和强制执行的竞赛,会使所有债权人都处于利益不确定、不稳定的焦虑状态。股东未届缴资期限的出资本来是要在到期时缴付给公司的,或者在破产或非破产清算时列入清算财产。如果在公司不能清偿债务但尚未进入清算程序的情形,个别债权人也有权追缴股东的未届期出资,那就仿佛原来的规则是观众排队进场、戏剧按时开演,现在却宣布戏剧提前开演、谁先挤进去谁就有座位——可以想见,混乱是难免的。

更严重的问题是,在公司进入破产清算(以及非破产清算)前要求股东提前

---

① 我们也没有理由认为,避免公司破产就一定是促进社会整体利益的更优选择。因为,破产有可能成为重新配置经济资源,促进资源有效利用的一个过程。

② 资产回报率(return on assets,ROA)=税后净利润÷资产;股权回报率(return on equity,ROE)=税后净利润÷股本。参见米什金(2016:168-169)。

③ 正因为股东与公司的利益不一致,才有观点依《公司法》第 20 条指出,当公司面临类似破产的"生存危机"时,股东有义务同意和促成提前缴资,否则即属"滥用表决权",有损公司和其他股东利益。参见丁勇(2018:160)。

缴资,将动摇法律规则的确定性和公信力。《公司法》明确允许股东自由确定认缴出资的金额和期限,并没有规定在公司未清偿债务但尚未进入破产或解散程序的状态下,股东必须放弃"期限利益"。同时,《企业破产法》和司法解释又明确规定,公司进入破产和解散清算程序时,股东始应丧失认缴出资的"期限利益"。那么,股东依法律规则设立公司、设定实缴出资期限,并经工商机关登记,就是在依法办事,合法建构自己与他人的权利义务关系。任何与该公司交往的相对人都有机会获悉该公司股东的出资信息,并评估由此可能产生的风险。如果公司后来无力清偿债务,法院就宣布"原定出资期限失效,股东必须提前缴资以挽救公司、补偿债权人",这无异于宣告废除资本认缴制,废止《企业破产法》和司法解释的相关规则。①

因此,在目前的法律框架中,除非修改法律,基于避免债务人破产可以增进整体利益的理由而主张强制股东提前缴资,是缺乏说服力的。

观点二:对"未履行或者未全面履行出资义务"作扩张解释

《公司法解释三》第 13 条第 1、2 款规定:"股东未履行或者未全面履行出资义务",公司或其他股东有权请求其向公司补缴出资,公司债权人则有权请求其"在未出资本息范围内对公司债务不能清偿的部分承担补充赔偿责任"。

照常理理解,"股东未履行或者未全面履行出资义务",指的是股东缴资义务届至履行期后,仍未依章程规定履行义务。但有观点认为,"股东未履行或者未全面履行出资义务"可以作扩张解释,将股东认缴而实缴期限未届至的状态

---

① 为理顺法律适用上的矛盾,丁勇(2018:165)提出,当公司无力清偿债务,债权人直接向未缴资股东主张履行出资义务时,应当类推适用《企业破产法》和《公司法解释二》的规定,强制股东放弃"期限利益"。理由是,出资财产具有保护债权人的"担保"功能,"股东期限利益应让位于债权人保护"。不过,作者对法律存在漏洞和在强制执行程序中类推适用破产法规则的正当理由尚未给出有说服力的论证。

也包含在内。这样,公司债权人就可以依据《公司法解释三》的上述规定,请求缴资期限未至的股东承担"补充赔偿责任"了。其理由是:《公司法解释二》第22条第1款规定,"股东尚未缴纳的出资"包括"到期应缴未缴的出资"和"分期缴纳尚未届满缴纳期限的出资";《企业破产法》第35条也有类似规定。所以,《公司法解释三》的"股东未履行或者未全面履行出资义务"应当照此作扩张解释——既包括出资义务到期而未履行,也包括出资义务尚未到期的情形。[①]

不过,这里的类比和基于类比的扩张解释是有疑问的。一是,《企业破产法》和《公司法解释二》的上述规范适用于公司破产或非破产清算的情形(这是强制股东放弃出资期限利益的正当理由),而《公司法解释三》第13条不以公司进入破产程序或者启动非破产清算为条件。两类规范的适用范围明显不同,缺乏类比基础。二是,股东"是否缴纳出资"是对事实状态的认定,而"是否履行出资义务"则是法律上的判断,二者性质不同,不应当进行类比。[②]

退一步说,如果认为公司不能清偿债务的状态,实质上达到了《企业破产法》第2条规定的破产条件(只是当事人没有申请法院受理破产),那么符合逻辑的思路应当是:类推适用《企业破产法》第35条,要求股东立即向公司缴纳全部未缴出资,公司债权人则只能依破产清算程序从破产财产中受偿(遵循所谓"入库规则"),而不是依《公司法解释三》第13条,要求股东对其个别清偿(即承担"补充赔偿责任")。

观点三:"资本维持原则"的要求

有学者从"资本维持原则"的角度论证提前缴资的合理性,认为:"资本维持原则要求公司尽力保持与注册资本额相当的财产,以保证债权人至少能够在注

[①] 梁上上(2015:656),类似观点亦见李建伟(2015:56)。
[②] 从法律方法上对观点二的批评,参见丁勇(2018:162)。

册资本额度范围内受偿,但在认缴资本制下,缺少了注册资本额的参考值,股东出资由此处于不确定状态。资本维持原则应体现为,在股东认缴资本额全部实缴之前,公司在正常开展营业的同时应避免出现无法清偿对外债务的境况。一旦公司丧失这种偿付能力,法律应向股东宣告:请向公司补充缴付你所未缴的财产,以保持公司的债务清结。否则,公司资本制度的设计则纵容了股东、伤害了债权人,最终损害了整体性的社会交易安全。"①

在资本认缴制状态下,公司注册资本与会计确认的实收资本(或股本)存在差额是常态。② "资本维持原则"究竟是"要求公司尽力保持与注册资本额相当的财产",还是保持与实收资本(或股本)相当的财产?从现实操作的角度看,要求公司保持与会计上确认的实收资本(或股本)相当的财产是说得通的。道理不难理解:在股东缴资期限未至的情况下,公司尚未收到的股东出资,是无法让公司尽力保持的。如果公司有义务保持的财产还包括股东尚未缴付的出资财产,这样的法律关系是难以解释的。此外,"资本维持原则"也不意味着公司股东有义务"保证债权人至少能够在注册资本额度范围内受偿"。③

不难发现,上述看法其实是对"资本维持原则"的扩大解释。但是,扩大解释的基础何在,需要认真论证和说明。基于扩大解释的"资本维持原则"而得出的推论,即"在股东认缴资本额全部实缴之前,公司在正常开展营业的同时应避免出现无法清偿对外债务的境况"这一看法,同样有待论证。

观点四:借鉴美国"法定债务理论"

有学者撰文提出,公司无力清偿债务时股东应否提前缴资,可以借鉴美国的"法定债务理论(The Statutory Obligation Theory)"处理。理由是:"美国各州

---

① 李建伟(2015:55)。
② 详见第 1.3.1 节的说明。
③ 关于我国理论和审判实践中运用的"资本维持原则",参见第 9.4.2 节的分析。

公司法没有明确规定债权人对未实缴出资股东的直接请求权";但法官通过对制定法的解释,认为公司债权人可以直接依据制定法(例如加利福尼亚州公司法规定,"股东必须至少按照股票的面值出资"),对未实缴出资的股东行使请求权;因此,我国《公司法》第3条第2款(即股东以其认缴出资额或者认购的股份为限对公司承担责任)也可做类似解释,可以作为公司债权人直接对未实缴出资的股东行使请求权的法律依据。①

美国公司法文献中确有"The Statutory Obligation Theory"的表述。但是,这个理论要回答的问题是:股东未足额支付购股对价(improper consideration,尤指未按股份面值或违反认股协议,未足额支付股款或缴纳非货币财产的行为)时,公司债权人对该股东有无要求其向公司缴资的诉权,而不是股东缴资期限未至,公司债权人能否直接请求股东承担公司债务。

"The Statutory Obligation Theory"出现于曼宁和汉克斯合著的《公司资本》(*Legal Capital*)一书。② 作者在讨论股东出资义务的一节中,提出如下问题:既然股东基于制定法而对公司负有缴纳出资的义务(Statutory Obligation),那么,在何种条件下以及何种范围内,公司债权人可以通过要求股东履行缴资义务而满足自己的债权?③ 本来,起诉股东履行缴资义务的诉权属于公司,公司可依据股东与公司间的认股合同起诉股东。但是,这很难为公司的债权人提供有效救济。作者指出,在美国判例法中,先后有五种理论支持债权人直接向违反出资义务的股东提出诉讼请求。这五种理论中主要的是以下三种:

一是,"信托财产理论(The Trust Fund Theory)"。这一理论源自著名的

---

① 王涌(2015:35)。

② Manning & Hanks (2013:58). 后向东的中译本(2007:131-132)将"The Statutory Obligation Theory"译为"法定义务理论"。

③ Manning & Hanks (2013:56).

Wood v. Dummer（1824）案。该案中,斯托里大法官指出,股东缴付于公司的出资财产实质上是以保障债权人利益为目的而设定的信托财产。① 此后,一些法院基于 Wood 案的"信托财产理论",承认公司的债权人为实现其债权,可以直接(而非以债务人公司名义)请求违反缴资义务的股东按照股份面值向公司补缴出资。②

二是,"欺诈理论(The Holding Out or Fraud Theory)"。1892 年明尼苏达州最高法院判决的 Hospes v. Northwestern Mfg. & Car Co. 案提出了这个理论。其基本逻辑是:公司发行股份、股东认购股份的行为,相当于公司向其债权人作出了股东已实际缴足股款的陈述,如果股东事实上没有足额缴资而公司又陷入清偿不能的境地,那么,债权人就有理由主张自己受到误导或欺诈,可以起诉股东,要求其按照股份面值缴足股款。③

三是,"法定义务理论"(The Statutory Obligation Theory)。有少数法院在判决中抛开前面两种理论,依据制定法直接作出判决:股东按照股份面值缴足股款,是其基于公司法规范而负有的法定义务,在公司丧失清偿能力时,债权人当然可以诉请法院强令股东补缴股款差额。《公司资本》一书为此举出的判例是 Harman v. Himes（1935）案。④ 在这个案件中,注册于特拉华州的一家公司于 1923 年以 50000 美元价格,向 Himes 出售 700 股优先股和 700 股普通股,两种股份的每股面值均为 100 美元。按照股份面值计算,这两笔股份的发行价应为 140000 美元(1400 股×100 美元),但认购合同约定的全部股款只有 50000 美元,股东须一次性缴纳。显然,公司向 Himes 折价(即低于每股面值)发行了股

---

① 对该判例的讨论参见第 9.1 节的开头部分。
② Manning & Hanks（2013:56）。
③ Manning & Hanks（2013:57）。
④ Manning & Hanks（2013:58 and footnote 27）。

份。1928 年公司出现清偿困难,法院任命接管人(receiver)清理和保护公司财产。到 1932 年,接管人发现公司已无财产可供偿债,于是对股东 Himes 提起诉讼,请求法院判令 Himes 按照面值(每股 100 美元),补缴股款差额 90000 美元(100 美元×1400 股 - 50000 美元)。上诉法院最终支持了接管人的请求。理由是,特拉华州公司法在 1915 年修订后,第 20 节明确规定:公司不能清偿债务时,股东如果未依照股份面值缴纳股款,则应当补足已缴股款和股份面值的差额。①

从以上三种理论观点尤其是 Harman v. Himes (1935)案的事实可见,无论是"信托财产理论""欺诈理论"还是"法定义务理论",它们要解决的问题都是股东违法或违约而未足额支付股款的情况下(股款=股份数×每股面值),债权人有无诉权请求股东向公司补缴股款。也即如下问题:公司丧失偿债能力时,如果股东每股实缴出资与每股面值存在差距,那么,公司债权人能否诉请法院强制股东向公司补缴差额?应当注意的是,造成股东出资与股份面值出现差距的原因,不是股东在认缴股份时与公司约定了延期或分期缴资,而是公司折价发行股份(违反了不得低于面值发行股份的规则)或者股东缴纳的非货币财产价实不符。这类股份被统称为"注水股(Watered Shares)"。②"购股对价不

---

① Harman v. Himes, 77 F. 2d 375, 381 (D. C. Cir. 1935). 判决书第 379 页引用的特拉华州公司法条文如下:Section 20 (Rev. Code Del. 1915, §1934) provided:"When the whole capital stock of a corporation shall not have been paid in, and the assets shall be insufficient to satisfy the claims of its creditors, each stockholder shall be bound to pay on each share held by him the sum necessary to complete the amount of the par value of such share as fixed by the charter of the company or its certificate of incorporation, or such proportion of that sum as shall be required to satisfy the debts of the company," etc. 特拉华州现行普通公司法第 162 节(a)[Del. Gen. Corp. Law §162(a)]即源自上述条文,但内容已有很大不同。

② "注水股"还包括 bonus shares(类似于我们所说的"干股")和 discount shares(折价股)。参见 Hamilton(1996:141)。

8. 股东的出资义务

足"或"注水股"的叫法都表明,这类现象实际上对应于我国法律语境下的"股东出资不实"或"违反出资义务",而不是股东认缴出资后、实缴期限未至的状态。

这三种理论最后为公司债权人提供的救济手段也是相似的,都是在公司无力偿债的情况下,支持债权人的请求,判令股东向公司(而非公司的债权人)补缴每股出资与面值的差额。[①] 可见,它们所提供的救济手段也跟股东应否放弃期限利益、提前缴资没有关系。实际上,以上述三种理论为基础的,针对公司清偿不能而股东"购股对价不足"情形的债权人救济规范,在我国已经"条文化",体现在《企业破产法》第35条和《公司法解释二》第22条中。

所以,无论上述哪种"理论",都不是用于解决股东应否放弃缴资期限利益问题的。这些"理论"无法为强制股东放弃期限利益、提前缴资,或对公司债权人承担"补充赔偿责任",提供正当性论据。

观点五:股东有限责任的要求

《公司法》第3条第2款规定,"有限责任公司的股东以其认缴的出资额为限对公司承担责任;股份有限公司的股东以其认购的股份为限对公司承担责任"。有学者认为,按照该条的文义表述,所谓股东"认缴的出资额"和"认购的股份"并不区分是否届至实缴期限,因此,无论出资期限是否届至,股东都应以其"认缴的出资额"或"认购的股份"为限,"对公司债务承担责任"。[②]

这个观点涉及对"股东有限责任"的理解。一般认为,第3条第2款是我国《公司法》对股东有限责任的规定。不过,该条文并没有说清楚:股东有限责任(或如法条所说的"股东对公司承担责任"),究竟指股东须在一定范围内承担

---

① 产生这三个理论的时代也是有面值股份十分普遍的时代。
② 李建伟(2015:56)。类似观点见郭富青(2017:131)、蒋大兴(2019:103)。

公司债务,还是指股东仅应对公司履行出资义务而不承担公司债务。以下具体分析:

(1)假如股东有限责任是指股东须在一定范围内承担公司债务,那么,《公司法》第3条第2款的意思就是:股东认缴一定数额的出资后,就应当在认缴金额内承担公司债务。比如,股东A向某有限公司认缴出资100万元,章程规定首期实缴30万元,其余70万元在2030年12月31日前缴足。假如该公司2023年12月时不能清偿债务,那么,在非清算状态下股东A应当在多少金额内承担公司债务？A的认缴出资额是100万元。A是否应在100万元范围内承担公司债务？显然,做肯定回答是不妥当的。因为,A已经缴纳了30万元,再令其在100万元范围内承担公司债务相当于扩大了A的出资义务(变成了130万元),显然不合理。

那么,将A承担公司债务的范围确定为70万元(也即扣除已实缴的30万元)是否合理？如果这一解释成立的话,"股东以其认缴的出资额为限对公司承担责任"这句话的含义就应当是:"股东应当在其认缴而未实缴的出资范围内承担公司债务"。然而,这一解释仍然是不够准确的。从司法解释和审判实践来看,"股东在其认缴而未实缴的出资范围内承担公司债务"只是相对某种一般情况的例外情形。法院作此等判决还须满足两个前提条件:一是,该股东所投资的公司出现不能清偿债务的情形；二是,该股东全部或部分地未履行其认而未缴的出资的缴付义务(例如超过实缴期限而仍未缴资、缴纳的出资财产价实不符等)。① 而当这两个条件不存在的时候,也就是一般情况下,股东即便有认而未缴的出资,对公司债务也是不承担任何责任的。

由此可见,《公司法》第3条第2款并不是一条表述完整的法条。我们不能

---

① 《公司法解释三》第13条。

仅基于该法条的字面意思来推演其规范含义,否则很容易断章取义,作出不当解释。对股东有限责任的解释,需要结合规范体系、法律实践和相关理论进行。

(2)股东有限责任的准确含义,实际上就是我国司法解释、审判实践和商业常识历来认可的,即股东即便有认而未缴的出资,只要没有违反出资义务的行为,股东就无须对公司债务承担任何责任。① **简而言之,股东有限责任的含义是:股东只对公司承担出资义务,通常情况下不承担公司债务**。"通常情况"之外,股东被迫承担公司债务(例如公司法人独立地位被否认、股东违反出资义务而公司又无力偿债等),都是特定情形下对股东有限责任的否定。当然,股东也可能自愿承担公司债务。

以上便是股东有限责任在我国法上的应有和实有的含义。从比较法视角看,这种含义与英、德、美等国的认识也是相通的。

英国《1855年有限责任法》所谓"有限责任"是指股东对公司债务不承担责任。② 获得有限责任注册的公司,只有在公司资产不足以清偿债务的时候,法院才有权令股东将其认缴但未实缴的出资金额缴至公司用以偿债。③ 英国后来的公司法延续此种表述方式。根据《2006年公司法》,"有限公司"(limited compa-

---

① 1990年《国务院关于在清理整顿公司中被撤并公司债权债务清理问题的通知》第一条就对股东有限责任做了一个清晰而简洁的表述:"凡在实际上具备了《民法通则》第三十七条、第四十一条规定的法人条件,并且与开办公司的党政机关脱钩的,一律以公司经营管理或所有的财产承担债务清偿责任。"意即,在合法设立且股东合法出资的公司,公司以自有资产清偿债务,股东无须承担公司债务。相关讨论参见本书第10.1.3节。如果继续向前追溯,1914年《公司条例》第126条对股东有限责任有更为简洁明了的规定:"各股东之责任以缴清其所认或接受之股份银数为限"。1929年《公司法》第112条第1款进一步简化为:"各股东之责任以缴清其股份之金额为限"。李楯(1996:159、258)。

② Limited Liability Act 1855, s. 7.

③ Limited Liability Act 1855, s. 8 ("… to the extent of the portions of their shares respectively in the capital of the company not then paid up .")。相关讨论参见 Wild & Weinstein(2011:4)。

ny)是指公司组织大纲规定股东责任限额的公司。该限额可以表现为股份金额,也可以是股东的保证金额。以股份金额为限的叫做"股份有限"(limited by shares),其股东责任依公司组织大纲的规定,限于其所持股份的未缴款额。①

德国《股份公司法》以限定股份公司偿债财产范围的方式,界定股东有限责任。该法第1条规定:公司以其资产为限对其债务承担责任。② 意思是:公司的债权人无权在债务人公司资产范围之外(例如股东个人资产)求偿。类似表述亦见于意大利民法第2325条。③

美国 MBCA 第6.22节对股东责任的表述是:(a)除缴付购股对价或认股协议另有约定外,股份购买人不对公司及其债权人承担责任;(b)若非公司组织大纲另有规定,股东对公司的行为和债务不承担责任(股东因其自身行为而承担个人责任的情形除外)。④

上述三种界定股东有限责任的方式略有不同。英国《2006年公司法》直接规定股东责任的边界。德国《股份公司法》以限定公司责任财产范围的方式界定股东有限责任。美国 MBCA 则分别从认购股份和持有股份两个方面,规定认股人和股东不对公司行为和债务承担责任,除非存在例外情形。尽管如此,它们的含义是相通且不含糊的:股东有限责任,是指股东对公司之义务仅限于履行出资的义务,股东一般情况下不承担公司债务。

综上所述,《公司法》第3条第2款并不包含公司无力清偿债务时股东应提前缴资的意思。从股东有限责任的规范和原理中也推导不出上述结论。法院

---

① UK Companies Act 2006, s. 3(2) ("… their liability is limited to the amount, if any, unpaid on the shares held by them.").

② Germany Stock Corporation Act, s. 1 (2017) ("Liability to the creditors with respect to obligations of the company shall be limited to the company's asset.").

③ 《意大利民法典》,费安玲等译,中国政法大学出版社2004年版,第541页。

④ MBCA §6.22 (2016).

判令股东在认而未缴的出资额内对公司债务承担履行责任,是对股东有限责任的否定,须满足司法解释所规定的前提条件(即公司无力偿债且股东未履行出资义务)。股东有限责任规范本身无法成为强制股东提前缴资(或出资义务"加速到期")的法律依据。

＊　＊　＊

通过以上对五种观点的讨论,可以看到,在目前法律框架下,支持在公司面临债务危机时强制股东提前缴资的观点,目前还没有提供足以立论的法律和理论依据。

8.2.2 审判实践中的不同意见

理论界主张强制股东提前缴资的观点并未被审判实践广泛接受。就目前公布的案件判决看,大多数判决坚持《企业破产法》第 35 条和《公司法解释二》第 22 条的规则,主张公司股东无义务提前实缴出资,缴资期限未至的股东无须对公司债权人承担"补充赔偿责任"。只在很少数案件的判决中,法院认为在公司处于偿债不能的境况时,股东应当提前实缴出资,对公司债权人承担"补充赔偿责任"。

最高人民法院在 2019 年发布的《九民纪要》对审理这类纠纷提出的指导意见是:原则上不支持要求股东提前缴资的诉讼请求,除非符合两种例外情形。

下面先看一看法官在不同个案中阐述的理由和依据,再讨论最高法院的指导意见。

类案一:不支持强制股东提前缴资的判决

在贝沃兹公司诉致云股权公司等案[①],债务人致云股权公司成立于 2015 年

---

① 浙江贝沃兹贸易有限公司诉上海致云股权投资基金管理有限公司等案,杭州市西湖区法院(2016)浙 0106 民初 3679 号判决。

6月12日,注册资本1亿元,两个发起股东将实缴出资的最晚时间设定为2035年5月31日。公司成立时,股东没有实缴出资。债权人贝沃兹公司在诉讼中提出如下主张:债务人的两个发起股东和后来受让全部股权的新股东,应在未实缴出资范围内连带补充承担债务人的债务。但审理该案的合议庭驳回了该诉讼请求。理由如下:

> 由于案涉《投资协议》签订之前,被告致云股权公司即已成立,且该公司原股东优紫公司、致云资产公司在章程中已约定了出资认缴期限,也即原告在签订案涉《投资协议》时即应当知道签约对方被告致云股权公司股东的出资认缴期限最迟为2035年5月31日,而被告致云投资公司通过受让股权成为被告致云股权公司新股东时认缴出资的期限最迟亦为2035年5月31日,被告致云股权公司在前述股权转让前后的注册资本均为10000万元,也即被告致云股权公司新股东并未通过恶意延长认缴期限或恶意减资行为来规避债务,认缴期限也未超出经营期限,现该认缴期限尚未到期,原告要求被告致云股权公司的新、老股东对被告致云股权公司的案涉出资义务承担连带补充支付责任的诉讼请求,缺乏事实与法律依据,本院不予支持。

值得注意的是,合议庭在否定股东负有提前缴资义务的同时,顺带指出:股东如果"通过恶意延长认缴期限或恶意减资行为来规避债务",法院将不认可这种损害债权人的行为。

在多多生态公司诉杰络公司等案①中,合议庭比较全面地阐述了不支持强制股东提前缴资(即引文所谓"认缴出资的期限提前到期")的理由:

---

① 四川多多生态农业有限公司诉杰络企业管理(上海)有限公司等案,内江市中院(2016)川10民终403号判决。

一、认缴出资的期限提前到期仅限于公司破产的场合,除此以外不应提前,债务人应当尊重股东关于出资期限的约定;二、最高人民法院《关于适用〈中华人民共和国公司法〉若干问题的规定(三)》第十三条,股东承担补充赔偿责任的前提是未履行和全面履行出资义务,而判断标准是依据其认缴承诺而言,其没有违背章程中的认缴承诺,则不应承担责任;三、债权人应当风险自担,且有救济途径。股东出资属于公示信息,债权人明知股东出资期限未到而与公司交易,即应当尊重股东期限利益。债权人亦可以行使撤销权或适用公司法人人格否认等其他途径予以救济。

判决书中,合议庭强调股东出资情况是"公示信息",债权人应当知晓风险,因此也应当"风险自担"。同时,判决书提示债权人,"可以行使撤销权或适用公司法人人格否认等其他途径予以救济"。而在另一个案件中,判决书向债权人提示的其他救济途径则是申请债务人破产。[①]

类案二:支持股东提前缴资的判决

支持强制债务人的股东提前履行出资义务的理由是什么呢?

有的判决所引用的法律依据与反对股东提前缴资的法律依据是相同的,都是《公司法解释三》第13条。当然,两种判决对该第13条所作出的解释是不同的。支持强制提前缴资的观点,把实缴期限未到的情形也视作股东"未履行或者未全面履行出资义务"。这种观点,实际上是将"未履行或者未全面履行出资义务"视作对**事实状态**(而不是法律判断)的描述,无论股东的缴资期限是否届至(即无论是否违反出资义务),只要还没有实缴出资,都可以适用该条规定。[②] 而反对提前缴资的观点认为,"未履行或者未全面履行出资义务"是一种

---

① 曾培诉刘胜振、刘品孝等案,北京市一中院(2017)京01民终3562号判决。
② 曾培诉刘胜振、刘品孝等案的一审判决意见,出处同上;另见:河南永信珠宝玉石有限公司诉河南鼎荣电子商务有限公司、曾宪强案,郑州市中院(2017)豫01民终14521号判决。

法律判断,其判断前提是实缴出资的期限届至,出资义务已成立,故"未履行或者未全面履行出资义务"仅指股东在实缴出资期限届至后仍未缴纳出资的行为。

有的判决指出:资本认缴制允许股东分期缴纳出资,"其默示条件应当是公司尚未陷入支付不能的紧急状态,因此当公司陷入支付不能的境地时,有必要加速股东分期缴纳出资义务的到期"。① 很显然,判决书应当对这里提到的"默示条件"作出有说服力的解释和论证,否则其观点的核心理由难以令人信服。

还有的支持股东提前缴资的判决,从立法目的、利益平衡的角度立论。前文分析的香通公司诉昊跃公司案一审判决就是一个较早正面回应此问题的案例。② 该案合议庭在确认昊跃公司减资无效,其注册资本仍为10亿元后,接下来要解决的问题就是:股东的实缴出资日期尚未届至,能否判令昊跃公司的股东提前履行出资义务,对昊跃公司的债务承担"补充赔偿责任"? 合议庭指出,认缴出资的股东的出资义务必须结合案件具体情况考量。合议庭认为,昊跃公司的股东应当对公司债务承担"补充赔偿责任"。理由主要有以下几点:第一,认缴出资是股东的出资承诺,经工商登记后具有对外公示效力。当公司经营情况也即出资承诺的基础条件发生重大变化时(诸如须偿还巨额到期债务),不应继续固守原来的期限,应当要求股东提前缴资。第二,在公司负有巨额到期债务时,股东认缴出资后享有的"期限利益"就失去了正当性基础。在诉讼案件审理中"直接判令股东缴纳出资以清偿债务,要比事后判决股东在破产程序中缴纳出资,更加能够保护债权人的合法利益"。第三,《公司法》第3条规定,"公司以其全部财产对公司的债务承担责任"。公司的"全部财产"理应包

---

① 钟永强诉谢剑彪案,珠海市中院(2016)粤04民终2599号判决。
② 上海市普陀区法院(2014)普民二(商)初字第5182号判决,详细分析参见第8.1.1节。

括股东承诺的出资。在公司现有财产不足以清偿债务的情况下,要求股东提前出资,符合商事主体的"合理期待",符合保护债权人合法利益的需要。

不过,上述三点理由均有可商讨之处。第一点理由类似于合同法"情势变更原则"的运用。但即便从"情势变更原则"的视角看,也很难说债务人公司出现须偿还的大额到期债务,就属于当事人无法预见的"情势变更"。[①] 因为,正如判决书所说,被告公司的股东缴资情况是公示信息,债权人是可以提前了解的。债权人并不缺少了解债务人公司资本从而评估交易风险的条件。第二项理由与前述主张强制提前缴资的第一种理论观点是一致,此处不再重复。[②] 第三项理由将股东承诺的出资额包含在公司"全部资产"之内,但是判决书回避了承诺出资均有实缴期限的事实。因此,未到实缴期的认缴出资额为什么也应当算作公司资产(事实上它们并不计入公司的资产负债表,不确认为资产[③]),判决书没有论证。

目前,要在审判中强制股东提前缴资,法官就不得不借助民法基本原则进行阐释,不得不通过利益衡量加以论证。[④] 而这样的说理论证方式不是大多数法官愿意选择的路径。这或许就是审判实践中支持强制提前缴资的判决在数量上至今居于少数的原因。

最高人民法院的指导意见

2017年12月,最高人民法院民二庭法官会议就"认缴出资能否加速到期"问题讨论后形成的意见是:单个或者部分债权人提出的强制债务人公司之股东

---

① 关于"情势变更原则"在此类情形下的运用,参见史尚宽(2000:452-453)。
② 参见第8.2.1节的观点一。
③ 参见第4.1节。
④ 例如:沈斐诉湖北凯蒂珂广告装饰有限公司等案,湖北省高院(2017)鄂民申2997号判决;江苏东恒律师事务所诉南京贝荣投资有限公司等案,南京市中院(2016)苏01民终7556号判决(二审判决说理部分原文照录了香通公司案的一部分判决说理)。

提前缴资的请求,是从个别债权人利益角度提出的要求。法院应当更多地从全体债权人公平保护的立场出发,借助破产程序实现公平清偿。因此,"公司不能清偿到期债务时,单个或部分债权人起诉请求股东以其认缴但未届出资期限的出资承担清偿责任的,人民法院一般不应支持。只有在公司已经进入破产或清算程序时,要求股东认缴出资加速到期才有法律依据。但若某项债权发生时,股东的相关行为已使得该债权人对股东未届出资期限的出资额产生高度确信和依赖,在公司不能清偿该债权时,法院可以判令特定的股东以其尚未届满出资期限的出资额向该债权人承担连带清偿责任。"①

2019 年 11 月公布的《九民纪要》继续坚持保护股东"期限利益",原则上不支持"提前到期"的观点,同时将例外规则具体化为两种特别情形:一是,在债务人实质上具备破产原因但又不申请破产的情形(具体说是:在公司作为债务人的强制执行案件中,如果法院已"穷尽执行措施"而债务人仍无财产可供执行,且公司已具备破产原因,但又不申请破产的),强制股东提前缴资;二是,在公司债务产生后,公司股东(大)会作出决议或以其他方式延长股东出资期限。②

根据最高人民法院法官对《九民纪要》的说明,第一种例外情形是比照《企业破产法》第 2 条和第 35 条,以债务人实质上具备破产原因为适用条件,但强制股东提前缴资毕竟是个别债权人发起的诉讼求偿,与破产清算的集体清偿程序不同。因此,当债务人或者债权人申请启动破产清算时,该案件仍然应当进入破产清算程序处理。③ 第二种例外情形的理论基础则是债权人撤销权。④ 不过,应当注意的是,在这两种特别情形中,股东丧失"期限利益"的结果并不是提

---

① 贺小荣(2018:141-142)。
② 《九民纪要》第 6 条。
③ 最高人民法院民事审判第二庭(2019:124)。
④ 最高人民法院民事审判第二庭(2019:125)。

前向公司缴付出资,而是代公司清偿债务。因此,两种特别情形的法律后果都是股东对部分公司债权人的"个别清偿",而非类推适用破产清算规则(即遵循"集体清偿"程序)或者债权人撤销权规则(即撤销公司减免或延后股东出资义务的行为)。

总的来看,最高人民法院的立场是谨慎的。在现行资本认缴制的法律框架内,强制股东提前缴资只能作为一种基于公平原则的、例外的补救措施。

8.2.3 对修法建议的讨论

由于现行法框架内的法律解释很难得出应当强制股东提前缴资的结论,一些学者转而建议法律明文规定公司无力偿债时,股东认而未缴的出资应当丧失"期限利益"保护。[①] 假如法律照上述设想修订,"加速到期"或者"提前到期"自然就不再需要吃力地解释了。不过,出资义务"加速到期"扩大化可能导致两方面的后果:一是,现行资本认缴制仅有的一点筹资机动性将被消除殆尽(因为,"加速到期"常规化后,股东极可能选择尽量减少认而未缴的出资金额和缴资期限);二是,债权人将受到更强的激励而且越来越多地依赖强制执行的"个别清偿",而不是破产清算的"集体清偿"。

筹资灵活性限缩

假如法律规定:公司一旦无力清偿债务,即便没有启动破产或解散程序,股东就应当立即缴纳出资或者向公司债权人清偿债务。那么,股东在设定其出资义务时会作何选择?不难想见,股东必定要考虑这种风险:章程规定的缴资期限越长,公司发生无力偿债的几率就越高,股东资产被迫用于偿还公司债务而非投入公司经营的风险就越大。因此,出于防避风险的考虑,股东的理性选择

---

① 刘燕(2014:54);黄辉(2015:177);丁勇(2018:165)。

将会是:基于公司较短期的资金需求,尽量缩小认而未缴的出资金额,缩短实缴出资时间跨度。这样的话,"加速到期"规定尽管减少了极高认缴资本而极少实缴资本的"空壳公司",挤出了注册资本中的许多"水分",但也吓退了愿意做长期出资安排的股东。

不过,正如前文分析的那样,资本认缴制在筹资灵活性上本来就作用甚微。"加速到期"规则将其进一步削弱,并不值得惋惜。扩大筹资灵活性不能依靠资本认缴制,而需要考虑如何在股东会和董事会之间重新配置筹资决定权。[①]

个别清偿扩大

真正值得担忧的是"个别清偿"的扩大化。"加速到期"规则扩展到破产清算和解散清算程序之外,势必鼓励债权人在这两种清算程序启动之前通过强制执行获得"个别清偿"。实际上,在这种局势之下,各个债权人将不得不展开诉讼和强制执行的竞赛。

按照《企业破产法》第 32 条,如果股东代替公司对债权人个别清偿后,6 个月内公司被受理破产,那么该清偿是可撤销的。[②] 但是,法院会不会撤销一个基于本院或其他法院在先判决而发生的清偿行为？撤销该行为能否使公司财产复原？这种事后救济措施对公司其他债权人来说很可能是无济于事的。

8.3 违反出资义务的责任

股东违反出资义务的表现,可能是完全不履行义务,例如拒绝按照章程规定缴纳出资;也可能是部分不履行义务,例如迟延缴纳出资、货币出资金额不足、非货币出资价实不符等。

---

① 详细讨论参见本书第 4.4 节。
② 法律依据为《企业破产法》第 32 条,相关讨论参见赵旭东(2014:23)、丁勇(2018)。

股东违反出资义务所导致的民事责任,首先是在公司内部的某种责任,也可能是对公司债权人的责任。内部责任的理论基础不难理解。股东出资义务基于"认缴出资"产生。该义务既是股东与公司及其他股东之间共同达成的合同义务,也是股东作为公司成员而负有的组织法上的义务。股东违反出资义务,须对公司和其他已履行义务之股东承担合同法或组织法上的责任(诸如:对公司的出资补缴责任、对其他已履行义务的股东的违约责任、自己的股东权利受限或股东资格丧失的后果等)。

股东违反出资义务后还可能发生承担公司债务的法律后果,即股东对公司债权人承担"补充赔偿责任"。这一责任的规范基础是最高法院的司法解释。[1] 但是它的理论基础似乎仍待阐明:公司债权人既未与股东建立合同关系,也非公司成员,股东违反出资义务为何须向公司债权人承担责任?公司不履行债务的后果,为什么应当转化为违反出资义务之股东对公司债权人直接承担责任?公司债权人对股东出资是否真的产生过"合理信赖"?违反出资义务的股东直接向公司债权人承担赔偿责任,是否危及公司其他债权人获得公平清偿的机会?总之,股东对公司债权人承担"补充赔偿责任"的合理性基础是值得探讨的。

除民事责任外,股东违反出资义务还可能导致行政责任或者刑事责任。

8.3.1 在公司内部的民事责任

股东违反出资义务,可能导致对公司或其他股东承担某种民事责任。对违反出资义务的股东,公司还有权限制其股东权利,甚至解除其股东资格。此外,公司成立后,如果在增资过程中出现增资人违反出资义务的情形,相关董事、高级管理人员可能须承担相应责任。以上各种情形分述如下:

---

[1] 《公司法解释三》第13条第2款。

股东对公司的补缴责任及发起人股东的连带责任

公司成立后,不按章程规定缴足出资的股东,应当向公司补缴出资。① 股东在设立公司时以非货币财产出资的,公司成立后,如发现其出资的实际价额低于章程所定金额,除了该股东有责任补足出资差额外,公司设立时的其他股东(或发起人)还应连带承担补缴责任。② 股份公司的发起人不按章程规定缴足出资的,其他发起人承担连带补缴责任。③ 对于"股东未履行或者未全面履行出资义务"的行为,司法解释规定,公司或者其他股东均拥有诉权,如他们起诉请求未出资股东向公司全面履行出资义务,人民法院应予支持。④

股东对其他股东的违约责任

违反出资义务的股东应当对履行出资义务的股东承担违约责任。有限公司成立后,股东未按章程规定缴纳出资,"除应当向公司足额缴纳外,还应当向已按期足额缴纳出资的股东承担违约责任。"⑤发起设立的股份公司,发起人不按照章程规定缴纳出资的,应当依照发起人协议承担违约责任。⑥

股东权利受限或股东资格解除

在有限公司,对于违反出资义务的股东,公司有权限制其股东权利乃至解除其股东资格。违反出资义务的股东,公司可以通过公司章程的规定或者股东会决议,"对其利润分配请求权、新股优先认购权、剩余财产分配请求权等股东权利作出相应的合理限制"。⑦ 股东未履行出资义务或者抽逃全部出资,经公司

---

① 《公司法》(2018 年)第 28 条第 2 款、第 93 条第 1 款。
② 《公司法》(2018 年)第 30 条、第 93 条第 2 款。
③ 《公司法》(2018 年)第 93 条第 1 款。
④ 《公司法解释三》第 13 条第 1 款。
⑤ 《公司法》(2018 年)第 28 条第 2 款。
⑥ 《公司法》(2018 年)第 83 条第 2 款。
⑦ 《公司法解释三》第 16 条。

催告,合理期间内仍未缴纳或者返还出资的,公司可以通过股东会决议解除该股东的股东资格。①

股东作为债权人对公司享有之债权的受偿顺位降级

最高人民法院 2015 年 3 月公布四个"典型案例",其中之一为"**沙港公司诉开天公司执行分配方案异议案**"(简称"沙港公司案")。该案情况是:2010 年 6 月,松江法院判决茸城公司向沙港公司履行债务。茸城公司被注销后,沙港公司向法院申请追加茸城公司股东开天公司和 7 名自然人股东为被执行人,请求判令各股东在其各自出资不实范围内向沙港公司承担责任。后法院扣划上述各股东款项共计 696505.68 元(其中包括开天公司 45 万元)。2012 年 7 月,开天公司向同一法院提起两个诉讼,起诉茸城公司包括开天公司在内的全部 8 名股东,请求法院判令他们在出资不实范围内对茸城公司欠开天公司的债务承担责任。该两案也进入执行程序。

2013 年 2 月,松江法院执行局作出"执行款分配方案",拟将上述三案合并,将沙港公司和天开公司作为同一顺序债权人分配上述 69 万余元执行款。沙港公司提起异议之诉,认为开天公司不能参与因其出资不实而被扣划款项的分配。法院审理认为,"开天公司因出资不实而被扣划的 45 万元应首先补足茸城公司责任资产,向作为公司外部债权人的原告沙港公司清偿。开天公司以其对茸城公司也享有债权(为由),要求参与其自身被扣划款项的分配,对公司外部债权人是不公平的,也与公司股东以其出资对公司承担责任的法律原则相悖。"因此判决:696505.68 元执行款中的 45 万元应先由沙港公司受偿,余款再

---

① 《公司法解释三》第 17 条。司法解释没有规定限制股东权利或者解除股东资格的股东会决议应当遵循何种表决规则(例如:要被除名的股东是否享有表决权、申辩权?),相关案例及分析参见:宋余祥诉上海万禹国际贸易有限公司案,上海市二中院(2014)沪二中民四(商)终字第 1261 号判决;安晋城(2021:147-159)。

按比例分配。一审判决后,当事人未上诉,判决生效。①

最高人民法院在发布"沙港公司案"时将该案的主要争议表述为:"出资不实股东因向公司外部债权人承担出资不实的股东责任并被扣划款项后,能否以其对于公司的债权与外部债权人就上述款项进行分配"。最高法院认为,松江法院的判决借鉴了美国的"深石案"所确立的"衡平居次原则"。② 不过,有分析认为,"沙港公司案"判决与"深石案"有根本不同,不应当借鉴"衡平居次原则"。③

8.3.2 对公司债权人的民事责任

如果股东出资不实而公司又无力偿还债务,那么,公司债权人是否对该股东拥有某种请求权?

债权人代位权规则

依原《合同法》第73条、《民法典》第535条,债权人在符合条件的情况下可代位行使该公司对该出资不实的股东的债权,要求该股东补缴出资。如代位权成立,出资不实的股东应直接向公司的债权人履行债务(当然是在其未出资的金额内),而不是向公司补缴出资。④ 显然,现行法律关于代位权的规定已不同于传统观点。⑤ 然而,这样的话,公司的其他债权人能否得到平等的受偿机会便颇有疑问了。

---

① 最高人民法院3月31日召开新闻通气会公布4个典型案例,最高人民法院网(www.court.gov.cn)2015年3月31日发布。

② 同上。

③ 潘林(2015:150-160)。

④ 《民法典》第537条;最高人民法院关于适用《中华人民共和国合同法》若干问题的解释(一)(1999年)(简称《合同法解释一》)第20条。

⑤ 传统观点认为,次债务人的给付应直接归属于债务人,成为债务人清偿其所有债务的责任财产(所谓"共同担保"),而不是仅对行使代位权的债权人进行个别清偿。参见史尚宽(2000:471)。

8. 股东的出资义务

司法解释的发展

最高人民法院关于股东出资责任的若干司法解释,不仅规定出资不实的股东直接向公司债权人承担债务清偿责任,还规定,对股东出资不实负有过失的验资机构应对公司债权人承担赔偿责任。以下几个代表性的司法解释显示了最高法院观点的沿革:

1. 较早的是1994年的一个批复。[①] 其基本观点是:股东出资与公司清偿能力有直接关系,故公司清偿不能时,债权人有权在一定范围内,直接向出资不实的股东主张清偿;公司如被认定不具备法人资格,则股东丧失有限责任保护。

2. 第二个阶段是2007年发布的一个规定。[②] 该规定提出了股东"补充赔偿责任"和会计师在不实验资金额内承担责任。第10条规定了各责任人的清偿顺序以及补充赔偿责任人的"先诉抗辩权":"(1)应先由被审计单位赔偿利害关系人的损失。被审计单位的出资人虚假出资、不实出资或者抽逃出资,事后未补足,且依法强制执行被审计单位财产后仍不足以赔偿损失的,出资人应在虚假出资、不实出资或者抽逃出资数额范围内向利害关系人承担补充赔偿责任。(2)对被审计单位、出资人的财产依法强制执行后仍不足以赔偿损失的,由会计师事务所在其不实审计金额范围内承担相应的赔偿责任。(3)会计师事务所对一个或者多个利害关系人承担的赔偿责任应以不实审计金额为限。"

3. 第三个阶段是2011年的《公司法解释三》。它继承了以往司法解释的基本立场,并有一定发展:(1)出资不实的股东对公司债权人承担的是"补充赔偿责任"而非连带责任。但《公司法解释三》未特别说明补充赔偿责任人享有

---

① 最高人民法院关于企业开办的其他企业被撤销或者歇业后民事责任承担问题的批复(1994年)。

② 最高人民法院关于审理涉及会计师事务所在审计业务活动中民事侵权赔偿案件的若干规定(2007年)。

"先诉抗辩权"。(2)股东的补充赔偿责任限于"未出资本息"的范围内。(3)股东不重复承担此一责任。① (4)公司的其他发起人对出资不实股东的上述责任承担连带责任,发起人承担责任后可以向出资不实的股东追偿。(5)对公司增资时增资人的出资不实负有责任的董事、高管亦应承担赔偿责任。(6)有限公司的股东在未履行或未全面履行出资义务的情况下转让股权,受让人"知道或者应当知道"该股权存在出资瑕疵的,公司有权请求股权出让人履行出资义务,且受让人承担连带责任;公司债权人向股权出让人提起前述"补充赔偿责任"之诉的,亦有权要求股权受让人承担连带责任。受让人承担上述责任后,有权向股权出让人追偿,除非双方另有约定。② (7)股东不得对公司、其他股东或公司债权人基于其违反出资义务而提出的补足出资请求或补充赔偿请求提出诉讼时效抗辩。③ (8)登记于公司登记机关的股东(即名义股东)与实际出资人不符的,如果公司债权人对名义股东提起前述补充责任之诉,名义股东不得以其为名义股东作为抗辩理由。名义股东在承担相应的赔偿责任后,有权向实际出资人追偿。但被他人冒名登记为股东的人,并非上述"名义股东",实施冒名登记行为的人应当承担相应责任。④

理论基础

由上述梳理可见,主张未履行出资义务之股东向公司债权人承担责任,是最高人民法院由来已久的一项司法观点。最高人民法院也承认,这种做法是在《公司法》基础上,"拓宽"了请求股东履行出资义务的主体范围,目的是"督促"

---

① 《公司法解释三》第13条第2款第2句。
② 《公司法解释三》第18条。
③ 《公司法解释三》第19条。
④ 《公司法解释三》第28条。

股东全面履行出资义务。① 至于这一"拓宽"的理论基础,最高法院方面没有给出正式说明。②

不过,回顾司法解释的演变过程,并结合上述"督促论"观点,还是可以发现:最高人民法院要求股东向公司债权人承担责任的观念基础,其实是认为股东出资与公司的清偿能力密切相关。③ 只是这种相关性从未被认真地论证过。④

"个别清偿"与公司破产清算的关系

股东违反出资义务而对公司债权人承担"补充赔偿责任"的一个前提条件是,公司不能清偿债务。但是,公司不能清偿到期债务也是公司破产的主要原因(至少是部分原因)。⑤ 前文对此已做说明,公司进入破产清算意味着全体债权人将在"集体清偿"程序中分配公司资产。但是,"个别清偿"遵循的是"先到

---

① 宋晓明、张勇健、杜军(2011:37-38)。

② 在最高人民法院民二庭法官编写的一本书中,就公司债权人请求股东履行出资义务的理论依据,作者简单地列举了两种理由("债权人代位权"和"债权受侵害"),但没有详细分析这两种理由与债权人此种请求权的相关性。参见最高人民法院民事审判第二庭(2016:220-223)。

③ 参见最高人民法院关于企业开办的其他企业被撤销或者歇业后民事责任承担问题的批复(1994年)。

④ 可做一对照分析的是,美国法院在处理公司债权人对股东缴资义务的诉权时发展的几种理论。主要是以下三种:(1)"信托财产理论";(2)"欺诈理论";(3)"法定义务理论"。本书在第8.2.1节"观点四"部分对此有详细说明。这三种理论固然都有弱点,也先后遭到理论界和实务界的批评。例如,哈佛法学院的Warran(1923:544)就不客气地指责"信托财产理论"是造成当时许多法律困境和混乱的根源。Manning & Hanks (2013:56-62)也对上述三种理论提出尖锐批评。但是,这不意味着法官在个案中阐述理由、发展理论是无意义的。相反,只有法官结合案件事实阐释出裁判理由,这些理由才可能在后来的判决中接受检验和批判。而只有在对现有理论进行了多方面的批判和检讨之后,人们才能逐渐剔除缺乏解释力的理由,新的有解释力的法律见解才可能脱颖而出。

⑤ 《企业破产法》第2条规定:"企业法人不能清偿到期债务,并且资产不足以清偿全部债务或者明显缺乏清偿能力的,依照本法规定清理债务"。

先得"原则,它实际上鼓励债权人投身到民事诉讼和强制执行的竞赛中。①

"个别清偿"不仅对债权人造成压力(先到先得,迟到则可能一无所得),也对债权人颇有一些吸引力。因为,在股东因违反出资义务而对公司债权人"个别清偿"的时候,债权人将直接得到股东支付的现金赔偿,无论该股东原本承诺的出资是货币还是非货币财产。例如:在最高法院审理的一个案件中,被告股东的出资财产是储油罐、供油泵等设备。法院在确认股东未履行实际交付出资财产的义务后,判令股东在出资金额范围内,直接向公司债权人承担"补充清偿责任",而不是向公司或者公司债权人交付储油罐、供油泵等设备。②"个别清偿"使得债权人免去了变现债务人的非货币财产的麻烦。

让债务人公司或其股东对债权人"个别清偿"而不是破产清算,表面上看来似乎也有一定益处。例如:避免债务人企业破产、维持职工就业等。但是,这些"益处"可能都是暂时的,甚至是不真实的。企业陷入偿付不能和资不抵债的状态后,既不启动破产清算,也不组织破产重组,而是在破产程序之外由债权人分别追索个别股东,这种做法无助于债务人企业"恢复元气""重整旗鼓",反而会扩大债务人资产的流失和浪费。

在我国,债务人陷入偿付困境后,"个别清偿"(以民事诉讼的强制执行为代表)和"集体清偿"(主要指破产程序,包括破产清算、破产重组和和解)是两种相互竞争的路径。就目前而言,"个别清偿"仍然是具有压倒性优势的路径,"集

---

① 个别清偿导致债权人"争夺执行""抢先执行",诱发不同债权人之间的冲突,造成债务人财产难以追索和不公平分配,这是最高法院领导层已注意到的弊端。参见奚晓明(2015:4)。

② 中国长城资产管理公司乌鲁木齐办事处诉新疆华电工贸有限责任公司等案,(2008)民二终字第79号,载《最高人民法院公报》2009年第2期,第30-37页。

体清偿"没有成为解决债务人偿付困境的首选方案。① 其中,司法解释构建的公司债权人对股东的出资义务请求权就是一个鼓励"个别清偿"的不可忽视的原因。矛盾的是,最高人民法院一边在呼吁各级法院更多地通过破产程序解决债务困境,②一边又从不放弃在包括股东出资责任案件中坚持"个别清偿"的路径。

8.3.3 行政和刑事责任

为约束公司发起人或股东依公司章程和法律规定履行出资义务,《公司法》等法律对违反出资义务的行为规定了相应的行政责任。某些违反出资义务的行为还可能构成犯罪,须依《刑法》承担刑事责任。

普通商业公司的股东出资违法行为,由公司登记机关(现为市场监督管理局,原为工商行政管理局)查处并施以行政责任。主要的监管和处罚措施是:对违反出资义务的行为"责令改正",符合法定条件的可以处以罚款。③《公司法》未明确规定登记机关"责令改正"的对象是谁(发起人、股东抑或公司?)。实例表明,"责令改正"出资违法行为的对象通常是公司而非其发起人或者股东。④

特许行业(例如金融业)公司的股东出资违法行为,由该行业的监管机关依据法律和监管规章查处并施以相应的行政责任。例如,法律规定,银行业金融

---

① 王欣新、徐阳光(2015:26-40)分析了造成这一局面的制度原因,认为:除了思想观念上人们排斥"破产"、行政部门不当干预外,法院的机构和人员配备不足、法官绩效考核指标错位、强制执行程序(尤其是参与分配制度)抵触、执行转破产衔接不顺、财政支持缺乏等都是造成破产程序无法广泛应用于债务困境处理的原因。
② 参见最高人民法院关于印发《全国法院破产审判工作会议纪要》的通知(2018年);最高人民法院印发《关于推进破产案件依法高效审理的意见》的通知(2020年)。
③ 《公司法》(2018年)第198-200条。
④ 例如,2003年6月成立的新疆华电工贸有限责任公司,其部分股东的房产出资未实际到位。2006年7月,新疆维吾尔自治区工商行政管理局做出行政处罚决定,责令新疆华电工贸有限责任公司补足出资。参见上文中国长城资产管理公司乌鲁木齐办事处诉新疆华电工贸有限责任公司等案。

机构如违反"审慎经营规则",监管机关除了有权责令其限期改正外,对较严重情形,可以采取"责令暂停部分业务、停止批准开办新业务","限制资产转让","责令控股股东转让股权或者限制有关股东的权利"等行政强制措施。① 而根据监管机关制定的规章,金融机构股东违反出资义务,监管机关有可能认定该金融机构或其股东违反"审慎经营规则",从对该金融机构或其股东采取行政强制措施。②

与公司登记机关对普通商业公司的出资监管趋向宽松相反,金融业监管机关对金融机构的出资和资本监管,鉴于近年来国内若干重大案件和全球金融危机的影响,正有强化的趋势。③

违反出资义务可能构成两项刑事罪名:虚报注册资本罪和虚假出资、抽逃出资罪(简称"两虚一逃")。

虚报注册资本罪,是指申请公司登记使用虚假证明文件或者采取其他欺诈手段虚报注册资本,欺骗公司登记主管部门,取得公司登记,虚报注册资本数额巨大、后果严重或者有其他严重情节的行为。有上述行为的个人,应处三年以下有期徒刑或者拘役,并处或者单处虚报注册资本金额百分之一以上百分之五以下罚金;单位犯罪的,对单位判处罚金,并对其直接负责的主管人员和其他直接责任人员,处三年以下有期徒刑或者拘役。④

虚假出资、抽逃出资罪,是指公司发起人、股东违反公司法的规定未交付货

---

① 《银行业监督管理法》(2007年)第21、37条。

② 例如《信托公司股权管理暂行办法》(2020年)第66条。2020年12月,监管机关依据该条规定,认定四川信托的股东违反"审慎经营规则",对其采取了限制股东权利等行政强制措施。参见《监管部门对四川信托股东实施监管强制措施》,新华社成都2020年12月22日电(记者胡旭)。

③ 关于金融机构的出资监管,参见本书第6.3.2节对安邦集团循环注资案的分析讨论。

④ 《刑法》第158条。虚报注册资本罪的追诉标准,见最高人民检察院、公安部《关于经济犯罪案件追诉标准的规定》(2001年)。对具体案例的分析,参见本书第6.2节的顾雏军虚报注册资本案。

币、实物或者未转移财产权,虚假出资,或者在公司成立后又抽逃其出资,数额巨大、后果严重或者有其他严重情节的行为。发起人、股东为个人的,应处五年以下有期徒刑或者拘役,并处或者单处虚假出资金额或者抽逃出资金额百分之二以上百分之十以下罚金;单位犯罪的,对单位判处罚金,并对其直接负责的主管人员和其他直接责任人员,处五年以下有期徒刑或者拘役。①

《公司法》2013年底修订后,全国人大常委会于次年4月作出立法解释称,上述二罪只适用于依法实行注册资本实缴登记制的公司。②

---

① 《刑法》第159条。虚假出资、抽逃出资罪的追诉标准,同上注规定。关于抽逃出资的详细讨论参见本书第10章,抽逃出资的刑事责任问题详见第10.4.3节。

② 全国人大常委会关于中华人民共和国刑法第一百五十八条、第一百五十九条的解释(2014年4月24日第十二届全国人民代表大会常务委员会第八次会议通过)。

本章小结

- 依据现行法律和司法解释,在公司进入破产或非破产清算程序前,即便公司无力清偿债务,该公司股东并无义务提前缴纳出资,公司债权人也无权主张股东提前实缴出资或直接对其承担债务。

- 部分学者主张股东出资义务"加速到期"的观点并未被审判实践广泛接受。最高人民法院在2019年发布的指导意见是:原则上不支持要求股东提前缴资的诉讼请求,除非符合两种例外情形。

- 最高人民法院司法解释扩张了股东的出资义务。违反出资义务的股东不仅要对公司和其他股东承担民事责任,在公司无力清偿债务时,常常还须对公司的债权人直接承担清偿责任("补充赔偿责任")。"补充赔偿责任"代表了一种"个别清偿"的救济途径。

- 债务人陷入偿付困境后,"个别清偿"和"集体清偿"(主要指破产程序)是两种相互竞争的路径。矛盾的是,最高人民法院一边呼吁各级法院更多地通过破产程序解决债务困境,一边又从不放弃在包括股东出资责任案件中坚持"个别清偿"的路径。

- 行政责任方面,与公司登记机关对普通商业类公司的出资监管趋向宽松相反,金融业监管机关对金融机构的出资和资本监管正有强化的趋势。

第三部分

资本报偿

(公司资产流向股东)

正义就是给予某人他所应得的东西。①

---

① ［古希腊］柏拉图:《理想国》,王扬译,华夏出版社2012年版,第9页(引文是苏格拉底在对话中所转述的西蒙尼德的观点)。古罗马法学家乌尔比安、西塞罗也有类似表述,参见［美］博登海默:《法理学:法律哲学和法律方法》,邓正来译,中国政法大学出版社1999年版,第264页。

从会计视角看,公司筹集的资金,一部分属于股东投入,另一部分属于各类债权人的投入。股东和各种债权人对公司都拥有索取投资回报的权利。尽管他们的权利内容不同,但他们获取回报的物质基础是相同的,都是公司所拥有的各种资产。因此,在获取投资回报方面,股东和债权人之间存在无法彻底消除的利益冲突。如何控制或者调和这种利益冲突,公司资本制度以及其他的法律制度(如破产法、合同法等),从各自角度建构了不同的规则。

第 3 章的历史回顾表明,资本制度产生的基础是会计和法律上区分公司资本(或股本)和利润。区分的目的是将公司向股东的合法支付限制在利润的金额范围内。从十九世纪开始,在美国、英国和德国等欧洲大陆国家渐次出现了以公司资本为标尺构建的利润分配约束机制。资本不再仅仅作为构建股东关系的基础,它还被赋予了"担保"公司偿付债务、保护公司债权人的使命。这就是人们现在常说的资本维持(capital maintenance)规范。它的基本原理是,借助资产负债表的逻辑结构和数据关系,通过(资产负债表右下角的)"股东权益"的不同科目,为公司资产流向股东的活动设定金额上限,对公司向股东支付投资收益等报偿行为(反映在资产负债表左侧)施以约束。这种方法又被称为"资产负债表检测法"(balance sheet test)。

不过,资本维持并不是法律约束公司分配的唯一方式。同样在十九世纪初期,美国某些州的公司法就将保持公司偿付能力作为分配的前提条件。[1] 英国《1855 年有限责任法》在赋予股东有限责任保护的同时,也对股利分配设定了偿付能力检测要求,并将实施这一要求的机制与董事责任挂钩。[2]

法律除了约束公司盈余分配以外,还必须关注股东从公司获取利益的其他

---

[1] 例如马萨诸塞州 1836 年公司法,详见第 3.3.1 节。
[2] Limited Liability Act 1855, s. 9. 详见第 3.3.2 节。

行为。股东有可能毫不掩饰地从公司拿走自己先前投入的资产,因为公司正是在他或他们的全权掌控之下。股东也可能以掩人耳目的方式,虚构债权债务关系,让公司"合法地"向其支付金钱。股东还可能与公司开展各种各样的交易,通过不公允的价格从公司攫取利益。这些"交易"可能是:股东让公司回购他们手中的股份;股东在公司担任管理职务,合法收取报酬;股东向公司出售资产或者服务;股东操纵公司为自己或关联方提供担保;股东令公司代自己或关联方履行债务,等等。实践中,这类交易的种类和方式是举不胜举的,人们今后还将不断创造出新的种类和方式。借助这些"交易",只要定价偏向股东一方(在担保等情形中甚至不需要价格上的偏向),公司的资产就可以无对价地流向股东。

因此,法律不得不对利润分配、股份回购或回赎、减少股本、关联交易等事项都加以规范,并努力将这些规则纳入一个逻辑一贯的规范框架,从而实现调和公司股东与公司债权人之间利益冲突的目标。加入这一规范框架的,不只是公司法,还有合同法、侵权法、破产法、反欺诈性资产转让法等;也不只是民商事法律,行政监管、刑法也都发挥着重要作用。

二十世纪七十年代以后,始自十九世纪的资本维持规范和清偿能力检测规则,出现了新的变化。美国加利福尼亚州1975年公司法最先标新立异,提出了统合利润分配、股份回购与回赎等事项的广义分配概念(distribution),允许公司在没有盈余但符合某些财务比率的情况下实施分配。1980年到1987年间,美国《商事公司示范法》(Model Business Corporation Act,MBCA)经重大修改,抛弃原有的资本维持规范,转而以实际清偿能力检测作为公司分配的核心约束机制。这一变化,如同欧洲中世纪之后发生的"文艺复兴",既是"革新"也带有"复古"因素——十九世纪的清偿能力检测标准重新成为MBCA分配规则的主角。MBCA的"实际偿付能力检测法"(equity solvency test)目前已被美国大多数州公司法以及加拿大、澳大利亚、新西兰等国的公司法吸收。就如何保护公司偿付能力而言,可以说,目前世界上大致存在"资产负债表检测法(资本维持规范)"和"实际偿付能力检测法"两种模式。不过,这两种模式实际上也存在不少交叉混合的部分。

本书将利润分配、股份回购、减资等统称"**资本报偿**",意指公司基于股东资格及其所持股份而向股东支付各种投资回报和偿还资本的行为。这几种资本报偿行为的经济实质是相同或相似的,都是公司基于股东所持股份而将资产(通常是现金)支付给股东,而股东并未向公司交付等价资产,尽管在股份回购、减资等事项中股东相应减少了持股数量。[①] "资本报偿"与前述加利福尼亚州公司法和 MBCA 的"广义分配"概念同义。[②]

在对我国各项资本报偿规则及实践情况加以分析之前,有必要先回顾上述两种规制方法的基本情况以及它们最近的发展变化。这样做的目的,一是理清两种规制方法的原理和渊源,避免脱离背景知识孤立讨论自己的问题;二是我们当前面临的很多问题,也是其他发达经济体曾经或者当下正在面对的,比较研究可以为我们提供有价值的视角,引发有意义的思考。

应当注意的是,我国公司资本制度并未完全复制某一外国的资本维持规范(实际上,说我国《公司法》存在资本维持原则或规范体系是颇有点勉强的)。首先,我国规制资本报偿的规则相比欧盟、英国和德国的规则要简略许多,在细

---

① 因此,资本报偿事项在外观上与股东和公司之间发生的购买资产或服务的交易(关联交易)是不同的。

② "广义分配"涵盖各种公司向股东支付财产利益的单方(或无等价资产交换的)行为,包括:向股东宣布或支付股利、公司回购或回赎股份、公司以发行"债务凭证"的方式对股东负债等。它们的共同特点是:公司采取直接或者间接方式,以股东所持股份为依据,向股东转移现金、其他财产或者向股东发放债务凭证,而且,该财产转移或债务承担不以股东支付等额的资产对价为条件。参见 MBCA § 1.40(6)(2016)。

节上也有不少差异,最重要的是,各项规则之间缺少必要的体系关联。其次,我国公司资本规范中有一些来源于本国实践的"特色"规则(例如禁止抽逃出资规则)。它们对投融资活动产生了广泛而独特的影响。最后,我国监管部门和法院在处理资本报偿事项上也有一些值得关注的经验和创造性尝试。本书将在这一部分结合我国实践情况,分章讨论抽逃出资规则、利润分配规则、减少注册资本规则和股份回购规则。

9.
规制资本报偿的两种方法

"公司的股本资产是债权人的信托基金"——这是一个彰显法官仁慈和怜悯的、掷地有声的庄严宣告。可惜事实并非如此。[1]

---

[1] Warran(1923:544-545)评论 Wood v. Dummer 案判决的看法。对该案件的讨论详见下文。

就规范公司利润分配、股份回购、减少股本等资本报偿事项的基本方式而言,当今世界主要经济体(包括中国、欧盟、北美、日本、大洋洲等)的公司法规则,大致可以分为两种:一是始自十九世纪的资本维持规范,当前以欧盟公司资本指令为代表;二是以美国 MBCA 第 6.40 节规则为代表的实际清偿能力检测法。①

资本维持规范的特点是:以"巩固股本"为宗旨,对利润分配和股份回购适用统一的财务约束标准。这套规则的运转依赖于资产负债表的财务数据,因此被称为"资产负债表检测法"。其中,利润分配规则以资产负债表显示的财务数据为依据,以不"侵蚀"股本(具体说是股本与不可分之公积金之和)为底线,限定分配基础和分配条件;股份回购规则与利润分配规则保持一致,适用同样的财务标准;减资规则以允许债权人主张清偿或担保的方式,确保公司在有偿付能力的前提下向股东退还资产。当前遵循资本维持规范的,除了欧盟各成员国外,还有日本等亚洲国家、美国的特拉华、纽约等州。② 如前所述,我国公司法的资本报偿规范也具有资本维持模式的基本特征。

MBCA 的实际偿付能力检测法采取了与资本维持规范不同的规制思路。表现为两个方面:(1)通过"广义分配"概念把利润分配、股份回购或回赎、股本返还等资本报偿事项统合起来,适用相同的规则。(2)要求董事会在决定任何资本报偿事项前均须做两个层面的检测:一是实际偿付能力检测,即此次分配不得导致公司无力偿还其已到期和按正常营业进程应到期之债务;③二是资产负债表检测,即此次分配不得导致公司资产总额低于负债总额。④ 这套规则将

---

① 国内学者对两种模式的介绍和比较研究,参见:邓峰(2009:99-109);刘燕(2014:32-56);张雪娥(2015:45-49,79-83);刘燕、王秋豪(2020:3-18);朱慈蕴、皮正德(2021:54-70)。

② 参见 Rickford (2004: 998-1027)。日本的情况,参见前田庸(2012:19)。

③ MBCA § 6.40 (c)(1) (2016).

④ MBCA § 6.40 (c)(2) (2016).

"实际偿付能力"作为约束资本报偿事项的核心标准,不限制分配的"资金来源"出于股本还是利润,因而摆脱了"股本标准"。目前,美国多数州的公司法吸收了 MBCA 的分配规则。加拿大、澳大利亚、南非、新西兰公司法的分配规则也不同程度地效仿 MBCA 模式。①

不过,上述两种规制方式并非水火不容。事实上,混合交叉的例子很多。进入二十一世纪以来,有些原来奉行单纯资本维持规范的公司法,在坚持原有框架的基础上引入实际清偿能力检测法作为补充。这更加显明了两种规制方式存在交叉混合的需求和可能性。

下面分别考察每一种规制方式中的重要范例,以及将两种规制方法相结合的立法。最后,对我国资本报偿规范的现状和特点做一个概括性的说明。

9.1 资产负债表检测法(资本维持规范)

我们先从历史回顾开始,重温构建资本维持理念的经典判决——1824 年美国大法官斯托里就 Wood v. Dummer② 一案发表的判决意见。

这个案件的债务人是一家成立于 1804 年,股本(capital stock)20 万美元的银行。1813 年,银行股东会两次作出决议,将银行 75% 的股本资产分配给股东。③ 到 1814 年,银行已无法偿付对原告的债务。原告起诉了银行的股东,以股东实施欺诈性的股本分配为由,要求股东清偿银行欠付原告的债务。股东们承认自己分配了公司的股本资产,但不承认有意实施欺诈,拒绝承担债务。

在这份判决书中,"capital stock"一词反复出现。这家银行成立时的 20 万

---

① Manning & Hanks(2013:216-219);Rickford(2004:1025-1027)。

② 30 F. Cas. 435 (C.C.D. Me. 1824) (No. 17, 944). Manning & Hanks(2013:36-39)仔细讨论了该案。国内学者对该案裁判要旨亦有简要介绍,见刘燕(2015:187)。

③ 根据判决书的说明,20 万元股本中,股东实际上只投入了 75%。

美元股本被表述为"capital stock"。被股东分掉的东西也被称为"capital stock"。曼宁和汉克斯评论该案时指出,按照十九世纪初"stock"在英语中的意思,"capital stock"应指"股东投入公司作为股本的资产"(简称"股本资产")。① 从判决书的上下文来看,曼宁和汉克斯这种看法是说得通的。

围绕"股本资产",斯托里大法官提出了影响深远的"股本担保论"。他说:股东投入这家银行的"股本资产"应当作为该银行偿还其债务的"担保物"(pledge)或"信托基金"(trust fund),这是社会公众和立法机构都认可的公理。他说:这个道理从另一角度看就是,股东向公司投入的"股本资产",是股东免于承担公司债务的前提条件;所以,"股本资产"必须首先用于清偿公司债务,而股东有权取得的只能是公司偿还全部债务后的剩余资产(residuum)。

斯托里大法官的论述看起来简明而又雄辩。不过有一个问题需要研究:公司支付给股东的通常都是资金,这些资金并没有打上"股本资产"的标识,我们如何识别公司分给股东的钱是不是"股本资产"?在本案中,银行向股东分配的应该也是银行账上的资金,法官凭什么认为这些资金就是公司的"股本资产"呢?判决书提供的相关事实细节很少,不足以作出确认。

斯托里大法官没有回答的问题,实际上也无人能够回答。② 记录在公司资产负债表左侧的资产不会显示哪些属于"股本资产",哪些不属于。实际上,人们只能退而求其次,借助股本或资本科目所记的数字,对公司分配行为设置一个金额上限。于是,斯托里大法官所说的"股本资产"就演化成了一个数字。公司分配后,只要留在账面上的资产总额减去负债总额后的差额(即净资产额)不低于股本数额,就可以认定(或推定)公司的"股本资产"仍然留在公

---

① Manning & Hanks (2013:38).

② Warran(1923:544-545)带几分调侃地写道:"'公司的股本资产是债权人的信托基金'——这是一个彰显法官仁慈和怜悯的、掷地有声的庄严宣告。可惜事实并非如此。"

9. 规制资本报偿的两种方法

司,没有被股东抽回。尽管这不是一个令人满意的解决方案,但它毕竟提供了一个判断标准,聊胜于无。

接下来就是如何确定股本或资本的金额问题了。如果公司发行的是有每股面值的股份,那么根据面值与股份数的乘积就可以得出资本或股本金额;当公司发行低面值或无面值股时,"资本"就是所谓的"声明资本"(stated capital)或者"依法设定之资本"(legal capital)了。这样一来,斯托里大法官的"股本担保论",就和股票面值以及"声明资本"、"依法设定之资本"这几个概念紧密关联起来。①

这种关联的结果就是,体现"股本担保论"理念的所谓"资本维持",实际上就是"维持"公司账面上保有不少于"声明资本"或"依法设定之资本"金额的净资产(即资产减负债之余额)。当今的资本维持规范仍然坚守这一传统。下面我们先看欧盟资本指令。

9.1.1 欧盟公司法指令

1976 年,欧共体第二号公司法指令建立了当今欧盟公开募股公司资本制度的基本框架。② 虽经多次修订,二号指令的基本框架和主要规则没有改变。2012 年 10 月欧盟将其重新发布(简称"2012 资本指令"),2017 年 6 月又将公司法类的指令整编到一起(简称"2017 公司法指令")。③

欧盟资本指令关于公开募股公司的资本制度主要由两部分规范构成:一

---

① Manning & Hanks (2013: 39).

② Second Council Directive 77/91/EEC of 13 December 1976.

③ Directive 2012/30/EU of the European Parliament and of the Council of 25 October 2012 (OJ L 315, 14.11.2012, p.74)(https://eur-lex.europa.eu/eli/dir/2012/30/2014-07-02)。国内对该指令的介绍,参见朱昱(2014:8-18)。2017 年整编后改称 Directive 2017/1132/EU of the European Parliament and of the Council of 14 June 2017 (OJ L 169, 30.6.2017, p. 46)(https://eur-lex.europa.eu/legal-content/EN/TXT/?uri=CELEX%3A32017L1132&qid=1623208375835),资本规范集中在第 44-86 条。

是，约束股东出资的资本形成规则（capital formation rules），包括最低资本额规则、出资类型限制、出资的强制性评估、强制信息披露规则等；二是关于股东分配利润、公司增减认购资本（subscribed capital）、①回购本公司股份等事项的资本维持规范。

关于资本维持，2012资本指令的前言指出："公司资本构成对公司债权人的担保（the creditor's security），有必要设置统一规范对之加以维持；维持资本的两个关键措施，一是禁止股东通过不法分配减损资本，二是对公司回购自己的股份施加必要的限制。"②

根据欧盟资本指令，公司资产流向股东的合法通道只有两条：一是，公司向股东分配利润或者回购股份；二是，公司减少认购资本从而向股东返还出资。

第一条通道（包括分配利润和回购股份）的审查标准是基于资产负债表的"净资产标准"：即公司分配利润的前提条件必须是，公司上一财年的净资产数额大于或等于认购资本与不得分配公积金之和，且分配之后仍能保持该状态。③ 这意味着，公司分配之后，净资产数额不得少于"认购资本和不可分公积金之和"（简单说，可分配利润之金额＝净资产－认购资本－不得分配之公积金）。这就是所谓"维持资本"。另外，在符合上述分配条件的情况下，单次利润分配的总金额不得超过上一财年公司累积利润总额（包括依法律或章程从特定公积金中提取的金额）。④ 这又更明确地把分配限制在利润金额范围内。公司

---

① 根据欧盟公司法指令（Directive 2013/34/EU, arts. 10, 11），公司资产负债表中的"认购资本"项目应当列示股东已缴资本额和（如成员国法有规定时）股东认而未缴但已被催缴的出资额（subscribed capital called but not paid）。国内学者关于欧盟对股东认缴出资的会计计量规则的讨论，参见丁勇（2018：171）。

② Directive 2012/30/EU，前言第（5）点。

③ Directive 2012/30/EU, art. 17 (1)；Directive 2017/1132/EU, art. 56 (1)。

④ Directive 2012/30/EU, art. 17 (3)；Directive 2017/1132/EU, art. 56 (3)。

9. 规制资本报偿的两种方法

回购自己的股份,功能与利润分配相似,故同样须遵循上述"净资产标准"。①

第二条通道是减资。合法减资必须满足的条件不是"净资产标准",而是一个清偿能力标准,或者直白地说是一个"债权人满意标准"。指令要求,成员国法律至少应当给予债权人如下保障,即在公司减少认购资本时,公司债权人有权就其在该公司减资公告前已存在的债权(无论是否到期)获得担保。② 此外,成员国法律至少还应规定,只要公司债权人表示其债权未获足够担保(除非法院判定其异议不成立),则减资不得生效,或者公司不得基于减资向股东交付任何资产。③ 可见,公司减资时,指令并不是依照净资产要超过"认购资本和不可分公积金之和"的标准来判断债权人享有的债权是否安全,而是直接以公司能否为全部已申报债权提供清偿或者担保作为判断标准。其道理在于,减资本来就是减少认购资本,如果仍旧以认购资本和特定公积金不可返还为原则,"减资"就无法操作了。所以,减资采取了债权人直接参与的即期清偿检测。

除了上述两条合法通道外,公司向股东的任何支付行为,都是不被允许的。

9.1.2 英国公司法

英国当前的资本维持规范由其判例法和制定法共同组成。十九世纪末的判例法确立了禁止资本返还的基本规则:股东业已缴纳的资本应全部用于公司经营,未经法庭批准,不得以任何方式返还给股东。④ 这一规则所反映的理

---

① Directive 2012/30/EU, art. 21(1)(b); Directive 2017/1132/EU, art. 60(1)(b).公司为第三方收购本公司股份提供资助(包括提供资金、贷款、担保等),也须遵守该净资产标准[Directive 2012/30/EU, art. 25(4);; Directive 2017/1132/EU, art. 64(4)]。

② Directive 2012/30/EU, art. 36(1); Directive 2017/1132/EU, art. 75(1).第二段要求法律为债权人提供有效的救济渠道,允许债权人启动司法或者行政救济程序挑战减资。

③ Directive 2012/30/EU, art. 36(2); Directive 2017/1132/EU, art. 75(2)。

④ Trevor v. Whitworth (1887) 12 App Cas 409, HL, 423-4,转引自 Ferran & Ho (2014:274-275)。

念被制定法吸收,并逐渐扩充为一套复杂的规制分配、回购和减资的规则。① 不过,禁止资本返还的判例法并未因此偃旗息鼓。英国法院目前仍然会援用这条判例法规则并结合制定法规则,处理一些隐蔽或迂回地返还资本、欺诈公司债权人的行为。②

作为欧盟成员国,英国《2006年公司法》关于公开募股公司的资本维持规范与上述欧盟指令一致。在利润分配方面,一般规则是公司只能分配利润。③ 非公开募股公司只要有利润就可以分配。公开募股公司依欧盟指令要求还有一层限制,即分配利润不得导致公司净资产少于已催缴股本和不可分公积金之和。④

公司回购自己股份受到严格限制:原则上禁止,例外情形允许。⑤ 公开募股公司回购自己股份的资金只能"出自"公司所有者权益中的可分配利润科目(意即用于回购股份的资金总额不得超过可分配利润科目的余额),或者用公司发行新股募集的资金。⑥ 非公开募股公司可以动用股本支付回购资金。⑦ 这样做类似于公司减资,所以董事必须基于谨慎调查,对公司支付资金后(一年内)仍能持续经营且保有偿债能力作出声明;如果董事声明事后证实缺乏合理依据,则董事将承担包括刑事责任在内的法律后果。公司资助他人购买本公司股份,从资本维持的角度看,同样危及债权人利益,需要限制。公开募股公司不得

---

① Ferran & Ho (2014:275).
② Fleischer (2006:100–102); Ferran & Ho (2014:275–280).
③ UK Companies Act 2006, s. 830.
④ UK Companies Act 2006, s. 831(1)(4). 不可分配之公积金包括股本溢价(share premium)及资本赎回准备金(capital redemption reserve)等。
⑤ UK Companies Act 2006, ss. 658, 659.
⑥ UK Companies Act 2006, s. 692(2).
⑦ UK Companies Act 2006, ss. 692(1), 709–723.

资助他人购买本公司及母公司的股份;公开募股公司的控股股东如果是非公开募股公司的话,该公开募股公司不得资助他人购买其控股公司的股份。①

基于欧盟指令的要求,英国《2006年公司法》对减资尤其是公开募股公司的减资,设定了一套在法院全程控制之下的程序。② 这一减资程序的实际效果类似于对公司实施"非解散的清算"。法律不限制公司的减资目的,公司通常可以出于以下原因减资:一是减免股东认而未缴的出资义务;二是公司亏损,通过减资使股本体现公司真实价值;三是向股东返还多余资本。③ 公开募股公司减资必须向法院申请许可,④整个减资过程都在法院严密控制之下。任何一名债权人,如能证明公司减资危及其债权实现,都有权对公司减资决议提出异议;该债权人的债权经法院确认后,该债权人有权要求公司提供足额担保。⑤ 只有在异议债权人的债权均得到充分保障之后,法院才会批准减资。⑥ 非公开公司的减资程序有少许弹性:可以不必申请法庭许可,但其董事必须作一个"偿债能力声明"(solvency statement)。⑦ 不过,由于董事忌惮将来承担法律责任,非公开公司事实上很少经由董事声明而减资,它们宁愿也采取征得法庭许可的途径。⑧

---

① UK Companies Act 2006, ss. 678-679.
② UK Companies Act 2006, ss. 641-653.
③ UK Companies Act 2006, s. 641(4).
④ UK Companies Act 2006, s. 645.
⑤ UK Companies Act 2006, s. 646.
⑥ UK Companies Act 2006, s. 648.
⑦ UK Companies Act 2006, ss. 642-644(第643节对董事偿债能力声明的具体内容提出了明确标准,例如:须声明公司如在减资后12个月内清算,在开始清算后的12个月内,公司有能力全额偿付其债务)。
⑧ Ferran & Ho(2014:281)。

9.1.3 德国公司法

德国公司法的框架由《有限责任公司法》和《股份公司法》搭建而成。两部法律按照资本维持原则构建了利润分配、股份回购以及减少股本的规则。

《有限责任公司法》反映资本维持的基本规则是:"用于维持股本所需的公司资产不得支付给股东"。[①] 如何判断公司向股东支付的资产是不是来自(或减损)"用于维持股本所需的公司资产"? 实际上,"用于维持股本所需的公司资产"只是一个资产金额,而不是特定的具体资产。公司成立时注册了股本金额,但股东投入的资产随着公司运营不可能保持原状不变。因此,判断"用于维持股本所需的公司资产"是否受到侵损,仍然要转化为会计核算问题。根据德国学者的说明,理论和审判上一般认为,当公司净资产低于股本金额(即净资产<股本)时,就应当认为"用于维持股本所需的公司资产"受到侵损。根据《有限责任公司法》第30节第1款,在"股本减损"状态下,公司不得向股东支付财产;向股东支付财产如果导致公司"股本减损",也在禁止之列。这里的"支付"行为,不仅指公司向股东分配利润,也包括变相分配利润(如回购股份),还包括"股东与公司之间通过交易而进行的股东没有支付对等价金的给付"等。[②]

一家公司的净资产(即所有者权益)低于其登记的股本金额,实际上表明,在该公司资产负债表的右下角部分,所有者权益中的公积金和未分配利润已经"枯竭",即公积金科目为零,未分配利润科目也为零甚至为负。

举例说明,假设一家公司资产和所有者权益状况如下(单位:万元):

[①] Germany Limited Liability Companies Act, s.30(1) (2017) ("The assets the company requires to maintain its share capital may not be paid out to the shareholders…").

[②] 莱塞尔、法伊尔(2019:742-745);怀克、温德比西勒(2010:367)。

资 产	负 债	
流动资产	流动负债	
	非流动负债	
	负债合计：	900
	所有者权益	
非流动资产	股本	500
	公积金	0
	未分配利润	−400
	所有者权益合计：	100
资产合计： 1000	负债与所有者权益合计：	1000

这个例子中，公司净资产是 100 万元，低于股本（500 万元）。造成净资产低于股本的主要原因是公司亏损（未分配利润为 −400 万元）。由于公积金为零，这个亏损反映在账面上，即净资产大大低于股本。通俗讲，这时股东最初投入的本钱亏了 80%。用德国《有限责任公司法》的话说，就是"用于维持股本所需的公司资产"亏损了 80%。按照该法第 30 节第 1 款，这种情况下，公司不得对股东分红或回购股份，也不得通过交易方式向股东输送任何利益。此时，公司向股东的任何无公允价格对价的财产支付，实际上都是在向股东返还股本所"对应"的资产（简略地说，即向股东返还股本/资本）。

借助会计原理，人们将《有限责任公司法》禁止减损"用于维持股本所需资产"这条规则转化为会计上可操作的标准，而测算方法是进行会计核算，即比较净资产与股本的大小（"资产负债表检测法"）：净资产大于股本，就证明"用于维持股本所需的公司资产"尚在，股东可以分配股利，股东从公司获得的财产利益不属于资本返还；净资产少于股本，则表明"用于维持股本所需的公司资产"被"侵损"了，股东从公司取得任何财产利益都构成资本返还。

《股份公司法》中反映资本维持的规则是:出资不得返还股东;公司不得向股东承诺或支付利息;在公司清算前,公司仅得将可合法分配的利润向股东分配。① 《股份公司法》第57节对禁止资本返还的表述,不同于前述《有限责任公司法》第30节,使用了"返还出资"这种严格来说不准确的表述。根据德国学者的说明,《股份公司法》第57节对股东的限制其实比《有限责任公司法》更大:股份公司股东只得分配依《股份公司法》提取各种公积金后的"可分配利润";除此之外,均属于被禁止的返还出资行为(包括不合法的利润分配以及各种变相、隐性的利益输送)。② 而《有限责任公司法》第30节的规则是,只要公司净资产多于股本,股东就可以分红,股东从公司获得财产支付就不构成资本返还。所以,法律对股份公司的"资本约束"更为严厉一些。按德国学者的看法,《有限责任公司法》维持的只是股本对应的资产,而《股份法》维持的是"整个公司的资产"。③

《股份公司法》第71节对公司回购自己股份的立场是:原则上禁止,例外许可(该节列举了8种例外情形)。④

德国法框架内的减少股本(减资)大致是为了实现两种目的:要么是向股东返还多余资本,要么是弥补公司亏损。⑤ 基于目的和原因的不同,《股份公司法》

---

① Germany Stock Corporation Act, s. 57 (2017). [" (1)The contributions may not be restituted to the stockholders.....(2) No commitment may be made to stockholders to pay interest, nor may such interest be disbursed. (3) Prior to the company being dissolved, solely the net income may be distributed among the stockholders."]

② 莱塞尔、法伊尔(2019:387);怀克、温德比西勒(2010:571)。德国《股份公司法》第58节规定了公司应如何处置年度净利润(包括提取多少盈余公积、法定公积等)。

③ 莱塞尔、法伊尔(2019:387)。

④ 莱塞尔、法伊尔(2019:395)。

⑤ 莱塞尔、法伊尔(2019:424)。

规定了三种减资程序:普通减资、简易减资、回购股份式减资。《有限责任公司法》对有限公司减资的规范与《股份公司法》类似。①

值得一提的是,德国在2008年修订上述两部法律时,引进了实际清偿能力检测法。具体来说,为董事增加了一项维持公司偿付能力的注意义务:当公司已无力偿还到期债务或者明显过度负债时,董事不得批准对外支付任何资金,除非董事基于忠实、审慎义务决定该次支付;公司向股东支付任何款项,不得导致公司无力偿还到期债务,除非董事基于忠实、审慎的调查而决定该次支付;董事如违反上述规则,须赔偿公司损失。②

9.1.4 美国特拉华州公司法

源自十九世纪的资本维持规范至今仍存在于美国一些州的公司法中。其中,特拉华州公司法的规则颇具代表性。③ 该州公司法规定,通常情况下,公司只能将"股本外余额"(surplus)分配给股东。④ 股本外余额是公司净资产多于股本(capital)的金额。其来源大致有二:一是股东投入,即在股东超出票面价值认购股份时,超出面值的金额会被记入股本外余额;⑤ 二是公司利润。但是,资产负债表右下角的股本外余额怎么可能分给股东?事实上,公司只可能将自己的资产(通常是现金)分配给股东。所以,"公司只能将股本外余额分配给股东"的意思是,公司向股东的分红金额不得超过股本外余额。

---

① 莱塞尔、法伊尔(2019:378-781)。详细说明参见本书第12.5.3节。
② Germany Stock Corporation Act, s. 92(2) sentence 3 (2017); Germany Limited Liability Companies Act, s. 64 sentence 3 (2017)。相关讨论参见 Cahn & Donald (2010:225)。本书第9.3节还将讨论德国法的这一修订。
③ Gevurtz (2010:157); Bainbridge (2015:465)。
④ Delaware General Corporate Law (Del. Gen. Corp. Law) §170(a)(1)。
⑤ 会计上称为"capital surplus"或"Paid-in surplus",参见 Manning & Hanks (2013:77)。

以上是常规。例外规则是,当公司股本外余额为零或者是负数时,公司也可以在当年和/或上年的"净利润"的金额范围内向股东分红。① 这种分红被称作"灵活股利"(nimble dividend)。② 所以,特拉华州公司法的分配规则,简而言之就是:公司只可以分配股本外余额或者净利润,除此以外的分配都是非法的。

根据该州公司法,回购或回赎股份的规则与利润分配的常规是一致的,即必须以股本外余额为回购资金的金额上限。③ 换言之,公司股本外余额为零或为负数的时候,不得回购股份;有股本外余额的话,回购股份不得导致股本外余额变成负数。该州公司法把股本外余额为负数的状态表述为"股本受到侵蚀"。④

该州公司法规定,公司可以通过注销库存股、回购或回赎股份、股本转为"股本外余额"的方式减少自己的股本。董事会作出决议即可实施减资,无须经股东同意。⑤ 对公司债权人的保护措施是一条非常简单的规则,即公司减资后必须保有足够的资产清偿债务。⑥

除了上述制定法条文外,法院判例法也是特拉华州公司资本规范的组成部分。依照公司法(制定法)的规定,公司只能将"股本外余额"分配给股东,而"股本外余额"=净资产−股本。但是,该州最高法院的判决却指出:资产负债表并不是显示公司有无"股本外余额"的绝对依据;公司可以重估资产以证明其拥

---

① Del. Gen. Corp. Law § 170(a)(2).
② Gevurtz (2010: 160); Bainbridge (2015: 468).
③ Del. Gen. Corp. Law § 160(a)(1). Gevurtz (2010: 173).
④ Del. Gen. Corp. Law § 160(a)(1). ("capital is impaired").
⑤ Del. Gen. Corp. Law § 244(a).
⑥ Del. Gen. Corp. Law § 244(b). 从 Welch et al. (2008: 621) 的注释来看,特拉华州公司法在 1973 年和 1983 年两次修订之前,减资规则比现在的版本要复杂。公司除了必须保持清偿能力外,还要经股东批准,在报纸上公告减资以及对注册证书(certificate)作变更登记。

9. 规制资本报偿的两种方法

有"股本外余额";在此过程中,只要董事秉持善意,以可靠数据为基础,选择合理的评估方法,评估结论就是法律上可以接受的。①

判例法遵循公司法规定的"不侵蚀股本规则",同时也把保持公司实际清偿能力作为资本报偿事项的合法性判断标准。例如,在 SV Investment Partners, LLC v. ThoughtWorks, Inc., 7 A.3d 973（2010）案（简称"SVIP案"）中,优先股股东请求法院判令公司回赎其股份,法院在解释"可合法用于回赎的资金"（legally available funds for redemption）时,就没有只以公司账面上有无"股本外余额"为标准,而是从公司回赎股份后能否保有实际清偿能力的角度作出判断。② SVIP 案的判决也表明,法官认为源自十九世纪晚期的,以实际清偿能力为标准检测股份回赎合法性的传统,在美国判例法中一直延续,未曾中断,尽管制定法只是规定了今天称之为资本维持规范的股本外余额标准。③

9.1.5　主要发现

通过上述讨论可见,资本维持规范的基本原理是:以公司股本或资本为标尺,为公司的利润分配和股份回购设置某种金额上限。具体来说:公司分配股利或回购股份后,账面资产数额必须足以覆盖股东的投资额（表现为股本或资本额,通常还会扩大至特定范围的公积金）和债权人投资额（表现为负债总额）,也即必须保持净资产额不少于股本或股本与特定公积金之和。这样,就可以让股本或资本继续发挥吸收经营损失、保障公司偿债能力的"缓冲垫"作用。

---

① Klang v. Smith's Food & Drug Centers, Inc., 702 A.2d 150, 152 (Del. Supr. 1997). 相关讨论参见 Gevurtz (2010: 165)。

② 刘燕（2016:146-152）认为,SVIP 案表明,特拉华州的"溢余+清偿能力"标准与 MBCA 的清偿能力标准已经非常接近。

③ SV Inv. Partners, LLC v. ThoughtWorks, Inc., 7 A.3d 973, 976 (Del. Ch. 2010).

这套约束利润分配和股份回购的机制有这样几个特点：

首先，它所使用的各种约束指标（诸如"净资产"、"不可分配之公积金"、"认缴资本"、"股本外余额"等），均来源于资产负债表的会计科目。

其次，它通过资产负债表的"右下角"（即股东权益或净资产），约束资产负债表的"左侧"（即资产）事项的变动。其目的是让公司保有一定数额的偿债资产（这里的"一定数额"其实就是：股本、特定公积金与负债之和）。因此，所谓资本维持，最终的落脚点仍然是公司资产，股本或资本只是发挥了标尺的作用。违反资本维持的行为常常被称为"侵蚀股本/资本"。实质上，这类行为不是"侵蚀"了"股本/资本"（事实上一个抽象数字无从被"侵蚀"），而是导致公司资产总额低于股本或资本额加特定公积金与负债之和。

第三，它关注的（或者说约束指标所指向的目标）是公司资产的账面金额，而不是资产的具体构成和流动性。也就是说，只要公司净资产额不低于股本或资本额与特定公积金之和，就可以认为公司做到了"资本维持"，公司就可以向股东分配利润或回购股份了。但是，资产的账面金额和公司的清偿能力不能画等号。事实上，一个拥有巨额账面资产的公司，很可能由于资产无法在短期内变现而陷入偿付危机。

不过，资本维持规范在减资程序上并未贯彻与利润分配和股份回购一致的"资产负债表检测法"。减资规范采取的是"实际偿付能力测试法"。欧盟、英国和德国赋予债权人要求清偿或提供担保的权利。美国特拉华州公司法要求减资后的公司仍然有足以偿债的资产。特拉华州判例法也表明，在这个制定法上奉行资本维持的州，法院裁判股份回赎纠纷时会以公司实际偿付能力为合法性检测标准。这些都说明，资本维持规范与实际偿付能力检测法是可以相容的。

9.2 实际偿付能力检测法

公司向股东分配股利、回购或回赎股份等资本报偿事项,不得导致公司丧失债务清偿能力,否则公司董事必须承担赔偿责任——这一规则至少可以追溯到十九世纪中叶的美国制定法和判例法。① 英国 1855 年《有限责任法》对股利分配也设定了偿付能力要求,并将实施这一要求的措施与董事责任挂钩。前述特拉华州法院 2010 年 SVIP 案表明,法官至今仍然认同这一传统规则。可以说,与资本维持规则一样,实际偿付能力检测法也是十九世纪的遗产。

二十世纪八十年代,MBCA 经过三次修订,确立了以实际偿付能力检测法为核心规则的资本报偿规范。而在此之前,1975 年加利福尼亚州公司法财务规则的修改其实是为 MBCA 的上述变革探索了道路。② 加州公司法的此次修改摒弃了众多资本维持规范的陈旧概念和规则(如每股面值、声明资本、库存股等),提出了覆盖利润分配和股份回购的广义分配(distribution)概念,基于公司资产的流动性指标构建了一套新的分配规则。MBCA 的三次修订吸收了加州公司法的"先进经验",化繁为简、推陈出新,重构了实际偿付能力检测法和净资产测试法结合的双层标准。

截至 2011 年,MBCA 的资本报偿规则已经被美国 30 多个州的公司法全部或部分吸收。③ 加州公司法的分配规则在 2011 年修订后已与 MBCA 颇为相似。加拿大、澳大利亚、南非、新西兰公司法的分配规则不同程度地效仿了 MBCA 模式。此外,英国、新加坡、德国、荷兰、比利时的公司法也以不同方式引入偿债能

---

① 详见本书第 3.3.1 节,另见 Cox & Hazen(2003:1231)。
② Ackerman & Sterrett(1975:1052)称加州是美国第一个对传统法律资本制度作出革新的法域。
③ Hanks(2011:211)。

力检测法。

9.2.1 1975年《加利福尼亚州公司法》

1975年《加利福尼亚州公司法》(简称加州公司法)采用涵盖利润分配和股份回购的广义分配概念,建立了资产负债表检测法和实际偿付能力检测法相结合的双层检测框架。①

首先,加州公司法改造了传统的资本维持规范,将资产流动性纳入检测范围,为公司提供了基于资产负债表检测的两种可选分配路径:(1)公司可以在"留存盈余"(retained earnings)金额范围内分配。(2)如果公司要超出"留存盈余"金额分配,那么,公司实施分配后的财务状况必须同时符合以下两个指标:(a)公司资产总额不少于负债总额的1.25倍(即资产≥负债×1.25);(b)流动资产总额不少于流动负债总额(如公司在前两个会计年度中,税前息前盈余都低于利息支出,则流动资产总额不得少于流动负债总额的1.25倍,即流动资产≥流动负债×1.25)。②

其次,公司分配还须满足实际偿付能力检测。如果分配可能导致公司无法偿付债务,则不得实施(除非其债务的清偿已具备充分保证)。③

加州1975年的分配规则实际上是一套叠加了多重约束措施的混合模式。它在传统的资本维持标准(即只允许在利润金额范围内分配)之外,创设了资产流动性检测标准——当公司的"负债比率"和"流动比率"符合要求的情况下,可以超出"留存盈余"分配。

---

① 国内学者傅穹(2004a:49)、刘燕(2014:46)对加州公司法1975年版分配规则已有简要讨论。
② California Corporations Code(CA Corp. Code) § 500 (a)(b) (2005). 根据该条,资产总额不得包含商誉、资本化的研发费用、递延费用,负债总额不得包括递延所得税、递延收益和递延贷项。
③ CA Corp. Code § 500 (2005).

不过,加州公司法的创新对公司投融资效率和债权人保护是否会产生积极效果,从一开始就是有争议的。

埃克曼和斯特雷特(Ackerman & Sterrett)认为,上述分配规则可能会过分限制高科技企业对股东的分配,对公司并购也有抑制作用。因为,加州规则在计算"资产总额"时剔除了资本化的研发费用。那么,资本化研发费用占比较大的高科技企业就比较难以达到分配条件。另外,公司并购通常会形成商誉资产,按照当时公认的会计准则,商誉可在最长40年的期间内摊销。加州规则要求计算"资产总额"时剔除商誉,这极可能抑制公司并购。[①] 然而,位于加州旧金山湾区的"硅谷",恰恰在1975年公司法施行后的数十年间迎来最蓬勃的创新和发展。这表明,加州公司法的财务规则对"硅谷"创新公司的投融资并未产生学者估计的那么巨大的影响力。[②]

本卓尔(Ben-Dror)则指出加州分配规则存在三方面缺点:(1)有些规则难以操作和执行。执行这套规则的前提是每个公司都要有特定的财务数据,但事实上不是每个公司都被要求制作和提供这样的数据。所以,有可能需要另外制定法律,强制公司制作或提供某些财务数据。(2)财务比率有可操纵性,并不可靠。法律规定董事会在决定分配前应当检测公司的"负债比率"和"流动比率",但这两个比率实际上都是可操纵的。比如,流动比率显示公司的短期偿付能力,但公司可以通过出售资产、增加长期负债等方法改善自己的流动比率。(3)相比于当时已经有较大发展的财务分析方法,[③]加州公司法规定的财务比率

---

① Ackerman & Sterrett (1975:1052).

② 拉奥、斯加鲁菲(2014:9-16)从历史、地理、经济文化和法律环境等角度,分析了"硅谷"成功的原因。作者肯定了加州法律在"硅谷"奇迹中所扮演的正面角色(例如不允许公司限制科技人员流动,对商业秘密和隐私采取较宽松的保护态度等),但并未提及加州公司法财务规则的作用。

③ 关于分析公司偿付能力的财务比率,参见罗斯(2012:35-39)、万如荣等(2014:103-111)。

测试标准过于简单,很难对规模和行业千差万别的各种公司的偿付能力作出准确判断。① 本卓尔的实证研究进一步指出,总体而言,加州分配规则对公司债权人的保护是薄弱的,谨慎的债权人仍然要通过更多的公司财务数据去监测债务人的偿付能力,并借助更多的合同手段确保债权实现。②

9.2.2 二十世纪八十年代 MBCA 的修订

加州公司法 1975 年的上述修改直接影响了 MBCA 在二十世纪七十年代末启动的修订。MBCA 吸收了加州的部分经验,但没有仿效加州通过财务比率约束分配的办法,而是建立了一套更为简约的规则。

整个二十世纪八十年代,MBCA 经历了三次修订。1980 年对财务规则的修订主要有以下要点:(1)不再使用"声明资本"和"每股面值"两个概念,并废止与其相关的强制性规则;③(2)扩大"分配"概念,使之涵盖支付股利、股份回购或回赎等公司向股东无对价支付财产的行为;(3)重构分配约束标准;(4)取消库存股概念;(5)其他配套规则的细节修改。④ 1984 年的修订是 MBCA 制定 35 年后的一次结构性的全面修正,财务规则被进一步调整。1987 年,股东出资和分配规则再次修改。MBCA 分配规则经过这三次修订后,到目前没有重大变化。⑤

MBCA 学习加州的做法,采用了广义分配概念。"分配"涵盖公司向股东支

---

① Ben-Dror (1983: 385-389)。
② Ben-Dror (1983: 413)。
③ MBCA 废弃"声明资本"和"每股面值"的理由与加州相同。MBCA 修订者认为,以这两个概念为基础的传统分配规则已经过时,不仅无助于保护公司的债权人和优先权益持有人,而且可能对他们产生误导作用。Manning & Hanks (2013: 182)。
④ Manning & Hanks (2013: 182)。
⑤ Manning & Hanks (2013: 181)。

付财产利益的各种单方(或无等价资产交换的)行为。这些行为包括向股东宣布或支付股利、公司回购或回赎股份、公司以发行"债务凭证"的方式对股东负债等。它们的共同特点是:公司采取直接或者间接方式,以股东所持股份为依据,向股东转移现金、其他财产或者向股东发放债务凭证,而且,该财产转移或债务承担不以股东支付等额的资产对价为条件。①

在废止"声明资本"和"每股面值"以及扩展分配概念的基础上,MBCA 重构分配规则,建立实际偿付能力测试法和净资产测试法结合的双层测试标准。这套分配规则赋予公司董事会相当大的机动权,同时也规定支持违规分配的董事应当承担个人责任。

首先,公司实施分配的约束条件之一是,分配不得导致公司无力偿还其已到期和按正常营业进程应到期的债务。② 曼宁和汉克斯认为,这一标准继承了 Wood v. Dummer(1824)一案的判决意见,即法律应当禁止公司在陷入偿债困境时向股东分配财产(或返还资本)。③

MBCA 的正式注解将这一约束条件称为"实际偿付不能检测法"。④ 如何判

---

① MBCA § 1.40(6) (2016) ("Distribution" means a direct or indirect transfer of money or other property (except its own shares) or incurrence of indebtedness by a corporation to or for the benefit of its shareholders in respect of any of its shares. A distribution may be in the form of a declaration or payment of a dividend; a purchase, redemption, or other acquisition of shares; a distribution of indebtedness; or otherwise.") "incurrence of indebtedness"是何种分配方式? 根据 MBCA 对该条的正式注解(official comment),应指"公司以分派'债务凭证'或本票的方式对股东负债"("a distribution of evidences of indebtedness or promissory notes of the corporation")。

② MBCA § 6.40 (c)(1) (2016).

③ Manning & Hanks (2013: 187). 对 Wood v. Dummer 案的讨论参见本书第 9.1 节的开头部分。

④ "equity insolvency test"这种检测公司偿付能力的标准最初是英国衡平法院创设的,国内有学者直译为"衡平偿付不能测试"(如后向东译《法律资本》一文,第 141 页)。但它的意思其实是指不拘泥于财务数据,从事实上做出的偿付能力判断。因此,本书建议译为"实际偿付不能测试法"。与之含义相同而更简洁的表述是"equity solvency test",即本书所称"实际偿付能力检测法"。

断一家公司是否陷入"实际偿付不能"的状态？正式注解的作者们承认,事实上没有应对所有情况的明确判断标准。他们的一般性建议是,公司管理层在检测公司未来正常营业中的偿付能力时,应当重视以下几个方面:(1)从市场需求的角度,考虑公司有多大可能用未来一定期间的收入,偿付已到期和可合理预见的将到期债务;(2)从公司再融资的角度,根据公司的融资条件、经营前景和同境况企业得到融资的可能性,考虑公司有多大可能为其将到期债务获得再融资。同时,管理层还应考虑公司经营中可能产生的一些赔偿责任以及获得保险赔付的可能性。①

其次,公司实施分配的另一约束条件是,分配不得导致公司资产总额低于负债总额(公司已发行之优先股如届至偿付期,则其金额应计入负债总额,除非公司的组织大纲[charter]另有规定)。② 根据会计等式"资产－负债＝净资产"可知,该条件实际上是对公司净资产额的检测。也就是说,公司分配不得导致公司净资产小于零。③

MBCA的净资产检测法尽管也需要使用公司的财务数据,④但其规则显然比欧式资本维持规范简单而且宽松。它要求公司直接比较资产和负债总额(前

---

① 转引自 Manning & Hanks（2013：187-188）。不过,Manning & Hanks（2013：188-189）也指出,正式注解的建议是十分概括性的,公司管理层在判断时,需要考虑的因素显然不会仅限于注释建议的范围(即市场需求和再融资),还有其他许多需要仔细斟酌的具体问题(例如:评估多大时间范围内的偿债能力、能否依赖专家意见等)。作者认为,这些问题都属于董事有权作出的商业判断事项。

② MBCA § 6.40（c）(2)（2016）。

③ Manning & Hanks（2013：189）将这个约束条件称为"资产负债表(净资产)检测法"[balance sheet (net assets) test]。

④ 净资产测试不得不以一定的财务报告为依据。MBCA并不要求公司财务报告必须以公认会计准则为基础制作,而是把决定权交给公司董事会:董事会可以基于实际情况选择合理的会计准则和方法,或者基于合理的公允估值作出判断（MBCA § 6.40（d）(2016)）。Manning & Hanks（2013：194）认为,这条规则给董事会很大的自主空间。

9. 规制资本报偿的两种方法　　　　315

者大于后者即可),而不是像欧盟指令要求的那样,区分净资产中的股本、公积金和盈余科目,再去检测公司分配是否会导致净资产低于股本与特定公积金之和。

曼宁和汉克斯指出,MBCA 公司法委员会在要不要保留净资产测试的问题上争论多年。1984 年的修订最终决定保留净资产测试标准。主要理由是:美国各州公司法的财务规则几乎都遵循某种资产负债表测试法,而债权人通常也会从实际偿付能力和资产负债表两个方面评价债务人的偿付能力。[①]。

第三,检测公司偿付能力并决定公司分配事务的董事,受董事义务及相关法律责任的约束。董事如果未尽职责(善意、谨慎等义务),投票支持或赞同违规分配,则其个人应对公司因违规分配而多向股东支付的金额承担赔偿责任。[②] 董事的赔偿金额应当是"公司实际分配金额"减去"公司可合法分配的最大金额"的余额。[③] 承担了赔偿责任的董事,有权要求其他有过错但未承担责任的董事分担赔偿责任,也有权向领取分配金额的股东追偿。[④]

9.2.3 加州公司法及其他地区公司法

加州公司法的分配规则经 2011 年的修改后大幅"瘦身",在一些方面与MBCA 规则趋同。2011 年版加州分配规则依然奉行"双层测试"。资产负债表测试标准有所调整和简化。公司仍然有两种分配路径可以选择:(1)如以"留存盈余"为分配范围,则分配金额不得超过"留存盈余"减去"优先股利欠付总额"

---

① Manning & Hanks (2013:191-194). 不过,曼宁和汉克斯对此是持保留意见的。他们认为,"净资产测试法"的作用十分有限,甚至许多情况下是误导性的。因为,公司有无净资产、净资产额是多少,并不能真实、全面反映公司的偿付能力。
② MBCA §§ 8.30, 8.32(a) (2016).
③ MBCA § 8.32 (2016)之正式注解。
④ MBCA § 8.32(b)(c) (2016).

(preferential dividends arrears amount)之后的金额;(2)如果不以"留存盈余"为分配范围,分配之后,公司资产总额不得低于"负债总额与各种股东优先权价值之和"。① 实际偿付能力测试标准保持不变。

相比1975年分配规则,2011年规则主要有两个变化:一是,对以"留存盈余"为范围的分配,压缩了可分配资金的额度。② 第二个变化是,大幅简化了非盈余标准分配的约束条件。不再考虑公司的负债比率和流动比率,而是借鉴MBCA的第6.40节规则,仅要求分配之后,公司资产总额不得低于负债与各种优先权价值的总额。

MBCA的分配规则在美国以外也受到一些国家的认可。根据曼宁和汉克斯的介绍(2013年),澳大利亚、加拿大和南非的公司法,不同程度地借鉴了MBCA的分配规则。此外,新西兰公司法也吸收了MBCA的部分做法。

澳大利亚2010年修订公司法,取消原本只允许公司在盈余范围内分配股利的规则,重新设定了股利分配的三个条件:(1)分配股利之前和之后,公司资产总额均须多于负债总额;(2)股利的分配须公平、合理地对待全体股东;(3)股利的分配不得实质性地损害公司偿付能力。③

加拿大商事公司法规定,公开募股公司出现以下任一情况时均不得分配股利:(1)有理由相信,公司分配前或者分配后将失去偿付到期债务的能力;(2)有理由相信,公司分配后,其资产的可实现价值(realizable value)将少于其负债和声明资本(包括各种股份)之和。公司回购股份的规则与上述规则

---

① CA Corp. Code § 500(a) (2018).
② 如果说,1975年的规则可表述为"公司只能在留存盈余金额内分配"的话,2011年规则则可以说是,"公司只能在留存盈余减去'优先股利欠付总额'的余额内分配"。可见新规则有意顾及优先权股东的利益。
③ Manning & Hanks (2013:216-217).

相同。①

南非公司法自 1999 年后多次修订,采取与 MBCA 相似的广义分配概念,废弃传统的资本维持规则、库存股制度,修订后的分配规则与 MBCA 的实际偿付能力测试和负债表测试标准高度相似。②

新西兰 1993 年公司法在分配规则上也吸收了 MBCA 的偿付能力测试标准。③ 但在董事责任方面,新西兰公司法的做法与 MBCA 不同。它要求在董事会批准分配时,赞成分配的董事应当签署一份声明,表明自己确认公司在分配后能够通过偿付能力测试,而且还要说明作出此种确认的根据。④ 如果作出分配决议后、实施分配之前,董事会有合理根据认为公司将因分配而无法满足偿付能力测试,那么应当撤销分配决议。⑤

9.2.4 主要发现

以 MBCA 为代表的实际清偿能力检测法不同于资本维持规范的地方,主要可以归纳为以下三个方面:

第一,运用广义分配概念覆盖支付股利、股份回购或回赎等公司向股东无对价支付财产的各种行为,适用一致的分配规则。公司向股东返还"出资"(也即资本维持规范下的减资),可以通过股份回购的方式进行。

第二,在广义分配概念基础上,以简化的净资产测试法和实际偿付能力测试法相结合的方式,重新构建约束公司分配行为的标准和规则。MBCA 以及其

---

① Manning & Hanks(2013:217).
② Manning & Hanks(2013:217-219).
③ New Zealand Companies Act 1993, s. 52(1).
④ New Zealand Companies Act 1993, s. 52(1).
⑤ New Zealand Companies Act 1993, s. 52(3).

他同模式立法并未彻底抛弃资产负债表检测法,只是不再以它为唯一或核心标准,也不再以股本或资本金额为检测标尺。① 实际上,简化后的资产负债表检测法成为实际偿付能力检测法的陪衬。对分配起到关键约束作用的是实际偿付能力检测法。

第三,废弃不再起作用的传统概念。例如,不再使用"声明资本"和"每股面值"两个概念,并废止与其相关的强制性规则。取消了库存股概念。这些概念在传统的资本维持规范中扮演着关键角色,但在 MBCA 的分配规则下显然没有存在价值了。

从规则实施层面看,MBCA 的分配规则必须依赖董事对公司实际偿付能力的评估和判断。它需要董事对公司常规经营情况下应清偿的债务有合理预期和估算,并根据公司的再融资可能性,对公司偿付能力做合理判断。董事还有权不依赖公认会计准则,而选择其他适当方法评估资产和负债。对董事的约束机制是,他们如果投票支持或赞同了违规分配,且违反善意、谨慎决策的要求,则其个人应对公司因违规分配而多向股东支付的金额承担赔偿责任。不难发现,MBCA 的实际偿付能力测试法主要是一套事后约束机制,即通过董事责任约束董事决策,进而约束公司分配行为。这相当于将公司股东和债权人最容易发生利益冲突的一项重大事务交给董事处理,而制约董事的是事后的董事责任。

不过,跳出公司法来看,董事责任并不是美式资本报偿约束机制的全部。在美国的法律体系中,约束公司分配行为的法律规则,除了公司法中的分配规则外,还有联邦破产法和各州的反欺诈转让法(fraudulent conveyance

---

① 前述举例中,只有加拿大公司法的股利分配规则保留了以声明资本为标尺的资产检测法,参见 Canada Business Corporations Act, s. 42 (b) (1985)。

statute)。① 依据这两种法律，破产接管人(trustee)或者公司的债权人在符合条件时，可以追回公司借由违法分配或者其他行为转移出去的资产。股东有可能以迂回或隐蔽方式(通常是各种关联交易)从公司攫取利益。这类行为可能被认定为"欺诈性转让行为"。由于反欺诈转让法对"无力偿付"(insolvency)的认定标准比 MBCA 第 6.40 节的标准覆盖面更宽，所以，当公司发生违法分配或者其他向股东不当输送利益的行为时，公司债权人通过反欺诈转让法可能获得更有力的保护。②

实际清偿能力检测法和资产负债表检测法(资本维持规范)，究竟哪个方式更好？这是人们自然要问的问题，当然也是极难回答的问题。③

每一种规制方式都不是孤立地在发挥作用，都与其他规则和所在法律体系的其他部分有密切的联系。不过，本书的研究发现，这两种规制方式并非不可交融互补。以这两种规制方式不可兼容为前提假设，去比较它们的优劣，出发点可能就是错误的。实际上，在很多地方的法律体系中，它们是联合并存的，只是有主次之分而已。例如：资本维持规范中的减资规则，实行的是即期清偿能力检测法；MBCA 第 6.40 节和加州公司法的财务规则中都保留了净资产检测法；特拉华州的公司法看起来是资本维持模式的，但其判例法又一直认可实际清偿能力检测；英国、德国、荷兰、比利时、新加坡以及我国香港特区的公司法都在一定范围内，以不同方式引进了偿债能力检测法。

---

① 参见 MBCA 第 6.40 节的正式注解第 3 点以及 Manning & Hanks (2013：234)。
② 两位欧洲学者 Ben-Dror (1983：375)和 Fleischer (2006：94-111)都注意到美国反欺诈转让法对隐蔽分配行为的制约作用。
③ 有趣的现象是，笔者没有看到哪个美国法律学者主张美国应当坚守或者回到传统资本维持规范，相反，倒有很多欧洲公司法学者常常纠结于要不要弃资本维持模式而学习 MBCA 的偿付能力检测法。例如 Rickford (2004：1017)；Veil (2006：75-93)；Santella & Turrini (2008：449)等。

9.3 两种检测法的差异与兼容

资本维持规范和实际偿付能力检测法哪个更优,一直颇有争议。[①] 二者的差异主要在于:前者是一种基于资产负债表的历史数据的事前检测标准,而后者依靠董事对公司当前及未来偿付能力作出测试和预判,主要是一套事后约束机制。[②]

资本维持规范的优势是规则客观、明确,通过区分股本与利润,限制资本报偿事项,约束公司资产流向股东,鼓励公司巩固资本(从而建立吸收损失的"缓冲垫")、持续稳健经营。但它的缺点在于,偏重资产账面价值,忽视资产结构和流动性检测;资产负债表的数据滞后于公司实施资本报偿事项时的资产状况,且受会计操作的影响较大。因而,资本维持规范为债权人提供的保护是不够周延的。而且,由于资本维持规范对资本报偿事项约束较繁,公司资本运作的灵活性较受限制。[③]

实际偿付能力检测法不依赖股本标准,通过"分配"概念,把利润分配、回购或回赎股份、股本返还等事项统合起来,要求董事会在决定任何分配事项前,均须以适当方法检测公司实际偿付一定期限内到期债务的能力。实际偿付能力检测法直击债权人保护的要害问题,关注公司资产流动性,扩大了公司资本运

[①] 上世纪末开始,欧盟学术和立法机构对资本维持规范改革的讨论逐渐增多,在是否以及如何借鉴实际偿付能力检测模式的问题上意见纷呈。Santella & Turrini (2008:454-459)讨论了2002-2008年间,欧盟有代表性的几份资本制度改革研究报告及其建议。2017年,欧洲十几个国家的公司法学者联合推出《欧洲示范公司法》(European Model Company Act),该示范法的说明指出,欧洲学者对如何改革资本维持体系仍有巨大分歧,参见 Andersen (2017:130)。

[②] Kuhner (2006:341-364)。中文文献中对两种模式之优劣的全面综述,参见张雪娥(2015:45-49,79-83)。

[③] 同上。

作的灵活性。但是,实际偿付能力检测法有可能忽略公司偿付远期债务的能力,存在鼓励公司行为短期化的可能性。偿付能力检测法要求通过董事的审慎履职来约束资本报偿,其事后约束机制以董事责任诉讼为基础,因此,对法院判定董事责任所运用的原则、标准和方法均有较大的依赖度。①

不过,资本维持规范和实际偿付能力检测法并不是两条永不相交的平行线。进入二十一世纪以来,一些传统上奉行资本维持规范的公司法不同程度地引入了实际偿付能力检测法。

英国《2006 年公司法》允许非公开募股公司动用股本支付股份回购资金。② 由于这样做类似于公司减资,所以董事必须基于谨慎调查,对公司支付资金后(一年内)仍将持续经营且保有偿债能力作出声明;如果董事声明事后证实缺乏合理依据,则董事将承担包括刑事责任在内的法律后果。③ 在非公开公司非经法院核准减资时,董事也须事先做一个偿债能力声明。公司法对偿债能力的时间范围规定了具体标准,即董事的偿债能力声明必须包含如下内容:(1)公司如在减资后 12 个月内清算,则清算开始后的 12 个月内有能力清偿全部债务;(2)公司减资后如继续经营,有能力偿还 12 个月内到期的债务。④ 不难发现,英国引进实际偿付能力检测法的范围仅限于非公开公司的减资和动用股本回购股份的事项,而没有扩张到该类公司的股利分配事项上。减资事项原本都需要申请法院批准,并在法院严密监控下实施。允许非公开公司董事通过偿付能力声明实施减资和股份回购,其目的主要是为缓和原有减资和股份回购规则过于严格僵化的弊端。新加坡公司法和我国香港

---

① Veil (2006: 87-93); Schön (2006: 181-198); Hanks (2011: 219-223).
② UK Companies Act 2006, s. 692(1).
③ UK Companies Act 2006, ss. 709-723.
④ UK Companies Act 2006, s. 643.

特区公司条例也规定了类似条文。①

欧洲大陆的一些国家则在更大范围内吸收了偿付能力检测法。德国 2008 年修订《股份公司法》和《有限责任公司法》，为董事增加了一项维持公司偿付能力的注意义务：当公司已无力偿还到期债务或者明显过度负债时，董事不得批准公司对外支付任何资金，除非董事基于忠实、审慎义务而决定该次支付；公司向股东支付任何款项，不得导致公司无力偿还到期债务，除非董事基于忠实、审慎的调查而决定该次支付；董事如违反上述规则，须赔偿公司损失。②

2012 年，荷兰修订非公开公司的法律规则，在大幅简化原有资本维持规范基础上叠加偿付能力检测法，形成资产负债表检测加流动性检测(liquidity test)的双层检测法。资产负债表检测规则重新定义了吸收损失的"缓冲垫"，不再以股本为唯一标尺，而是以法律或公司章程规定的不可分配储备金(reserves)为标尺(章程可将股本列为储备)，股东会只能在净资产超过储备的金额范围内实施资本报偿事项。其流动性检测的基本规则是：公司董事会如果明知或有理由预见实施资本报偿事项将导致公司无力清偿到期债务，则不得批准该资本报偿事项；违反上述规则批准报偿事项的董事，被认为是有过错的，应当对公司损失承担连带赔偿责任；股东如果知道或应当知道资本报偿违反流动性检测要求，则应当返还所受领的报偿。③

2019 年，比利时修订其非公开公司的资本报偿规范，构建了与荷兰类似(也有一些不同)的双层检测规则。它的资产负债表检测法与荷兰的相似。此

---

① Singapore Companies Act 2006, ss. 7A(1)(b), 76F；香港《公司条例》(2014 年修订)第 205、206 条。

② Germany Stock Corporation Act, s. 92(2) sentence 3；Germany Limited Liability Companies Act, s. 64 sentence 3. 相关讨论参见 Cahn & Donald (2010：225)。

③ Dutch Civil Code, art. 2:216 (2)(3) (2012). 详细讨论见 Bruloot & Callens (2019：15-16)。

外,还扩大了公司决定资本报偿事项时可以依据的财务报告的范围,增加了公司分配的灵活性。它的流动性检测规则要求董事会在批准报偿事项时,应当评估并确信公司实施报偿事项后至少12个月内仍具有债务偿付能力。董事如果知道或有理由知道公司将无力偿债而仍然批准资本报偿事项(也被认为有过错),须对公司和第三人的损失承担连带赔偿责任;股东无论是否知道资本报偿事项违反流动性检测要求,都应当返还因此而获得的报偿。[①]

上述欧陆三国的公司法都借鉴了MBCA第6.40节的实际偿付能力检测法,为董事施加了维持公司偿付能力的注意义务,试图以实际偿付能力或流动性检测弥补原有资本维持规范的缺漏。应当看到:这类规则并不要求董事无条件地对公司债务承担保证责任。因为,董事只要证明自己尽到忠实、审慎的义务,就可以免责。

欧洲多国学者2017年联合推出的第一版《欧洲示范公司法》采取了更为开放的立场,将资产负债表检测法和实际偿付能力检测法并驾齐驱,作为资本报偿事项的共同约束准则。[②] 在公司管理层义务方面,要求董事会负责管理公司财务状况,关注公司的资本和流动性是否充足。[③]

与上述各例不同的是,美国特拉华州法院通过判例法将实际偿付能力检测法与资本维持规范结合起来。特拉华州公司法一直奉行资本维持规范,没有接受MBCA第6.40节的"实际偿付能力检测法"。但在该州有关股份回赎的判例中,法院除了遵照公司法规定的"不侵蚀股本规则"外,还要求股份回赎不得导

---

① Belgian Companies and Associations Code, arts. 5:143 (1), 5:144 (1)(2) (2019).详细讨论见 Bruloot & Callens (2019:18-21)。
② European Model Company Act, s. 7.02(2)(3), Andersen et al. (2017:135)。
③ European Model Company Act, s. 9.02(b)(ii), Andersen et al. (2017:211)。

致公司丧失偿债能力。① 当然,法官在判决中运用实际偿付能力检测法并不是脱离制定法而随意自创规则。因为,实际偿付能力检测法一直在美国判例法中存在,其历史至少与资本维持规范的历史一样长。②

以上例证表明,实际偿付能力检测法可以与资本维持规范形成某种形式的"结合模式"——资本维持规范作为基础框架,为公司分配行为提供一套相对明确的财务规则,实际偿付能力检测法则发挥机动、兜底的功能,对资本维持规范难以剔除的损害债权人利益的行为加以约束。当然,不同的法律体系可能基于不同理由构建不同的"结合模式",而不同模式对公司决策层又将产生不同影响。

例如:英国公司法在非公开公司的减资规则中,将偿付能力检测作为原有减资程序的可选替代方案。但实践表明,董事为避免承担法律责任,多数情况下依旧会申请法院批准减资,按照原先的严格程序实施减资。③

再如:按照德国、荷兰和比利时的双层检测架构(资产负债表检测+偿付能力或流动性检测),公司董事会在决定利润分配和股份回购等报偿事项时,不仅要满足基于资产负债表的财务规则,而且要审慎评估利润分配等实施后的一定期间内公司能否偿还到期债务。否则,公司实施分配事项后如无力偿还债务,债权人有可能追究董事过错责任。不难想见,董事为避免这种风险,在决定

---

① SV Investment Partners, LLC v. ThoughtWorks, Inc., 7 A. 3d 973 (2010)案(简称"SVIP案"),优先股股东请求法院判令公司依约回赎其股份,法院在解释"可合法用于回赎的资金"时,没有只以公司账面上有无"股本外余额"为标准,而是从公司回赎股份后能否保有实际清偿能力的角度作出最终判断。

② 正如法官在SVIP案判决中写道的:源自十九世纪晚期以实际清偿能力为标准检测股份回赎合法性的传统,在美国判例法中一直延续。SV Inv. Partners, LLC v. ThoughtWorks, Inc., 7 A. 3d 973, 976 (Del. Ch. 2010)。

③ Ferran & Ho (2014:281)。

公司分配事项时可能变得更为谨慎。例如：董事如果认为资产负债表数据不足以反映公司最近的偿付能力，他们可能会依据更多财务数据、更多信息对公司的长期或短期偿债能力作出评估。① 如果董事会聘请外部专业机构进行评估的话，那么，费用一般会由公司承担。显然，双层检测在维护公司偿债能力免受各种分配事项侵蚀的同时，很可能增加公司运营成本。

当然，法律可以细化偿付能力检测的操作规则，提升检测标准确定性，并对资本维持规范做合理精简，以此降低法规实施成本。另外，"结合模式"可能产生的收益（即有利于保持公司偿付能力，进而降低整个经济体的交易成本和提高负债融资效率）也能够在一定程度上抵偿该模式带来的成本提升。②

9.4 我国资本报偿规范的特点

本章前三节对资本维持规范和实际清偿能力检测两种方法的讨论，为研究我国资本报偿制度提供了一个有用的参照物。简单对照就可发现，我国《公司法》的资本报偿规则遵循了资本维持的框架。不过，我国的资本维持规则与前述任何一个国家的立法都不完全一样。

在就我国各项具体规范展开深入研究之前，有必要对我国公司法的资本维持规范以及它的独特之处做一概括说明。

9.4.1 我国规则的特别之处

我国《公司法》的资本报偿规范主要由以下几个部分组成：(1) 禁止股东抽

---

① 参见 Bruloot & Callens (2019: 23)。
② 实际偿付能力检测法的成本和收益分析，详见后文第 14.2 节。

逃出资规则(简称"抽逃出资规则");①(2)公司取得本公司股份的规则;②(3)利润分配规则;③(4)减少注册资本的程序和债权人保护规则。④《公司法》以外,最高人民法院司法解释、监管部门的规章和证券交易所"自律性规范"也有一些涉及资本报偿事项的规则。

以下按照利润分配规则、减资规则、股份回购和禁止抽逃出资规则的顺序,依次来看这四部分规则各自的特点,以及它们之间的关系。

利润分配规则

《公司法》第166条确立的利润分配规则是:公司只能分配税后利润(如果没有会计上认可的"利润",公司就不得分配股利);利润分配前,公司必须提取一定比例的"法定公积金"(即盈余公积金),并弥补以前年度亏损。这意味着,公司如果存在未弥补的以前年度亏损,便不具备利润分配的条件。⑤法律只允许公司分配税后利润,且要求公司首先从税后利润中提取盈余公积金并弥补以前年度亏损,可以确保公司分配股利后,账面上仍能保有不少于实收资本(或股本)、各项公积金及负债之和的资产,也即避免造成"侵蚀股本"的后果[即净资产<实收资本(或股本)+各项公积金]。可见,这套分配规则奉行的是资本维持规范的思路。

第166条不涉及对公司实际偿付能力的审查。比如,它不关心公司分配股利前,是否有足够的流动资金清偿全部流动负债;也不关心,公司分配股利之后,是否还有足够能力清偿全部流动负债。或许,立法者将公司的偿付能力完

---

① 《公司法》(2018年)第35、91条。
② 《公司法》(2018年)第74、142条。
③ 《公司法》(2018年)第166条。
④ 《公司法》(2018年)第177条。
⑤ 详细讨论参见第11.1.3节。

全寄托在资产负债表的财务数据上了,即只要公司的资产负债表数据符合第166条的利润分配条件,就当然认为公司的偿付能力是可靠的。但是,将公司偿付能力与其资产负债表数据画等号,本身就是不可靠的。此外,违反第166条规则分配股利的话,公司董事、股东应对谁承担何种民事责任,《公司法》的规定是不完整、不明确的。上述这些问题,我们将在第11章做深入分析。

减资规则

《公司法》关于公司减少注册资本的规则主要是程序性的:一是,减资被视作公司的一个重大事项,须由股东会或股东大会以特别多数通过决议;①二是,减资必须履行特定的程序。②

与其他国家的资本维持规范类似,我国《公司法》为减资公司的债权人提供的保护措施,也是允许债权人在减资实施前要求公司提供担保或清偿债务。但这套保护措施对债权人的保护作用是薄弱的,无法阻止偿债能力不足的公司实施减资。如果公司故意不通知债权人减资事项,债权人就没有机会在股东取回出资前要求公司清偿债务或者提供担保。即便债权人在减资过程中闻讯前去主张权利,公司也可能置之不理,而受理减资登记的登记机关未必将债权人要求得到满足作为办理减资登记的前置条件。即便登记机关将满足债权人要求设定为办理减资手续的条件,登记机关一般也不会对减资公司的声明做实质审查。这套债权人保护措施软弱无力的重要原因是,《公司法》没有规定公司违反通知义务或者拒不清偿债务或提供担保的法律责任是什么,也没有规定公司违反债权人保护规则将对其减资行为有何法律后果。所以,对公司而言,减资程

---

① 《公司法》(2018年)第43、103条。
② 《公司法》(2018年)第177条。

序中并没有强有力的债权人保护规则的约束。①

股份回购规则

《公司法》在有限公司和股份公司部分分别规定了回购股权或股份的规则。② 这两个条文对公司回购股份的资金来源、财务状况、偿付能力等均无任何限制。③ 因此,回购股份的规则并没有与利润分配规则保持协调一致。而这种一致性在其他实行资本维持规范的公司法中通常是必不可少的。④ 因为,回购股份与利润分配的经济实质是相同的。

公司如果回购自己的股份后将之注销,⑤ 就会产生减资的后果,应当启动减资程序。债权人有可能通过减资程序获得一定保护。但是,公司如果将回购回来的股份不注销而是再行转让,则不会引发减资。这个过程中,公司既要向回购对象支付回购款,又要转让股份并接受受让股份者支付的购股款,公司与股东间的利益输送极有可能发生。但这种情形下,《公司法》未提供相应的债权人保护规则。

总的来说,《公司法》目前对股份回购采取了一种宽松立场,既未对公司回购设置资本维持规范中常见的约束规则(例如要求股份回购应适用与利润分配一致的规则),也未建立类似实际偿付能力测试法的限制。

---

① 《公司法》虽然没有明确的减资责任规则,但审判机关和工商管理机关在实践中发展了一些强化违规减资法律责任和债权人保护的办法,详细讨论见本书第12.4节。

② 《公司法》(2018年)第74条和第142条。

③ 这里引用的是2018年修正后的条文。而此次修正前的2013年《公司法》中,第142条第3款规定:公司为奖励职工而收购本公司股份时,"不得超过本公司已发行股份总额的百分之五;用于收购的资金应当从公司的税后利润中支出;所收购的股份应当在一年内转让给职工"。

④ 参见本书第9.1节的说明。

⑤ 《公司法》(2018年)第142条第3款对因不同事由回购的股份,规定了不同的注销或者转让时限。

9. 规制资本报偿的两种方法

抽逃出资规则

抽逃出资规则写入《公司法》将近三十年,在审判实践中使用频率很高,但它至今没有形成确定的规范含义和裁判标准,依然保留着"公司清理整顿"时期政策文件的话语风格。如何确定被"抽逃"的财产是不是股东的"出资"?如果被股东转移走的财产是公司财产(为什么还叫"出资"?),"抽逃出资"和"侵占公司财产"的区别何在?如果说被转移走的财产属于股东财产,那么,为什么又叫"抽逃"?股东从公司汲取利益的行为很多,究竟哪些属于抽逃出资,哪些不是?这些问题,法律上和理论上都说不清楚,也无法依据法律规则作出解释。《公司法解释三》试图提供一套类型化的识别和处理规则。但这套规则为抽逃出资建立的实质性判断标准(即"损害公司权益"标准),在操作中仍然是一个可宽可窄、弹性过大的标尺。本书将在第 10 章深入探讨抽逃出资规则的历史渊源、规范含义、适用难题及其与整个资本报偿规范体系的关系。

各项规则之间的关系

利润分配是股东从公司取得投资收益的合法方式,而减资、回购股份则是法律允许的股东撤回投资(可能也包括投资收益)的途径。这三种行为具有相同或相似的经济实质,都是公司基于股东资格及其所持股份向股东支付现金或其他资产,但并未得到股东交付的等价资产,尽管股东可能因股份回购或减资而相应减少持股数量。规范这三类公司行为的规则本应基于共同的准则,或者至少应当遵循一致性或者可协调的标准。但实际上,如前所述,我国《公司法》中的这三类规则基本上是各自为政的,并未建立在共同准则或同一逻辑的基础上。

抽逃出资规则与资本维持规范中的"股本(或出资)不得任意返还"规则,从文义上看十分类似。但二者的体系定位很不一样。

"股本(或出资)不得任意返还"规则与利润分配、股份回购和减资规则是衔接在一起,而不是孤立运用的。例如在英国,"股本(或出资)不得任意返还"最初是判例法规则,公司制定法中的盈余分配、股份回购和减资规范,被认为是这条判例法规则在制定法中的延伸发展。① 在案件裁判中(尤其是判断股东从公司获得不当利益是否构成非法资本返还问题),"股本(或出资)不得任意返还"规则与制定法规则常常结合起来运用。② 在德国,"股本(或出资)不得任意返还"规则是制定法中的概括性规范。它是利润分配、股份回购和减资规范的基础规则,发挥着补充这些具体规范之缺漏的功能。例如,借由关联交易迂回实施的"伪装分配"行为,法院可以依据"股本(或出资)不得任意返还"规则处理。③

我国的抽逃出资规则,在法律和理论上都没有和利润分配、减资、回购股份规则结合起来。它是孤立无辅的一条抽象规则。在审判实践中,判断某个行为是否构成抽逃出资,法官通常不会以利润分配规则(即只允许分配盈余的资产负债表检测法)、股份回购或减资规则为基准。④《公司法解释三》发展的一套抽逃出资判断标准和处理方式,是独立于利润分配、股份回购和减资规则的,两方面相互脱节。这是我国《公司法》的资本维持规范与欧洲资本维持规范非常不同的一个特点。在以下的章节中,我们将对我国法的上述"特色"之处展开说明和分析。

9.4.2 我国理论和审判中的"资本维持"

在我国学者的论述中,"资本维持"作为"资本三原则"之一,已被

---

① Ferran & Ho (2014:275).
② Ferran & Ho (2014:275-280).
③ 莱塞尔、法伊尔(2019:742-745);怀克、温德比西勒(2010:367)。
④ 部分原因是,我国的利润分配、股份回购和减资规则本身也是不完备的,都缺少必要的法律效果和责任规则。这也是司法解释为何要专门建构抽逃出资的类型化认定标准的原因。

广泛接受。① 在法院判决中,"资本维持"的表述频频出现。例如,最高法院的一个判决指出:"注册资本是公司最基本的资产,确定和维持公司一定数额的资本,对于奠定公司基本的债务清偿能力,保障债权人利益和交易安全具有重要价值。"②这句话在其他多份裁判文书中被原样复述。③ 一些省高院的裁判则直接提到了"资本维持原则"。④

2019年11月最高人民法院发布的《九民纪要》也指出,人民法院在审理对赌案件时,"既要坚持鼓励投资方对实体企业特别是科技创新企业投资原则,从而在一定程度上缓解企业融资难问题;又要贯彻资本维持原则和保护债权人合法权益原则,平衡投资方、公司股东、公司以及公司债权人之间的利益"。

但是,**究竟什么是"资本维持原则"?**

我国大陆学者大多援引或者仿效我国台湾地区教科书⑤的定义写道:"资本维持原则"是指,公司存续期间,"至少须经常维持相当于资本额之财产,以具体

---

① 例如:施天涛(2018:562);李建伟(2018:156);甘培忠(2018:220);范建、王建文(2018:243);赵旭东(2015:166);王保树(2014:112);叶林(2008:237-238)。理论综述性的讨论参见陈甦(2015:41-44)

② 中国长城资产管理公司乌鲁木齐办事处诉新疆华电工贸有限责任公司等案[(2008)民二终字第79号判决],《最高人民法院公报》2009年第2期,第30-37页。

③ 例如:新疆新秦建设实业开发公司诉塔城市鸿瑞热力有限公司等案,最高法院(2013)民申字第318号裁定;中国四海控股有限公司诉宫文丽等案,山东省高院(2015)鲁商终字第36号判决;南京欧菲生物技术有限公司诉高岩案,江苏省高院(2017)苏民终2105号判决。

④ 例如:中国四海控股有限公司诉宫文丽等案,同上注;江苏华工创业投资有限公司诉扬州锻压机床股份有限公司等案,江苏省高院(2019)苏民再62号判决;福安市达鑫钢材有限公司诉刘成容等案,福建省高院(2016)闽民申1871号裁定。

⑤ 例如柯芳枝(2004:128)。我国台湾地区教科书中的"资本维持原则"定义大约又是从日本教科书学来的,参见本书第3.3.3节最后一个自然段的说明。

财产充实抽象资本之原则",故又称"资本充实原则"。① 然而,我们了解了欧盟指令及英德等国公司法中的资本维持规范后,会发现一个惊人的事实:**这个广为接受的定义实际上与上述任何一部公司法的资本维持规范都是格格不入的**。因为,这几部公司法的资本维持规范都是要求公司在分配利润或回购股份后,**净资产**(而非财产)须不少于资本额或资本额与特定公积金之和。②

上述教科书定义,首先没有把资本维持限定于公司分配利润和回购股份的情形,而是扩张为一个一般性要求(所谓"经常维持"),似乎公司因经营亏损导致资产少于资本额也是违反资本维持原则的,这显然不符合实际。其次,上述教科书定义只论及公司资产(或如定义所称"财产"),并未考虑公司负债的数额,而仅要求公司资产保持不少于公司资本额(或称二者"相当")的状态,与资本维持原则的目标是大相径庭的。假设一个公司完全丧失偿付能力已进入破产清算(例如:公司资产 1000 万元,负债 2000 万元,资本额 800 万元,亏损 1800 万元),它的资产总额依然超过资本额。这种状态显然不能称作"资本维持",更不能为公司债权人提供丝毫保护。因此,要求公司资产额一直保持不少于资本额的状态,这并不符合资本维持的原理。

如果我们依国外法的实际情况将"资本维持原则"的定义修订为"公司存续期间,分配利润或回购股份后,**净资产**数额应不少于资本额",那么,我国《公司法》是否存在这样一条原则?

我们首先需要澄清该原则所谓的"资本"究竟是指什么,不同的解释将导致对上述问题的不同回答。

---

① 见范建、王建文(2018:243)、甘培忠(2018:220)、李建伟(2018:156)、赵旭东(2015:166)、王保树(2014:112)、叶林(2008:237-238)。

② 参见第 9.1 节的相关说明。

观点一,资本维持原则所说的"资本"指的是"注册资本"。① 如果资本维持要"维持"的"资本"是指注册资本,那么,《公司法》是不是要求每个公司的净资产额都必须保持在注册资本额以上? 显然不是。在有限公司和发起设立的股份公司,注册资本指的是全体股东登记的"认缴出资额"或"认购股本总额"。② 这两种公司的"注册资本"反映的是全体股东承诺要向公司投入的出资额,而不是实际投入的金额。股东认而未缴的出资额,会计准则并不要求计为公司资产,事实上也没有计入。③ 这种情况下,法律实际上无法要求公司分配后,净资产不得少于注册资本额。在募集设立的股份公司,尽管注册资本是指公司的"实收股本总额",④法律也无法作出上述要求。

观点二,资本维持原则的"资本"是指公司资产负债表上显示的实收资本(或股本)。这种解释,从利润分配规则上看大致说得通。《公司法》的利润分配规则只允许公司分配税后利润,且须先提取盈余公积并弥补往年亏损。⑤ 这就意味着公司只能在不存在未弥补亏损的情况下分配利润,也就是说,公司分配利润后,公司资产总额应不少于实收资本(或股本)、公积金与负债之和[也即净资产≥实收资本(或股本)+公积金]。但从股份回购规则看,《公司法》又没有贯彻净资产须不少于实收资本(或股本)的原则。有限公司回购股份,《公司法》对回购资金来源和总额未设任何限制。⑥ 股份公司回购股份,法律上原本有

---

① 例如有判决认为,判断股东行为是否违反"资本维持原则",要看公司注册资本是否发生变动[福安市达鑫钢材有限公司诉刘成容等案,福建省高院(2016)闽民申1871号裁定]。
② 《公司法》(2018年)第26、80条。
③ 参见本书第1.3.1节的说明。
④ 《公司法》(2018年)第80条。
⑤ 《公司法》(2018年)第166条。
⑥ 《公司法》(2018年)第74条。

"资金来源"限制,①但 2018 年修正后取消。② 这就无法确保公司回购股份后,其净资产额仍然不少于实收资本(或股本)与公积金之和。这样看来,即便基于修订后的资本维持原则定义,即便我们把"资本"界定为实收资本(或股本),我国《公司法》也只是部分地实行了资本维持原则。

9.4.3 结合两种规制方式的尝试

在法院的审判活动和证券市场的自律规范中,近年来出现了一些运用偿付能力检测的尝试。

法院的审判活动中,有案例显示法官结合公司资产总量和"偿债能力"为标准判断股东是否构成抽逃出资。③ 有的案例中,法官以公司回购股份不会损害其"清偿能力"为由,判令公司回购投资者所持股份。④

证券交易所制定的股份回购规范,在《公司法》提供的减资规则之外,又引入了对公司实际偿付能力的约束标准。2019 年 1 月,上海证券交易所和深圳证券交易所分别发布了内容基本相同的《上市公司股份回购实施细则》。细则增设了新的债权人保护标准,即股份回购不得损害公司"债务履行能力"和"持续经营能力"。上市公司董事应当对公司回购符合此一条件作出"承诺"。⑤

---

① 《公司法》(2013 年)第 142 条第 3 款规定,为将本公司股份奖励给职工而回购股份的,用于收购的资金"应当从公司的税后利润中支出"。

② 《公司法》(2018 年)第 142 条。

③ 参见北京北大未名生物工程集团有限公司诉北京新富投资有限公司等案,(2018)最高法民申 790 号裁定;黑龙江省农业生产资料公司诉丰汇世通(北京)投资有限公司案,(2019)最高法民再 144 号判决。

④ 江苏华工创业投资有限公司诉扬州锻压机床股份有限公司等案,江苏省高院(2019)苏民再 62 号判决。

⑤ 详细分析请见第 13.2.2 节。

以上情况表明,人们在现行《公司法》的资本维持规范之外,尝试运用实际偿付能力标准评价资本报偿事项,调和特定情形中的公司债权人和股东的利益冲突。

本书将在第三部分的余下章节(第10-13章)依次研究抽逃出资规则、利润分配规则、减资规则和股份回购规则。最后讨论改进我国资本报偿规范的思路和框架(第14章)。

本章小结

- "资本报偿"意指公司基于股东所持股份而向股东支付各种投资回报或偿还投资的行为,包括分配利润、回购股份、减资等。"资本报偿"与 MBCA 的"广义分配"(distribution)概念同义。

- 公司法规制资本报偿事项的基本方法有两种:一是,以欧盟公司资本指令为代表的资本维持规范;二是以美国 MBCA 第 6.40 节规则为代表的实际清偿能力检测法。

- 资本维持规范又可称"资产负债表检测法"。它通过公司资产负债表"右下角"(即股东权益或净资产)不同科目的数据,约束表"左侧"(即资产)事项的变动。目的是让公司在分配利润或回购股份后,账面上仍能保有不少于股本或资本额、特定公积金和负债之和的资产(即净资产≥股本+特定范围公积金)。

- 实际偿付能力检测法通过"广义分配"概念把利润分配、回购或回赎股份、股本返还等资本报偿事项统合起来,要求董事会在决定任何资本报偿事项前,须对公司实际偿付能力做出诚实审慎的评估。这种方法不限制分配的"资金来源"出于股本还是利润,因而摆脱了股本标尺的制约。

- 我国公司法的资本报偿规则基本上是效仿资本维持规范架构的,但各项具体规则遵循了不同的债权人保护标准,缺少一致性和可协调性,相互脱节,难以做体系化解释。

- 资本维持规范与偿付能力检测法并非不可相容。二十一世纪以来,一些欧洲国家的公司法以不同方式引进了实际偿付能力检测法。我国的法院审判活动和证券交易所规范也有结合两种标准的做法和尝试。

10. 抽逃出资规则

各级机关和单位已向公司投入的资金一律不得抽回。公司的主管部门或开办单位如有抽逃、转移资金,隐匿财产逃避债务的,应将抽逃、转移的资金和隐匿的财产全部退回,偿还公司所欠债务。[①]

[①] 《国务院关于在清理整顿公司中被撤并公司债权债务清理问题的通知》(1990年)第5条。

股东不得"抽逃出资"或"抽回股本",是 1993 年《公司法》就确立的法律规则(简称"抽逃出资规则")。① 该规则常被视作"资本维持原则"在我国法中的具体表现。② 还有学者指出,"不得抽逃出资"是中国版的"资本不得非法返还"规则。③ 但是,"抽逃出资"的含义在理论和实践中历来是模糊的,其认定标准颇多争议。抽逃出资的判断标准与利润分配、股份回购和减少资本规则具有何种关系,也是不清楚的。它能否充当"资本维持原则"的基石,是有疑问的。最高人民法院 2011 年发布的司法解释,是迄今为止对抽逃出资规则作出解释和补充的唯一规范性文件。④ 但该司法解释存在循环定义、表述抽象的缺点,并未彻底解答如何认定抽逃出资的疑问。审判实践表明,同类案件的裁判观点仍然分歧明显。2019 年最高人民法院发布审判会议纪要,部分内容涉及抽逃出资规则的运用,但并未对抽逃出资规则本身予以解释和补充。⑤

理论上,为改进抽逃出资规则,有学者提出运用资产负债表的财务数据,以"侵蚀股本"作为抽逃出资的判断标准(简称"侵蚀股本标准")。⑥ 此外,还有观点认为,"抽逃出资"这一表述本身就是不准确、不合逻辑的,抽逃出资规则应当

---

① 《公司法》(1993 年)第 34 条、第 93 条和第 209 条。《公司法》(2018 年)第 35 条、第 91 条和第 200 条。

② 教科书参见邓峰(2009:320);赵旭东(2015:166);李建伟(2018:156);范建、王建文(2018:243)。裁判文书参见:叶宇文诉沛县舜天房地产开发有限公司案,(2009)民申字第 453 号;陈伙官诉胡升勇、广西万晨投资有限公司等案,(2015)闽民终字第 1292 号;高文杰诉定西市熙海油脂有限责任公司案,(2019)最高法民申 5080 号;杨恒、徐晓国船舶权属纠纷案,(2020)最高法民申 1384 号。

③ 参见刘燕(2015:182)。

④ 《公司法解释三》第 12 条和第 14 条。

⑤ 2019 年最高法院《全国法院民商事审判工作会议纪要》(九民纪要)要求法院审理"对赌协议"纠纷时,适用抽逃出资规则审查目标公司向投资人支付"对赌补偿"或回购投资人股权的行为(第 5 条)。

⑥ 刘燕(2015:181—204)。

废弃;股东一旦将出资财产缴纳给公司,该财产就属于公司的财产了;股东无论通过什么方式从公司取走任何财产,只要没有合法的理由,都是对公司财产的侵占。因此,从法律概念的逻辑关系出发,这种观点主张,我们应当用"侵占公司财产"概念替代含糊不清的"抽逃出资"。[①] 还有学者主张,以"广义分配"概念整合公司向股东无偿支付财产的各种行为(包括利润分配、股份回购等),将各类抽逃出资行为都归入"非法分配"。[②]

本书认为,无论是改造、废弃抑或保留抽逃出资规则,我们都需要首先研究抽逃出资规则究竟如何运作,实际效果如何,在此基础上才能得出较为客观可信的看法。而研究当下的抽逃出资规则,又不得不追溯它的历史沿革,理清它的规范目的和知识脉络。因此,本章首先从抽逃出资的语义出发,分析该术语的意义变迁,为我们讨论当下的规范和问题,准备必要的背景知识。进而,再结合审判案例(主要是最高人民法院的裁判案件),深入分析抽逃出资规则在认定标准上存在的诸多不确定性,并探究其原因。同时,本章还将借助实际案例,分析"侵蚀股本标准"是不是一个更好的判断尺度。再次,本章将分析抽逃出资规则实际上在债权人保护中发挥了何种作用。最后,在总结的基础上,探讨抽逃出资规则未来可能的走向。

10.1 抽逃出资的语义变迁

如果沿着"抽逃"一词的语词线索,自 1993 年《公司法》、1992 年《有限责任公司规范意见》、1987 年《民法通则》一直往前追溯,我们会发现:在官方话语体系中,"抽逃资金"最初是指资本家抗拒二十世纪五十年代"公私合营"的一种

[①] 樊云慧(2014:105)。
[②] 张保华(2011:82)。

严重不法行为;随着二十世纪五十年代末资本家和私营企业改造完毕,"抽逃资金"也在公开话语系统中丧失存在价值;直至二十世纪八十年代,"公司热"复起,"抽逃资金"一词重又出现在人们的语言中,但含义发生变化;《民法通则》中尽管出现"抽逃资金"一词,但几乎无人能说清楚它的确切含义。

在二十世纪八十年代末至九十年代初"清理整顿公司"的实践基础上,人们逐渐接受了如下观念——公司应当依赖其自有且实有的"资金"(即"注册资金")建立经营和信用基础;法律应当禁止出资人抽回或抽逃"注册资金"。在这些经验的基础上,再配合当时已出现的区分公司资产与投资人资产的观念以及重新与西方企业会计接轨的制度跃进,"不得抽逃资金"逐渐被"不得抽回/抽逃出资"的表述取代。

10.1.1 "抽逃资金":资本家抗拒"社会主义改造"

在《公司法》中曾经有"抽回出资"和"抽逃出资"两种表述。从中文字义看,"抽"有从整体或总体中提取一部分的意思,例如:抽税、抽调、抽样。"抽回"是一个中性词,[①]而"抽逃"则带有显而易见的贬义。

不过,"抽逃资金""抽逃资本"或者"抽逃股银"这类表述似乎只是出现在1949年以后的文献中。[②] 民国期间的公司法没有禁止股东抽回或者抽逃股本

[①] 例如,"抽回"可用于表示合作社成员取回曾经投出的资金或股金。1955年11月全国人大常委会通过的《农业生产合作社示范章程草案》规定,社员有退社自由,退社时可以"带走还是他私人所有的生产资料",可以"抽回"原先交纳的股份基金和投资(第15、32、68条)。1956年6月的《高级农业生产合作社示范章程》也有同样的表述(第11条)。"抽回"投资与农民退出合作社结合在一起,是农民退社的结果或者是他想通过退社达到的一个目的。

[②] 2019年3月20日,笔者检索"民国时期期刊全文数据库(1911~1949)"(www.cnbksy.cn),在标题包含"资本"或"股银"的期刊文献中,没有发现"抽逃"股银或资本的表述。

的一般性规定。只有禁止公司取得自己股份的规则。① 在两份民国公司法文献中,作者解释公司不得取得自己股份之规范时,一个写道,如果容许公司收买自己的股份,势必引发"股东肆行欺诈,拨还股银之弊";②另一个说,公司可能借回购股份"肆行诈欺,拨回股款"③。"拨"有"分给"之意,例如:拨款。"拨回股银/股款"的意思是公司向股东返还股款,以公司为主语,而抽回出资则以股东为主语。二者意思类似。只是,"拨回股款/银"并未进入法律文本,而"抽逃""抽回"却是当今公司法中的正式用语。

1949 年以后,"抽逃资金"的说法集中出现在"资本主义工商业的社会主义改造"时期。"抽逃资金"是资本家"抗拒改造"的罪行之一。

1953 年 6 月,中国共产党宣布"过渡时期总路线",开始对资本主义经济实施"社会主义改造"。改造的目标,按照 1954 年《宪法》"序言"的宣示,是要把资本主义经济"转变为各种不同形式的国家资本主义经济,逐步以全民所有制代替资本家私有制"。对于私营企业,改造方式主要是公私协作(如公企向私企收购产品、委托私企加工、向私企订货等)和公私合营。其中,公私合营是"国家资本主义的高级形式"。1954 年 9 月,政务院公布《公私合营工业企业暂行条例》。根据二十世纪七十年代末发布的数据,到 1956 年,原有私营工业已有 99%(约 8.79 万户)实现了"所有制改造",其中的大部分组成了公私合营企业(数量超过 3.3 万家);原有私营商业有 82%完成"改造",其中除少数转入国营

---

① 1914 年《公司条例》第 132 条("公司不得自将股份收买及收作抵押,其因股东失权或抵偿债款而暂由公司收存者,即应定期公估出售。");1929 年《公司法》第 119 条("公司不得自将股份收买或收为抵押品。")。

② 《公司律调查案理由书》(1909 年)第 150 条,载王志华编《中国商事习惯与商事立法理由书》,中国政法大学出版社 2003 年,第 275 页。

③ 王效文(2004:185)。

商业或供销合作社外,大多数分别组成了公私合营商店、合作商店、合作小组。①

公私合营是对私有经济的国有化改造。② 作为"私方"的原企业主(时称"资本家")在这场运动中丧失了对企业的最终控制权和剩余利润索取权。因此,有些企业主的态度是不合作甚至抗拒的。中央和地方政府都发现,在全面推开"公私合营"前,有的资本家"消极怠工"、"消极经营",有的利用控制企业的最后机会,"滥抽股息、滥分盈余"、"抽逃资金"、"偷窃资财,变生产资料为生活资料",甚至"破坏生产""蓄意搞垮生产",以这些方式对抗"公私合营"。③

尽管没有规范文件给出"抽逃资金"的官方定义,但其基本含义不难归纳。首先,实施"抽逃"行为的是"资本家"。企业是合伙或者独资企业时,他们是合伙人或者企业主。企业是有限公司或股份公司的话,他们通常是控股甚至独一股东兼管理者。基本上,可以说他们都是企业的出资者。可见,被"抽逃"的资金回流到了企业的出资者手中或者处于其控制之下,这是"抽逃资金"的基本特征。④ 其次,被"抽逃"的主要是资金。因为资金易于流动,便于转移。但"抽逃"方式未必是直接将企业的流动资金抽走,也可能是隐蔽或迂回的方式,例如

---

① 中国社会科学院经济研究所(1978:228-229)。

② 用当时的话说,"公私合营是一场变革私有制的革命,意味着资本家要交出企业……"。中国社会科学院经济研究所(1978:211)。

③ 参见:何景棠,《提高警惕揭露某些资本家的破坏行为》,载《劳动》1954年第5期,第19页;芮沐,《中华人民共和国成立以来我国民事立法的发展情况》,载《法学研究》1955年第5期,第18页;孙国华,《论我国人民民主法制在社会主义建设中的作用》,载《法学研究》1955年第1期,第29页;吴江,《国家资本主义在我国过渡时期初期的发展》,载《经济研究》1956年第1期,第104、115页;马寅初,《我国资本主义工业的社会主义改造》,载《北京大学学报(人文科学)》1957年第3期,第11、26、29、32页。

④ 在其他场合也可能使用"抽逃资金"一词,例如指小商贩从银行借款后,将资金挪作他用并逃避债务(姚国桐,《正确认识处理公私合营商业的信贷问题》,载《中国金融》1957年第7期,第11页)。这种用法显然与出资人抽回投资不同。

10. 抽逃出资规则

借提高工资或发奖金的名义。

1956年,"社会主义改造"基本完成。资本家和私营企业消失,企业成为国家所有并经营的"国营企业",国家成为所有国营企业的出资人。除了国家,国营企业没有其他出资人,所以也没有人再有资格"抽逃资金"。国家作为企业的所有者,有权调拨企业资金,但调拨资金显然不能叫"抽逃资金"。因此,"抽逃资金"这个词也就没有用武之地了。①

10.1.2 "抽逃资金":《民法通则》的含糊表述

1970年代末,国家开始以经济建设为要务。一方面"对外开放",吸引外资,引进技术。另一方面,为"对内搞活经济",在调整国有企业经营管理机制的同时,允许企业、机关、团体等单位举办集体企业,"发展第三产业",扩大城市就业;鼓励企业联合;允许个人在一定范围从事个体经营等。于是,各式各样的公司涌现出来,全国各地都出现了不同程度的"公司热"。

二十世纪八十年代,国家仍然把控绝大部分经济资源,行政机关掌握着成立公司和进入市场的审批权。但当时最活跃、最有"能量"的公司举办者也恰恰是握有各种资源分配权的各部门党政机关、在职或离退休的政党干部以及他们的亲朋好友。人们把流通领域的那些"政企不分,官商不分,转手倒卖,牟取暴利"②的公司称为"官倒",就是因为它们与公权力有密不可分的关系。这类"政企不分、官商不分"的公司,利用了计划和市场的固有弊端,同时也给计划体制的秩序和市场竞争都造成严重冲击。③ 仅在1984年至1991年间,中央政府就

---

① 2019年3月,笔者用"抽逃资金"一词对中国知网的期刊数据库做全文搜索,结果显示:1958-1979年间没有一篇关于国内事务的期刊文献使用"抽逃资金"这个术语。
② 《中共中央、国务院关于清理整顿公司的决定》(1988年)。
③ 方流芳(1992:57)。

发动了三次全国范围、声势浩大的"清理整顿公司"行动。① "清理整顿公司"的目的是,扼制借行政权力谋私的"官倒"公司(禁止"党政机关""党政干部"办公司),撤并不符合设立条件的公司,规制各种违规行为。"清理整顿"中被撤并的公司,遗留下大量有待清理的债权债务纠纷。②

在"清理整顿公司"和"清理债权债务"的背景下,人们重新启用"抽逃资金"一词。1986年4月全国人民代表大会通过的《民法通则》,将"抽逃资金、隐匿财产逃避债务"列为严重的企业法人违法行为,"除法人承担责任外,对法定代表人可以给予行政处分、罚款,构成犯罪的,依法追究刑事责任"(第49条)。③ 与三十多年前"社会主义改造"时期资本家"抽逃资金"不同的是,按《民法通则》的表述,实施"抽逃资金"的主体是"企业法人",而不是企业主或者企业的投资者。

企业法人(而非其出资人或者主办单位)"抽逃资金"是什么意思?从当时出版的法条讲解资料看,什么是"抽逃资金",不同的讲解者有不同理解。有的认为,"抽逃资金"是指企业为了逃避债务,将财产"私自或秘密转移"。④ 有的认为,"抽逃资金"是指"将法人的流动资金抽出一部分转移到别处"。⑤ 依这两

---

① 标志三次"清理整顿"工作的主要文件分别是:1984年《中共中央关于严禁党政机关和党政干部经商办企业的决定》、1985年《国务院关于进一步清理和整顿公司的通知》和1988年《中共中央、国务院关于清理整顿公司的决定》。相关讨论参见方流芳(1992:55-64)。

② 《国务院关于在清理整顿公司中被撤并公司债权债务清理问题的通知》(1990年)。

③ 《民法通则》第49条列举的情形还有:超出登记的经营范围从事非法经营;设立时向登记机关、税务机关隐瞒真实情况、弄虚作假;解散、被撤销、被宣告破产后,擅自处理财产;变更、终止时不及时申请办理登记和公告,使利害关系人遭受重大损失;从事法律禁止的其他活动,损害国家利益或者社会公共利益的。这些违法行为基本上都是"清理整顿公司"过程中暴露出来、急需处理的,见1985年《国务院关于进一步清理和整顿公司的通知》。

④ 穆生秦(1987:56)。

⑤ 佟柔(1990:167)。

种解释,"抽逃资金"和"隐匿财产"是类似的或者有交集的,目的都是使企业"逃避债务",而实施该行为的都是企业,不是企业的投资者。还有来自立法机构的一位讲者联想到国外的"不盈利不能分红"规则,认为企业如果没有盈利时还给股东分红,也应该属于"抽逃资金"。[①] 第三种观点没有停留在法条文字的表面,而是加入了讲者自己的联想。但它与前面两种解释一样,都没有说明解释的依据和理由是什么。

要分析"抽逃资金"的意思,必须回到1980年代的语境。在1980年代的企业登记和会计制度中,"资金"并不是一个含义明确的用语,以"资金"为关键词的很多术语甚至有循环定义的毛病。[②] 在法规和政府文件的表述中,"资金"的含义也不一致:它可能指"货币资金"(属于资金平衡表中"资金占用"栏的"流动资产"),也可能是指"固定资金"或"流动资金"(反映"资金来源");可能是"自有资金",也可能是"借贷的资金"。总之,我们没有可靠的依据来确定《民法通则》所谓"抽逃资金"的"资金"究竟指的是哪一种"资金"。因此,也无法确定企业法人"抽逃资金"究竟专指投资人抽逃投资,还是泛指企业转移资金逃债的行为。

事实上,在《民法通则》获得通过的1986年,要求立法者说清楚"抽逃资金"的含义或许是有点苛刻的。因为,在那个时期,以下观念对很多人来说还是相当陌生或者根本无法理解的:公司与其投资者应当各具独立法律地位;公司财产与投资者财产应当相互分离;投资者出资后即丧失对出资财产的所有权而拥有股权(或"所有者权益")。加之官方理论排斥一切带有"资本主义"印记的事物,还没有普遍接受类似"出资""股本""资本"这类表述投资者投资后所形成

[①] 顾昂然(1986:31-32)。
[②] 详见本书第3.4.2节。

权益的恰当名词。因此,在观念基础尚不具备而语言表达又极度贫乏的状态下,法律条文意义含混、词不达意是不足奇怪的。①

10.1.3 从"抽逃资金"到"抽逃出资"

虽然《民法通则》没有界定"抽逃资金"的具体含义,但是,凭借"清理整顿公司"工作中积累的经验,行政和司法部门逐渐形成了一系列关于公司"注册资金"或"注册资本"的粗线条看法。与此同时,公司是法人,法人财产应当与其投资者的财产相分离的观念也越发得到强调。在这些经验和观念基础上,"抽逃资金"一词的含义逐渐特定化,开始专指投资人抽回投资的行为。到 1993 年 12 月立法机关通过《公司法》,股东不得"抽回出资或股本"、不得"抽逃出资"这种表述就成为法律中的正式表述,取代了原来含义不清的"抽逃资金"概念。②

"清理整顿公司"的经验

1984 年至 1991 年"清理整顿公司"的工作中,中央政府发布的众多文件和法规提出了不少有关"注册资金"的观点和规则。诸如:

——开办人应当投入"与生产经营规模相适应的资金和设施",这是公司正常经营和承担债务的物质基础。③

---

① 尽管《民法通则》的"抽逃资金"一词含义不明,但并未妨碍它被其他法律法规沿用。1988 年《企业法人登记管理条例》第 30 条和 1989 年《私营企业暂行条例施行办法》第 27 条都重复了《民法通则》第 49 条的规定。

② 不过,1999 年 3 月全国人大通过的《合同法》仍然按照《民法通则》的表述方式,使用了"抽逃资金"一语。《合同法》第 68 条规定,按照合同约定后履行义务的一方如果"转移财产、抽逃资金,以逃避债务",则其对方当事人(即应率先履行合同义务的一方)可以中止履行合同,行使"不安抗辩权"。

③ 《国务院关于进一步清理和整顿公司的通知》(1985 年)第 2 条;《公司登记管理暂行规定》(1985 年)第 5 条、第 7 条。

——公司设立时,开办人应当投入必要的"自有资金",银行贷款不属于"自有资金"。①

——注册资金应当真实、充足,开办人不得谎报、虚报注册资金。②

——注册资金应当如实反映公司的"实有资金"情况。二者数额通常应该一致。不一致的话,应当补足"实有资金"或者调减注册资金,或者调整经营范围和经营规模。③

——"注册资金是国家授予企业法人经营管理的财产或者企业法人自有财产的数额体现"。④

——有限责任公司(私营企业)不得减少注册资金。⑤

——开办人投入公司的注册资金"一律不得抽回",如有"抽逃、转移资金,隐匿财产逃避债务的",应当全部追回,偿还债务。⑥

——符合企业法人成立条件的公司,国家承认出资人的"有限责任",即"一律以公司经营管理或所有的财产承担债务清偿责任。"⑦

——不符合法人成立条件,尤其是实有资金与注册资金不符,开办人或投

---

① 《国务院关于进一步清理和整顿公司的通知》(1985年)第2条;《公司登记管理暂行规定》(1985年)第5条、第7条。
② 同上。
③ 同上。
④ 《企业法人登记管理条例》(1988年)第12条。
⑤ 《私营企业暂行条例》(1988年)第9条。与此不同的是,《中外合资经营企业法实施条例》(1983年)第22条规定,"合营企业在合营期内不得减少其注册资本",但它并不是无条件的全面禁止,该条紧接着又规定,"因投资总额和生产经营规模等发生变化,确需减少的,须经审批机构批准"。
⑥ 《国务院关于在清理整顿公司中被撤并公司债权债务清理问题的通知》(1990年)第5条。
⑦ 同上书,第1条。

资人可能丧失有限责任的保护,即要在注册资金范围内承担公司债务。①

在审判机关方面,1990年11月最高人民法院就联营企业债务处理发布了一个"解答"。该"解答"在特定的含义上运用了"抽逃资金"一词,专指出资人抽回"认缴资金"的行为。②

以上关于"注册资金"的观点,尽管是一些简略、零散的表述,但其要旨和逻辑是清晰和一贯的:"注册资金"应当是企业的"自有资金",应区别于企业的借贷资金;应当真实、充足,达到法律规定的最低限额;"注册资金"的真实和充足,是开办人享受"有限责任"的前提条件;开办人不得抽回投入的"注册资金"。这些观点与1993年《公司法》及其他法规的具体规则(诸如:规定较高的最低注册资本额、出资全额实缴制、禁止抽逃出资等)具有明显的相关性。

禁止"抽回出资"或"抽逃出资"的提出

1992年是新中国发展进程中的又一道分水岭。这年初春,邓小平在深圳等地发表讲话,呼吁继续"解放思想"、推进"改革开放",鼓励大胆尝试"市场经济""股份制"等有利于经济发展的新机制。在此大形势之下,原本因"姓资姓社"争议而被搁置或进展缓慢的市场化改革举措,大多得以松绑放行。中央政府各个部门都动员起来,密集出台大量涉及企业"股份制"改革的政策法规。

企业的改革方向瞄准了西式公司制度(时称"现代企业制度")。公司立法

---

① 同上,第4条规定:"公司虽经工商行政管理机关登记注册,但实际上没有自有资金,或者实有资金与注册资金不符的(国家另有规定的除外),由直接批准开办公司的主管部门或者开办公司的申报单位、投资单位在注册资金范围内,对公司债务承担清偿责任。对注册资金提供担保的,在担保资金范围内承担连带责任。"

② 最高人民法院《关于审理联营合同纠纷案件若干问题的解答》(1990年11月)。"解答"指出:"联营体是企业法人的,以联营体的全部财产对外承担民事责任。联营各方对联营体的责任则以各自认缴的出资额为限。对抽逃认缴资金以逃避债务的,人民法院除应责令抽逃者如数缴回外,还可对责任人员处以罚款。"

进程加快，企业会计制度重新与西方世界接轨。思想上的松绑推动了语词和表达上的变化：公司"资本"、公司"股本"、投资者"出资"等概念重新得到认可，公司"资本"与公司资产相区分、公司财产和投资人财产相区分的观念逐步建立。在这些制度和观念变化的基础上，投资者与公司的关系渐趋明晰。基于"清理整顿公司"的经验，公司法规和会计制度都十分重视公司的"注册资金"，出资人不得抽回出资的表述自然而然就出现了。

1992年5月，国家体改委公布《有限责任公司规范意见》（简称《有限公司意见》）和《股份有限公司规范意见》（简称《股份公司意见》）。《有限公司意见》规定，"公司办理工商登记手续后，（股东）不得抽回出资"（第21条）。"出资"和"抽回出资"的表述自此出现。

1992年11月，财政部经国务院批准发布《企业财务通则》和《企业会计准则》，标志我国企业会计制度重新开始与西方会计制度"接轨"。《企业财务通则》和《企业会计准则》以"资产＝负债＋所有者权益"的平衡公式替代计划经济体制下的"资金占用＝资金来源"公式，并重建"资本金"制度。①"资产""所有者权益""资本金"概念的重建，为区分企业资产和投资人资产，进而明确企业和出资人的权利义务提供了会计基础。《企业会计准则》规定：企业投资人对企业净资产拥有所有权（即"所有者权益"），而不是对企业的具体资产拥有所有权；"企业净资产"包括"企业投资人对企业的投入资本以及形成的资本公积金、盈余公积金和未分配利润等"（第38条）。《企业财务通则》将"资本金"规定为设立企业的必要条件，"资本金"就是企业在工商机关登记的"注册资金"（第6条）。企业对其筹集的"资本金"享有经营权，"投资者除依法转让外，不得以任

---

① 《适应市场经济要求，与国际财会制度接轨，〈企业财务通则〉和〈企业会计准则〉颁布——财政部长刘仲藜、副部长张佑才回答中外记者提问》，载《交通财会》1993年第1期第5页。

何方式抽回"(第9条)。① 计划经济时代会计制度中的核心概念——"资金"以及由其构建一系列专门用语,在这两个会计规范中消失了。

1993年12月,全国人大常委会通过《公司法》。"注册资本"概念取代先前的"注册资金"。股东被称为"出资者"(第4条),股东向公司的投资被称为"出资"或"股本"。《公司法》沿用《有限公司意见》的用词,规定股东不得抽回出资或股本(第34、93条)。"法律责任"一章则使用"抽逃出资"一词,规定了对"抽逃出资"的罚款幅度,并规定"构成犯罪的,依法追究刑事责任"(第209条)。

1995年2月,立法机关作出决定将"抽逃出资"行为入罪。② 1997年3月,《刑法》修订时增加"虚报注册资本罪"(第158条)和"虚假出资、抽逃出资罪"(第159条)。

* * *

当今的抽逃出资规则,源自二十世纪九十年代"公司清理整顿"时期的政策措施,与二十世纪五十年代"所有制改造"期间的"抽逃资金"关系不大。理解抽逃出资规则,需要回到当时的历史语境中。

抽逃出资规则的出现至少需要具备两方面的条件。一是,公司与投资者各具独立法律地位、公司财产与投资者财产相区分的观念得以建立。在这些观念的基础上,"股东""资本""出资"等名词才有可能出现,并具有合法性。这些观念的逐步形成,得益于二十世纪八十年代到九十年代初国营企业"股份制"改革的经验、允许设立私营企业和引进外商投资企业的实践、企业会计制度重新与西方接轨,以及可能是更为根本的因素——发展"社会主义市场经济"大政方针

---

① 按照财政部官员的观点,"不得抽回投资"反映了"资本保全"的原则。同上。
② 全国人民代表大会常务委员会关于惩治违反公司法的犯罪的决定(1995年)。

的确立等。二是,注册资本(以及最初构成注册资本的股东出资)作为公司成立条件、开展经营和清偿债务的必要基础的看法被广泛接受。这些观点的逐步形成,主要不是接受外来理论的结果,而是多次全国范围"公司清理整顿"及"清理债权债务"工作的经验积累。

抽逃出资规则脱胎于"清理整顿公司"的政策文件,因此带有政策性话语的特点:修辞效果强烈,但意思不够清晰。从它的表述看,它所要规范的对象是不清楚的:哪些行为构成"抽逃"?这些行为与"侵占""盗窃""贪污"有何区别?"出资"又是指什么?其次,抽逃出资规则与其他规范的关系并未被界定清楚。如果说"禁止抽逃出资"的目的是阻止股东从公司非法转移财产,那么这一规则与规范股东从公司合法取得财产的规则(分配利润、回购股份、减资)应当存在协同关系。但是,这种协同关系在《公司法》中是不存在的,在理论上也没有得到清晰的说明。违反利润分配规则或者减资程序是否就构成抽逃出资,抽逃出资判断标准是否须与利润分配、减资、股份回购规则协调,都是不清楚的。

10.2 抽逃出资的认定标准

《公司法》和《刑法》均未对何为"抽逃出资"作出解释。"抽逃出资"这一表述本身就含有自相矛盾的因素。正如有学者指出的,股东一旦将某项出资财产以合法方式移转给公司,公司就取得了该财产的所有权,股东则获得相应的股权,所谓"出资"就不复存在了——不存在的东西,股东如何将之"抽逃"?[①] 这个批评无疑是正确的。无视或者回避这个批评的话,人们对"抽逃出资"的定义,就只能是同语反复了。

---

① 樊云慧(2014:106)。

抽逃出资的定义经常是这样的：抽逃出资是指股东非经合法程序（或未经公司同意），擅自取回（或抽回、收回、撤回）其出资财产的行为。[①] 为了避免这种循环定义，有学者把抽逃对象阐释为"相当于股东全部或部分已缴纳出资数额的财产"。因此，"抽逃出资"就被定义为：股东非经合法程序从公司"抽回相当于已缴纳出资数额的财产"，"同时继续持有公司股份"的行为。[②] 从后面的讨论可见，这个定义反映了法院和工商机关认定抽逃出资的实际做法。但它仍未说清楚什么是"抽回"，同时似乎又过分地扩张了抽逃出资的范围。根据这个定义，股东从公司非法取得任何财产，只要未超过其出资金额，且未减少其持股数的，就都属于"抽逃出资"。实践中其实并非如此宽泛地认定和查处抽逃出资。[③] 另一方面，只是以收回的财产金额是否超过股东出资额来区分抽逃出资与侵占公司财产，很难令人信服这就是将抽逃出资作为一项独立的法律制度或规范的理由。

不过，文义含糊并未妨碍抽逃出资规则成为民事、刑事审判和行政执法的法律依据。自1995年抽逃出资成为刑事罪名后，许多开办公司的人因犯"抽逃出资罪"而受刑罚。工商机关也有权对"抽逃出资"的股东实施罚款。民事审判中认定股东有"抽逃出资"行为的案件就更多了。

我们暂且不讨论"抽逃出资"应当如何定义，先来看实践中哪些行为被认定为"抽逃出资"。总的来说，行政和审判机关认定的抽逃出资行为大致可以分为两类：一类是"直接抽逃"，即出资人完成验资或公司注册后，旋即将出资财产转走或取回。这几乎是最没有争议的一种抽逃行为。另一类则复杂

---

① 江苏省高级人民法院民二庭（2003：43）；席建林（2005：36）；张远堂（2007：64）；刘俊海（2008：67）；曹兴权（2014：208）。

② 孙有强（2004：301）。

③ 叶龙虎、姜兆策（2002：38-39）。

一些。表面看来,股东通过让公司清偿债务、提供担保、与公司发生其他关联交易或者分配公司利润等方式,从公司取得财产。这类行为常常伴随或被包装为真假难辨的合同和交易,哪些属于抽逃出资,哪些是正常的交易或公司行为,总有争议。这类行为中的抽逃出资,我们姑且称之为"迂回抽逃"。

10.2.1 "直接抽逃"与"迂回抽逃"

出资人缴纳出资后旋即转走,是最没有争议的抽逃出资行为。这种直接抽逃行为的特征通常是,出资人缴纳出资并完成验资或公司注册后,又将出资财产取回,同时并不减少其登记的持股比例和出资额。多数情况下,出资人是以货币出资,资金转入拟设公司或拟增资公司的银行账户,完成公司注册后,资金即被撤走。出资人转走资金的时点,有可能提前到验资后、公司登记成立前。因为,取得会计师事务所出具的验资报告("验资证明"),即等于得到"出资到位"的权威证据,足以完成后面的注册手续。如果验资机构仅是查看银行进账单就愿意出具"验资证明"的话,那么,出资人抽走资金的时间还可能提前到银行向其开具进账单之后。[①]

出资人转走其原出资资金的理由,有时是公司需要向其他公司支付某笔款项(例如货款、基建款等等),有时是股东或其他人向公司借款,有时则没有任何理由。在财务上,出资人转走出资资金后,记账的话,可能在"其他应收款"的借方长期挂账。在那些财务管理完全被某个或某几个股东控制的公司,股东转走

---

① 在江苏省高院审理的一个案件中,某人于 2000 年 11 月先把挪借来的 500 万元存入拟设公司的临时账户,取得银行"资金到账证明单"之后,就以取消公司设立计划为由将资金转走归还。随后,此人持银行到账证明顺利获得会计师事务所出具的验资证明,成功注册了一家公司。吴跃峰与南通晓辉物产有限公司股东权益纠纷案,丁巧仁(2003:37)。

资金时可能不作任何账务处理。①

直接抽逃行为之所以很少争议,首先是因为出资人在出资后的短时间内,几乎原封不动地将转入公司账户的资金转回或者转给第三人,行为外观吻合"抽逃出资"的文字描述。其次,股东出资构成公司资本,公司刚刚收到出资货币,尚未投入生产经营,出资人就立即抽回,显然是对公司资本的直接侵害。

尽管从法律上讲,出资人缴纳出资货币、公司成立后,该笔资金的所有权就属于公司了。公司成立后,出资人"原封不动"地将"出资"取回,法律上已不可能。不过,工商行政执法人员和审判机关的法官们并未如此"咬文嚼字"地深究"抽逃出资"的含义。因为,法律毕竟没有提供"抽逃出资"的权威解释,也没有要求他们字斟句酌地探究法律中的语词概念。人们实际上是在心领神会或者容忍一定模糊性的基础上达成了共识:只要出资人在缴纳出资后的较短时间内,将相当于或大致相当于出资额的资金转出公司,且无法提供正当理由的,都应当认定为抽逃出资。

在股东缴资后立即转走等额(或者大致等额)资金的情况下,法院对举证责任的要求也会调整。最高人民法院在其再审的一个案件中认为:公司债权人只要证明了某股东在出资当日转走等额资金,举证责任就转移至该股东;如果该股东不能证明转走资金有正当理由,那么法院可以认定该股东抽逃出资。②

但除此之外,股东(或股东的关联方)可能基于各种各样的理由从公司取得财产利益(例如从公司借款、与公司交易、公司减资),其中哪些属于抽逃出资(即"迂回抽逃"),判断起来就没有这么简单了。实际上,对同样的或同一类行为,执法和审判机关常常有不同的看法。最高法院为此专门制定司法解释,对

---

① 股东抽逃出资在财务会计上的反映,见叶龙虎、姜兆策(2002:38)。
② 美达多有限公司诉深圳市新大地数字网络技术有限公司等案,(2016)最高法民再2号判决。

迂回抽逃行为设定类型化的认定标准。

10.2.2 最高人民法院的指引

2011年1月,最高人民法院公布《公司法解释三》,其中含有关于抽逃出资如何认定和如何承担民事责任的专门规则。该司法解释的一个官方说明指出:股东可能通过许多方式抽逃出资,抽逃行为具有"复杂性""模糊性"和"隐蔽性";由于法律规则不明,各地法院在哪些行为构成抽逃出资、行为人如何承担民事责任等问题上,"认识分歧较大""没有形成统一的认定标准"。①

《公司法解释三》第12条最初将抽逃出资行为类型化为四种典型形态。公司成立后,股东有下列行为之一且"损害公司权益"的,构成抽逃出资:

(1)将出资款项转入公司账户验资后又转出;

(2)通过虚构债权债务关系将其出资转出;

(3)制作虚假财务会计报表虚增利润进行分配;

(4)利用关联交易将出资转出;

(5)其他未经法定程序将出资抽回的行为。

上述第一种"将出资款项转入公司账户验资后又转出",基本上可以涵盖前文所说的直接抽逃。不过,由于《公司法》2013年12月修订时一般性取消了强制验资制度(只在少数特定行业和募集设立的股份公司保留验资),最高人民法院在2014年2月作出修订,删除了这项列举。这似乎表明,司法解释制定者认为,"直接抽逃"认定起来难度不大,无须在解释中特别列举了。于是,2014年修订后的《公司法解释三》第12条,完全是对"迂回抽逃"类型的列举,包括通过虚假债权债务关系、基于虚假财务报表的利润分配和利用关联交易的抽逃行

---

① 宋晓明、张勇健、杜军(2011:38)。

为。最后,还有一个兜底条款,即"其他未经法定程序将出资抽回的行为",以应对未尽事宜。

第12条对三类典型抽逃行为的规定,只是对行为外观的粗线条描述,其表述没有摆脱同语反复的老毛病。"将出资转出"是什么意思?公司名下的哪些资产仍然属于股东的"出资"?以该条所说的三种方式"将出资转出"是否都构成抽逃出资?仍然是不清楚的。

从解释三的官方说明看,第12条实际上并未呈现认定抽逃出资的全部要素。解释三的官方说明告诉读者:确认某个行为是否构成抽逃出资时,"法院应当注意把握该行为是对公司资本的侵蚀这一要素,并从行为人的主观目的、过错程度以及行为对公司造成的影响等角度综合分析。不宜将股东从公司不当获得财产的所有行为都笼统认定为抽逃出资。"[①]解释三第12条只是规定,抽逃行为须"损害公司权益",没有提及"侵蚀资本""行为人的主观目的""过错程度"等要素。而官方说明却说,"侵蚀资本"是抽逃出资的核心要素,是判断抽逃出资的重要标准。[②] 但什么是"侵蚀资本",与"损害公司权益"有何区别,解释三及其官方说明没有提供任何解释。

10.2.3 最高人民法院的裁判

从最高人民法院自己审理的案件来看,"统一的认定标准"仍未形成。资金从公司流向股东是否都是股东"转出出资"?尤其是,什么情形可认定为"损害公司权益",仍然存在互相冲突的认定标准。有的案件执行了较严格的标准,有损害之可能即被认定为损害公司权益(例如下文的勤峰铁业案),或者公司存在

---

① 宋晓明、张勇健、杜军(2011:39)。
② 宋晓明、张勇健、杜军(2011:38)。

经强制执行而未履行之大额债务即表明公司权益受损。有的案件则实行较宽松的标准,只要公司净资产、注册资本没有减少,就认定为未损害公司权益,而股东与公司的关联交易(例如下文的万晨投资案、菊隆高科案)则被当做"公司自治"事务不加干预。还有的案件,法官"透过形式看实质",将出资人验资后立即令公司返还出资、偿还其债务的两个行为,拟制为"债转股"一个行为看待,得出出资人行为不构成抽逃出资的结论(例如下文的昌鑫建投案)。

从最高人民法院裁判的以下几类争议案件看,抽逃出资的认定和识别仍然迷雾重重。

案型一:公司为股东间的股权转让提供担保

为方便讨论,我们将这类争议案件的主要事实简化为以下例子:A 有限责任公司有甲、乙两名股东。甲、乙达成股权转让协议,甲将股权全部转让给乙,乙承诺向甲支付收购款若干万元。A 公司为乙的付款义务提供连带保证。此后,A 公司完成股权变更登记,甲原来持有的股权悉数变更登记至乙名下,但乙一直拖欠股权收购款未付。甲于是起诉乙和 A 公司。诉讼请求是,乙向其支付股权收购款及迟延利息,A 公司对此承担连带保证责任。

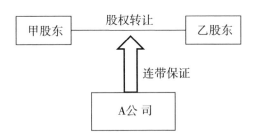

公司为股东间的股权转让提供担保,实际上是公司与股东之间的关联交易。其中难免有利益冲突。以上例讨论:在 A 公司完全处于甲和乙控制之下时,利益冲突就更为突出。在甲、乙的操纵下,A 公司实际上变成了甲、乙间交易风险的"接盘侠",公司资产成为甲、乙间交易的担保物。这个交易的目的并非要增进公司利益，而是让甲退出公司。固然，甲不是将其股权直接退给公司，而是转让给乙，由乙支付收购款。但是，A公司如果承担了支付收购款的保证责任，甲实际上就先于公司债权人从公司资产中获得了支付。A公司承担担保责任后，尽管对乙享有追偿权，但公司的资产构成已发生变化："银行存款"这类流动性强的资产变成"其他应收款"这类有可能无法收回、变现的资产。公司资产的清偿能力很可能遭受无法弥补的损失。

根据2017年的一份研究，在审判实践中，法院在这类案件中要解决的核心争议是，担保约定是否有效。裁判思路主要有四种：一是，审查公司为股东提供担保是否符合《公司法》第16条的公司担保规则（尤其是第2、3款的决议和表决规则）；二是，判断该交易是否造成股东抽逃出资；三是，审查公司提供担保是否违反《公司法》第74条规定的股权回购规则；四是，分析公司提供担保是否损害公司、股东及债权人利益。①

裁判思路的多样性表明，公司为股东间股权转让交易提供担保不仅仅涉及公司资本保全一个问题。不过，我们先从本节主题出发，讨论这个交易是否构成股东抽逃出资，或者是不是《公司法解释三》第12条所说的股东"利用关联交易将出资转出"。

在**玉门市勤峰铁业有限公司案**（简称"勤峰铁业案"）中，最高法院所做二审判决认为，股东之间转让股权而由公司提供担保，有可能导致股东抽逃出资，故担保约定违反禁止抽逃出资规则，应认定无效。理由是：公司提供这样的担保，"意味着在受让方不能支付股权转让款的情形下，公司应向转让股东支付转让款，从而导致股东以股权转让的方式从公司抽回出资的后果。公司资产是公司所有债权人债权的一般担保……股东不得以任何形式用公司资产清偿其

---

① 张丞（2017）基于2011年至2016年间的40余份判决对这类案件做了一个系统分析。

债务构成实质上的返还其投资。"①

上述判决反映了法官关于抽逃出资的两个看法。一是,公司对股权转让提供担保后,如果承担了担保责任、向转让方股东支付转让款,就会造成转让方股东"以股权转让的方式从公司抽回出资"的结果。二是,公司资产是"公司所有债权人债权的一般担保",如果公司资产被用于清偿股东(应指受让方乙)的个人债务,也会造成该股东抽逃出资。尽管判决所说的这两种情况只是一种可能性,并未实际发生,但仍然值得讨论。②

首先看第一个观点。假如公司承担担保责任,向转让方股东(甲)支付股权转让款,那么,的确会表现为一笔资金从公司流向股东。但这一支付不是无偿的。公司在承担担保责任时,也取得了对受让方(乙)的追偿权。乙可能有能力且愿意履行对公司的补偿责任,也可能没有能力或者逃避履行补偿责任。因此,只有在证明公司无法实现对乙的追偿权的情况下,我们才能说,公司承担上述担保责任减损了它的资产或者偿债能力。如果是否减损资产尚不足以判断,那就很难断言是否构成抽逃出资了。

再看第二个观点。公司资产是"公司所有债权人债权的一般担保"这一说法为人们广泛接受。公司在股东操纵下,以公司资产清偿股东的个人债务,显然也是向股东输送利益的一种方式。如果公司是无偿地为股东清偿债务,那么,很有可能是股东借此抽逃出资。但在本案中,基于担保约定看,公司并不是

---

① 《股东不得以任何形式用公司资产清偿其债务构成实质上的返还其投资——玉门市勤峰铁业有限公司、汪高峰、应跃吾与李海平、王克刚、董建股权转让纠纷案》,最高人民法院民事审判第二庭编《最高人民法院商事审判指导案例》(公司与金融2012),中国民主法制出版社2013年,第253页[该案案号为(2012)民二终字第39号判决]。

② 法官的逻辑似乎是,该担保约定的履行可能导致股东抽逃出资,因此该约定具有非法目的或者说可能导致违法的效果,故应认定无效。基于这样的理由和逻辑确认合同无效,是否妥当?这个问题尽管有趣,但超出了本节的主题,此处不展开讨论。

无偿为乙承担债务。有如前述,公司承担担保责任后,对乙享有追偿权,实际上在公司和乙之间会形成债权债务关系:公司对乙享有追偿权,乙对公司负有补偿责任。在这种情况下,不能简单得出乙抽逃出资的结论。因为,我们并不知道乙能否履行其补偿责任。

另外,从《公司法》第16条第2、3款看,公司是可以为股东提供担保的,只是要遵循一定的决议程序和表决回避规则。公司为股东间股权转让交易提供担保,只是公司为股东担保的一种情况而已。实际上,无论公司为股东的何种交易提供担保,都有可能令公司承担担保责任而使被担保的股东暂时受益。我们或许可以说,所有的这些担保都有可能构成股东抽逃出资。但是,这样的看法解决不了任何问题,是不是构成抽逃出资依然是不清楚的。

本案判决的说理还有一个值得关注的地方。合议庭其实更进一步地认为,公司一旦为受让方股东承担保证责任,转让方(甲)和受让方(乙)都将构成抽逃出资。甲构成抽逃,是因为公司向其支付了股权转让款;乙也构成抽逃,是因为公司为其清偿了个人债务。一笔资金的移转,构成两个抽逃出资行为。[①]

不过,最高人民法院在四年后处理的一个与勤峰铁业案十分类似的案件中,没有坚持公司为股东间转让股权提供担保即可能构成股东抽逃出资的观点。

广西万晨投资有限公司案(简称"万晨投资案")中,陈伙官曾经与胡升勇分别持有该公司60%和40%的股权。2012年,陈伙官将其持有的股权全部转让给胡升勇,万晨公司承诺对胡升勇的付款义务承担连带责任。后来,胡升勇没有依约履行付款义务。陈伙官起诉了胡升勇和万晨公司。一审法院在判决

[①] 玉门市勤峰铁业有限公司案由最高人民法院判决并以"审判指导案例"名义发布,故下级法院在审理类似案件时,有的就直接复制了该案判决的表述。例如:莱芜连云水泥有限公司诉济南龙升东海建材有限公司等案,莱芜市中院(2016)鲁12民终286号判决。

中确认万晨公司的担保无效,理由是陈、胡二人持有万晨公司全部股权,他们操纵公司为股权转让提供担保,是滥用股东权利损害公司的行为,违反了股东的"资本维持义务"(依据为《公司法》中的不得抽逃出资规则)。一审合议庭的判决思路与最高人民法院对勤峰铁业案的判决保持了一致。

但陈伙官上诉后,二审判决认定陈伙官不构成抽逃出资。二审合议庭阐述了以下理由:

> 抽逃出资是指在公司验资注册后,股东将所缴出资暗中撤回,却仍保留股东身份和原有出资数额的行为,该行为会导致公司财产的减少。本案中陈伙官进行股权转让,并没有保留股东身份和原有出资数额,且本案中承担支付股权转让款义务的系胡升勇,万晨公司承担保证责任属于或然债务,并不必然发生,即使万晨公司承担了保证责任,也有权向胡升勇追偿,并不会导致公司财产的必然减少。因此,本案中不存在因违反强制性法律规定而导致合同条款无效的情形。故一审法院认定陈伙官利用其系万晨公司法定代表人的身份,为其自己股权转让提供担保,侵犯了公司的财产权,亦侵犯了公司外部债权人基于公示登记而对公司资本状况的信赖利益,万晨公司的担保行为无效,于法无据。[①]

万晨公司不服二审判决,向最高人民法院申请再审。2016年12月,最高人民法院作出驳回再审申请的裁定。作出裁定的合议庭法官没有从股东是否构成抽逃出资的角度阐述理由(对二审法院关于担保不必然减少公司财产的论点未置可否),也没有讨论这一担保所涉及的利益冲突(例如是否应当适用《公司法》第16条公司担保的规则、第20条法人独立地位否认规则),而是表示:万晨公司承诺对胡升勇向陈伙官支付收购款承担连带责任,"不损害其他股东利益"

---

① 陈伙官诉胡升勇、广西万晨投资有限公司等案,福建省高院(2015)闽民终字第1292号判决。

(事实上,万晨公司当时仅有陈、胡两名股东,没有"其他股东",陈、胡二人是公司担保的受益人,而真正可能受到损害的是万晨公司的债权人);万晨公司作出承诺,"系经过公司股东会决议,是公司意思自治的体现,并不违反法律强制性规定","法院主动对公司的自治情况进行司法干预不妥"。①

勤峰铁业案和万晨投资案,事实情节和争议问题十分相似,但由于合议庭对抽逃出资的关键认定标准(即是否损害公司权益)持不同见解,裁判结果完全相反。

案型二:公司代股东支付股权收购款

如果说公司为股东间的股权转让提供担保可能导致股东抽逃出资,那么,同样在股东之间转让股权的交易中,公司直接代替受让方股东向转让方支付股权收购款,事后受让方股东以其对公司的债权抵偿其对公司的债务,这一系列交易中是否存在抽逃出资?在**赣州菊隆高科技实业有限公司案**(简称"菊隆高科案")中,最高人民法院的回答是否定的。②

2010年6月,中航信托股份有限公司(简称"中航信托")为赣州菊隆高科技实业有限公司(简称"菊隆高科")提供了一笔1.2亿元的融资。这笔资金来自中国建设银行通过"人民币理财产品"募集的部分资金。中国建设银行委托中航信托以该笔资金进行投资。像同时期的许多"投资基金"的做法一样,中航信托与菊隆高科约定该笔融资为期2年,中航信托收回投资时将取得一笔固定收益[实务上称此类投资为"以股权投资的名义实现债权(保本保息)的投资目

---

① (2016)最高法民申2970号裁定。类似地,在涉及对赌协议的一个案件中,目标公司的老股东承诺在特定条件下收购投资人股权,而目标公司同意提供连带担保,最高人民法院再审判决认为,该担保只要符合《公司法》关于公司对股东提供担保的规范,就是有效的,并未考虑该担保是否损害公司债权人利益,是否构成抽逃出资。参见强静延诉曹务波案,(2016)最高法民再128号判决。

② 毛信吉诉赣州菊隆高科技实业有限公司等案,最高法院(2015)民二终字第435号判决。

的"]。双方的主要约定有:(1)中航信托向菊隆高科增资1.2亿元,持股54.55%,菊隆高科注册资本增加至2.2亿元;(2)投资期限2年,自2010年6月30日至2012年6月29日,届时中航信托将通过向原股东转让股权的方式收回投资;(3)菊隆高科原股东(谢瑞鸿、孙景文)承诺,投资期限届满后,"无条件溢价收购"中航信托所持全部股权(即"股权收购溢价款以增资实际缴付的增资款为基础,按10%/年收取");(4)第三人赣县世瑞新材料有限公司承诺,如菊隆高科原股东到期不履行上述义务,该公司应收购中航信托所持全部股权;(5)双方还约定原股东以其所持菊隆高科45.45%的股权设定质押,第三方提供连带保证,以担保原股东履行上述收购义务。

2012年6月29日,"股权收购协议"约定的股权收购日到期。根据判决书所述,收购义务人谢瑞鸿(时任菊隆高科法定代表人)指示菊隆高科财务部门代其向中航信托支付1.2亿元的股权收购款,菊隆高科财务部门在做会计处理时将该1.2亿元计入预付账款。2013年11月4日,谢瑞鸿向菊隆高科出具正式函,要求"以其对菊隆高科享有的2.39亿元债权折抵菊隆高科代其支付的1.2亿元股权回购款及其对外所负债务,并进行账务处理"。据此,菊隆高科将谢瑞鸿对菊隆高科公司享有的2.39亿元债权作了相应抵扣。

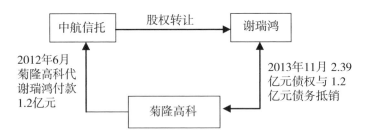

此后,债权人毛信吉起诉菊隆高科,并将中航信托列为共同被告,要求中航信托在抽逃出资的1.2亿元范围内对菊隆高科的债务承担补充赔偿责任。

江西高院的一审判决认定中航信托构成抽逃出资,支持原告诉请。一审法官认为:根据当事人的一系列协议,股权收购人是菊隆高科的股东谢瑞鸿和孙景文,而不是菊隆高科。中航信托与菊隆高科没有任何债权债务关系或交易关系。因此,中航信托于2012年6月29日从菊隆高科获得1.2亿元是没有任何正当理由的。而中航信托在菊隆高科的股东资格一直保留到2013年8月4日。因此,中航信托是在保留其股东资格的情况下取回1.2亿元出资,应当认定为抽逃出资。

但基于同样的事实,最高人民法院的二审判决却认为,中航信托不构成抽逃出资。理由如下:

(1)菊隆高科的资产未因支付1.2亿元转让款而受影响。谢瑞鸿原本对菊隆高科拥有2.3亿余元债权(有2014年的审计报告为证)。谢瑞鸿令菊隆高科代其向中航信托支付转让款1.2亿元,事后又以其对菊隆高科的2.3亿余元债权与其欠菊隆高科的1.2亿元债务相抵销。这一系列举动没有造成菊隆高科的资产减损。

(2)菊隆高科的注册资本并未因支付1.2亿元转让款而减损,债权人债权未受侵害。因为,"根据菊隆高科2015年8月16日修订的公司章程,公司重组后的股东为38人,注册资本总额为2.2亿元,且均为货币和实物出资"。所以,菊隆高科的债权人(即一审原告)的债权没有受到侵害。

(3)菊隆高科向中航信托转款1.2亿元,并非在中航信托的操纵或参与下进行的。因为,根据"增资扩股协议""股权收购协议",中航信托只是为了获取固定投资回报,并未实际参与菊隆高科的经营管理。

不过,以上三个理由都难以让人信服。

(1)菊隆高科的"资产未受影响"?股东谢瑞鸿先令公司代其支付1.2亿元现金,再以其对公司的2.3亿余元债权与该1.2亿元债务相抵,无疑是股东与公司间的关联交易。从账面数额看,公司净资产不减反增:依"资产-负债=净资产"的等式,公司用1.2亿元债权抵消2.3亿余元债务后,资产("预付款项"科目)减少1.2亿元,而负债("应付账款"等科目)减少2.3亿余元,最终公司净资产增加1.1亿余元。但在整个交易中,菊隆高科的资产在数量和质量上都发生了变化。资产金额不是"未受影响",而是减少了1.2亿元;尤为重要的是,资产结构恶化——流出1.2亿元现金,这通常会降低公司的短期偿债能力。所以,判决说菊隆高科的"资产未受影响",是不成立的。我们至多可以说,菊隆高科的净资产没有减少。不过,即便净资产未减少,在没有从财务上分析菊隆高科的长期和短期"偿债能力比率"①的情况下,根本无法断言这个交易对菊隆高科的其他债权人有无不良影响。

(2)注册资本金额未变,公司债权人就不受侵害?显然不能做这样的断言。注册资本金额只是公司登记机关和公司章程记载的一个历史数据,只体现股东认缴出资时计入公司注册资本的出资金额,不反映公司的偿债能力,不足以证明公司债权人是否受到侵害。

(3)股东未参与操作就不构成抽逃出资?《公司法解释三》第12条并未要求抽逃出资的股东须亲自参与资金转移,审判实践中也从不把股东亲自参与作为构成抽逃出资的要件。

最高人民法院审理菊隆高科案的合议庭看来没有依循前述勤峰铁业案中的裁判思路。菊隆高科直接代受让方股东向中航信托支付股权转让款,且中航信托继续保留股东资格长达一年多时间,合议庭并未认定中航信托"以股权转让的方式从公司抽回出资"。谢瑞鸿让公司代其支付转让款,"用公司资产清偿股东个人债务",合议庭也不认为谢瑞鸿构成抽逃出资。从判决书的表述看,合

---

① 企业的长期偿债能力比率主要是资产负债率、负债权益比、利息(保障)倍数,短期偿债能力比率主要是流动比率、速冻比率、现金比率等,参见罗斯(2012:35-39)、万如荣(2014:103-111)。

议庭的主要理由或许是,谢瑞鸿事前对菊隆高科享有2.3亿余元债权,菊隆高科代其付款后,他用该2.3亿余元债权抵销了他和孙景文对菊隆高科的1.2亿元债务。账面上看,该交易对菊隆高科来说并不是不公允的关联交易,甚至还使菊隆高科受益。这样看来,二审合议庭认定抽逃出资的标准可能是净资产标准,即只要公司的净资产没有减少,就可以认为公司权益未受损害。但是,如前面分析的,这一系列交易虽然没有减少菊隆高科的净资产,但却改变了菊隆高科的资产数额,尤其是改变了资产的构成情况,不可能不对菊隆高科的偿债能力产生影响。①

那么,谁是上述交易的获益者？首先是中航信托,它原额取回自己的投资本金,而且是以现金的形式。其次是谢瑞鸿和孙景文。他们避免了向中航信托支付1.2亿元现金的沉重负担,又通过抵销,消除了对菊隆高科的1.2亿元债务——代价是谢瑞鸿失去对菊隆高科享有的、基于之前其他关联交易而产生的2.3亿余元债权。

中航信托与菊隆高科创始股东之间的融资安排,可以有若干种替代方式。例如:中航信托借款1.2亿元给股东谢瑞鸿,谢瑞鸿再以增资方式将1.2亿元投入菊隆高科,中航信托对谢瑞鸿享有1.2亿元贷款本息债权。中航信托本来只是一个财务投资者,无意成为菊隆高科真正意义上的股东。中航信托为什么不直接贷款给股东,而是选择先增资入股、二年后再将股权转让给创始股东？部分原因可能是,中航信托认为股东个人的负债率已经很高,而菊隆高科比其

---

① 事实上,在2015年11月,即判决书所说的"公司重组"3个月之后,菊隆高科就因不履行法院生效判决而被法院列入"失信被执行人企业名单"。参见"赣州市部分列入全国失信被执行人企业名单",赣州企业信用信息共享平台2015年11月22日发布(http://www.0797cx.cn/web/jxgz11315/news-1448207196421.html)。截至2019年4月底,通过中国执行信息公开网(http://zxgk.court.gov.cn/)查询可见,以菊隆高科为被执行人且其未履行生效裁判的案件计有31宗。

股东个人有更多的现金流可以归还投资。实际上,不难发现,菊隆高科在这个投融资的交易中扮演了一个中介和保证人的角色。

"以股权投资的名义实现债权(保本保息)的投资目的",这一投融资方式的所谓"创新",其实并不新颖。二十世纪九十年代就有很多公司利用这种方式投资于房地产项目。在一些案件中,法院将这类约定认定为"名为联营,实为借贷"。①

菊隆高科案表明,尽管股东从公司收到与全部出资款等额的资金,但是如果法院不认为股东的行为"损害公司权益",则该股东仍然不构成抽逃出资。这或许体现了《公司法解释三》第12条的指引作用。但是,一个棘手的问题摆在我们面前:究竟如何判断公司财产流向股东(尤其是表现为一系列关联交易时),是否"损害公司权益"?

菊隆高科案二审判决关于交易未损害公司权益、未损害债权人利益的论证,从财务分析的视角看,是经不起推敲的。那么,有没有其他不同的裁判观点呢?

最高人民法院作出再审审查裁定的**北京新富投资有限公司案**(简称"新富投资案")中,法官提出另一种思路。新富投资公司于2001年7月验资成立后,控股股东在1个月内就将其原出资资金转给自己的子公司。这一抽回出资的行为是否损害公司权益?当事人存在争议。被告股东以公司2002—2004年度工商年检报告记载的对外投资和净资产值为证据,试图证明公司资本充足,权益未受损害。最高人民法院再审审查合议庭认为:(1)判断抽逃出资是否损害公司权益,不以公司是否发生亏损为准;(2)公司现负有超过3000万元的

---

① 参见中国银行广东分行诉广州永利房地产开发有限公司案,广州市中院(1999)穗中法房初字第213号判决。法律依据通常是最高人民法院《关于审理联营合同纠纷案件若干问题的解答》(1990年11月12日)第4条。

债务,且经过强制执行仍未履行,足以表明股东抽逃出资的行为明显已侵害公司及公司债权人利益。①

从常识和经验看,公司是否亏损与股东是否抽逃出资确实没有必然联系。所以,公司没有亏损并不能反过来证明股东没有抽逃出资或公司权益未受侵害。再审合议庭的第一个观点可以说得通。在第二点,法官以公司现有大额债务不能清偿为由,认定股东的抽逃出资行为侵害了公司权益。查看与该案有关的判决可知,此处所说 3000 万元债务(因反担保关系产生)的基础债权债务关系发生于 2003 年 1 月(公司向某银行贷款 1 亿元,2005 年 1 月贷款期限届满)。② 公司 2001 年 7 月甫一成立,股东即抽回出资资金,或许对公司于 2005 年 1 月无法清偿银行债务有关。不过,是不是造成公司不能清偿银行债务的原因,恐怕还难以断定。所以,裁定书上述第二点说公司现有债务未清偿,足以表明股东抽逃出资明显侵害公司及债权人利益,只能说是法官的推断,而不是基于证据做出的扎实认定。

事实上,依据《公司法解释三》提起诉讼、请求确认股东抽逃出资的,通常都是公司的债权人。他们期待从抽逃出资的股东那里得到清偿,而此时公司通常都有不履行债务且执行无果的情况。因此,如果认为只要公司有债务未清偿且执行无果,法院就可以确认股东从公司取得资产的行为"损害公司权益"(而不讨论该行为是不是导致公司不能清偿债务的真正原因),那么,"损害公司权益"几乎就是一个不需要单独证明的条件了。

---

① 北京北大未名生物工程集团有限公司诉北京新富投资有限公司等案,(2018)最高法民申 790 号裁定。

② 中国民生银行股份有限公司深圳分行诉中国普天信息产业集团公司等案,最高人民法院(2006)民二终字第 4 号判决。

案型三：公司以还债为名向出资人返还全部出资资金

在**北京昌鑫建设投资有限公司案**(昌鑫建投案)中,出资人先对目标公司增资2545万元,验资后资金旋即转回出资人账户,理由是目标公司清偿对出资人先前就存在的2545万元债务。此后,目标公司的债权人在强制执行程序中,请求法院认定该出资人构成抽逃出资,并在抽逃出资本息范围内对目标公司债务承担补充赔偿责任。从出资人的上述行为看,无疑符合2011年版《公司法解释三》第12条描述的"将出资款转入公司账户验资后又转出"的抽逃方式。地方中院和高院均认为出资人构成抽逃出资。[①] 但出资人申诉至最高人民法院后,最高人民法院作出相反裁决,认为不存在抽逃出资。[②] 该案颇不寻常,最高人民法院的裁判理由也受到实务界的关注,[③]值得在此仔细讨论。

北京昌鑫建设投资有限公司(简称"昌鑫公司",原北京昌鑫国有资产投资经营有限公司)在2004年4月,自中国工商银行北京昌平支行受让了一批"不良资产"。这批"不良资产"是昌平支行对43家企业拥有的"不良债权",其中包括对北京弘大汽车空调散热器有限公司(简称"弘大公司")的2545万元债权。自此,昌鑫公司成为弘大公司的债权人。

2006年3月,北京市昌平区国资委批准昌鑫公司对弘大公司增资。昌鑫公司与弘大公司原有两股东达成协议:昌鑫公司对弘大公司增资2545万元,持股69.65%;弘大公司应在昌鑫公司增资的同时,偿还其对昌鑫公司负有的2545万元债务。

[①] 北京昌鑫建设投资有限公司买卖合同纠纷执行案,山东省高院(2013)鲁执复议字第59号裁定。
[②] 最高人民法院(2014)执申字第9号执行裁定。
[③] 例如有人写了一篇《一宗债转股程序引发的抽逃出资案——回看最高院(2014)执申字第9号》,网易号(dy.163.com)2018年6月22日发布,作者不详。

2006年6月,昌鑫公司向弘大公司"验资账户"注入资金2545万元,弘大公司委托的会计师事务所作出验资报告后,该2545万元资金于验资当日就返回昌鑫公司账户。2006年6月22日,弘大公司完成工商登记变更。

昌鑫公司对弘大公司的增资目的不得而知。但可以推断,经过这样一番操作,弘大公司尽管没有增加现金流,但其财务状况得到明显改观:负债减少2545万元,实收资本增加2545万元;相应地,资产负债率等指标也被改善。这显然有利于日后融资。对昌鑫公司来说,2545万元资金转了一圈原路返回,原2545万元债权变成了对弘大公司的股权,持股比例为69.65%,且可委派7名董事中的4名并指派董事长,对弘大公司拥有绝对控制权。这样,一方面昌鑫公司实现了对弘大公司的控制,另一方面弘大公司经过此番"债务重组"也有可能恢复融资和继续发展的能力。

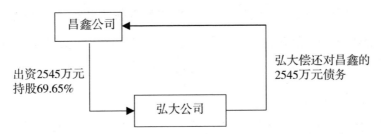

不过,这个拯救计划的制订者似乎忽略了一个严重的问题:昌鑫公司把"债转股"拆分为"增资-还债两步走",2545万元资金一进一出,极可能被认定为抽逃出资,而抽逃出资的法律后果很可能使昌鑫公司经管的国有资产成为弘大公司债权人的围猎目标。事实上,就目前公布的执行裁判文书看,2009年以后至少有两个弘大公司的债权人在申请法院强制执行弘大公司财产时,主张昌鑫公司的"增资-还债两步走"属于抽逃出资,在最高人民法院作出裁定前,山东省和北京市两地的中级法院都支持了债权人的主张。①

---

① 参见:山东高院(2013)鲁执复议字第59号裁定书;北京昌鑫建设投资有限公司与北京精美包装制品有限公司债权执行案,北京高院(2015)高执监字第73号裁定。

2012年,山东省潍坊市中院的一个执行裁定认为,昌鑫公司于验资当日抽回出资的行为构成抽逃出资,昌鑫公司应当在抽逃出资金额范围内承担责任。昌鑫公司不服,申请复议。2013年底,山东省高院作出复议裁定,认为昌鑫公司的行为完全符合《公司法解释三》第12条所规定的出资人"将出资款项转入公司账户验资后又转出"的情形,构成抽逃出资无疑,驳回了昌鑫公司的复议申请。

昌鑫公司不服,向最高人民法院提出申诉。2014年,最高人民法院作出执行裁定书,结果完全翻转。最高人民法院的意见是:昌鑫公司不构成抽逃出资,撤销山东省高院和潍坊市中院追加昌鑫公司为被执行人的裁定,将潍坊市中院已执行的昌鑫公司款项"执行回转"。

申诉审理阶段,最高人民法院合议庭并未发现新的事实。昌鑫公司在验资后立即转走2545万元资金一事,无任何争议。但最高人民法院法官对同一事实的看法却与山东省高院和潍坊市中院截然相反。他们认为昌鑫公司不构成抽逃出资的主要理由是:

(1)昌鑫公司对弘大公司的2545万元债权是真实存在的,不是虚构的,且该债权成立于昌鑫公司增资并撤资之前。如裁定书所说,"抽逃出资一般是指不存在合法真实的债权债务关系,而将出资转出的行为"。所以,昌鑫公司的行为不符合抽逃出资的典型特征[《公司法解释三》第12条第2款之(二)]。

(2)昌鑫公司"没有从弘大公司拿走任何财产,也未变更弘大公司的责任财产与偿债能力","未损害弘大公司及相关权利人的合法权益"。裁定书说:"法律之所以禁止抽逃出资行为,是因为该行为非法减少了公司的责任财产,降低了公司的偿债能力,不仅损害了公司与其他股东的权益,更损害了公司债权人等相关权利人的权益。"而在本案的"整个增资扩股并偿还债务过程中,昌鑫公司除了把自己的债权变成了投资权益之外,没有从弘大公司拿走任何财产,也未变更弘大公司的责任财产与偿债能力"。

(3)根据《公司法解释三》第12条认定抽逃出资行为,要同时满足"形式要件"和"实质要件"。昌鑫公司"将出资款转入公司账户验资后又转出",符合形式要件,但不符合"损害公司权益"的实质要件。因此,认定昌鑫公司抽逃出资的证据是不充分的。①

上述理由的关键仍然是出资人的行为是否损害公司权益。为什么说昌鑫公司的"增资-还债两步走"操作没有损害弘大公司权益呢?因为,"昌鑫公司除了把自己的债权变成了投资权益之外,没有从弘大公司拿走任何财产,也未变更弘大公司的责任财产与偿债能力"。

从裁定书的阐述看,合议庭把昌鑫公司的"增资-还债两步走"合并为一步——"债转股"(即裁定书所说"把自己的债权变成了投资权益")——重新作出了评价。从财务操作视角看,如果昌鑫公司是直接将2545万元债权转变为股权(即以债权出资),那么弘大公司的资产端确实没有发生任何变化,只是其负债减少2545万元,而实收资本增加2545万元。

但问题是,昌鑫公司不是以其2545万元债权出资入股(即"债转股"),而是先以货币2545万元出资入股,再令弘大公司以等额资金偿还其债权。② 昌鑫公司的资金以增资名义汇入弘大公司账户时,该笔资金即成为弘大公司的财产;这笔资金复以偿还债务之名汇入昌鑫公司账户时,弘大公司就失去该笔资金的所有权。从这个意义上说,昌鑫公司显然拿走了弘大公司的2545万元现金,尽管是以还债的名义。在2545万元汇入和汇出弘大公司银行账户之际,弘大公司的资产无疑发生了变动:收到昌鑫公司增资时,资产中增加了2545万元银行

---

① 最高人民法院(2014)执申字第9号裁定。
② 昌鑫公司为什么分两步而不是直接以债权出资,目前无从得知。有关债权出资的法律限制问题,参见本书第5.2.1节。

存款(同时,实收资本增加 2545 万元);偿还对昌鑫公司的债务后,资产中减少了 2545 万元银行存款(同时,负债减少 2545 万元)。尽管 2545 万元资金进出弘大公司账户发生在极短时间内,但在法律上和财务上,我们都无法否认弘大公司的资产确实发生了增减。

裁定书第二点理由阐释说,"损害公司权益"的具体表现是,公司的"责任财产""非法减少",公司的"偿债能力"下降。昌鑫公司从弘大公司账户中取回 2545 万元,显然减少了弘大公司的"责任财产"。这种减少是不是裁定书所说的"非法减少"? 或许,合议庭会认为不是。因为,第一点理由就强调,昌鑫公司对弘大公司享有真实合法的债权,弘大公司汇给昌鑫公司 2545 万元是偿还债务,有正当理由。但是,昌鑫公司出资验资后旋即操纵弘大公司偿还对它的债务,是极有可能损害公司其他债权人利益的关联交易。因为,控股股东是在利用其控制地位,以公司资产优先于其他债权人,让自己的债权率先获得清偿。

最高人民法院合议庭认为昌鑫公司的行为不构成抽逃出资的关键就是,把"增资-还债两步走"拟制为"债转股"一个步骤。似乎这样就可以无视 2545 万元资金的所有权在昌鑫公司和弘大公司之间的来回变动,就可以得出昌鑫公司"没有从弘大公司拿走任何财产,也未变更弘大公司的责任财产与偿债能力"的结论。

那么,合议庭透过法律行为的外观形式而作出实质性判断(即"透过形式看实质"),将"增资-还债两步走"认定为"债转股"的理由是什么? 是因为没有证据显示昌鑫公司有借此逃避债务、损害弘大公司债权人的故意? 是因为昌鑫公司的行为实际上并不是弘大公司后来不能清偿债务的原因? 是因为增资、还债两个行为的间隔时间极短,可以忽略不计? 抑或是因为固守法律行为的形式而不顾实质,会做出不公平的裁定? 裁定书如果对此仔细论证,它的说服力或许会有所提升。

不过，本书要指出的是，即便是昌鑫公司直接以其债权出资入股，其行为对弘大公司的其他债权人也有可能产生不利影响。假设弘大公司有三名债权人，分别是昌鑫公司、甲和乙，且弘大公司对三名债权人的债权均无足够资产清偿。此时，如果弘大公司单独对昌鑫公司实施"债转股"，那么，这就意味着昌鑫公司优先于甲和乙获得了某种形式的清偿，即获得弘大公司69.65%的股权。昌鑫公司可能利用对弘大公司的控制权获得某些收益，同时继续拖延对甲和乙的清偿。甲和乙的债权尽管数额不减，但实际上是无法产生现金流的"空头支票"，可能在未来相当长时间内得不到任何偿付。可以设想：假如甲和乙有机会参与昌鑫公司主导的此次"债务重组"，他们会不会同意该重组方案？当然，昌鑫公司的注资重组也是有风险的。因为，它取得弘大公司控股权的代价是放弃了2545万元债权，如果甲和乙此时申请弘大公司破产的话，昌鑫公司的股权也就没有经济价值了。

上述分析表明，我们不能简单地说，昌鑫公司直接以债权出资（用最高法院裁定书的话即"把自己的债权变成了投资权益"），就不会影响弘大公司的偿债能力、不会影响其他债权人的利益。

最高人民法院昌鑫建投案裁定书再次强调了"损害公司权益"这个判断标准。正是由于在这个标准上采取了截然不同的观点，昌鑫公司验资后立即转走资金这一看似简单的举动，在最高法院和中级、高级法院之间却发生巨大分歧。以至于让人觉得，简单明了的直接抽逃出资，认定起来也不是那么简单了。

前述新富投资案中，最高人民法院再审审查合议庭也讨论了如何判断股东行为是否"损害公司权益"。其判断标准是：公司负有到期债务，且经强制执行仍未履行,即足以表明,股东抽逃出资的行为明显已侵害公司及公司债权人的利益。① 如果按照这个标准,昌鑫公司的行为似乎也应该属于"损害公司权益"。因为,从山东和北京两地法院的执行裁定看,弘大公司同样也存在到期债务经强制执行仍未履行的情况。

* * *

由上述三种案型来看,在公司与股东发生复杂的关联交易(诸如公司为股东担保、公司代股东履行债务等)的案件中,公司权益是否受损通常会成为一个至关重要的判断条件。但是,最高人民法院裁判的上述案件表明:判断公司权益是否受损是一个复杂的问题,需要足够的财务数据作为证据,需要运用财务分析的方法,而关键是需要确定的判断标准。目前看来,即便是最高人民法院的法官们也没有就"损害公司权益"的判断标准形成基本确定的共识。

前述五个案例的要点整理如下,可见"损害公司权益"的判断标准是极不确定的——就像幼儿园小朋友手中的橡皮泥,你永远不知道下一次它会被捏成什么形状。

编号	案例名称	行为表现	"损害公司权益"如何判断?	裁判结果
1.	勤峰铁业案	公司为股东之间的股权转让提供担保。	是否导致公司财产可能减少。(如果股权受让方不能支付股权转让款,则公司就应向转让股东支付转让款,这将导致股东以股权转让的方式从公司抽回出资。)	可能导致股东抽逃出资,故担保无效。

---

① (2018)最高法民申790号裁定。

(续表)

编号	案例名称	行为表现	"损害公司权益"如何判断?	裁判结果
2.	万晨投资案	公司为股东之间的股权转让提供担保。	是否导致公司财产必然减少。(公司承担保证责任属于或然债务,并不必然发生,即使公司承担保证责任,也有权向股东追偿,不导致公司财产必然减少。)	不属于抽逃出资,担保有效。
3.	菊隆高科案	公司替股东履行债务,股东以其对公司的债权抵消其对公司的债务。	(1)公司资产是否减少;(2)公司注册资本是否减少;(3)公司债权人是否受到侵害。	不构成抽逃出资。
4.	新富投资案	出资验资后,公司向股东的子公司转入资金。	(1)不以公司是否发生亏损为准;(2)应当看是否有大额到期债务未履行。	构成抽逃出资。
5.	昌鑫建投案	出资人货币增资验资后,公司以偿还对出资人之债务为由,将出资资金全额返还。	公司资产("责任财产")和偿债能力是否受到减损。(实际上是以净资产有无减少为标准。)最高院裁定将出资人"增资–还债"两步走拟制为"债转股"。	不构成抽逃出资。

10.3 "侵蚀股本":更好的认定标准?

如果说"损害公司权益"不是一个精准并具有可操作性的标准,那么,有没有其他更好的判断标准?

"侵蚀资本"是《公司法解释三》的官方说明中提到的一个概念。从官方说明的表述上看,"侵蚀资本"似乎是认定抽逃出资的核心标准。但是,官方说明并未解释应当如何判断某个行为是否"侵蚀资本"。"侵蚀资本"是不是就等同于"损害公司权益",也不得而知。

《公司法解释三》第12条将抽逃出资界定为"将出资转出",存在同语反复的逻辑错误。有学者指出,要澄清抽逃出资的构成要件,必须以"侵蚀股本"为核心要件进行判断,这是避免抽逃出资认定"扩大化"的关键。① 那么,什么是"股本",何为"侵蚀股本"? 为什么要以"侵蚀股本"作为认定抽逃出资的核心要件? 以"侵蚀股本"为标准判断抽逃出资,是否足以保护公司债权人利益?

10.3.1 "侵蚀股本"的认定

主张以"侵蚀股本"为核心要件的学者,是在企业会计的意义上使用"股本"概念的。② 从企业会计角度看,股本是企业所有者权益的组成部分。所有者权益又称股东权益,是指企业资产扣除负债后由股东享有的"剩余权益",通常由以下四个部分构成:(1)实收资本(或股本);(2)资本公积;(3)盈余公积;(4)未分配利润。③ "侵蚀股本"一语中的"股本",是对有限责任公司"实收资本"和股份有限公司"股本"的统称。

作为资产负债表的一个科目,实收资本(或股本)反映了股东实缴出资的金额。该金额是一个历史数据,不会因企业资产和负债的变动而发生变化。实收资本(或股本)也不是存储资金的账户,人们无法从中提取资金。因此,说抽逃出资的实质是"公司从'股本'中向股东无偿支付",会"对公司股本造成侵蚀",④实际上是一种比喻,一种十分简略的说法。公司只能从资产中向股东拨付财产——这将导致公司资产负债表左侧的"资产"总额减少,而基于"资产=负债+所有者权益"的会计等式,右侧的某个或某些科目会相应减少金额,以保持左右平衡。所有者权益的其他组成部分与股本一样,均是反映所有者权益的

---

① 刘燕(2015:198-199)。
② 刘燕(2015:194)。
③ 财政部会计司编写组(2010:11)。商业银行等金融企业的所有者权益与一般企业不同,按照规定在税后利润中提取的一般风险准备,也构成所有者权益。
④ 刘燕(2015:194、195)。

金额、来源和归属的会计科目,而不是资金账户。正如曼宁和汉克斯所说:公司对股东的分红只能从资产中支付,从来没有、也绝不可能从所有者权益中的"股本外余额(surplus)"里支付,就像"从没有人在圣诞节时收到的礼物会是一袋子'股本外余额'"。[1]

那么,哪些资产转移或资金支付会导致公司股本被"侵蚀"?

"股本被侵蚀"是一个企业会计意义上的**推定**,而不是对事实的陈述。对此,本书在第1.3.2节已经有所说明。

对一家刚刚成立、尚未开展营业的公司来说,如果股东在公司成立后立即从公司银行账户无偿转走全部出资额,我们从账务上实际上看不出"公司从股本中向股东无偿支付"或者"股本被侵蚀"。但是,由于资金被股东无故转走,而该公司所有者权益中只有实收资本科目显示有金额,这个金额就变得"名不符实"了。因此,我们**推定**实收资本账户损失了原来所"对应"(correspond to)的真实资产。仅仅在此意义上,人们运用比喻的修辞方法说,该公司的实收资本被"侵蚀"了。可见,即使在最简单的抽逃出资情形中,"侵蚀股本"的说法也是一个**推定**,一个形象的比喻,而不是写实的表述。

在公司成立运营若干时间后,公司所有者权益的结构变得复杂了。除了实收资本仍然反映股东的初始投入金额而静止不变外,资本公积、盈余公积和未分配利润科目都可能记有一定金额,而且处于变动之中。假设公司这时无对价地向某股东转移相当于其出资额的财产,而未做任何账务处理。我们无法作出如下推定:这一资产流出导致实收资本账户丧失了原来所"对应"的资产。因为,这时公司的所有者权益中不仅仅有实收资本。这种情况下,判断是否发生"侵蚀股本"的标准也有所调整:(1)如果公司向股东支付的金额

---

[1] Manning & Hanks (2013:43).

10. 抽逃出资规则

大于"公积金与未分配利润之和",那么,"超出部分实际上源自'股本',因此构成抽逃出资";(2)相反,如果公司向股东支付的金额小于"公积金与未分配利润之和",那么,就不会减损股本,不构成抽逃出资,而有可能是违法分配利润。[①] 显然,这里仍然运用了**推定**的方法,从股东抽走金额的大小上来推定:**只要公司支付给股东的资产金额多于"公积金与未分配利润之和",就可以推定为"侵蚀股本",即资产流出导致实收资本账户丧失或减少了原来所"对应"的资产额**。

按照资本维持规范,"股本被侵蚀"的状态在会计上还可以表示为:所有者权益(或称净资产)< 实收资本(或股本)。未受"侵蚀"的状态则为:净资产≥实收资本(或股本)。[②]

总之,"侵蚀股本标准"是依照"资本维持"的原理,用企业会计上的"股本"概念替换了法条中的"出资"概念,借助"资产－负债＝所有者权益"的会计等式,把"抽逃出资"的判断转化为会计上的数额核算。企业会计区分所有者权益的不同组成部分,这样就可以通过金额的计算,来考察一笔资产流出是否减损了实收资本(或股本)所"对应"的资产数额。这就为抽逃出资的认定,提供了一个会计上的相对精确的、可操作的标准。

回头再看最高人民法院法官提到的"侵蚀资本"。如果这个概念所说的"资本"是指企业会计上的实收资本(或股本),那么它的意思和"侵蚀股本"是相同的,会计上是可操作的。如果"资本"是指注册资本的意思,那就无法在会计上操作了。因为,实行资本认缴制以后,股东出资可以认而不缴,会计上根本不反

---

① 刘燕(2015:194-195)。

② 例如,根据欧盟公司资本指令,公司分配利润的前提条件必须是:公司上一财年的净资产数额≥认缴资本+不得分配之公积金;而且,利润分配之后仍能保持该状态。英国2006公司法依上述指令亦有相似规定。详见本书第9.1.1节和第9.1.2节的相关说明。

映注册资本,实收资本(或股本)与注册资本不一致是常态而不是例外。

10.3.2 侵蚀股本标准能否准确评价公司实际偿付能力

然而,即便一个公司的股本没有被"侵蚀",它的债权人也未必就可以高枕无忧了。原因在于,公司股本尽管未被"侵蚀",或者说公司净资产大于实收资本(或股本)的状态,不等于公司拥有足够的现金流或可立即变现的资产去清偿债务。换言之,由于净资产≥实收资本(或股本)这一数字比较法并不考虑公司资产的具体构成情况(尤其是资产的流动性),依据它作出的股本是否被"侵蚀"的判断,不足以说明公司的长期和短期偿债能力。

要评价一个公司的长期和短期偿债能力,需要借助一些财务比率工具。

偿债能力比率

以下是常用的几种长期和短期偿债能力比率。[①]

长期偿债能力比率反映公司负担长期债务的能力。最基本的是以下三种比率:

(1)资产负债率(total debt ratio)。资产负债率,又称负债比率,反映公司总资产对总负债的覆盖率。计算等式为:资产负债率=负债总额÷资产总额。假设W公司的年末总负债为2000万元,总资产是5000万元,那么,其资产负债率为0.4。这表明,W公司每1元资产负担0.4元的债务。一般来说,公司负债率越低,债权人获得清偿的可能性就越大。但是,资产负债率不是一个精确的偿债能力评价标准,因为它没有考虑资产的流动性。

(2)负债权益比(debt-to-equity ratio)。负债权益比=总负债÷总权益。仍以W公司为例,其负债权益比应为0.67(2000÷3000≈0.67)。这意味着,W公

---

① Haas(2011:46-52);罗斯(2012:35-39);万如荣(2014:103-111)。

司股东的每 1 元所有者权益,对应 0.67 元的公司负债。股东也可以通过负债权益比分析其投资风险。

(3)利息(保障)倍数(times interest earned ratio,TIER)。利息倍数反映公司以其息税前利润(earnings before interest and tax,EBIT)清偿其全部应付利息的能力。计算公式为:利息倍数=息税前利润÷利息。显然,这个比率越高,公司债权人获得利息支付的可能性就越大。

短期偿债能力比率,又称流动性指标,反映公司在未来 1 年内不影响正常经营情况下,偿还债务的能力。公司在资产负债表日起 1 年内应偿还的债务额,体现为流动负债金额;而现金和预计在 1 年内可变现的资产,记为流动资产。考查公司的短期偿债能力,应当分析其流动资产和流动负债。通常有以下几个指标:

(1)营运资本(working capital)。营运资本,又称净流动资金,是流动资产与流动负债的差额。营运资本为正数的,表明公司正常经营情况下,公司应有充足资金偿还在未来 12 个月内到期的债务。

(2)流动比率(current ratio)。流动比率是用来度量公司短期流动性的最常用指标。计算等式是:流动比率=流动资产÷流动负债。假设 W 公司的流动比率为 1.4 倍,我们可以说,W 公司的每 1 元流动负债对应着 1.4 元的流动资产。通常认为,2 倍的流动比率能够满足最低的安全需要,当然也有例外。

(3)速动比率(quick ratio)。存货的流动性通常较低,且其账面价值未必反映市价。因此,从流动资产中扣除存货(得出速动资产金额),再除以流动负债,所得之速动比率可能更准确地反映公司短期偿债能力。速动比率=速动资产÷流动负债。

(4)现金比率(cash ratio)。现金比率或许更受短期债务的债权人关注。现金比率=现金÷流动负债。

从财务比率的角度看,净资产≥实收资本(或股本)只能呈现一个模糊的公司长期偿债能力轮廓:由它只能推断出公司的"资产负债率"小于1,而具体数字是多少却不清楚;其他指标则必须借助更多的财务数据才能得出。可以说,净资产≥实收资本(或股本),也即所谓股本未受"侵蚀"状态,是一个对公司偿债能力的极粗略的评价,既不能反映公司的长期偿债能力,更无法反映短期偿债能力。

检测最高人民法院裁判的案件

回到前面讨论的最高人民法院裁判的具体案件,我们可以更清楚地看到,"侵蚀股本"的计算方法(即比较净资产和股本的数额大小),不能准确检测出公司偿债能力的变化,很难为公司债权人提供有效的保护。

(一)公司为股东间股权转让提供担保

公司为股东提供担保,从会计角度看,公司的担保义务属于公司的"或有负债"。根据权责发生制,该"或有负债"是否应当确认为公司"预计负债"以及确认多少金额,取决于多重因素。诸如:该义务在多大程度上可能导致公司对债权人支付转让价款?支付价款的具体金额能否可靠计量?公司履行担保责任后预期可以从债务人处获得多少补偿?因此,在公司承担担保责任之前,要判断该担保义务是否会导致"资本侵蚀"(即公司净资产<实收资本或股本),必须依赖许多假设和估计,结论的可靠性存疑。

在公司承担担保责任之后,公司因向转让方支付股权转让价款而流出资金,同时,公司对受让方股东享有追偿权。反映在会计上就是,资产中的现金或银行存款减少一定金额,而"其他应收款"相应增加一定金额。这时当然可以计量净资产的数额,再将之与实收资本(或股本)做比较。但是,即便净资产≥实收资本(或股本),即股本未被"侵蚀",也无法说明该公司的偿债能力。因为,该公司资产总额虽然没有发生变化,但资产中最具有偿债能力的现金或银行存款却流失了,"其他应收款"能否收回无法确定。这种情况下得出股本未被"侵蚀"的结论,反而是向债权人释放了一个误导性的信号。

(二)公司代股东支付股权收购款

在前文讨论的菊隆高科案中,菊隆高科代其股东谢瑞鸿向中航信托支付1.2亿元股权收购款,谢瑞鸿以其对公司之债权抵销其对公司之债务。最高人民法院判决认为,中航信托不构成抽逃出资。主要理由是:菊隆高科的资产未因支付1.2亿元转让款而受影响。谢瑞鸿原本对菊隆高科拥有2.3亿余元债权(有2014年的审计报告为证)。谢瑞鸿令菊隆高科代其向中航信托支付收购款1.2亿元,事后又以其对菊隆高科的2.3亿余元债权与其欠菊隆高科的1.2亿元债务相抵销。这一系列举动没有造成菊隆高科的资产减损。

尽管最高人民法院的判决没有运用"股本被侵蚀"这一分析工具,但实质是相通的。从账面数额看,菊隆高科似乎还从上述交易获益:公司用1.2亿元债权抵销2.3亿余元债务后,资产("预付款项"科目)减少1.2亿元,而负债("应付账款"等科目)减少2.3亿余元,最终公司净资产增加1.1亿余元。如果从净资产和实收资本的对比看,菊隆高科的实收资本很可能是未受"侵蚀"的,甚至可以说得到了一定的巩固和加强。

但这样的结论同样是一个迷惑人的假象。菊隆高科代替股东支付1.2亿元现金,换来的是消除2.3亿余元负债。净资产虽然增加了,但公司可用于清偿债务的现金流却减少1.2亿元。中航信托、菊隆高科和谢瑞鸿之间的上述交易,实现了对中航信托的优先清偿。也就是说,中航信托优先于菊隆高科的债权人率先取回了自己的投资本金。

在这个案例中,"侵蚀股本"测试法同样无法揭示菊隆高科公司偿债能力下降的事实。

(三)公司以还债为名向出资人返还全部出资资金

在昌鑫建投案中,出资人缴纳出资后,公司以偿还对该出资人先前存在的一笔债务为由,旋即将与该笔出资等额的资金转给出资人。从净资产和实收资本的视角看,出资人昌鑫公司的做法是否"侵蚀"弘大公司的股本?

昌鑫公司和弘大公司之间的"增资-还债"两步走,并未减少弘大公司的净资产。因为,依"净资产=资产-负债"的会计等式,弘大公司偿还债务后,其资产和负债均减少2545万元。所以,净资产数额不会因此减少。这样看来,以净资产和实收资本相比较的方法检测,弘大公司偿还债务的行为也不应构成"侵蚀股本"。

在昌鑫建投案中,值得关注的事实是,弘大公司的偿债行为是对个别债权人的优先清偿,而该债权人同时又是弘大公司的控股股东。因而,这一偿债行为极有可能剥夺公司其他债权人的获偿机会。从净资产和实收资本的数额看,昌鑫公司的行为不构成"侵蚀股本"。但是,弘大公司的偿债能力却极有可能遭到减损。

以上对三个案例的分析表明,比较净资产和股本数额大小的"股本侵蚀标准",对公司资产构成上的变化是完全忽略的。那些改变公司资产构成(尤其是降低资产流动性)而不减少净资产数额的交易,不会被认定为"侵蚀股本"。因此,"侵蚀股本标准"虽然有可能改进认定抽逃出资的技术指标,提升判断的确定性和可操作性,但由于该标准完全依赖资产负债表反映的资产账面价值而忽略资产构成,所以并非判断公司偿债能力的可靠标准。① 至少在本文讨论的几种案例中,"侵蚀股本标准"并未表现出比"损害权益标准"能够更加敏锐地发现公司偿债能力受损。

---

① 这也是人们对资本维持规范的最主要的批评意见,参见 Cahn & Donald(2010:225)。

10.4 抽逃出资的法律责任及其实际功用

股东抽逃出资可能导致其承担民事、行政和刑事责任。《公司法》没有规定抽逃出资的股东应当承担何种民事责任。根据《公司法解释三》，抽逃股东主要承担两方面民事责任：一是对公司的返还出资责任；二是对公司债权人的"补充赔偿责任"。此外，抽逃股东的股东权利可能受限，股东资格可能遭到解除。抽逃出资的相关行政责任是：公司登记机关有权"责令（公司和/或股东）改正"，并对股东"处以所抽逃出资金额5%以上15%以下的罚款"。[①] 严重的抽逃出资行为可能构成"抽逃出资罪"。[②] 2014年4月，全国人大常委会作出立法解释，抽逃出资罪此后只适用于依照法律实行注册资本实缴登记制的公司。[③]

公司债权人提起的抽逃出资之诉，国家查处和惩治抽逃出资罪，在现实中发挥的实际功用是颇耐人寻味的。

10.4.1 民事责任

根据《公司法解释三》，股东如被确认构成抽逃出资，将产生两方面的民事责任。一方面，是抽逃行为人对公司的返还责任。具体来说，公司或者其他股东有权要求抽逃出资的股东"返还出资本息"，并有权要求"协助抽逃出资的其他股东、董事、高级管理人员或者实际控制人对此承担连带责任"。另一方面，是抽逃行为人对公司债权人的"补充赔偿责任"。具体是指，公司的债权人有权要求行为人"在抽逃出资本息范围内对公司债务不能清偿的部分承担补充

[①] 《公司法》(2018年) 第200条。

[②] 《刑法》第159条。

[③] 全国人大常委会《关于〈中华人民共和国刑法〉第一百五十八条、第一百五十九条的解释》(2014年4月24日第十二届全国人民代表大会常务委员会第八次会议通过)。

赔偿责任",同时还可以要求"协助抽逃出资的其他股东、董事、高级管理人员或者实际控制人对此承担连带责任"。①

其次,股东抽逃出资后,公司有权对其利润分配请求权、新股优先认购权、剩余财产分配请求权等股东权利作出相应限制。② 如果股东抽逃全部出资,且经公司催告、在"合理期间内"拒不返还的,公司可以通过股东会决议对抽逃股东予以除名。③

根据以上规则,提起"抽逃出资之诉"的人,基本上可以分为两类:一是内部人,即公司或者抽逃行为人以外的其他股东,诉讼请求主要是要求抽逃股东返还出资本息、限制抽逃股东的权利或者解除其股东资格;二是外部人,即公司债权人,诉讼请求主要是要求抽逃股东在其抽逃出资金额的本息范围内,对公司不能清偿的债务承担"补充赔偿责任"。从《公司法解释三》的逻辑看,抽逃出资之股东的责任在性质上与违反出资义务的责任是相同的。④

"抽逃出资之诉"的特点

第一类内部人提起的诉讼案件在资本制度上没有特别值得研究之处。值得关注的是第二类诉讼案件,即公司债权人提起的抽逃出资之诉,其突出特点在于:

(一)具有刺穿公司法人面纱的效果

公司债权人通过"抽逃出资之诉",可以直接对其债务人的股东实施追偿,刺穿债务人公司的法人"面纱",为其债权的实现增加一个"准保证人"(即在一定金额内、承担"补充赔偿责任"的义务人)。对抽逃股东而言,剥夺其有限

---

① 《公司法解释三》第14条。
② 《公司法解释三》第16条。
③ 《公司法解释三》第17条。
④ 参见《公司法解释三》第13条。

责任保护的理由是显而易见的:股东享有有限责任保护的前提是不违反出资义务,抽逃出资颠覆了这个前提,股东自然没有理由再享受有限责任保护。而对于公司债权人来说,发现债务人的股东抽逃出资常常会带来意外收获。因为,这并不是当事人在债权成立之初预先安排的"担保"机制。

(二)个别清偿:与破产清算脱节

在公司债权人提起"抽逃出资之诉"获得法院支持后,抽逃股东须直接向债权人承担"补充赔偿责任",而不是将其抽逃的出资金额返还给公司。也就是说,在债权人介入后,被抽逃的"出资"财产无须回归公司,重新成为公司全体债权人的责任财产。这造成了如下一种局面:哪个债权人有能力发现股东有抽逃出资的行为并且尽早取得胜诉,这个债权人就有机会获得较多可能的清偿。因此,正如违反出资义务的民事责任产生的激励一样,公司的债权人之间可能会展开一场确认抽逃出资进而争夺抽逃股东财产的强制执行竞赛。[①] 这场强制执行竞赛的优胜者究竟在哪个环节拥有取得胜诉的优势(例如信息、证据、财力抑或法律服务上的优势等),完全是不确定的。可以确定的只是,在这样的竞赛中,债权平等保护的原则事实上被"先到先得""先下手为强"的原则取代了。

当然,支持"先到先得"似乎也有一定道理,即这样可以鼓励公司债权人积极行动,避免某些债权人"搭便车"("眠于权利之上"),从而形成正向激励。不过,这个理由或许只能在公司未陷入清偿不能状态时成立。在债权人的"抽逃出资之诉"中,作为债务人的公司通常都已经无力清偿债务了。事实上,公司无力清偿也是抽逃股东承担所谓"补充赔偿责任"的前提条件。这个时候,公司本应当进

[①] 例如,在前述北京昌鑫建设投资有限公司案中,就有至少两个债权人先后对弘大公司股东昌鑫公司的财产申请强制执行并得到地方法院的支持。登记注册于北京市的一个债权人甚至已经通过强制执行获得清偿。参见本书第10.2.3节的"案型三"。

入破产清算程序,以确保所有的债权人有平等机会获得一定清偿。破产清算程序是极力避免个别的非担保债权人优先获得清偿的。① 最高法院的司法解释也规定,企业一旦进入破产程序,债权人提起的抽逃出资之诉便不予受理。②

但是,在"抽逃出资之诉"中,即便债务人公司出现破产原因,法院也不能依职权直接"将执行案件移送破产审查"(简称"执转破")。因为最高法院规定,"执转破"必须事先取得债务人公司或者申请执行人的书面同意,执行法院只有"告知"程序和"征询"意见的职责,不能直接决定移送。③ 另一方面,尽管最高人民法院不断呼吁各级法院积极推进"执转破",但地方法院表现消极,缺乏动力。

对此,最高人民法院领导层的解释是:一方面,"执行部门缺乏移送的动力。对于债务人企业已经出现破产原因但尚有部分财产可供执行的案件,执行部门习惯于通过个别执行清偿债务,而不愿通过程序相对繁琐的"执转破"将案件移出……执行部门移送不积极,'执转破'程序就无法启动。"另一方面,"破产审判部门接收意愿不强,常常推诿扯皮。虽然有的法院执行部门按规定移送了案件,但破产审判部门出于维稳、衍生诉讼、绩效考核等方面考虑,将'执转破'案件视为烫手的山芋,总担心案件进得来、出不去,成为'僵尸企业'的'停尸房','执行难'最终演变为'破产难',因此不愿意接收,常常找各种理由推诿、拒绝。"④

---

① 见《企业破产法》第四章(债务人财产)第30-40条。
② 最高人民法院《关于适用〈中华人民共和国企业破产法〉若干问题的规定(二)》第21条、第23条规定,破产申请受理后,债权人向人民法院主张债务人的出资人、发起人和负有监督股东履行出资义务的董事、高级管理人员承担出资不实或者抽逃出资责任的,人民法院不予受理。相关判决见赣州银行股份有限公司诉西宁特殊钢集团有限责任公司等案,最高人民法院(2013)民提字第161号裁定。
③ 《最高人民法院关于执行案件移送破产审查若干问题的指导意见》(2017年)第2条。
④ 刘贵祥(2018)。

因此,目前债权人发起"抽逃出资之诉"并申请强制执行的案件中,破产审查并未及时衔接上去,债权人的强制执行竞赛常常是在公司应当进入破产清算程序而未进入的状态下展开的。

(三)成为制约关联交易的一种机制

抽逃出资规则实际上为公司向股东转移财产确立了一项一般性的约束规则。但通过前面的实例分析可见,由于抽逃出资的认定至今仍然存在标准上的模糊性,抽逃出资的边界一直不够清晰。在审判活动中,除了前文提到的直接抽逃行为和虚构债权债务抽逃出资外,抽逃出资及其民事责任规则经常被法院用于处理各种各样的股东与公司间的关联交易。诸如:公司为股东提供担保、公司借款给股东、公司为股东偿债、公司与股东间债务抵销、股东操纵公司偿还对自己的债务、公司基于"对赌协议"向股东支付投资补偿款、公司向股东购买资产等。只要法院认定某个关联交易造成了"损害公司权益"的后果,就极可能认定股东构成抽逃出资。也就是说,法院在处理涉及关联交易的案件时可能遵循如下等式:

股东与公司发生关联交易+损害公司权益=股东抽逃出资

因此,抽逃出资规则实际上可能成为约束股东与公司间关联交易的一种机制。这其实也是《公司法解释三》的官方说明早已传递出的一个信号。该说明指出:尽管股东与公司间的关联交易未必都侵害公司资本,但"目前公司法中并未建立完善的关联交易制度,且这些行为通常都有损资本的维持",因此第12条仍然将关联交易列举为抽逃出资的典型行为之一。[①] 虽然官方说明强调,认定抽逃出资不应扩大化,还应该看是否"侵蚀资本"、股东的主观过错等要素,但是"侵蚀资本"的判断标准是不清楚的,而且"侵蚀资本"并未出现在司法解释

---

① 宋晓明、张勇健、杜军(2011:39)。

之中，因此法院未必会从这个角度考虑。至于股东的"主观过错"，认定弹性很大。所以，在审判实践中，合议庭更有可能只依照"关联交易+损害公司权益=抽逃出资"的等式去判断是否成立抽逃出资。

例如，在**中科院软件研究所案**中，一审判决认为，当事人争议事项既然是"不正当的关联交易"，且股东通过该交易获取的对价与其出资额相等，那么该交易就构成抽逃出资。最高人民法院二审维持原判，理由是：股东在关联交易中没有完全履行自己对公司的义务，属于违约行为，显然损害了公司权益，该行为"同时构成抽逃出资的侵权行为"。① 反之，如果关联交易不被认为损害公司权益，则不构成抽逃出资。例如，在**兖矿贵州能化有限公司案**，由于原告指控的关联交易被一、二审合议庭认为"定价合理"，"没有损害公司利益"，因此股东通过关联交易从公司收取资金的行为就不构成抽逃出资。② 上述两个案件中，合议庭均未考虑关联交易是否"侵蚀资本"，他们认定抽逃出资时都遵循了"关联交易+损害公司权益=抽逃出资"的等式。

此外，法院对"关联交易"的界定可能是宽泛的（例如：既然股东与公司之间存在"关联关系"，那么二者间的任何财产转移都可能被确认为"关联交易"）。因此，公司在无交易基础的情况下向股东转移财产，也可能被纳入到"利用关联交易将出资转出"的范围内。例如，在天津市高院审理的一个案件中，股东缴纳300万元出资并验资后，公司很快就将300万元回转给该股东。这种做法在审判实践中一般会被认定为直接抽逃出资。但是，本案判决却认为该行为属于

---

① 中科软件集团有限公司诉中国科学院软件研究所案，最高人民法院（2014）民二终字第106号判决。

② 兖矿贵州能化有限公司等诉贵州东圣恒泰矿业投资管理有限公司等案，（2020）最高法民终55号判决。

"关联交易"。①

不过,抽逃出资规则对关联交易的约束作用只能通过诉讼过程发挥出来。从审判实践看,以关联交易构成抽逃出资为由提起诉讼的原告,通常是公司的债权人(股东提起抽逃出资之诉的案例极少见)。公司债权人如果不提起此类诉讼,则抽逃出资规则一般不会被适用到关联交易之上。

"抽逃出资之诉"与其他债权人救济措施

由于具备上述三方面特点,公司债权人发起的、剑指债务人股东的"抽逃出资之诉",已经或者可能与其他债权人保护规则交错勾连在一起。其他债权人保护机制包括:否认法人独立地位、②债权人代位权和撤销权、③关联交易限制、④企业破产清算程序等。有的时候,"抽逃出资之诉"会与其他保护措施发生严重冲突,例如与破产清算规则。有的时候,"抽逃出资之诉"成为债权人优先选用的武器,替代了债权人撤销权等保全措施。

与其他债权人保护措施相比,"抽逃出资之诉"的优势在于,(1)它具有刺穿公司法人面纱的作用,债权人的追索权有可能直抵公司股东的资产;(2)它不受破产清算程序的约束,奉行"先到先得""多劳多得"的哲学,有能力且积极行动的债权人将获得更多的补偿;(3)它的适用条件尽管存在一定的模糊性,但满足这些条件一般来说要比符合债权人撤销权、代位权的适用条件容易。

---

① 天津市燃料油公司诉天津为尔客石油化工有限公司案,天津市高院(2018)津民终234号判决。判决理由为:一是,股东"不能证明该次转款行为具备符合法律规定、系属正常交易、对价公平合理等情形";二是,该次转款行为发生后,公司银行账户余额从3499727.63元显著下降为499727.63元,所以,"应认定实质减弱了×××公司的履约、偿债等能力,构成对×××公司权益的损害"。因此,符合"利用关联交易将出资转出"并"损害公司权益"的要件,该股东构成抽逃出资。
② 《公司法》(2018年)第20条第3款。
③ 《民法典》第535-542条。
④ 《公司法》(2018年)第16条、第21条等。

作为一种债权人救济机制,"抽逃出资之诉"的劣势在于:(1)查证取证的难度较大,即便是直接抽逃出资,债权人要收集足以令人信服的证据,也是颇为困难的;(2)法院确认抽逃出资的标准不够清晰,尤其是那些与关联交易缠连起来的利益输送行为,因此诉讼的不确定性较高。

"抽逃出资之诉"的实际功用

抽逃出资规则确实发挥了保护公司财产(进而保护了公司债权人)的一定作用。但是它也有两个严重的弱点,使得它对公司和债权人提供的保护只能是薄弱而片面的。

其一,它对公司资产和清偿能力的保护是薄弱的。因为,法院在审判中通常不会去关注公司资产构成和流动性的变化。因此,股东与公司间的交易如果只是降低公司资产流动性而不减少资产总额(或者净资产额)的话,就很难被认定为"损害公司权益",甚至无法被认为是"侵蚀股本"。对于这类利益输送行为(例如前述菊隆高科案),抽逃出资规则在目前的审判实践中是无能为力的。

其二,由于债权人"抽逃出资之诉"常常游离于破产清算程序之外,或者与破产清算程序无法友好衔接,以抽逃出资民事责任为基础的债务清偿工作,经常演变为对公司的个别债权人的优惠性清偿。①

10.4.2　行政责任

公司登记机关(现为市场监督管理机关,原为工商行政管理机关)对"抽逃出资"行为有"责令改正"和处以罚款的权力。② 但看起来,登记机关似乎没有很强的激励去行使这一权力。也没有证据显示,登记机关在普遍地追查和处罚

---

① 关于个别清偿的讨论,参见第 8.3.2 节。
② 《公司法》(2018 年)第 200 条。

抽逃出资行为。

在 2014 年 1 月取消企业年检制度前,公司登记机关有可能在年检过程中,通过审查企业提交的财务报表,发现股东抽逃出资的线索。但是,法律并未要求登记机关将追查抽逃出资作为日常工作。① 而且,抽逃出资的查证取证成本很高,耗时耗力,难度很大。②

公司登记机关事实上只能查处极少的抽逃行为。2003 年来自地方工商机关的一个报道指出,"据不完全统计,工商行政管理机关对股份有限公司发起人或股东抽逃出资案件的查处几乎为零,对外资有限责任公司抽逃出资案件的查处少之又少,对内资有限责任公司抽逃出资案件的查处也存在诸多难点。"③

公司登记机关查处抽逃出资的案件数据目前尚未公开发布。不过,从法院审理的涉及抽逃出资的行政诉讼案件数量看,可以推断抽逃出资的行政处罚数量确实很少。有研究者检索了"北大法宝司法案例数据库"和"中国裁判文书网"中公布的涉及抽逃出资的行政诉讼案件(其中 80% 以上是不服登记机关对抽逃行为的行政处罚,其余则是举报人起诉登记机关未认定和处罚抽逃出资的行政不作为案件),2012 年至 2017 年底,全国只有 32 件,平均每年还不到 6 件。④

研究者发现,在样本案件中,工商机关介入的涉抽逃出资案件,95% 的来自其他股东或公司债权人的举报,只有极少数是工商机关在例行检查中发现线索

---

① 二十一世纪初,工商机关开展出资检查的"专项行动"有时会见诸报端。工商机关也承认这方面的行政执法难度较大,突击检查很难杜绝类似抽逃出资这样的违法行为。彭冰(2004:37-48)的分析指出,这种依赖工商机关执法检查和行政处罚的资本制度"实现机制",成效低而成本高。
② 参见侯春木(2009:31-33)报道的一件工商机关查处抽逃出资的个案。
③ 赵学业、王强(2003:30)。
④ 曲天明、高勇(2018:142-155)。

的。① 研究者还发现,尽管民事诉讼和刑事诉讼案件中认定了很多抽逃出资行为,但在 32 个样本案例中没有发现一例工商机关依据民事或刑事案件主动认定,并依照《公司法》第 200 条对抽逃股东或者涉案公司予以处罚的案件。②

此外,证券市场监管机关在执法过程中也可能发现上市公司的股东存在抽逃出资嫌疑。例如,2014 年 11 月证监会查处了北生药业(证券代码:600556)的信息披露违法行为,其中一项涉及该公司的大股东"抽逃配股出资"。③ 不过,证监会处罚的并不是抽逃出资行为本身,而是该上市公司没有披露其大股东的抽逃出资行为的"信息披露违法行为"。至于公司登记机关当时是否闻讯查处北生药业大股东的出资违法行为,以及有无北生药业的债权人向该大股东主张"补充赔偿责任",不得而知。

10.4.3　刑事责任

《刑法》第 159 条规定,股东在公司成立后抽逃出资,"数额巨大、后果严重或者有其他严重情节的",构成"抽逃出资罪","处五年以下有期徒刑或者拘役,并处或者单处……抽逃出资金额百分之二以上百分之十以下罚金"。"单位犯前款罪的,对单位判处罚金,并对其直接负责的主管人员和其他直接责任人员,处五年以下有期徒刑或者拘役"。

最高人民检察院、公安部公布的立案追诉标准,对刑法第 159 条所规定的"数额巨大"和"后果严重"分别规定了具体数额或者相对细化的认定标准:

——"数额巨大"是指,"有限责任公司股东抽逃出资数额在 30 万元以上并

---

① 　曲天明、高勇(2018:142-155)。
② 　同上。
③ 　中国证监会行政处罚决定书(广西北生药业股份有限公司、刘俊奕、姚全等 6 名责任人)〔2014〕95 号。

占其实缴出资数额60%以上的,股份有限公司发起人、股东抽逃出资数额在300万元以上并占其实缴出资数额30%以上"的情形,或者"造成公司、股东、债权人的直接经济损失累计数额在10万元以上的"。

——"后果严重"是指,"虽未达到上述数额标准,但具有下列情形之一的:1.致使公司资不抵债或者无法正常经营的;2.公司发起人、股东合谋虚假出资、抽逃出资的;3.两年内因虚假出资、抽逃出资受过行政处罚二次以上,又虚假出资、抽逃出资的;4.利用虚假出资、抽逃出资所得资金进行违法活动的"。①

2014年3月1日,资本认缴制开始实施。同年4月,全国人大常委会作出立法解释指出,虚报注册资本罪、虚假出资、抽逃出资罪只适用于依照法律实行注册资本实缴登记制的公司。② 同年5月,最高检察院和公安部联合公布通知,要求各级检察机关和公安机关,根据新修改的公司法和全国人大常委会立法解释,自2014年3月1日起,除依法实行注册资本实缴登记制的公司外,对申请公司登记的单位和个人不得以虚报注册资本罪追究刑事责任;对公司股东、发起人不得以虚假出资、抽逃出资罪追究刑事责任。对依法实行实缴登记制的公司涉嫌虚报注册资本和虚假出资、抽逃出资犯罪的,应当认真研究行为性质和危害后果,确保执法办案的法律效果和社会效果。③

在现有文献中,极少有对抽逃出资罪作出统计和社会学研究的。2016年,有研究者发表了对2014年至2015年间的抽逃出资罪相关裁判文书的统计

---

① 《最高人民检察院、公安部关于公安机关管辖的刑事案件立案追诉标准的规定(二)》(2010年5月)第4条。
② 全国人大常委会《关于〈中华人民共和国刑法〉第一百五十八条、第一百五十九条的解释》(2014年4月24日第十二届全国人民代表大会常务委员会第八次会议通过)。
③ 最高人民检察院、公安部《关于严格依法办理虚报注册资本和虚假出资抽逃出资刑事案件的通知》(2014年5月20日)。

研究,提供了观察抽逃出资罪的一些数据。① 这项研究的样本案件全部来源于中国裁判文书网,样本案件的裁判时间为 2014 年 1 月 1 日至 2015 年 6 月 30 日。这个时间区间覆盖了 2014 年 4 月抽逃出资罪立法解释发布之前和之后的时间段。研究者检索到 77 份指控或认定被告犯有抽逃出资罪的裁判文书(其中有罪判决 66 份),66 份刑罚变更裁定(原因是这些案件的判决须根据 2014 年 4 月的"除罪化"立法解释作出变更)。② 基于这些裁判文书,研究者统计并分析了抽逃出资罪的特征、与其他罪的关系等问题。

与本节相关的内容有以下两部分:

(一)抽逃出资行为的特点

在上述 77 份文书中,有 69 份对案件事实有详细陈述。以这 69 份文书的陈述为样本,研究者统计和归纳了抽逃出资行为的几个主要特点:(1)被追究刑事责任的抽逃出资行为大多数采取了直接抽回的方式。被告直接将其出资资金从公司账户转出的,占全部样本的 86.96%。(2)大多数为全额抽逃。86.96% 的案件中,被告抽逃出资比率在 99%以上,几乎都是全额抽逃。(3)抽逃时间距缴纳出资的时间很短。有 18.84%的案件是被告在验资完毕、公司尚未登记时即抽回出资;14.49%的案件,被告是在公司登记成立当天抽逃;62.32%的案件在登记后约 7 天内抽逃。合计有 95.65%的抽逃出资行为发生在验资期间及公司登记成立后一周以内。(4)抽逃的出资资金通常是借贷资金。有 82.61%的案件,被告的出资来自他人借款。(5)涉案公司全部都是有限责任公司。③

(二)抽逃出资罪与其他罪或事实的关系

除了上述 77 份文书陈述了案件事实外,66 份减刑裁定中涉及抽逃出资罪

---

① 杨丹(2016:70-79)。
② 杨丹(2016:71-72)。
③ 杨丹(2016:77)。

的有 57 份。以该 134 件文书为样本,研究者分析了抽逃出资罪与其他犯罪或行为的关系。研究发现:(1)在 134 宗案件中,有 87 宗案件的行为人同时构成其他犯罪,占样本总数的 64.93%。该 87 宗案件共涉及 41 个其他罪名,与抽逃出资罪同时发生频率最高的三个罪名依次是合同诈骗罪、骗取贷款罪和诈骗罪。(2)在 134 宗案件中,其余 47 宗案件仅涉嫌抽逃出资罪一罪,占样本总数的 35.07%。它们的案发原因主要是被告或者被告投资的公司卷入民事纠纷(如无力清偿借款、无法继续实施项目等)。

据此,研究者总结道:"抽逃出资罪常见的案发模式是,行为人因实施其他犯罪或者发生民事纠纷而被'顺带'发现。抽逃出资罪与诈骗类犯罪具有极高频度的关联性,在此类案件中,行为人大多以公司名义实施诈骗类犯罪,因诈骗案发后被'倒查'出抽逃出资行为;即使行为人仅涉嫌抽逃出资罪一罪,也多是在处理民事纠纷的过程中不能履行债务而被发现。"①

上述统计分析的结论与此前的一些观察结论是吻合的。本世纪初,一位来自检察院的作者就指出:司法机关对"单纯的虚假出资和抽逃出资行为处理得很少";抽逃出资罪比较难以发现,难以界定,一般是随其他犯罪违法行为一同被查处。② 结合上述 2016 年发表的研究可见,抽逃出资罪案件的上述特征一直是比较稳定的。

---

① 杨丹(2016:78)。不过,抽逃出资行为究竟是容易在其他案件中被"倒查"出来,还是它本身是追查其他犯罪行为的"抓手",还需要做进一步的调查研究。笔者 2018 年 8 月在无锡和苏州两地访谈当地公安经侦部门时得到的信息恰恰与案件文书上反映的情况相反。在公安机关查处诈骗类犯罪时,侦查员一般会先调查犯罪嫌疑人的公司是否有抽逃出资行为。一旦有,则先以抽逃出资罪名抓捕关键人员,之后再深入调查其他罪名。原因是,对公安机关来说,犯罪嫌疑人抽逃出资的证据容易收集,立案难度小。所以,2014 年 4 月立法机关将"两虚一逃"限缩于实缴资本制的公司后,经侦部门顿感失去了一个有力的破案"抓手"。

② 但伟(2001:123)。

综上可见,司法机关查处的、构成犯罪的抽逃出资行为,绝大多数都是"直接抽逃"。间接迂回的(诸如利用关联交易、虚构财务报表分配利润等方式的)抽逃出资,在 2016 年研究的样本中没有出现一例。这与民事审判实践有所不同。其原因不难推测:法院认定犯罪行为的"门槛"显然更高,[①]股东利用关联交易攫取公司财产是否构成抽逃出资,在民事审判中本就颇有争议,在刑事审判中当然就更难被认定了。

2014 年 4 月抽逃出资"除罪化"立法解释出台后,抽逃出资罪就仅适用于依照法律实行注册资本实缴登记制的公司了。自此,刑事责任在"打击"抽逃出资行为的法律手段中进一步弱化。前述 2016 年的统计研究也发现,2014 年 4 月立法解释和 5 月最高检和公安部通知发布后,"抽逃出资罪的案件数量已经急遽减少,无罪率迅速攀升"。[②]

10.5 抽逃出资规则的未来

讨论抽逃出资规范的未来(废止、保留抑或改进),应当将之放在资本报偿制度的框架内观察和分析,而不是仅仅关注如何澄清其含义或改进其适用条件。

10.5.1 症结所在

"抽逃出资"是二十世纪八九十年代政府"清理整顿公司"过程中提出的概念。对于出资人缴纳出资后旋即转走资金的行为,"抽逃出资"不失为一个形象且易于理解的描述性概念。但是,当公司的资本和交易活动日益复杂后,这个

---

① 参见《最高人民检察院公安部关于公安机关管辖的刑事案件立案追诉标准的规定(二)》第 4 条。

② 杨丹(2016:79)。

概念便难以应付股东出资后的种种复杂、变相的利益输送。

《公司法解释三》第12条对抽逃出资做了类型化的区分,并给抽逃出资的认定加上一个"损害公司权益"的"阀门",试图控制审判实践中出现的随意和宽泛认定。但是,如何判断一个行为是否"损害公司权益"又成为极具争议的问题。即使在最高人民法院审理的案件中,法官们在"损害公司权益"的认定上也未遵循一致性的标准。

人们在探索"更好的"认定标准时,似乎忽略了一个事实:抽逃出资规则是我国公司资本报偿规范体系的一部分,它含义模糊、适用确定性欠缺的问题并不完全是由自身缺点造成的。我国资本报偿规范本身的缺陷实际上是更为根本的原因。

前文第9.4.1节概括说明了我国资本报偿规范体系的特点,即各项资本规则在债权人保护上缺少一致性或可协调的标准。利润分配、股份回购、减少资本、抽回出资具有相同或相似的经济实质,都是公司基于股东所持股份而向股东支付财产,但并未获得等价财产给付的行为。它们都会对公司偿付能力造成实质性影响,都与公司债权人利益攸关。但是,规范这四类行为的规则在债权人保护上采取了不同的标准:(1)认定抽逃出资须遵循司法解释的"损害权益标准";(2)股份回购规则没有设定债权人保护标准:既没有以股本为标尺设定回购财源限制,也没有提供其他保护债权人措施;(3)公司减少注册资本时,通过允许债权人主张清偿或担保的方式为债权人提供保护,不依靠股本标准;(4)只有利润分配规则将分配对象限于"税后利润",适用以股本(确切说是"股本+公积金")为标准的资产负债表检测法。

因此,同一行为或者具有相同经济实质的行为,适用不同规则就会适用不同的债权人保护标准,发生不同法律后果。例如:在股东与公司的关联交易中,公司向股东支付资金或者提供担保(如公司为股东间的股权转让提供担保、公司代股东支付股权收购款等),适用抽逃出资规则、股份回购规则或利润分配规则处理将会运用不同的判断标准,发生不同法律后果。此外,各项规则在适用时很难作出联动的体系化解释。例如:在公司违规分配利润、违规回购股份和违规减资的案件中,依照《公司法解释三》,股东似乎均有"未经法定程序"从公司取得资产的行为,但这些行为是否属于"将出资抽回",是否"损害公司权益",仍然无法做出确定判断。① 从规范体系上讲,抽逃出资规则似乎应与德国法上的出资不得返还规则一样,发挥兜底作用,处理那些不能直接适用利润分配、股份回购和减资规则但将公司资产不当转移给股东的行为。② 但是,由于各项资本报偿规则的债权人保护标准不一致、不协调,抽逃出资规则实际上也无法发挥股份回购、利润分配和减资规则的概括性补充条款作用。

2019年11月出台的《九民纪要》,在关于"对赌协议"的条款中,再次试图将抽逃出资规则与利润分配、股份回购和减资规则整合起来。它要求法院在审理"对赌协议"纠纷时,以抽逃出资规则(《公司法》第35条)连同利润分配规则(《公司法》第166条)和股份回购规则(《公司法》第74条和142条)一起,审查目标公司向投资方支付"对赌补偿"或回购股权的合法性。③ 但是,上述三项资本规则适用不同的判断标准,如何协调运用颇有疑问。

---

① 审判实践中的一些个案可以作为例证。如,股东定期从公司收取定额股息,判决一般都认为是违规分配利润,但是否构成抽逃出资则有不同观点。参见姜光先诉昌邑市华星矿业有限责任公司案[山东省高院(2007)鲁民二终字第63号判决]、丽水市城市建设投资有限责任公司诉浙江金润担保发展有限公司等案[丽水市莲都区法院(2014)丽莲商初字第1743号判决]、晋城市经贸资产经营有限责任公司诉山西华桑食品有限公司案[阳城县法院(2017)晋0522民初605号判决]。再如,公司减资时未通知已知债权人,减资股东是否构成抽逃出资,在审判实践中也存在较大分歧,参见余斌(2018:139)。

② 莱塞尔、法伊尔(2019:389-390,744-745)。

③ 《九民纪要》第5条。

以投资方诉请目标公司回购股份的案件来看,《九民纪要》要求法院依《公司法》第35条抽逃出资规则或者第142条股份回购规则审查,如目标公司未完成减资程序,则应驳回投资方的诉讼请求。① 但在审判实践中,抽逃出资规则并未发挥裁判规则的作用。法官只是将它引用出来,不做任何解释和说明,仅作为宣示性条款摆在判决书中。真正起到裁判规则作用的是"未完成减资不得回购股份"。② 当然,"未完成减资不得回购股份"与禁止抽逃出资,在规范旨趣和内在逻辑上是一致的,尽管判决书未将这种关联性阐述出来。不过,"未完成减资不得回购股份"的规则显然过分限制了股份回购。减资并不是股份有限公司回购自己股份的唯一合法事由,且回购的股份也不是必须注销。《九民纪要》将减资程序和股份回购强行绑定,是一种迫不得已的选择。因为,抽逃出资的"损害权益标准"极富弹性,而《公司法》第142条的股份回购规则没有提供任何债权人保护措施。③ 然而,这样一种结合势必会导致股份回购的可操作性极大降低,股份回购型"对赌协议"的空间将被大幅压缩。④

学者建议以"侵蚀股本标准"改良抽逃出资规则,使之符合资本维持规范所

---

① 《九民纪要》第5条。
② 参见新余甄投云联成长投资管理中心诉广东运货柜信息技术有限公司案,(2020)最高法民申1191号裁定。
③ 故此,《九民纪要》将减资程序"嫁接"到股份回购规则上,规定公司不履行减资程序便不得回购股份,试图通过减资程序保护目标公司债权人。而减资程序的债权人保护标准既不是"损害权益标准",也不是"股本+公积金"标准,而是直接允许债权人主张清偿债务或提供担保。
④ 因为,目标公司股东大会未必会通过减资决议;即便通过了减资决议,公司向债权人清偿债务或提供担保后,也可能没有足够现金回购投资方的股份。而且,程序上也不通畅:"完成减资"意味着目标公司必须注销一部分股份并变更公司的注册资本,但目标公司回购投资方股份之前如何将之注销并办理注册资本的变更登记?本来,目标公司可以将回购回来的股份再转让给第三人或者将之纳入职工股权激励计划,但"未完成减资不得回购股份"的要求堵死了这条路。对《九民纪要》第5条的讨论,可参见张巍(2019b)。

要求的股本标准,固然改进了抽逃出资认定的确定性。但是,在整体修订资本报偿规范、理顺各项规则的判断标准之前,即便抽逃出资规则采纳了"侵蚀股本标准",它也很难与其他资本报偿规范逻辑一致或者兼容共存。而且,如前文所分析的,"侵蚀股本标准"并不关注公司的资产结构和流动性,无法过滤出所有损害公司实际偿付能力的交易。因此,即使我国资本报偿规范整体接受"侵蚀股本标准",即资本维持规范的资产负债表检测法,改进效果也是乏善可陈的。

10.5.2 并非必要规范

解决我国资本报偿规范的上述缺陷,需要系统性的改造。[①] 现在需要讨论的是,抽逃出资规则究竟有没有保留的必要。

对这一问题,有"保留论"和"去除论"两种看法。"保留论"认为,抽逃出资规则是反映"资本维持原则"的基本规范,坚持"资本维持"则须保留抽逃出资规则。而"去除论"认为抽逃出资在概念、逻辑和体系上均有矛盾,主张用"侵占公司财产"概念取而代之。本书认为,上述两种观点都有进一步探讨的余地。抽逃出资规则实际上并非资本维持原则的"标配",在我们重建资本报偿规范的基础上无须保留该规则。但本书也不赞成以"侵占公司财产"概念取代抽逃出资,因为简单的概念替换无法妥善解决去除抽逃出资规则之后的法律适用问题。

学者主张保留抽逃出资规则的一个重要理由是,该规则与"禁止公司向股东返还资本"规则的规范意义相同,只是表述不同,而后者是"资本维持原则最本源的含义","迄今依然存活于大陆法系以及绝大多数英美法系国家的公司法

[①] 这一系统性改造的目标和主要内容,将在第14章展开说明。

中"。① 照此观点,只要我们沿用"资本维持"规范模式,抽逃出资规则就必须保留。

不过,公司法理论与实务上接受"公司不得非法返还资本"的理念,并不等于公司法条文中应当有"公司不得非法返还资本"的抽象规则。正如理论上承认"资本维持原则",不意味着公司法法条中应当有"资本维持原则"这一表述。实际上,在奉行资本维持规范的国家或地区,禁止公司任意向股东返还资本的理念的确普遍存在,但是将该理念表述为制定法上的一条抽象规则的做法却是罕见的。德国法似乎是这样做的唯一立法例。② 以下国家或地区制定的公司法中都没有类似的抽象规则。(1)英国普通法尽管在十九世纪末的判例中提出"已缴资本不得非法返还",但在其公司法中并没有这样一条抽象规则。因为,作为议会立法的公司法已将普通法确立的这一指导思想,具体化为规管利润分配、股份回购和减资的详细规范。③ (2)欧盟资本指令建立了当今欧盟公开募股公司(不包括非公开募股公司)资本制度的基本框架。④ 该指令尽管颇受德国资本规制模式影响,⑤但它只规定了盈余分配、公司增减认购资本、回购本公司股份的规则,没有概括性地规定"公司不得非法返还资本"。(3)日本无论在制定 2005 年公司法之前,还是之后,都秉持"资本维持"原则,但仿效德国的日本旧商法和当前追随美国模式的公司法中都没有类似"公司不得非法返还出资"的规定。⑥ (4)美国特拉华州普通公司法至今遵循"资本维持"原则,公司通

---

① 刘燕(2015:182、185)。
② 德国《股份公司法》第 57 节第 1 款规定:"出资不得返还股东……"。《有限责任公司法》第 30 节第 1 款规定,"用于维持股本所需的公司资产不得支付给股东"。相关分析参见第 9.1.3 节。
③ Ferran & Ho (2014:275).
④ Directive 2012/30/EU.
⑤ 德瑞斯丹等(2013:157-158)。
⑥ 末永敏和(2000:26);前田庸(2012:19)。

常情况下只能将"股本外余额"分配给股东。① 但该法中也没有类似"公司不得非法返还资本"的抽象规则。

德国法中的抽象规则为何在上述奉行资本维持规范的公司法中没有再现？简而言之，"公司不得非法返还资本"反映了十九世纪公司法关于资本的朴素观念，但它毕竟过于抽象、笼统，无法为复杂的资本报偿事项提供明确且充分的规则。因此，资本维持型公司法构建了关于资本报偿的具体规则后，就不需要再重复这一抽象而笼统的指导思想了。这一抽象规则如果进入公司法条文，反而会增加资本规则的不确定性，不必要地制造法律解释成本。

我国的抽逃出资规则产生于二十世纪八九十年代"公司清理整顿"时期，同样是公司发展初级阶段的朴素观念的形象表达。作为法律规则，它过于抽象、粗放，含义不明，甚至不合逻辑。认定简单抽逃行为尚能勉强应付，但对于复杂、迂回的利益输送，抽逃出资规则无法提供明确、可操作的判断准则。《公司法解释三》试图整顿抽逃出资的类型，澄清认定标准，并借助抽逃出资规则弥补资本报偿规则的缺漏。《九民纪要》关于"对赌协议"的意见也努力将抽逃出资规则与其他资本报偿规范整合起来。但这些尝试至今未见成功的迹象。抽逃出资规则在审判实践中援引频率很高，但它对公司债权人的保护效果是不确定的，对公司资本报偿事项合法性的评价也是不确定的，因此又有可能阻碍正常的投融资活动。

抽逃出资规则并非资本维持规范的"标配"条款，不应夸大抽逃出资规则的作用。在我们系统性地改造资本报偿规范的前提下，抽逃出资规则实际上是没有用武之地的。即便立法机关出于尊重传统、保持法律连续性的考虑而

---

① Del. Gen. Corp. Law § 170(a)(1)."股本外余额"是公司"净资产"多于"股本"(capital)的金额。

保留"股东不得抽逃出资"的表述,作为《公司法》中的宣示性条款,它本身也不应当具有实际的规范意义和单独的构成要件。"股东不得抽逃出资"作为一个法律理念或许还会长久存在,甚至像英国普通法中的"认缴资本不得返还"原则那样继续出现在法院判决中,但它实际上不应再具有作为裁判依据的规范功能。①

---

① 系统性改造资本报偿规范的思路和设想,以及取消抽逃出资规则后的法律适用问题,详见第14.3节的论述。

本章小结

- 抽逃出资规则源自二十世纪八九十年代"公司清理整顿"时期的规范文件，反映了市场经济草创时期人们对公司资本功能的理解，与二十世纪五十年代"所有制改造"期间的"抽逃资金"只有文字上的相似性。

- 抽逃出资规则由于文义笼统、循环定义，且孤立于其他资本报偿规范，无法开展体系化解释和适用，因此，适用对象和适用标准均有极大不确定性：既可能过于严苛，矫枉过正，阻碍正常的投融资活动，也可能失之于"宽、松、软"，对股东"掏空"公司的行为束手无策，对公司债权人缺乏保护作用。

- "侵蚀股本标准"运用了资本维持规范的资产负债表检测法。它尽管改进了抽逃出资认定的确定性，但由于只注重公司资产账面价值而忽视资产构成，无法准确评价债务人公司的实际偿付能力。

- 抽逃出资规则是我国资本报偿规范体系的一部分，它的适用难题不完全是由其自身缺点造成的，资本报偿规范本身的结构性缺陷是更为根本的原因。

- 在奉行资本维持规范的国家和地区，公司法大多将"公司不得非法返还资本"细化为具体的资本报偿规范，法条中并没有这样一条抽象规则。"公司不得非法返还资本"不是资本维持规范的标配条款。

- 我国《公司法》应当取消抽逃出资规则，或者将之作为不具有裁判规范功能的宣示性条款。

11.
利润分配规则

利润额不代表公司拥有同等金额的货币资金。利润有很大的调整和操作空间。利润是"虚"的，但作为股利分给股东的现金却是"实"的。

公司分配利润是股东获取投资收益的合法方式之一。① 利润分配关乎股东利益,是公司内部治理的重要议题,不同的股东可能对公司应否分配、何时分配以及如何分配持不同意见。同时,利润分配表现为公司财产流向股东,但公司并未获得股东的等额财产支付,因此必定对公司债权人的利益产生重大影响。

《公司法》中与利润分配有关的规则大致可分为三部分:一是决策规则;二是比例规则;三是财务规则。

利润分配的决策规则事关公司内部作出利润分配决议时的权力配置。对利润分配具有最终决定权的是公司的股东会或股东大会。② 公司董事会只有权就利润分配制订方案,并提交股东决议。③ 一旦公司股东会或股东大会通过分配方案,作出了分配决议,决议的实施工作就需要董事会去执行。通常情况下,公司股东会或股东大会依照程序作出的分配决议,法院都会承认其效力,并支持股东提出的强制执行请求。④ 法院一般不支持股东提出的强制公司分配利润的诉讼请求,因为那被认为是对公司"自治"的过度干预。例外情形是,股东如果证明公司不分配利润是由于其他股东(通常是控股股东)滥用股东权利所致,那么,法院有可能作出判决,强制公司分配利润。⑤

利润分配的比例规则规定了公司应当依据何种比例向股东分配股利。有

---

① 此外,股东转让股份、公司回购股份或减少资本,也可以使股东在收回投资的同时取得投资收益,详见第12、13章。

② 《公司法》(2018年)第37、99条。

③ 《公司法》(2018年)第46、108条。

④ 《最高人民法院关于适用〈中华人民共和国公司法〉若干问题的规定(四)》(2017年)第14条。该规定以下简称《公司法解释四》。

⑤ 《公司法解释四》第15条。关于该例外规则的应用,参见最高法院判决的一个强制盈余分配的案件:甘肃居立门业有限责任公司诉庆阳市太一热力有限公司等案,(2016)最高法民终528号判决,《最高人民法院公报》2018年第8期,第32-42页。本章第11.2.3节将讨论该案。

限公司的股东应当按照实缴出资的比例分配,但全体股东也可以作出一致约定,不按照出资比例分配(例如按照股东人数平均分配)。[①] 股份公司通常也应当按照股东的持股比例分配利润,但法律也允许公司章程另作规定。[②]

利润分配的财务规则对分配对象和分配条件作出规定。[③] 如前所述,我国的财务规则遵循了资本维持规范的思路,通过将分配对象限定于"税后利润",并以提取盈余公积金和弥补亏损为分配的先决条件,试图达到防止股东抽回股本并巩固股本的吸收损失能力的目的。这套规则完全依靠对公司财务数据的核算和检测来约束公司的分配行为。

本章将聚焦于利润分配的财务规则。在阐释《公司法》第 166 条的各项具体规则之后,我们将着重分析这套财务规则的实际运行情况,并借助真实个案评估其在维持公司经营与偿付能力上所发挥的实际效果。

11.1 利润分配的基础和条件

关于利润分配的基础和条件,《公司法》第 166 条的规则可以简化为以下几个要点:(1)公司只能向股东分配"税后利润";(2)分配"税后利润"之前,必须先弥补以前年度亏损,并提列法定盈余公积金;(3)公司可以自愿提取任意公积金;(4)"弥补亏损和提取公积金后所余税后利润",通常应按股东持股比例分配;(5)公司如违反上述规则分配利润,股东应将违规分配的利润返还公司。

第 166 条涉及诸多会计术语,但《公司法》未作任何定义。因此,公司分配利润时不得不依赖企业会计规范进行。事实上,会计规范已经取代了第 166 条中的一些含糊其辞的规定。

---

① 《公司法》(2018 年)第 34 条。
② 《公司法》(2018 年)第 166 条第 4 款。
③ 《公司法》(2018 年)第 166 条。

11.1.1 利润、税后利润、净利润

《公司法》没有提供"利润"和"税后利润"的定义。第 166 条所谓的"税后利润",从字面含义看,是指扣税后的利润。但是,扣除哪些税,如何扣除,都要依据会计规范操作。会计规范使用的是"净利润"概念,而非"税后利润",可分配利润的范围也不限于"当年"净利润。

根据财政部《企业会计制度》,利润是指企业在一定会计期间的经营成果。利润包括收入减去费用后的净额、直接计入当期利润的利得和损失等。利润的相关计算等式是:

(1)营业利润 = 营业收入 - 营业成本 - 营业税金及附加 - 销售费用 - 管理费用 - 财务费用 - 资产减值损失+/-公允价值变动收益+/-投资收益;

(2)利润总额 = 营业利润+营业外收入 - 营业外支出;

(3)净利润 = 利润总额 - 所得税。"所得税"是指企业应计入当期损益的所得税费用。①

"可供分配的利润",是指"企业当期实现的净利润,加上年初未分配利润(或减去年初未弥补亏损)和其他转入后的余额"。② 可见,公司每年可分配的利润并不限于《公司法》第 166 条第 1 款所说的"当年税后利润"。③ 根据裁判文书透露的信息,有限公司的确是以累计的"净利润"为分配基础的。④ 上市公司也是如此。例如,北京同仁堂股份有限公司(证券代码:600085,简称:同仁

---

① 财政部《企业会计制度》(2001 年)第 106、107 条。

② 《企业会计制度》第 110 条。

③ 关于公司法和财务会计规范对可分配利润范围的区别的讨论,见高翠莲、刘畅(2010:57-60)。

④ 参见:周慧君诉嘉兴市大都市置业有限公司等案,浙江省高院(2005)浙民二终字第 288 号判决(《人民法院案例选》2007 年第 3 辑,人民法院出版社 2008 年,第 216-227 页);江苏省东晟金属材料有限公司诉江苏省燃料总公司等案,南京市中院(2016)苏 01 民初 115 号判决。

堂)股东大会 2016 年 6 月 17 日通过"2015 年度利润分配方案",内容如下:

> 经××会计师事务所审计,2015 年度本公司按照合并报表实现归属于上市公司股东的净利润 875 179 501.87 元,按母公司实现净利润的 10%提取法定盈余公积 55 507 377.94 元,加年初未分配利润 2 691 857 405.97 元,减去 2014 年度利润分配已向全体股东派发的现金红利 301 723 457.64 元,2015 年度可供股东分配利润为 3 209 806 072.26 元。公司以 2015 年末总股本 1 371 470 262 股为基数,向全体股东每 10 股派发现金红利 2.3 元(含税)。①

在这个例子中,同仁堂 2015 年度"可供股东分配的利润",并不是 2015 年度的"当年"净利润(或"税后利润"),而是加上了过去年度累积下来的未分配利润(即加上"年初未分配利润")。

同仁堂在这里计算的"净利润"不单单是上市公司自身产生的净利润,而是"合并报表"后实现的"归属于上市公司股东的净利润"(又称"归属于母公司所有者净利润",简称"归母净利润")。简单地说,上市公司将符合合并报表要求的下属子公司的利润,按照其持股比例也统计进来了。根据同仁堂 2015 年年报的财务数据,该年度同仁堂自己实现的净利润(也即公告所称"母公司实现的净利润")是 555 073 779.36 元。② 合并报表后,"归属于上市公司股东的净利润"是 875 179 501.87 元,增加了 3.2 亿多元,增幅约 58%。③

上市公司以合并报表后的"归母净利润"为基数核算"可分配净利润",意味着子公司赚取并占有的利润(表现为子公司的各种收入和收益),虽然不由母

---

① 同仁堂 2015 年年度股东大会决议公告(上交所网站,2016 年 6 月 20 日)。
② 同仁堂 2015 年年度报告,第 60-61 页"母公司利润表"(上交所网站,2016 年 3 月 22 日)。
③ 类似做法还可见宝山钢铁股份有限公司(证券代码:600019,简称:宝钢股份)的 2018 年度分红方案(上交所网站,2019 年 4 月 25 日)。

公司(即上市公司)直接占有,但母公司可以通过合并报表将其纳入自己的账本,扩大母公司向其股东分红的基数。尽管基于控制权,母公司可以主张其对子公司的利润享有一定比例的权益(而且这种做法在会计上是完全合规的),但这些所谓"权益"能否变现(例如成为上市公司可支配的货币资产或可清偿债务的资产)实际上是不确定的。然而,上市公司基于合并后的利润底数,支付给股东的"红利"却是实实在在的现金。相比上市公司通过控制权享有的不确定的"账面利润",股东分取的现金红利则是确定的经济利益。在这里,上市公司股东与上市公司债权人之间的利益冲突是不可忽视的。

公司在决定可分配利润额度上的自主权还体现在这一点上,即某次分配既可以将"可供股东分配的净利润"一次性悉数分配,也可以只分配一部分。[1] 另外,同仁堂和宝钢股份在计算应提取的"法定盈余公积金"时,计算基数均是上市公司自己当年实现的净利润(或称"母公司实现的净利润"、"法人口径实现净利润"),而不是合并报表后的净利润。[2] 显然,以这种方法核算,可以使公司尽可能少地提取法定盈余公积金。

11.1.2 利润调节与财务舞弊

利润是会计计量与核算的结果。因此,公司有办法通过会计手段调节自己的利润。根据会计规范,营业利润的计算等式是:营业利润 = 营业收入 - 营业成本 - 营业税金及附加 - 销售费用 - 管理费用 - 财务费用 - 资产减值损失 +/- 公允价值变动收益 +/- 投资收益。等号右边的各项参数的增减都可以影响等号左边的营业利润的得数。而根据会计规范,公司管理者对各项参数拥有不

---

[1] 例如,宝钢股份 2018 年的分红方案就只分配了 2018 年归母净利润的 51.63%,参见前引宝钢股份关于 2018 年度利润分配方案的公告。

[2] 详细分析见第 11.1.3 小节。

同程度的调节权。

一位会计专家指出,"会计政策的可选择性"和"会计估计的不可靠性"为公司管理者提供了相当大的利润调节空间。[①]

在会计政策方面,公司管理者对以下事项拥有决定权:选择不同的记账本位币;选择不同的计量基础;将一笔支出"费用化"抑或"资本化"(例如,将某项开发支出资本化,则该项支出可计入资产成本,直接减少费用,增加利润);选择不同的收入确认方法(包括总额法或净额法的选择、按完工百分比确认还是一次性确认等)。[②] 这些事项均可以影响利润核算。

诉讼案件中可以发现这样的实例。在**周慧君诉嘉兴市大都市置业有限公司等案**(简称"周慧君案")中,原告股东起诉公司请求按其持股比例分配红利。原被告双方就公司截至2004年度有无利润发生争议。公司"年检"时提交给工商登记机关的损益表显示,公司至2004年底"利润总额"为-122.45万元,处于亏损状态,显然无利润可分。但原告一审时出示的一份审计报告却显示,公司2004年度"经营净利润"累计3350.65万元,利润丰厚。二审过程中,公司方面提交的另一份审计报告确认公司至2004年末"未分配利润"为-95.92万元,仍然是亏损的。二审合议庭认为,争议双方提交的审计报告均有证明力,公司"盈利状况真伪难辨"。在征求双方同意后,二审合议庭委托一家会计师事务作出第三份审计报告。该审计报告认为,截至2004年,公司"可分配利润"为-362.18万元,公司亏损,无利润可分。为什么三份审计报告对公司有无盈利分歧巨大?二审判决中的一段表述或许可以提供一个解释。二审合议庭依第三份审计报告指出:公司承建的某住宅建设项目虽然产生了一定数额的"已收款

[①] 叶金福(2018:170)。

[②] 叶金福(2018:171-174)。有关利润操纵的实例分析,参见陈竞辉、罗宾臣(2015:101-145)。

项",但根据会计规范尚不能确认为公司的"主营业务收入",这是导致公司截至2004年底"可分配利润"为负数的主要原因;另一个开发项目,公司有"代建管理费收入",即便按工程总造价的5%计算收入为217万余元,也无法使公司扭亏为盈。最终,二审合议庭也没有支持原告主张。① 据此可推断,三份审计报告结论悬殊的主要原因可能就是会计师采取了不同的收入确认方法。这个案例表明,收入确认方法(其中很可能涉及会计政策的选择)对判断一个公司有无净利润、有多少净利润,进而能否分红、分多少红利,可能产生决定性的作用。

在会计估计方面,公司管理者可以"大有作为"的事项有:固定资产折旧和无形资产摊销(折旧和摊销年限的不同估计,直接影响成本和利润水平);资产减值计提,包括:确定坏账准备(需要预计应收款项的未来现金流量现值)、确定存货的跌价损失(需要预计存货的可变现净值,涉及对售价、成本、税费等的估计)、确定非流动资产减值(确定长期股权投资、固定资产、无形资产和商誉等非流动资产的减值需要预计其可收回金额,而计算可收回金额,很可能需要预测资产组的未来现金流量和折现率)等。②

在我国上市公司实务中,开发支出资本化(即将相对模糊的期间费用进行资本化处理)、商誉减值测试(实质是利用减值技术本身提供的巨大估值空间来调节利润)和长期股权投资的核算转换(实质是通过一些交易实现对长期股权价值的重估),是最常被运用的业绩粉饰手法。③

公司管理者如果突破会计规范允许的范围(通常会借助一些虚假交易、虚

---

① 浙江省高院(2005)浙民二终字第288号判决,载《人民法院案例选》2007年第3辑,人民法院出版社2008年版,第216—227页。
② 叶金福(2018:174—176)。关于通过坏账准备项目操纵利润的实例分析,参见陈竞辉、罗宾臣(2015:105—110)。
③ 叶金福(2018:182—184)。

假会计信息),进行所谓利润调节,就属于财务舞弊了。最常用的利润舞弊手法是虚增收入或收益、虚减(或低估)成本或费用。这两种方法都能够实现虚增利润的效果。① 虚增收入的常用手法是虚增应收账款,具体做法可能是虚构收入或者采用激进方式确认收入。虚减费用的办法可能是隐瞒费用,也可能是违规将费用资本化(从而将本应作为费用计入损益表的金额,作为资产计入资产负债表)。

2016年6月,证监会处罚了"新三板"的参仙源参业股份有限公司(简称"参仙源公司"),原因就是该公司虚增利润。证监会的处罚决定称,参仙源公司通过"少计成本"和"虚增收入"两种手法,虚增利润将近1.3亿元。"少计成本"的具体做法是假借虚构的合同,将外购野山参的成本计入管理费用,再将该管理费用作为"生产性生物资产"的成本计量;最终销售野山参时,未转结其外购成本,少计成本5538余万元。这样,本应列入利润表的成本,被违规转化为管理费用,进而被计为资产负债表项目——非流动资产中的"生产性生物资产"。参仙源公司"虚增收入"则是通过关联交易实现的:它先将存货以高于市场价格的异常价格销售给关联方,然后将基于异常价格而获得的收入确认为销售收入。②

虚构交易额也可以增加虚假收入。2020年4月,"中概股"公司瑞幸咖啡(Luckin Coffee Inc.)承认财务造假。据财政部的调查,瑞幸咖啡虚增收入的主要方法就是虚构业务增加交易额。③

---

① 陈竞辉、罗宾臣(2015:12-17);叶金福(2018:191-193)。
② 中国证监会行政处罚决定书(参仙源参业股份有限公司、于成波、李殿文等7名责任人员)〔2016〕83号,中国证监会网站2016年6月30日发布。
③ 财政部完成对瑞幸咖啡公司境内运营主体及信息质量检查(财政部网站,2020年7月31日)。

相反,还有许多公司通过舞弊手段故意制造公司亏损的假象,目的是逃税。例如,在**绍兴禾润机械制造有限公司诉寿建良案**,一位股东在庭审中承认,其所在公司一直有两套账务,很多收入都通过公司股东或管理人员的个人账户走账。这样,公司在账面上就一直显示为亏损,可以少缴税。①

11.1.3 提取盈余公积金

提取一定比例的金额列入盈余公积金并弥补亏损,是公司分配利润的前提条件。②但《公司法》第166条的表述存在很多不清楚的地方。下面我们尝试做一些解释。

(1)"应当提取利润的10%列入公司法定公积金"(第166条第1款第1句)。

此处的"利润"是否指前半句中的"当年税后利润"?结合上下文意思,回答应当是肯定的。所以,该句所说的"法定公积金"提取基数应当是"当年税后利润",而不是包括以前年度未分配利润的累计额。另外,这句话中的"法定公积金"究竟是指什么,《公司法》没有说清楚。从会计规范看,它应当是"法定盈余公积金",来源于公司利润,属于强制提取的,因此与"任意盈余公积金"不同。③

在上述同仁堂公司的实例中,分配方案指出,公司"按母公司实现净利润的10%提取法定盈余公积55 507 377.94元"。同仁堂2015年年报披露的"母公司利润表"显示,"母公司"即同仁堂2015年度的净利润是555 073 779.36元。④可见,同仁堂是依据2015年度该公司自己的(而不是合并了子公司的)净

---

① 绍兴市柯桥区法院(2019)浙0603民初3019号判决。
② 《企业会计制度》(第110-111条)对分配条件的规定与公司法第166条的规则相同。
③ 《企业会计制度》第110-111条。
④ 同仁堂2015年年度报告第60-61页(上交所网站,2016年3月22日)。

利润数额为基数计算了要提取10%的"法定盈余公积金"。这符合我们上面对166条第1款第1句话所作文义分析。

但是,同仁堂计算"可供分配的净利润"时却不以本公司的净利润为基数,而是采用合并报表后的数额更大的利润来计算。这样显然可以扩大可分配利润的范围。

(2)"公司法定公积金累计额为公司注册资本的50%以上的,可以不再提取。"(第1款第2句)

"注册资本"终于在这里露面了,而且似乎发挥着十分要紧的标尺作用:注册资本金额的50%被设定为公司盈余公积金的上限。但是,这一上限或者注册资本在这里的标尺作用,有什么意义呢?

该条规则在1993年《公司法》中就存在了。① 而1993年《公司法》施行的是出资全额实缴制。公司账面上的实收资本(或股本)与注册资本的金额是相等的。② 在这一架构中,以注册资本的50%作为盈余公积金累计额的上限,一方面可以显示法定盈余公积金与实收资本(或股本)之间的关联性,即前者是"巩固"后者的、辅助性的"储备金",另一方面也表明立法机关有意避免过度压缩股东的可分配利润。但是,实行资本认缴制后,注册资本并不反映公司的实收资本(或股本),继续以注册资本额的50%作为盈余公积金累计额上限的合理性就成问题了。

(3)"公司的法定公积金不足以弥补以前年度亏损的,在依照前款规定提取法定公积金之前,应当先用当年利润弥补亏损。"(第166条第2款)

不清楚的问题是,公司依照该款先用"当年利润"弥补亏损的话,应该弥补

---

① 《公司法》(1993年)第177条第1款。
② 《公司法》(1993年)第23条、第78条。相关说明参见本书第1.3.1节。

多少亏损？是必须全部弥补，还是部分弥补即可？依文义解释，公司将以前年度亏损弥补到"法定盈余公积金"数额足以覆盖的程度（也即，法定盈余公积金数额≥以前年度累计亏损额）即可。达到这个状态后，公司就可依《公司法》第166条第1款再提取法定盈余公积金。

不过，以上只是文义解释，实际操作并非如此。如前所述，公司核算当期可供分配的利润时都要将以前年度的利润或亏损累计起来。所以，如果以前年度有亏损，而累计核算后仍然有尚未"弥补"的亏损（即未分配利润为负数），那么公司当期就不可能有可供分配的利润。① 因此，在公司依据会计准则按各年度累计的方法核算可分配利润的情况下，第166条第2款实际上没有规范意义。

11.1.4 资本公积金的用途

《公司法》提到了三个公积金概念：一是"法定公积金"（第166条第1款）；二是"任意公积金"（第166条第3款）；三是"资本公积金"（第167、168条）。前两种公积金都来源于公司盈余，确切地说，它们应当分别叫"法定盈余公积金"和"任意盈余公积金"。②

关于公积金的用途，《公司法》规则发生过变化。根据1993年《公司法》第179条的规定，三类公积金均可用于弥补亏损、扩大生产经营和转增资本。但2005年《公司法》增加了一条特别规定，不允许资本公积金用于弥补亏损。③

这一特别规定的目的是防止上市公司利用债务重组，借助资本公积弥补亏

---

① 《企业会计制度》第110条规定，"企业当期实现的净利润，加上年初未分配利润（或减去年初未弥补亏损）和其他转入后的余额，为可供分配的利润"。

② 参见财政部《企业会计准则——应用指南（2006）》（中国财政经济出版社2006年，第238页），"会计科目和主要账务处理"之"4101 盈余公积"。

③ 《公司法》（2005年）第169条。该条款在《公司法》（2013年）中被调整为第168条。

损的方法粉饰财务报表。① 财政部2000年底修订的企业会计准则曾规定,债务重组收益须记入资本公积。而当时的《公司法》允许公积金弥补亏损。一些上市公司于是在年底借助债务重组扩充资本公积,进而再用资本公积弥补亏损,从而摘掉"亏损"的帽子。②

亏损即利润额呈现为负数的状态。用资本公积弥补亏损的会计处理方法是,在资产负债表的股东权益部分,将"资本公积"科目记载的一定金额与"未分配利润"科目中表示"亏损"的一定负数金额相冲抵。经过这一处理,资产负债表右下角的未分配利润科目中的负数(即亏损)即可消除,而所有者权益的总额并未发生变化,资产负债表左侧的资产亦无变化。所以,资本公积弥补亏损只是一种账务处理或者说账面上的数字调整,尽管有美化财务报表的作用,但并没有导致经济资源从公司流出。

以资本公积补亏有可能将公司当年的利润"释放"出来,使公司具备《公司法》第166条规定的利润分配条件。③ 而反过来说,禁止资本公积补亏的实际效果则是,迫使公司使用利润或盈余公积金弥补亏损,压缩公司向股东分配利润的金额,从而强制股东将更多的经济资源"储备"在公司。④ 从这个意义上说,资本公积补亏禁止规则具有强化"资本维持"的功效。

其次,《公司法》还规定,公积金可用于"扩大生产经营"。这一规定其实并无实际意义。公积金是所有者权益中的科目。所有者权益表明公司资产中来

---

① 刘燕(2006:151);肖萌(2011:1)。
② 史习民(2001:19)。作者举出的实例是:2001年"三联"重组上市公司"ST郑百文"时,郑百文用三联豁免其14.47亿元债务所形成的资本公积,再加上郑百文原有2.5亿元资本公积和1800余万元盈余公积,冲抵全部亏损。
③ 史习民(2001:20-21);刘燕(2006:155)。
④ 赵亚辉(2014:63)将资本公积补亏禁令的这种效果,称为对股东的"强制储蓄",对公司来说则是"强制投资"。

源于股东或者归属于股东的价值有多少。与所有者权益(包括各类公积金)和负债之和等额的资产,可能是现金、实物、无形资产等各种经济资源。它们在公司的生产经营过程中循环周转,无法区分出哪些来自公积金,哪些属于股本或负债。

再次,公积金还可以用于增加资本。以公积金转增资本须满足哪些条件,是否须依原有持股比例向全体股东增资,法律均未规定。《公司法》只是要求,公司以法定(盈余)公积金转增资本时,所留存的该项公积金不得少于转增前公司注册资本的25%。[①] 这里以注册资本而非实收资本(或股本)为标准设限,同样存在前述第166条第1款第2句的问题。

11.2 利润分配规则的实施效果

这一节,我们将通过对诉讼案件的分析,从违反利润分配规则的行为样态和法律责任的视角,观察、检验和评估利润分配规则的实际效果。下一节,作为本章的总结,我们仍将回到利润分配规则与公司实际偿付能力的话题。

11.2.1 诉讼案件反映的总体情况

公司违法分配利润可能引发以下几种法律责任:

第一,股东承担违规分配利润的返还责任。公司如果违反《公司法》第166条的财务规则分配利润,即在弥补亏损和提列法定公积金之前分配利润,首先要承担民事责任的是接受分红的股东——他们负有向公司返还违规分配的利润的责任。[②]

[①] 《公司法》(2018年)第168条第2款。

[②] 《公司法》(2018年)第166条第5款。

第二,董事承担对公司的损害赔偿责任。第 166 条没有规定作出违法分配决议或实施违法分配的董事应承担何种责任。但依照《公司法》关于董事义务和责任的规定,赞同违规分配的董事会成员或者执行董事,至少是违反勤勉义务的,应当赔偿公司因此所受损失。[①]

第三,股东如果借利润分配之名"抽回出资",则可能构成"抽逃出资"。抽逃出资的股东,除了必须退还抽回的资金外,还可能在抽逃出资范围内承担公司债务。[②]

第四,公司可能因利润分配时未提列法定公积金而受行政处罚。"县级以上人民政府财政部门"可能责令公司补提法定公积金,并对公司课处不超过 20 万元的行政罚款。[③]

检索中国裁判文书网和无讼案例数据库截至 2019 年 12 月 31 日的裁判文书后,有以下发现:

其一,以第 166 条第 5 款为裁判依据,判决股东向公司返还利润的案件总量极少。检索到的这类案件只有 17 宗(立案时间集中在 2015-2018 年间)。违反第 166 条财务规则的情形主要有这样三种:(1)股东不管公司是否有利润,均从公司获取固定金额的"股息"或其他形式的固定收益;(2)公司有利润,但没有依照第 166 条的规定弥补亏损并提取法定公积金,就直接向股东分红;(3)公司没有利润,但股东仍然以"分红"名义分取公司资金。

其二,没有发现公司董事因作出违法分配决议而承担民事责任的案例。

其三,以第 203 条为裁判依据的案件数量更少,甚至是罕见的。没有发现"县级以上人民政府财政部门"依《公司法》第 203 条处罚某一公司而该公司不服提起行政诉讼的案例。这一数据当然不能证明财政部门从未行使过

[①] 《公司法》(2018 年)第 149 条。
[②] 《公司法解释三》第 12、14 条。关于抽逃出资股东的民事责任的讨论,详见第 10.4.1 节。
[③] 《公司法》(2018 年)第 203 条。

法律授予它的这项监管权力。但或许可表明,该项监管权极少被启用,第 203 条极少有机会进入审判。在笔者检索到的民事裁判文书中,有 5 个案件引用了第 203 条。不过,一部分判决引用该条的目的却是要证明,公司未提法定公积金就分配利润的法律后果,只是招致行政罚款和承担事后补提责任,而不会导致违规分配决议或协议无效。① 有判决更基于这一见解指出,第 166 条的各项分配规则属于"管理性规范",公司违反的话不导致分配行为无效。② 还有的判决以第 203 条的规定为依据认为,公司未提列法定公积金就分配利润,法律责任仅限于第 203 条所规定的内容,不应导致股东对公司的债务承担连带责任。③ 可见,在目前这些民事诉讼案件中,第 203 条的作用只是用来佐证第 166 条关于提取法定公积金的规则并非"效力性强制性规定",从而法院无须确认违反该规定的分配行为无效。

其四,法院判令公司向股东分配利润的所谓"强制利润分配"案件中,第 166 条的分配规则通常是被无视的。原因或许是,法院认为第 166 条规范的是公司的自愿利润分配,而基于法院判决的"强制利润分配"无须、也无法按照第 166 条规则操作。

以下我们分别讨论上述发现及其背后的问题。

11.2.2　公司违法分配利润的案件

从检索到的诉讼案件看,公司不具备分配基础或未履行分配程序而向股东

---

①　沈维忠诉蒙阴常滢机械有限公司等案,新泰市法院(2015)新商初字第 416 号判决;万勇诉洛阳亿基房地产开发有限公司案,洛阳市吉利区法院(2017)豫 0306 民初 20 号判决。

②　郑正余诉石狮市戴尔斯顿服饰有限公司等案,泉州市中院(2013)泉民初字第 777 号判决。还有判决指出,利润分配规则不属于"效力性强制性规定",违反不导致协议无效,见:杭州鸿锞房地产开发有限公司诉 Hu Shao Kuang(胡绍光)案,浙江省高院(2009)浙商外终字第 34 号判决。

③　杨先露诉河南华工重型机械有限公司案,成都市中院(2018)川 01 民终 6703 号判决。

支付股利,通常表现为以下四种情形:

其一,无利润而"分配"。公司在没有可供分配的利润(甚至存在亏损)的情况下,以分配股利的名义向股东支付资金(或者虽有利润,但支付给股东的金额多于可供分配的利润),显然违反第166条的分配规则。股东应当返还违规分配的利润。[①] 公司如果没有可供分配的利润,却提前"确认"收入,以出具"借据"的方式对股东负担支付股息之债务(承诺支付所谓"股东应得利润"),同样被认为违反第166条。因此,股东基于"借据"向公司提起的偿债之诉,法院不予支持。[②]

其二,有利润,未作分配决议就将公司收入直接分给股东。公司有利润,但没有作出规范的股东会分配决议,也不依第166条弥补亏损和提取法定公积金,便以分红名义直接将公司某笔收入支付给股东。[③] 这类案件有时出现于存在"内部承包"关系的公司。所谓"内部承包",即某一股东"承包经营"公司业务,并定期向其他股东("发包方")支付定额"承包金"。审判中,法官会把这类"承包金"认定为公司的收入或利润,而其他"发包方"股东直接获得这笔"承包金"就被认为是未履行分配规则而直接分取公司利润的违法行为。因此,法官通常会判令股东将取得的"承包金"返还给公司。[④]

---

① 参见巴东万顺矿业有限公司诉张筱勇等案,恩施土家族苗族自治州中院(2017)鄂28民终2453号判决;福建省立信融资担保有限公司诉福建省德化杨梅电力有限公司案,泉州市中院(2018)闽05民终649号判决(被告公司进入破产程序后,破产管理人以违规分配为由向原股东追讨资金)。

② 郑国风诉淮安第一钢结构有限公司公司盈余分配纠纷案(淮安市中院(2011)淮中商终字第2号判决,载《人民法院案例选》2012年第1辑,人民法院出版社2012年版,第284页)。

③ 参见上海鼎虎工业设备有限公司诉青岛鼎虎海拓工业设备有限公司案,青岛市中院(2018)鲁02民终2383号判决。

④ 参见:湖南威亚牧业科技有限公司诉匡伊秋案,邵阳市中院(2015)邵中民二终字第182号判决;徐文斌诉季统考等案,勉县法院(2016)陕0725民初424号判决。

其三,有利润,未提取法定公积金就实施分配。公司履行了利润分配的决议程序(例如股东会通过了分配利润决议),但没有依第 166 条第 1 款提取法定公积金。对于这种情况,法院一般不会溯及既往地确认股东会利润分配决议无效。法官的理由是,《公司法》第 203 条规定不提取法定公积金的法律后果只是对公司实施罚款及责令其补提公积金,这表明立法者无意将相关的分配决议认定为无效。①

其四,公司与股东之间订立不以"税后利润"为分配基础的定额股息或定额回报协议。这类协议通常不受法律保护。尽管我国《公司法》没有像德国《股份公司法》那样明确规定"公司不得向股东承诺或支付利息",②但在一些案件中,法官仍然从《公司法》第 166 条解读出相同的规范含义。很明显,公司与股东间的此类约定与第 166 条以"税后利润"为分配基础的规则是冲突的。因此,当股东起诉请求公司支付定额股息或股东收益时,法院通常不予支持。③ 不过,仍然可以发现作出相反判决的个别案例:公司与股东约定定期向股东支付

---

① 沈维忠诉蒙阴常滢机械有限公司等案,新泰市法院(2015)新商初字第 416 号判决;万勇诉洛阳亿基房地产开发有限公司案,洛阳市吉利区法院(2017)豫 0306 民初 20 号判决;郑正余诉石狮市戴尔斯顿服饰有限公司等案,泉州市中院(2013)泉民初字第 777 号判决。

② Germany Stock Corporation Act, s. 57(2) (2017)。相关讨论参见第 9.1.3 节。

③ 参见姜光先诉昌邑市华星矿业有限责任公司案,山东省高院(2007)鲁民二终字第 63 号判决(判决指出:公司每月向股东支付定额股息,"不符合有限责任公司的利润分配条件,属于变相抽回出资行为。");丽水市城市建设投资有限责任公司诉浙江金润担保发展有限公司等案,丽水市莲都区法院(2014)丽莲商初字第 1743 号判决;晋城市经贸资产经营有限责任公司诉山西华桑食品有限公司案,阳城县法院(2017)晋 0522 民初 605 号判决(判决认为:原告收取固定股息的约定,"实质上赋予股东在不经过法定利润分配程序的情况下,直接从公司获得财产,使得原告可以实际不承担任何投资经营风险而获得约定利益,该行为将造成公司财产不当减少");河南农投产业投资有限公司诉李功民案,郑州市高新区法院(2018)0191 民初 14256 号判决。

定额"股息",法官认为这是当事人的"真实意思表示",对公司具有法律约束力。①

股东经由上述各种违规分配行为取得的"股利",在破产清算程序中,可能被法院认定为"非正常收入"。如果破产管理人有证据证明债务人公司向股东违规分配利润(例如未弥补亏损或未履行决议程序即支付股利),管理人可以依据《企业破产法》请求法院确认分红款为"非正常收入",要求股东返还。②

公司违规分配利润未必都构成股东抽逃出资。据《公司法解释三》第12条,虚构利润分配可能被认定为抽逃出资。观察诸多违法分配的案件可以发现,违规利润分配被认定为抽逃出资的案件,大多是公司没有利润却向股东支付"收益"或"股息"的情形。③ 没有利润而"分配利润"——称之为"虚构利润"分配是恰当的。相反,如果公司确有一定利润,只是没有按照法定程序和规则分配,尽管支付给股东的资金可能已超过公司可分配利润总额,判决通常只是认定为违法分配。这种区分表明,法院认为抽逃出资是公司将股东的出资财产返还给股东,支付给股东的资金来源于股东出资("虚构利润"只是为了制造

---

① 沈长华诉北京正点快餐有限责任公司案,北京市海淀区法院(2009)海民初字第18675号判决。

② 《企业破产法》第36条规定:"债务人的董事、监事和高级管理人员利用职权从企业获取的非正常收入和侵占的企业财产,管理人应当追回。"审判实践中,被追讨的范围已不限于董、监、高的"非正常收入",而是扩大至股东的违规分红上,参见:台州天安砂石有限公司诉黄建标等,三门县法院(2018)浙1022民初2304号判决;绍兴禾润机械制造有限公司诉寿建良,绍兴市柯桥区法院(2019)浙0603民初3019号判决。

③ 参见姜光先诉昌邑市华星矿业有限责任公司案,山东省高院(2007)鲁民二终字第63号判决。公司每月向股东支付定额股息,法官认为"不符合有限责任公司的利润分配条件,属于变相抽回出资行为"。作出类似认定的还有:陈琳琳诉淮北启鑫工贸有限责任公司等案,宿州市中院(2016)皖13民终836号判决;亳州市润虹棉业有限公司诉淮北启鑫工贸有限责任公司等案,安徽省高院(2017)皖民终736号判决。

一个向股东返还出资的借口),而违法利润分配的资金主要来源于公司利润。不过,对一个运营中的公司来说,公司支付给股东一笔资金,人们是无法分辨其"来源"的。例如,股东出资是无形资产,而该股东现从公司取得一笔现金,这笔现金是不是"来源于"该股东的出资?这是无法回答的。假如公司本年度利润主要是因为有一项业务的"收入"得到确认,而会计上反映这笔收入的是"应收账款"的增加(而非货币资金的增加)。那么,公司此时若向股东支付一笔现金股利,是否应认为该股利"来源于"本年度利润?这个问题同样无法回答。公司支付给股东的货币资金,说"来源于"股东出资抑或来自公司利润,都是一种想当然的推断。通过"资金来源"来分辨抽逃出资和违规分配利润,理论基础是脆弱的。

不过,违规分配和抽逃出资在法律后果上的区别却是不容小觑的。同样是公司资金流向股东,如果股东只被认为收取违法分配的利润,而不被认定为抽逃出资,公司的债权人要求该股东在接收违法分红范围内清偿公司债务,恐怕很难得到法院支持。[①] 相反,如果股东构成抽逃出资的话,债权人的上述请求就是有"明确法律依据"的。[②]

11.2.3 法院强制公司分配利润的案件

在为数不多的法院强制公司分配利润的案件中,利润分配的财务规则(《公司法》第166条,尤其是提取法定公积金条款)看起来完全被无视了。在作出这

[①] 有判决即不支持债权人提出的要求违法分配公司之股东承担公司债务的请求,参见朱永军诉永丰县国辉银果装饰有限公司等案,永丰县法院(2018)赣0825民初126号判决。在最高人民法院再审审查的一个案件中,债权人也提出了债务人违法分配利润的行为无效,其股东应当连带清偿公司债务的请求。但再审审查合议庭以该请求超出一审诉讼请求范围为由驳回。参见交通银行股份有限公司河北省分行诉石家庄路骏道桥有限公司等案,(2016)最高法民申1904号裁定。

[②] 《公司法解释三》第14条。相关讨论参见第10.4.1节。

些判决的法官的视野中,第 166 条的财务规则似乎只是对公司自愿分配利润的行为有约束力。

长期以来,在公司未作出利润分配决议的情况下,股东请求法院判令公司分配利润的案件,绝大多数都以股东败诉告终。原因在于,法院认为公司利润分配是公司的"自治"事务,法院不应当介入,以免干预公司经营自主权。[①] 一些省级高院的审判指导意见甚至明确要求,如公司未就利润分配做出决议,股东起诉请求分配利润的,法院应裁定不予受理或者判决不予支持。[②] 事实上,法院强令公司分配利润确实面临技术上的难题。诸如:如何确认公司是否符合利润分配的条件?公司账面上如果存在未分配利润,法院是否可以判令公司将全部未分配利润一次性分给股东?如何处理股东取得合理回报和公司留存利润扩大生产之间的矛盾?如果认为将公司净利润悉数分配不合常理,那么法院应当判令公司分配多大比例的净利润才算合理?公司账面上虽有大额未分配利润,但公司银行账户中并无充足的货币资金以供分红,法院如何裁判?这些难以解决的现实问题使得法院在作出强制利润分配判决时表现得非常犹豫。

不过,在一些并非股东请求利润分配的案件中,法院事实上作出了强令公司分配利润(或者说拟制公司分配利润)的判决。在这些判决中,《公司法》第 166 条的财务规则未被遵守。其中一部分案件是公司要求违反忠实义务的董事、高管向公司交还不当获利。根据《公司法》的规定,董事、高管违反第 148 条

---

① 参见北京高院民二庭:《关于修改后的《公司法》适用中若干问题的调查研究(2007 年 11 月)》,载北京高院编:《审判工作热点问题及对策思路:北京法院调研成果精选》(2007 年卷),法律出版社 2009 年版,第 103 页。

② 江苏高院关于审判适用公司法案件若干问题的意见(试行)(2003 年 6 月 3 日);北京高院关于审理公司纠纷案件若干问题的指导意见(京高法发[2008]127 号);山东高院关于审理公司纠纷案件若干问题的意见(试行)(鲁高法发[2007]3 号)。以上文件均见于华律网(www.66law.cn),2017 年 4 月 14 日访问。

第 1 款各项禁止性或限制性规则而获得的收入,应归公司所有。① 例如:董事、高管如果未经公司同意从事与公司业务同类的经营活动(包括投资于其他同类业务公司),他可能被法院认定违反忠实义务,因而须向公司交还违规收入。如果被告在其他同业公司有薪金或者分红收入,那么,这些都可能被认定为违规收入。如果被告持股而从未获得分红的话,法院可能采取推定分红的方式计算被告违规收入。其中,有的判决以被告参与的同业公司特定年度的未分配利润为基数,乘以被告的持股比例,算出被告可分得的利润额为其违规收入;② 有的判决参照同业公司营业收入及年检报告确认的费用,确定利润,再乘以被告的持股比例认定为被告违规收入;③ 还有的判决以同业公司的"净利润"为基数计算被告违规收入。④ 这些判决实际上都类似于强制公司分配利润(尽管判决并不约束同业公司本身),而法官在核算被告(同业公司的股东)应得之股利的时候,从不将《公司法》第 166 条弥补亏损并提取法定公积金的规则纳入考量范围。

在不常见的直接强制分配利润的案件中,法官在裁判时同样不考虑弥补亏损和提取公积金的规则。在**华荣青诉北京自由空间酒店管理有限公司一案**(简称"自由空间案"),原告以股东身份请求被告公司向其分配利润。原告指出,被告自开办运营后即每月向全体股东分配利润,但 2012 年 1 月至起诉时的两年多时间内却停止向原告发放股利。而在这一时期,被告公司均有盈利,且其他股东一直在分取股利。一审法院确认被告确有盈余且已向其他股东分红后,判令被告依原告持股比例向原告支付一定金额的股利。被告在一审阶段抗辩

---

① 《公司法》(2018 年)第 148 条第 2 款。
② 上海市高院(2005)沪高民二(商)终字第 28 号判决。
③ 上海市杨浦区法院(2007)杨民二(商)初字第 111 号判决。
④ 上海市二中院(2008)沪二中民三(商)终字第 283 号判决。

称,公司应当依第 166 条先弥补亏损并提取法定公积金后,再核算可分配利润,进而再确定应分给原告多少股利。但一审合议庭没有接受被告的抗辩,理由是:公司分红前未提取法定公积金,可能导致的法律后果只是事后补提公积金或者股东返还多分的利润,所以,未提公积金并不是否认股东分红权的理由。① 但是,公司是否应当先提取公积金,再向原告支付股利? 判决对此没有表示意见。

《公司法解释四》接续了历来的审判思路,主张法院尽量不干预公司的利润分配事务,除非存在股东权利滥用并造成其他股东损失的情况。② 但是,该条解释对例外情形的表述,即"违反法律规定滥用股东权利导致公司不分配利润,给其他股东造成损失",是对判断要件的非常抽象的描述。什么行为属于"滥用股东权利"? 股东行使占多数的表决权否决利润分配提案,在何种情况下属于"滥用股东权利"? "滥用股东权利"是否应当是导致公司不分配利润的原因或决定因素? 哪些损失属于不分配利润所导致的其他股东的损失? 法院如果判令公司分配利润是否应当遵守第 166 条的财务规则? 这些问题无法从司法解释条文中获得回答,也很难在没有具体案件事实的情况下抽象讨论。

甘肃居立门业有限责任公司诉庆阳市太一热力有限公司等案(简称"太一热力案"),是《公司法解释四》施行后,《最高人民法院公报》发布的第一例强制分配利润案件,而且该案生效判决由最高人民法院作出。③ 因此尤其值得关注。

在这个案件中,原告(居立门业)是被告(太一热力)的股东,持股 40%。被

---

① 北京市一中院(2015)一中民(商)终字第 437 号判决。二审判决维持一审判决。
② 《公司法解释四》第 15 条。
③ 甘肃居立门业有限责任公司诉庆阳市太一热力有限公司等案,(2016)最高法民终 528 号判决,《最高人民法院公报》2018 年第 8 期,第 32-42 页。

告的另一股东是太一工贸,持股 60%。原告诉称,被告在大股东(即太一工贸)及其法定代表人的控制下,虽有巨额利润,但拒不分配股利,而且还向外转移公司资产,严重侵害了原告利益。一审合议庭采信原告所述事实,确认被告长期不分红有损原告权利。由于原、被告双方对被告盈余情况存有争议,合议庭委托专业机构对被告财务情况进行审计。结果表明,被告确有超过 7000 万元的未分配利润。于是,一审合议庭从被告未分配利润额中扣除双方有争议的项目金额,得出被告"应当分配的利润数额"。进而作出判决:以该"应分利润数额"为基数,按照原告持股比例(即 40%)计算出原告应得的"盈余分配款"金额,令被告直接支付给原告。二审法院尽管撤销了一审判决,但裁判思路是相同的:仍然判令被告分配盈余,原告应得"盈余分配款"的计算方法也与一审判决相同,只是多扣除了一笔资金,缩减了被告应分配的盈余总额。

且不讨论居立门业案中是否存在股东滥用权利的情形,以及该滥用行为是不是造成被告公司不分红的事实或法律上的原因。单看该案一、二审判决,就可以发现,一、二审合议庭在计算太一热力公司的"应分利润数额"时均未依《公司法》第 166 条规定提取法定公积金。判决没有提及"弥补亏损"是可以理解的,因为既然太一热力有累计盈余,自然就不存在亏损。但是,有什么理由可以不遵守提取法定公积金的规则?难道是因为被告太一热力已经出让了全部经营资产,没有继续经营的可能?或者,如同前述自由空间案判决指出的,法定公积金可以事后补提?对此,一、二审判决均未给出说明。

二审判决指出:确定太一热力的"盈余分配款"时,应当"严格公司举证责任以保护弱势小股东的利益",尤其要"优先保护"公司债权人、债务人等的利益。但是,二审合议庭在计算应分配给居立门业的"盈余分配款"时,看不出以何种方式(例如提取一定金额作为偿付基金,或者公告债权人申报债权等等)保护了太一热力的债权人利益。

不过,我们也可以发现与上述判决思路不同的案例。有法院在裁判文书中明确指出,应当将《公司法》第 166 条的财务规则作为强制利润分配的前置条件。河南省高院 2017 年对**张文欣诉平顶山市巨丰混凝土有限公司案**作出发回重审的裁定,理由之一是:原审判决在没有查明被告公司是否依法弥补亏损、提取法定公积金、偿还债务的情况下,直接判令被告公司按账面未分配利润向原告支付股利,属于"适用法律错误"。① 再审裁定书引述的检察院抗诉意见展示了该案强制分配的一些细节。以下引用的一段抗诉理由,说明了法院判决利润分配与利润分配规则及公司财务现实之间的紧张关系:

> 公司的资金总是处于流转之中,账面上的营业利润大多数并不是现金和银行存款,而会表现为应收账款、应收票据等流动性资产和固定资产、在建工程等非流动性资产并不断流转,公司账面上的未分配利润不可能全部表现为现金、银行存款等货币资产,因此不可能全部用于分配。本案巨丰公司 2010 年 12 月 31 日财务报告中虽然显示净利润 4570400.23 元(当年未分配利润与盈余公积金之和),但货币资金仅有 588812.63 元。原审判决巨丰公司按照 2011 年 2 月 13 日公司账面显示的利润 4795684.73 元向张文欣支付应分得利润款 2058497.6 元,不啻强行提取公司全部的货币资金并强制巨丰公司将非货币性资产立即变现,损害公司自主权,危及公司正常经营与生存。②

11.3 分配规则与公司实际偿付能力

《公司法》第 166 条的利润分配规则显然是关注公司偿付能力的。不过,限

---

① 河南省高院(2017)豫民再 369 号裁定。

② 同上。

于它的规范方法,它所注重的只能是"账面显示的偿付能力",而非"实际偿付能力"。

第166条的"无盈不分"、"分前补亏"和"分前提列盈余公积"的规则,就是要确保公司只能在等于或小于"税后利润"的金额范围内向股东分配利润。由于公司分配前通常要提列法定盈余公积(除非法定盈余公积金累计额达到注册资本的50%),故利润分配的实际金额范围通常要小于"税后利润"。

因此,只要公司遵守第166条的规则,即便分红总额等于未分配利润提列法定盈余公积后的余额,资产负债表上的公司所有者权益(或净资产)总额也不会少于"实收资本(或股本)与各类公积金(资本公积金和盈余公积金)之和"。基于复式记账法的要求,以及"资产=负债+所有者权益"的恒等式,公司资产负债表的左侧,即资产总额也不会少于"实收资本(或股本)、各类公积金(资本公积金和盈余公积金)与负债之和"。这种状态就被认为是公司"资本"得到了"维持",或者反过来说,公司的股本(或资本)没有遭受"侵蚀"。

但实际上,这种状态并不代表公司具有现实的债务偿付能力。确切地说,《公司法》第166条的分配规则确保的只是"资产负债表显示的偿付能力",而非实际的、真实的偿付能力。

首先,也是最根本的原因,利润是依会计准则对企业收入和费用予以确认和核算的结果,不反映公司的资产构成,更不代表公司拥有多少有现实偿付能力的资产。假设W公司某年度利润增长主要来自应收账款的增长,而这些应收账款能否在短期内收回或者变现都是不确定的。W公司近期进行了一次分红,它向股东支付的股利则是实实在在的、最具偿付能力的资产——货币资金。这时完全可能出现如下情形:W公司从头至尾、依法合规地依照第166条的要求向股东分配利润,股东合法地拿走了公司全部或大部分货币资金,给W公司留下的是一堆账面价值很高但难以变现的资产。从W公司

11. 利润分配规则

的会计数据看,其净资产仍然是正数,且数额多于"实收资本(或股本)与各项公积金之和",资本未受"侵蚀"。但是,由于资产中缺少足以清偿债务的可变现资产,W公司很可能仍会陷入偿付困境。①

其次,公司有无净利润以及净利润有多少,都有一定的会计调节空间。公司可以在会计政策和会计估计方法允许的范围内扩大或者缩小特定会计期间的净利润,从而影响可分配利润的金额。母公司还可以通过"并表",合法地将其子公司的一部分利润纳入自己的分红"盘子",扩大其向股东分配现金股利的总额。"无盈不分"规则以公司有盈余为分配前提,但这个前提本身却具有相当的不确定性和可操纵性。这些已经在本章的第1节有所分析。

简言之,《公司法》第166条的"无盈不分"、"分前补亏"和"分前提列盈余公积"的规则,目的是限定公司向股东分红的金额上限,或者反过来说,强制公司将一定金额(即与实收资本与各项公积金之和等额)的资产留存于公司。其方法着眼于资产的账面金额,而非资产的实际构成或可变现能力。因此,难以保证资产负债表上反映为一定金额的资产实际上能够如数变现或者现实地偿付等额债务。

利润分配规则是否关注公司实际偿付能力,可以通过如下两个问题一探虚实——问题1:假如一家公司向股东支付股利之后1年内出现无力偿付债务的情况,该次股利分配是否应当撤销?问题2:某公司作出利润分配决议后、向股东实际支付股利前,突发或突现重大亏损事件,公司作出原分配决议的基础不复存在,那么,公司是否应当撤销分配决议或者至少中止此次股利支付?

问题1所假设的情形表明,此次分配减弱了公司的短期偿付能力。② 问题2

---

① 类似的例子参见 Manning & Hanks(2013:192-193)。
② 短期偿债能力是指公司在未来1年内正常经营情况下偿还债务的能力。关于公司债务偿付能力的财务分析,参见第10.3.2节。

假设的情形则意味着,公司实施分配的基础已不复存在,实际履行分配决议势必损害公司偿付能力。因此,公司法的利润分配规则如果真正关注公司实际偿付能力的话,它就应当毫不含糊地对上述两个问题作出肯定回答。相反,如果利润分配规则对上述情形漠视不管、束手无策或者含糊其辞的话,则表明这套分配规则实际上不愿或不能确保公司实际偿付能力不受损害。

从《公司法》第166条的行文看,在公司已作出有效的利润分配决议,尚未向股东支付股利的阶段,公司如果丧失分配基础,或者公司支付股利后1年内可能陷入偿付不能状态,公司是否应当停止支付或者要求股东返还股利,答案是不清楚的。审判实践中有限的几个案例表明,法院倾向于做否定性解释,即分配决议作出后,公司即使丧失分配基础或者1年内出现偿付困难,股利支付也不应停止或者撤回。详见以下三个案例。

案例一:

江苏省东晟金属材料有限公司诉江苏省燃料总公司等案①

原告江苏省东晟金属材料有限公司(简称"东晟公司")有两名股东,分别是被告江苏省燃料总公司(简称"燃料总公司")和江苏惠隆资产管理有限公司(简称"惠隆公司")。燃料总公司的股东也是惠隆公司。惠隆公司的股东为江苏省人民政府。

2015年5月8日,根据债权人申请,法院受理了对东晟公司的破产清算申请,并为其指定破产管理人。破产管理人接管公司后发现,东晟公司在2013年9月12日分别向燃料总公司和惠隆公司支付股利26 990 600元和2 669 400元。但在东晟公司支付上述股利前不到一个月,即2013年8月15日,东晟公司的无锡销售分公司(简称"无锡分公司")负责人汪剑锋主动向东晟公司副总经

---

① 南京市中院(2016)苏01民初115号判决。

理承认其挪用无锡分公司货款的事实。汪剑锋案的刑事判决认定其挪用公款59 580 472.3元用于个人期货交易,挪用公款2280万元用于归还个人债务,案发后致40 973 401.22元无法归还。破产管理人认为,汪剑锋给东晟公司造成了40 973 401.22元的巨额损失,东晟公司在明知发生重大损失且自身缺乏支付能力的情况下,仍于2013年9月12日,通过借款筹足资金,向两股东支付分红款项合计2966万元。东晟公司破产管理人认为,根据《公司法》第20条和第166条的规定,在东晟公司已缺乏支付能力,不具备分红的法定条件的前提下,燃料总公司和惠隆公司作为全资股东,作出决议令公司向其分红,严重损害了东晟公司的财产权益,也给东晟公司债权人权益造成侵害。故请求法院判令燃料总公司向东晟公司返还资金26 990 600元,并支付相应利息。

对于原告的上述诉讼请求和理由,合议庭指出:东晟公司2013年5月以董事会决议和股东会决议决定分配2012年年度利润,依法提取了法定公积金,符合《公司法》第166条的规则,8月7日即完成未分配利润的财务处理;而汪剑锋挪用公款一事于8月15日暴露时,尚无法确定其对东晟公司造成损失的具体数额,故没有理由要求股东返还已分配的利润。最后,一审判决驳回了原告的诉讼请求。

从判决书的说理和论证来看,法官审查东晟公司分配2012年年度利润的合法性问题时,只关注了两个问题,即该公司2012年年度有无未分配利润,分配前是否提取了法定公积金。确定这两点都符合第166条的规定后,合议庭就确认此次分配为合法分配。至于分配决议作出后以及股利实际支付之后,公司是否出现分配条件不再具备或者事实上偿付不能,合议庭并不考虑。法官或许认为,审查实际偿付能力是否因支付股利而受影响是超出第166条的规范含义的。

案例二：

刘锡恩诉常州市新东方电缆有限公司案①

常州市新东方电缆有限公司是一家中外合资企业，根据公司章程，董事会是公司"最高权力机关"。2016年4月，董事会作出分红决议。但当年12月，董事会又以公司大客户改变付款方式，公司流动资金紧张为由，决定延迟支付股利。原告（股东）起诉，要求被告依4月份决议向其支付股利。合议庭显然不认为有必要审查被告公司是否仍然具备分配利润的基础和条件。判决指出："公司对股东的分红金额确定后，股东与公司之间就形成了债权债务法律关系，股东对公司就享有给付请求权，该法律关系不再属于公司内部事务，公司权力机关作出决议对该债权债务关系进行调整缺少事实和法律依据。"也就是说，分配决议一旦依法作出，即便公司权力机关本身也无权再根据公司资金状况进行调整。这一立场固然有利于保护股东的利润分享权，但显然忽略了公司偿付能力可能受到的影响。

案例三：

林正贤诉上海年合精密模具有限公司等案②

原告林正贤提起诉讼，请求被告公司依决议向其支付2010年至2011年的利润。被告抗辩称，公司"2010年至2011年虽有利润，但此后一直亏损，故不存在可分配利润"。一审合议庭针对被告上述抗辩指出：公司一旦做出有效的利润分配决议，"股东的股利分配请求权就具化为股利给付请求权"；公司即使此后发生亏损，也不能以当前有亏损为由拒付之前应支付的分红款。二审判决维持了一审判决。

---

① 常州市中院(2016)苏04民初444号判决。
② 上海市二中院(2017)沪02民终9196号判决。

类似案例二,案例三的一审法官认为,只要公司依法做出利润分配决议,公司和股东之间就会形成一种债权债务关系:公司应当按决议向股东支付股利,即便在支付股利时公司可分配利润已经低于公司应付股利的数额。显然,在审查利润分配纠纷时,法官重点考虑的是分配决议作出时是否符合法律规定,而不考虑股利支付对公司实际偿付能力可能产生的影响。

本章小结

- 我国《公司法》的利润分配规则,将公司支付给股东的股利总额限制在"税后利润"弥补亏损并提列法定公积金后的余额范围内。这是一种按一定标准维持资产数额而不控制资产构成的规制方法。

- 利润额不代表公司拥有同等金额的货币资金。利润有很大的调整和操纵空间。利润是"虚"的,但作为股利分给股东的现金却是"实"的。

- 无利润而分配、无决议而分配、约定或发放不以盈利为基础的定额股利,是明显的违法分配行为,也是诉讼案件中最常见的三种违法分配行为。法院通常确认这三种行为无效,并判决股东返还违法取得的股利。但这些违法行为在何种条件下构成股东抽逃出资,第166条与抽逃出资规则如何协同解释,是不清楚的。

- 法定(盈余)公积金规则并未发挥立法者预期的作用,也未在审判实践中得到足够尊重。违反法定公积金提取规则的分配行为通常不被确认无效;在强制公司分配利润的案件中,提取法定公积金的强制规则几乎完全被无视。

- 我国《公司法》的利润分配规则只关注公司资产负债表上的偿付能力,而不问利润分配是否损害公司实际偿付能力。

12.
减少注册资本规则

极简版的减资规则如何应对复杂的投融资实践?

减少注册资本(简称"减资")是公司重新配置股东权益或调整股东出资义务的一种手段。减资可能使股东按其出资额(或附带一定"溢价")从公司取回一定财产,或者减免其认而未缴的出资额。公司也可能通过减资弥补亏损,美化财务报表,为日后的分红铺路。如何调和减资过程中股东与债权人的利益冲突,是法律必须解决的问题。

现行《公司法》不限制减资目的和减资方式,对减资的规定是程序性的。减资被看作公司的一个重大事项,须由股东会或股东大会作出特别多数赞成的决议;①减资必须履行特定的债权人保护程序。② 至于减资的理由或目的(如能否为补亏而减资),法律一概不问。而减资的方式(如是否允许非同比减资)、违反减资程序的法律后果等,《公司法》亦无明文规定。实践中,围绕这些问题都发生了不少争议。

我国的减资规则与欧盟公司指令的模式类似:允许债权人在减资决议作出后申报债权,请求减资公司清偿债务或提供担保。如前所述,这是一种用立即清偿或提供债务担保的方式检测公司"实际偿付能力"的规则,与资本维持规范的利润分配规则只关注公司"账面上的偿付能力"是不同的,也与公司董事承诺公司具有实际清偿能力的规则不同。

然而,我国的减资规则是"极简版"的。《公司法》未将债权人实际上获得清偿或担保规定为公司实施减资的必要条件或减资的生效条件。如何确保债权人在公司实施减资前有机会获得清偿或担保,法律规则是不清楚的。审判实践表明,公司减资前故意不通知债权人,使债权人无法主张清偿或担保的现象时有发生。公司不通知债权人的法律后果是什么?如何防止股东通过公司减

---

① 《公司法》(2018年)第43、103条。
② 《公司法》(2018年)第177条。

资损害债权人利益？审判机关和公司登记机关各自发展了一套实用方法，值得关注。

另一方面，也要看到现行减资程序的成本。按照现行规则，公司只要发生减资，无论规模大小、目的为何、是否影响实际偿付能力，公司均须启动全面的债权申报，所有债权人均有权请求公司立即清偿或提供担保。这很可能过分加重了公司的负担，使一部分债权人获得某种额外收益（例如提前获得清偿）。现行减资程序是不是一种成本和收益配比得当的保护机制，是应当考虑的。

以下各节，首先从减资的各种目的、方式谈起。这些讨论表明，公司减资可能出于非常不同的目的，而其措施和手段也颇有差异。其次，探讨减资的债权人保护程序，包括实践中的各种问题以及行政和审判机关发展的应对措施，重点是分析现行规则如何配置股东和公司债权人的利益和风险。最后，分析减资规则的未来走向。

12.1 目的各异的减资

公司可以基于何种目的（或合法理由）实施减资？《公司法》未作规定。因此，出于何种目的而减资由公司自主决定。根据实践情况归纳，减资大致有四种目的：一是向股东返还原来的出资或回购股权；二是减免股东（认而未缴）的出资义务；三是弥补公司亏损；四是合并股份、缩小股本。

12.1.1 返还股东出资或回购股权

公司向股东返还出资（或股本）这一表述，本身并不准确。因为，股东当初投入公司的出资财产可能早已在公司经营过程中消耗掉了或者转化为别的形态了。所谓"返还出资或股本"是一个形象但并不准确的说法：公司向股东支付一定财产

（例如与该股东原出资额等值的资金），换取股东放弃一定数量的股权，这个交易看起来似乎是公司向股东返还了原来的出资财产。被股东放弃的股权，公司可以让其他人认购，也可以注销。公司注销这些股权的时候，自然就需要减少注册资本。

公司为什么要向股东返还出资或股本？一般的解释是，公司出现"资本过剩"。向股东返还一部分暂时闲置的资本，可以避免资本的浪费。① 还有一种解释是：公司可以通过"返还股本"将原来较高成本的股本融资"减掉"，为将来更换较低成本的融资腾出空间。② 这两种解释都是从公司融资成本的角度提出的。不过，在一定的减资规则框架内，公司是否要返还"过剩资本"，或者是否通过减资调整"融资成本"，都需要结合减资程序本身的成本（例如导致公司不得不提前清偿债务的成本）考虑。如果减资导致公司不得不提前清偿全部或大部分债务，而公司目前并没有足够资金支付这些债务，那么，即使公司存在"过剩资本"，它也不会启动减资。

公司向股东返还出资或股本也可以通过公司回购股权的方式实现。公司回购股权，有的是基于法律原因，有的是为了履行协议。上市公司为提振投资者信心，或者买回"激励对象"所持"限制性股票"，也可能回购自己的股份。公司如果注销购回的股权，就需要履行减资程序。③

12.1.2 减免出资义务

在认缴资本制施行后，公司注册资本反映的是股东认缴出资或者认购股本的数额，而不是股东实缴出资额或者实缴股款。对于认而未缴的出资额或股

---

① 中国注册会计师协会（2017：240）。
② Ferran & Ho（2014：281–282）。
③ 关于回购股份与减资的关系，详见第13.2.1节的分析。

款,股东应当按照章程规定的时间缴纳给公司。这是股东对公司负有的出资义务。股东如要减少一部分或者全部免除自己的出资义务,那就意味着要减少公司的注册资本。因此,必须按照减资程序办理。

12.1.3 弥补公司亏损

《公司法》仅规定法定公积金(即法定盈余公积金)可以用于弥补亏损,没有规定是否可以通过减资补亏。但在会计观点上,减资是可以用来弥补亏损的。[①]

亏损,是指公司一定会计期间的净利润为负数。公司未弥补亏损的数额,在会计上记为"利润分配——未分配利润"科目的借方余额。在资产负债表上,"未分配利润"科目所呈现的负数,即为公司未弥补亏损的数额。通过减资补亏,只须在股东权益项下做以下会计处理:以实收资本(或股本)科目的一定金额与未分配利润科目中呈现为负数的金额抵消。

例如:甲有限公司2019年亏损500万元,如果不通过减资补亏,该公司资产负债表的股东权益部分显示为表1。如果甲公司以减资方式补亏,则股东权益部分应显示为表2。

表1　甲公司2019年12月31日资产负债表(股东权益)　　单位:万元

	期末余额	期初余额
股东权益:		
实收资本	5 000	5 000
资本公积	1 000	1 000
盈余公积	0	0

---

① 中国注册会计师协会(2017:240);Ferran & Ho (2014:281-282)。

(单位:万元)(续表)

	期末余额	期初余额
未分配利润	-500	0
股东权益合计	5 500	6 000

表2　甲公司2019年12月31日资产负债表(股东权益)　　单位:万元

	期末余额	期初余额
股东权益:		
实收资本	4 500	5 000
资本公积	1 000	1 000
盈余公积	0	0
未分配利润	0	0
股东权益合计	5 500	6 000

事实上,上市公司出现过以减资方式弥补亏损的案例。2006年7月,安徽飞彩车辆股份有限公司(证券代码:000887,简称:＊ST飞彩)为实施"股权分置改革"(即公司原有的国有非流通股获得流通权),推出"资产重组+转增+赠股+减资补亏"的组合方案。＊ST飞彩公告称,公司"亏损严重,面临退市风险",这一组合方案的目的在于,"将股权分置改革与资产重组相结合,通过资产置换,注入优质资产,提高公司盈利能力"。

＊ST飞彩的减资补亏方案的具体内容是:"公司先以资本公积金向全体股东每10股转增22股,再由非流通股股东将其获增股份中的29,120,000股转送给流通股股东,最后全体股东以每10股减6.7335股的方式减资弥补亏损"。[①]

[①] 安徽飞彩车辆股份有限公司股权分置改革说明书摘要(修订稿)(深交所网站,2006年7月25日)。

＊ST飞彩用资本公积金转增股本后立即减资补亏,是否属于变相地以资本公积金弥补公司亏损? ＊ST飞彩委托的律师事务所发表意见认为,"减资弥补亏损"并未违反《公司法》的利润分配规范,与"资本公积金不得用于弥补公司的亏损"规则(第168条第1款)也无冲突。① 但是,对＊ST飞彩的上述操作一直存在批评意见。②

12.1.4 缩小公司股本

2012年7月,厦门灿坤实业股份有限公司(证券代码:200512,简称:闽灿坤B)股份收盘价连续18个交易日跌破面值。为保住上市资格,③该公司申请股票停牌,推出缩股方案,并于当年12月底完成缩股。具体方案是:以原有总股本12.12亿股为基数,全体股东按每6股缩为1股的方式缩股,相当于每股折算为0.166666668股。缩股实施完毕后,公司总股本减少9.26亿股,变更为1.85亿股,每股面值仍为人民币1元。④

12.2 支付型和非支付型减资

从公司是否需要向减资股东支付财产(或称"返还财产")的角度看,减资可以分为两类:一是实际支付财产的减资,简称"支付型减资";二是不向股东支付的减资,简称"非支付型减资"。"非支付型减资",包括上述为弥补公司亏损和为减免出资义务而进行的减资。除此之外的减资,一般均需要向股东支付

---

① 安徽承义律师事务所"专项法律意见书"(深交所网站,2006年8月1日)。对会计处理事项的说明,参见安徽华普会计师事务所专项说明(深交所网站,2006年8月1日)。
② 相关讨论参见黄亚颖(2015:193-209)。
③ 关于"面值退市"规则,参见第7.2.3节。
④ 厦门灿坤实业股份有限公司"关于公司拟实施缩股方案的公告"和"关于公司实施缩股方案的公告"(深交所网站,2012年8月25日、12月27日)。

一定数额的财产。不同方式的减资,对公司股东和公司债权人的影响无法一概而论,需要具体分析。

12.2.1 支付型减资

支付型减资牵涉股东之间的利益冲突和股东与公司债权人间的利益冲突。股东因减资而从公司获得支付,名义上叫做公司"返还股本"。实际上,"股本"(或实收资本)并不是实在的财产,而只是在会计上反映出的股东已投入且记入注册资本的出资金额。公司减资时支付给股东的是实实在在的资产,通常是现金。如果以支付现金方式减资,从公司资产负债表上看,会计处理方法是:股东权益项下的实收资本(或股本)科目减少一定数额,相应地,资产项下的"银行存款"科目也减少相同数额。如果某股东的出资财产是某种实物或者无形资产,那么,他在减资时获得现金支付的话,就相当于他通过减资"变现"了自己原先投入公司的非货币资产。这样看来,减资首先涉及股东之间的利益冲突,尤其是在不同出资方式的股东之间,以及减资和未减资股东之间的利益冲突。另一方面,减资导致公司资产流向股东,不可避免地会触及股东与公司债权人间的利益关系。

对上述两类利益关系,《公司法》采取了不同的调整方法。调整股东间利益关系的方法是,将公司减资列为重大决议事项,须经股东会或股东大会特别多数表决权赞成才能通过。立法者显然希望公司作出的减资决议能够反映较大持股比例的股东的意志。但是,反对减资而又居于少数地位的股东,在无法阻止股东会或股东大会通过减资决议时,并不享有要求公司以合理价格回购其股权的请求权。《公司法》调整股东与债权人利益冲突的方法是,强制公司在减资前通知债权人并发布公告,使债权人有机会立即获得清偿或者取得担保。这两种调整方法,我们将在接下来的第12.4节进一步分析。

12.2.2　非支付型减资

"非支付型减资"(主要包括为弥补公司亏损和为减免股东出资义务而进行的减资[①]),也涉及股东之间和股东与公司债权人间的利益冲突,但性质和程度不同。

减免股东出资义务的减资

首先,公司如果允许一部分股东减免全部或者部分出资义务,则公司就无法按照原计划获得该股东的后续资本投入,已经全额缴纳出资的其他股东可能承担更多的投资风险(也可能分享更大比例的投资收益)。当然,如果是全体股东都等比减免出资义务,上述这种利益失衡或许不会出现。

其次,减免股东出资义务的减资,尽管没有导致公司实际向股东支付财产,但仍然可能对公司的偿付能力产生影响。因为,这种减资使公司丧失了在将来获得股东一定资本投入的可能性,同样对公司的偿付能力有所减弱。

不过,减免股东出资义务对公司偿付能力的影响毕竟不同于支付型减资。举例来说:甲有限公司注册资本为人民币1000万元,有股东三人,共认缴出资1000万元,已实缴200万元。章程规定,其余800万元出资由全体股东于2040年12月31日缴纳。甲公司现对乙公司负有100万元贷款债务,应于2022年12月31日偿还。假设甲公司股东会会议于2021年12月10日作出决议,修改章程,免除三股东认而未缴的800万元出资的缴纳义务,将注册资本减至200

[①]　实践中有一种象征性价格的"支付型减资",实质上也属于"非支付型减资"。例如,"新三板"公司西安华新新能源股份有限公司(证券代码:834368),2018年4月26日发布"回购股份暨减少注册资本的预案公告",称其拟依据与四名股东的"业绩承诺及补偿协议",以1元价格回购并注销该四名股东所持的本公司20 897 331股股份(全国中小企业股份转让系统网站 neeq.com.cn,2018年4月26日)。

万元。那么,这次减资对甲公司清偿乙公司债务有什么影响呢?

甲公司股东为自己免除的出资义务原应于 2040 年 12 月履行,而甲公司应当在 2022 年 12 月偿还对乙公司的债务。如果甲公司运营正常,无偿债困难,甲公司减资免除股东 2040 年底的出资义务,通常不会影响甲公司履行 2022 年 12 月底的到期债务的能力。但如果甲公司在减资后发生破产或解散清算情形,那么,由于股东认而未缴的出资应在清算阶段"加速到期",列为清算财产,甲公司的此次减资就很可能影响乙公司债权的实现。

为弥补亏损而减资

如前所述,为补亏而减资,公司不需要向股东支付任何财产,而只是对所有者权益项下的两个科目做账务调整。具体而言,以实收资本(或股本)科目的一定数额冲抵未分配利润科目中的负数(即亏损),使未分配利润科目的数额等于或者大于 0。这种减资对公司的债权人有何影响?

基于"资产=负债+所有者权益"的会计恒等式可知,这种补亏方式减少了公司的实收资本(或股本)数额。按照我国的利润分配规则,这就意味着,减少了公司(资产负债表左侧)必须留存或者不得分配给股东的资产数额。换句话说,以减少实收资本(或股本)的方式补亏,而不是以未来的利润补亏,实际上将使股东在未来拥有更多的机会分配股利(或者说在更大的金额范围内分配股利)。① 对公司的债权人而言,上述变化意味着公司将把更多的未来收益分配给

---

① 这与以资本公积弥补亏损的效果是类似的,参见第 11.1.4 节的讨论。为防止股东恶意利用补亏减资,德国股份公司法对此种减资后的公司分红规定了一定的限制条件,参见后文第 12.5.3 节的相关内容。

股东,而不是留存于公司用于扩展营业和偿还债务。所以,公司为补亏而减资,对其债权人是有一定影响的。当然,这种负面影响未必立即表现出来,具体如何也需要个案评估,与支付型减资对公司债权人的影响毕竟不同。

依照现行的减资规则,无论哪种减资,不管公司是否实际向股东支付财产,公司都要履行同样的债权人保护程序。可是,如果某次非支付型减资根本不足以对公司现有债权人造成危害(这往往需要个案分析),那么,要求减资公司一概满足债权人的提前偿债或提供担保的请求,实际上将使债权人获得不合理的额外利益。对公司而言,这种"一刀切"的、普惠全体债权人的制度安排至少是不经济的。[①]

12.3 同比例的和不同比例的减资

公司减少注册资本必定相应减少股东的出资额或者股份数。理论上,公司减资,可以全体股东都参与,即全体股东都减少一定的出资额或股份数;也可以是部分股东参与,其余股东不参与。全体股东都参与减资的情况下,各股东可能按相同比例减持出资额或股份数(例如,公司注册资本减少20%,每个股东也各自减持20%的出资额或股份数),也可能按照不同比例减持。实践中,常见的做法有两种:一种是,全体股东均参加减资,且按照相同比例(即公司注册资本的减少比例)减持各自的出资额或股份数(简称"同比减资");另一种是,只有一部分股东参与减资(简称"不同比减资")。《公司法》未对减资作此种区分,同比减资和不同比减资适用同样的规则。

---

① 从这个角度看,英国公司法只允许债权可能受损害的债权人获得担保,是有合理性的:它要求提出减资异议的债权人向法院证明自己的债权有可能受到债务人减资的损害,只有得到法院认可后,债权人才有权获得担保。当然,英国的方式无疑又加重了债权人和法院的负担。详见第9.1.2节的讨论。

近年来,"不同比减资"的情况经常出现。由于只是一部分股东减资,故人们对应"定向增资"的叫法,又称之为"定向减资"。很多的"定向减资"起因于股权投资方依协议(常常是"对赌协议"或"对赌条款")退出目标公司。

根据《公司法》的规定,公司股东会或股东大会通过减资决议,需要有代表 2/3 以上表决权的股东表示赞同。① 在全体股东同比减资的情况下,股东对上述表决规则通常没有争议。但在不同比例减资的时候,股东间的持股比例将在减资后发生变动:参加减资的股东部分地甚至全部地撤回了自己的投资,没参加减资的股东的投资仍留在公司。这就造成了股东之间的利益冲突。2/3 以上表决权通过的决议,尽管已经是特别多数赞同的决议,但并非全体股东一致同意。反对不同比例减资的股东通常也是未参与(或者无机会参与)减资的股东。

这种情况下,有些法院在裁判中提出:依据"同股同权"或"股东平等"的原则,每个股东应享有平等的减资机会,不同比例减资应当由全体股东一致通过。也就是说,仅有 2/3 以上表决权赞同的不同比减资决议是不成立或无效的。

在**陈玉和诉江阴联通实业有限公司案**(简称"江阴联通案"),②被告公司作出决议并实施了不同比例的减资(判决书称"差异化减资"),原告在被告公司股东会三次作出减资决议时均未被通知参会,因此也未参与减资。原告持股比例为 3%,即便参加股东会也无法阻止持股 2/3 以上的股东通过不同比减资决议。一审合议庭从股东增资优先认缴权规则中发现"同股同权"原则,进而将增资先缴权规则类推适用于减资,认为非同比减资也应当经全体股东一致同意。具体是这样论述的:

> 《公司法》第三十四条规定,股东按照实缴的出资比例分取红利;公司

---

① 《公司法》(2018 年)第 43 条和第 103 条。
② 无锡市中院(2017)苏 02 民终 1313 号判决。

新增资本时,股东有权优先按照实缴的出资比例认缴出资。但是,全体股东约定不按照出资比例分取红利或者不按照出资比例优先认缴出资的除外。上述规定表明"同股同权"是有限责任公司股东行使资产收益权的基本原则,除公司章程另有规定或者全体股东一致同意外,公司的增资、分红均应当遵循上述原则进行。公司股东减资与公司股东增资的法律性质相同,诉争股东会决议的内容实际上导致联通公司"差异化减资",而未按股权份额同比例进行减资,且在决议过程中也未征得全体股东一致同意,该减资模式违反了有限责任公司股东"同股同权"的一般原则,直接损害了陈玉和作为股东的财产权益,应当认定为无效。

二审判决维持了一审判决,但没有沿用一审的类推适用方法,而是运用了区分技术。二审合议庭首先将减资决议区分为两部分内容:一是,关于公司减资数额的决定;二是,关于各股东分别减持多少出资额的决定。二审合议庭指出:《公司法》规定,"股东会会议作出减少注册资本的决议,必须经代表三分之二以上表决权的股东通过",该条规定的"减少注册资本",**仅指公司减少注册资本的数额,不包括减资额在各股东之间如何分配**。因此,被告股东会2/3以上表决权通过的减资决议,只能决定公司减资多少,而不能决定每个股东各自减持出资的数额。进而,二审合议庭又指出,"不同比减资会直接突破公司设立时的股权分配情况",而"以多数决的形式改变公司设立时经发起人一致决所形成的股权架构"是不合理的,因此,不同比减资"应由全体股东一致同意,除非全体股东另有约定"。①

在**华宏伟诉上海圣甲虫电子商务有限公司案**(简称"圣甲虫电商案")

---

① 无锡市中院(2017)苏02民终1313号判决。

中,二审判决采取了与上述江阴联通案完全相同的说理和表述。①

上述两个判决都涉及同一个基本问题:公司增加或减少注册资本时,原有股东是否享有追加或撤回投资的同等机会(也即按原持股比例分配增资或减资额)?对此,《公司法》未作一般性规定。法律只是对有限公司向外筹集资本时,原股东的增资先缴权做了规定(第34条)。股份公司发行新股时老股东有无优先认股权,则全凭公司股东大会(实际上就是持多数表决权的股东)定夺(第133条)。第34条仅应适用于公司邀请外部投资者增资的情况。审判实践中,的确有判决依第34条支持有限公司股东在无外部投资者增资的情况下,享有等比例的增资认缴权。但是,这已经超出了第34条优先认缴权的原意,实际上是基于第34条的类推适用。②江阴联通案的一审判决认为"公司股东减资与公司股东增资的法律性质相同",故不同比减资应经全体股东一致同意的观点,也是对第34条的类推适用。

江阴联通案的二审判决,尽管没有强调减资与增资的同质特征,亦未明确类推适用,但也认为不同比减资应经全体股东一致同意。其理由在于,如果未经全体一致同意就实施不同比减资,实质上相当于强迫持不同意见的股东,接受其他股东全部或部分撤回投资、初始股权架构变更(因而投资风险重新配置)的结果。显然这是不公平的。

江阴联通案的一、二审判决,都是在没有法律条文或司法解释为直接依据的情况下,法官通过类推适用或者基于常理和公平原则,在个案判决中创设了具有说服力的规则。

---

① 上海市一中院(2018)沪01民终11780号判决。
② 参见王军(2019:84-85)。

12.4 债权人保护机制

无论是何种目的、何种方式的减资,《公司法》提供的债权人保护机制都是一样的,即都允许债权人请求公司立即清偿债务或为债务提供担保。这种债权保护机制不是依据债务人公司的财务报表进行某种金额核算和约束(如同利润分配规则那样),而是"真刀真枪"地要求公司立即清偿债务或者为债务提供担保。

我国减资规则实际上将公司的减资股东和债权人放在了同一条赛道上:谁率先拿到公司资产,谁的投资(及收益)就可以安全收回。很多时候,他们是在"零和博弈"。因此,对债权人来说,他要想获得真实有效的保护,就必须在减资股东取回资产之前获得公司的清偿或者担保。而要做到这一点,需要满足以下三个前提条件:第一,债权人需要第一时间得到公司已经启动减资程序的消息,否则无法及时提出请求;第二,拟减资的公司必须无条件接受债权人的债权申报,并不得拒绝债权人提出的清偿债务或提供担保的请求;第三,非常重要的是,在债权人于规定期间内提出的请求得到全部满足之前,公司不得基于减资决议而向股东支付任何资产。然而,检讨我国的减资规则和实践会发现,目前尚不能满足这三个条件。

首先,债权人可能无法及时获悉公司的减资信息。获知债务人公司已作出减资决议,是债权人获得相关保护的最基本的条件。法律规定,公司应当自作出减资决议之日起10日内通知债权人,并于30日内在报纸上公告。[①] 该条文要求公司既要通知债权人,也要发布公告。但是,法律没有明确规定对哪些债权人应当"通知",哪些只需"公告"。拟减资公司极可能不主动通知债权人(即

---

① 《公司法》(2018年)第177条第2款。

便掌握债权人的联系方式),而只是在债权人极可能看不到的"报纸"上发布一条不起眼的减资公告。① 如今,纸质报纸的读者越来越少,发布在"报纸"上的减资公告只能是越来越难以起到告知债权人的作用。此外,公司违反通知或公告义务的法律责任是轻微的。法律只规定了1万~10万元的行政处罚,②公司登记机关如何发现这类违法行为,如何决定处罚幅度,不得而知。而民事责任是什么,谁来承担,《公司法》却未作规定。法律责任微不足道,使得拟减资公司缺少依法履行通知或公告义务的动力。

其次,拟减资公司很可能对债权人的请求置之不理,而债权人却没有阻止减资进程的法律手段。假定债权人碰巧从某份报纸上看到了债务人公司减资的消息,并在规定时间内向拟减资公司提出了清偿债务或者提供担保的请求。但是,拟减资公司很可能拖延、敷衍甚至拒不理睬债权人的请求,而债权人却无法以其请求未获满足为由,阻止该公司继续实施减资。原因在于,《公司法》没有将债权人的请求获得满足规定为公司减资决议生效或者可以实施的前提条件。债权人的异议对减资进程是没有影响的。因此,即便债权人获知并提出债权保护请求,或者对减资提出异议,拟减资公司都可以不加理睬,继续实施减资(比如向股东支付减资财产)。

---

① 减资公司选择的"报纸"很可能是人们从不关注的。上海德力西集团有限公司诉江苏博恩世通高科有限公司等案(《最高人民法院公报》2017年第11期)中,减资公告发布于《江苏经济报》;江阴市房屋建设工程有限公司诉上海天南实业有限公司等案,上海市一中院(2009)沪一中民二(民)终字第3281号判决,减资公告发布在《上海法治报》;上海香通国际贸易有限公司诉上海昊跃投资管理有限公司等案,上海市普陀区法院(2014)普民二(商)初字第5182号判决,减资公告发布于《上海商报》。还有的减资公司在其住所地报纸发布减资公告而债权人却在外地,参见五矿钢铁有限责任公司诉天津鸿锡商贸有限公司等案(高春乾 2011:90)。最后,很多报纸都将这类公告以较小字号集中发布在某个版面甚至是报纸的中缝里面。

② 《公司法》(2018年)第204条。

最后,在公司以回购股权的方式减资时,公司可以先回购、后履行减资债权人保护程序。这使得股东可以先行从公司获得货币资产,而债权人即便提出清偿请求,次序上已经落后于股东了。上市公司为拉升股价而回购自己的股份时,如拟对购回股份作注销处理,则减资程序不可避免。因此,凡是计划回购并注销股份的上市公司,都会在股东大会通过回购决议后,公告回购决议并发布"债权人公告"。① 根据"债权人公告",债权人有权在公告之日起 45 日内申报债权,请求清偿或提供担保。但是,上市公司的股份回购工作从回购决议发布后就可以开始,完全不必等债权人的清偿或担保请求得到满足,甚至不必等债权人申报完毕。② 出现此种现象的原因是,回购股权和减资是各自独立的两个步骤,缺少必要的关联。③

对于前两种制度缺陷(即违反通知或公告义务的民事责任不明、债权人异议无法阻断减资程序),实务上发展了两种应对方法。其一,对于违反通知义务的减资行为,法院可能作出这样的判决:确认减资对未受通知的债权人"不产生法律效力",减资股东在减资范围内对公司债务承担补充清偿责任。其二,不少地方的公司登记机关,作为公司变更注册资本登记的最后"守门人",要求减资公司的股东签署"减资声明",声明已清偿公司债务并对未清偿之债务作出担保承诺。这两种做法一定程度上弥补了现行减资规则的缺漏。但是,《公司法》减资规则的基本架构和根本缺陷没有改变——公司决定和实施减资的时候,不需

---

① 这也是证券交易所的要求,见《上海证券交易所上市公司回购股份实施细则》(2019 年)第 24 条。

② 以江苏康缘药业股份有限公司(简称:康缘药业,证券代码:600557)的回购为例:该公司股东大会于 2018 年 11 月 8 日通过回购股份决议;11 月 9 日发布债权人公告,债权人被告知可以在 11 月 9 日至 12 月 23 日申报债权;但是,该公司 11 月 16 日就开始实施回购。参见江苏康缘药业股份有限公司关于注销已回购股份并减少公司注册资本的公告(上交所网站,2019 年 4 月 24 日)。

③ 这一问题将在第 13.2 节进一步讨论。

要遵循某种**财务标准**(比如:公司存在未弥补亏损时不得实施返还财产或减免出资义务式的减资),或符合某种**偿付能力标准**(比如:减资不得导致公司在减资后出现偿付困难),因此减资完全是公司自主决定而极少外部约束的事情;虽然法律赋予债权人一定请求权,但在没有提起诉讼的情况下,法院不可能提前介入,公司登记机关也只是做事后的形式审查(股东取走资产后,上述两种实务上发展的事后补救措施很可能对公司债权人没有实质性帮助)。

另一方面,减资规则的运行成本可能是极高的。按目前的规则,公司一旦做出减资决议,无论减资是否向股东返还资产、是否可能实质性影响公司偿付能力,公司都必须立即启动通知并公告债权人的程序,并接受任何一名债权人的清偿或担保请求。这似乎不是一种经济且精准的债权人保障机制。一些没有任何偿付风险的债权也可能因此获得提前清偿或担保,而公司的负债融资成本可能因此大幅提升。设置某种区分标准,将明显无害于债权人利益的减资予以简化处理,是必要的。

以下三节,首先讨论实践中发展出的两种债权人救济和保护措施,其次分析法律是否应当为减资设定某种财务或偿付能力标准。

12.4.1 未通知债权人的减资"不得对抗债权人"

《公司法》既未规定哪些类型的债权人应由公司"通知",也没有规定公司违反通知或公告义务时,何人应向债权人承担何种法律后果。[①] 法官在审判中不得不通过解释、类推适用等方法回应这些问题。

在许多案件中,法官将公司的"通知"对象限定为公司"已知或应知的债权

[①] 《公司法》(2018年)的"法律责任"一章只是规定,公司减资时不依法通知或公告债权人的,"由公司登记机关责令改正",并处罚款(第204条第1款)。

人"。也就是说,只要公司有条件知道或实际上知道某个债权人存在,公司减资时就有义务通知该债权人。

《最高人民法院公报》2018年公布的一个减资案件(**上海德力西集团有限公司诉江苏博恩世通高科有限公司等案**,简称"上海德力西案")中,被告公司减资时仅在报纸上发布了公告,没有另行通知债权人(该案原告)。原告在被告完成减资后,发现被告已无资产清偿债务。原告在二审过程中举出证据证明被告事实上知道该笔债务的存在,并且掌握该债权人的联系方式(证据是原告与被告共同签署的一份供货合同,其中包含原告的法定代表人姓名、公司住址和联系电话等信息)。二审法院据此认为,应当推定原告是被告的"已知债权人"。对于"已知债权人",减资公司应当采取通知而非公告的方式告知债权人减资事宜——这似乎也是不证自明的常识。①

对于减资公司违反通知义务的法律后果,常见的裁判观点,并非确认该公司减资决议或减资行为无效,而是确认减资对起诉的债权人"不产生法律效力"或不能"对抗"该债权人。② 减资不能"对抗"债权人的意思是,减资(决议和行为)是有效的,但对于提起诉讼的债权人来说,公司资产并未因减资而减少,或者说股东因减资而取回的资产仍然属于减资公司责任财产的一部分。基于这一认定,法院通常会判令减资公司的股东(有时是全体股东,有时只是参与减资的股东),在减资金额范围内对起诉的债权人承担"补充赔偿责任"。前述上海

---

① 上海德力西集团有限公司诉江苏博恩世通高科有限公司等案,载《最高人民法院公报》2017年第11期,第38-41页(二审法院为上海市二中院)。类似的裁判观点在此前的一些判决中已经出现,例如:江阴市房屋建设工程有限公司诉上海天南实业有限公司等案,上海市一中院(2009)沪一中民二(民)终字第3281号判决;刘春辉诉白华榕等公司减资纠纷案(高春乾2013:205-206)。

② 这种裁判观点与1929年民国公司法(第200、49条)的规定相同,参见王效文(2004:263)。我国台湾地区"公司法"第281条、第74条延续1929年民国公司的规则,参见柯芳枝(2004:418)。

德力西集团有限公司案即为一例。①

判令股东对公司债务承担"补充赔偿责任",这是司法解释对违反出资义务或抽逃出资的股东所持有的一贯立场。对减资公司的股东作出类似判决表明,法官认为,股东因减资取回财产而公司又未通知已知债权人,与股东未履行出资义务或抽逃出资是十分类似的。有相当多的案例表明,法官将这种情况类推适用抽逃出资的规则处理。②

法官为什么不判决违规减资无效?原因首先是《公司法》没有明确规定违反通知义务的减资应被确认无效。因此,在法无明文规定的情况下,违反通知义务的法律后果,需要法官解释。有的法官认为,减资通知规则并非"效力性强制性规范",违反该规则仅损害特定债权人利益而不损害公共利益,故不应确认减资行为无效。③ 还有法官撰文指出,确认减资无效的判决难以执行(或者说无效判决对减资后的既成事实和秩序冲击过大),而判决股东承担"补充赔偿责任"即足以补救债权人损失。④ 在类推适用抽逃出资规则的判决中,法官基本上都认为不通知债权人而减资与抽逃出资类似。类推适用抽逃出资规则解决了法律依据的问题,法官可以依据《公司法解释三》第 14 条的抽逃出资责任规则,判令股东在减资范围内对债务承担"补充赔偿责任"。

---

① 前注援引的江阴市房屋建设工程有限公司诉上海天南实业有限公司等案、刘春辉诉白华榕等公司减资纠纷案的判决也与上海德力西集团有限公司案相似。实际上,即便公司减资只是减免股东的出资义务,而非向股东返还财产,法院也会做出类似裁判,参见余斌(2018:140)(该文例举的案例二和案例三)。

② 有研究者收集了 2009 年至 2017 年间的 50 个减资未通知债权人的案件,发现全部样本案例,法院都没有确认减资无效,而是判决公司继续履行债务,股东在减资金额范围内对公司债务承担补充赔偿责任。其中有 41 件判决将减资未通知债权人的做法,类推适用《公司法解释三》第 14 条的抽逃出资责任规则。参见余斌(2018:139)。

③ 高春乾(2011:92)。

④ 刘玉妹(2016:97)。

无论判决是否明确表示类推适用抽逃出资规则,判令股东承担"补充赔偿责任",实际上都是裁判思维上的"路径依赖"。法院在处理股东违反出资义务、抽逃出资的案件中,业已形成固定的裁判模式,即公司清偿不了的债务应当由违反出资义务的股东补充清偿。减资,无论是返还股东财产还是减免出资义务,都与股东的出资义务密切相关;未通知债权人而减资也与抽逃出资有相似性。所以,依赖法院处理出资义务纠纷的既定路线(而且该处理方法已经《公司法解释三》第13、14条认许),解决违反通知义务的减资债务纠纷,对法官而言是顺理成章、驾轻就熟的。

因此,目前处理违规减资的通行办法难免存在以下弊病:

第一,债权人不公平受偿。减资公司的债权人可能不限于起诉的债权人,可能未必都知道公司发生减资,或者未必都提起了诉讼。所以,法院判决股东在减资金额范围内直接对起诉的债权人补充清偿,而不是判令股东将取回的财产返还公司,意味着起诉的债权人可以优先于其他债权人提前获得个别清偿。这一做法固然有鼓励债权人起而维护自己权利的效果,但也极易造成债权人间的不公平受偿。①

第二,鼓励公司减资时不通知债权人。有研究指出,法院只是判决不通知债权人的减资"相对无效"而非彻底无效,可能产生"逆向激励"效果。即这样的判决相当于告诉公司:减资不通知债权人并不影响减资的有效实施,最严重的后果无非是股东在减资金额范围内承担补充责任,而债权人未必会得知公司减资,知道了也未必都会起诉。②

第三,在减免股东出资义务的减资案件中,产生强制股东提前缴资的效果。

---

① 这与股东承担出资责任时的个别清偿问题是一样的,参见第8.3.2节。
② 余斌(2018:145)。

公司减资如果采取减免股东出资义务的方式,那么,因公司未通知债权人而判令股东在减资金额范围内承担补充赔偿责任,实际上相当于(不顾该股东认缴出资时承诺的实缴期限)强制股东立即缴纳出资。假如公司不实施减资,而股东的实缴义务远未到期,债权人本来无法从股东承诺的未来出资中获得任何现实利益。可以说,判决这类减资的股东承担"补充赔偿责任",类似于给股东施以"惩罚性赔偿",而起诉的债权人则获得"意外奖励"。只是,这种"惩罚"和"奖励"的正当性还没有任何令人信服的理由。

显然,确认不通知债权人的减资为无效减资(或者未生效减资),公司资产恢复原状(即取回资产的股东应当返还资产,被减免的出资义务也不得减免),是理顺上述各种矛盾的基本思路。而这就要求法律上将债权人同意减资(或一定期限内不提出异议),作为公司减资(包括减资决议和/或实施减资决议的行为,如:向股东返还财产、变更公司登记等)的生效条件。具体的改进方案,下文第12.5.2节详细讨论。

12.4.2 要求股东对公司债务作出担保声明

减资最终需要落实到公司登记事项(如注册资本、股东出资额等)的变更上。因此,公司登记机关把守着减资过程的最后一关。《公司法》授权公司登记机关对不依法履行通知或公告义务的减资行为"责令改正"并处罚款(第204条)。一个公司的减资如果已经实施完毕,假使登记机关半年后发现该公司减资前未通知债权人,罚款固然好办,如何使之"改正"?

实践中,有些地方的公司登记机关发明了一种新办法,把"事后改正"升级为"事前承诺":登记机关要求办理减资登记的公司,必须提交一份全体股东签署的、保证承担公司债务的书面声明,否则不予变更登记。书面声明的内容通常是:公司已根据债权人的请求清偿了债务或提供了担保;如有其他债务,股东将承担个人责任。①

例如,在**江阴市房屋建设工程有限公司诉上海天南实业有限公司等案**,上海中大紫来建材设备有限公司 2006 年 7 月 5 日向上海市工商行政管理局金山分局申请减资登记。该公司向登记机关出具了一份由公司全体股东签名、盖章的"有关债务清偿及担保情况说明"。内容为:

> 根据 2006 年 7 月 1 日上海中大紫来建材设备有限公司股东会决议,本公司编制了资产负债表及财产清单、在该决议作出之日起的十日内通知了债权人,并于 7 月 3 日在《上海法治报》上刊登了减资公告。根据公司编制的资产负债表及财产清单,对公告期内债权人申报的要求提前清偿的债权,已予以清偿,未清偿债务的,由公司继续清偿,并由(股东)上海天南实业有限公司、上海奥伯实业有限公司、王生劳提供相应担保。②

在**刘春辉诉白华榕等案**,北京欣元中关商业管理有限公司 2009 年 3 月 1 日申请减资登记,全体股东签署并向北京市海淀区公司登记机关提交一份"债务清偿或担保情况的说明":

> 欣元公司注册资本由 300 万元减少到 60 万元。本公司已于 2009 年 1 月 13 日在《参考消息》上登了减资公告,迄今为止,无任何单位或个人向本公司提出清偿债务或提供相应的担保请求。至此,本公司债务已清偿完毕,对外也无任何担保行为,如有遗留问题,由各股东按照原来的注册资本数额承担责任。特此说明。③

---

① 现有研究似乎尚未注意这一现象,参见刘玉妹(2016)、余斌(2018)。
② 江阴市房屋建设工程有限公司诉上海天南实业有限公司等案,上海市一中院(2009)沪一中民二(民)终字第 3281 号判决。上海天南实业有限公司、上海奥伯实业有限公司、王生劳均为中大紫来公司股东。
③ 刘春辉诉白华榕等公司减资纠纷案,高春乾(2013:204)。

诸如此类的声明通常带有明显的"地区相似性"。由此可推知:它们是登记机关要求减资公司股东签署的,不签署则不予变更登记,因此是强制性的。①

股东的债务担保声明,被不少法院确认为对减资公司未清偿债务的担保承诺,成为判决股东在减资金额内承担公司债务的依据之一。② 担保声明的存在并未改变法官的固有裁判思路,只是降低了论证说理和法律解释的成本:被判决承担"补充赔偿责任"的股东,必须向起诉的债权人直接清偿,而不是将取回的财产返还公司。因此,这类判决同样存在前文所说的债权人不公平受偿的可能性。

登记机关要求股东作出债务担保承诺的合理性在于:股东是减资的直接受益者,他们要么取回了出资财产,要么减免了出资义务,而《公司法》又要求公司应债权人请求而清偿债务或提供担保,所以由股东们担保减资公司未结之债务,符合收益与风险对应的原则。不过,股东并不是公司减资方案的唯一设计者、决策者和操办者,未必参与减资实施过程中的所有具体事项(例如通知和公告债权人)。减资方案通常须由董事会首先通过,再提交股东会或股东大会决议,减资方案也需要董事会安排实施。而公司董事未必都与股东是同一批人。因此,要求公司董事就减资的合法性或者公司偿付能力作出一个担保声明,对董事决策和实施减资的行为施加一定约束,对于公司合规实施减资是非常必要的。

---

① 从案件当事人的陈述中也可找到证据。一位股东说,办理减资时,工商局要求他们签署规定格式和内容的"有关债务清偿及担保情况说明"。江阴市恒盛橡塑制品有限公司诉上海达优塑模有限公司等案,江阴市法院(2017)苏 0281 民初 10810 号判决。

② 参见:江阴市房屋建设工程有限公司诉上海天南实业有限公司等案,上海市一中院(2009)沪一中民二(民)终字第 3281 号判决(一审合议庭认为,股东签署担保声明,相当于股东对公司的"债务加入");江阴市恒盛橡塑制品有限公司诉上海达优塑模有限公司等案,江阴市法院(2017)苏 0281 民初 10810 号判决;刘春辉诉白华榕等公司减资纠纷案,高春乾(2013:206)。

12.4.3 减资应否满足特定的财务条件

很多案件的判决显示,公司作出减资决议时,公司已经持续亏损或即将陷入偿付困境;还有一些案件表明,公司实施减资后,公司几乎立即就丧失了偿债能力。

例如,在上海德力西案,被告公司2012年8月底减资1.9亿元(其中免除股东出资义务2700万元,返还股东出资1.63亿元),次年4月开始即屡次被记录为"失信被执行人"。该案一、二审期间(2016-2017年),被告及其股东均未出庭应诉,可知公司早已人去楼空。显然,这次故意不通知债权人的减资,实际上使得股东在债权人不知情、无法主张权利时率先取回了公司的绝大部分货币资产。

在江阴联通案,被告公司2016年4月和5月分两次大规模减资,注册资本从1.9亿余元减到6000余万元(减资方式是向股东返还现金)。但被告公司的财务报表显示,2015年度公司累计亏损1217余万元,2016年3月亏损额为100余万元。[①] 可见,被告公司是在持续亏损的状态下向股东大举返还财产的。检索网络信息可知,截至2019年12月底,被告公司作为被执行债务人的案件至少有15起,被告公司及其大股东名下均有大笔资产被冻结。[②]

在圣甲虫电商案,被告公司2018年3月1日作出减资决议,决定注册资本减少20余万元,退还某股东500万元溢价出资款。该公司的财务报表显示,2018年2月至10月公司净资产一路下滑,月月亏损。[③] 前文提到,公司出现亏损时可以通过减资弥补亏损。但在本案中,被告公司并未通过减资弥补亏

[①] 无锡市中院(2017)苏02民终1313号判决。

[②] 在百度企业信用系统(xin.baidu.com),以被告名称"江阴联通实业有限公司"检索,可查知与该公司有关的已公布裁判文书和财产保全信息。

[③] 该公司2018年2月的净资产为9 202 725.43元,3月为8 423 242.68元,10月为2 317 650.37元。2018年2月至10月,该公司每月均有亏损,2月到10月的累计亏损达7 555 523.28元。上海市一中院(2018)沪01民终11780号判决。

损,而是通过支付型减资让股东率先取回财产——不论该行为是否立即导致公司丧失偿付能力,其实际效果都是将公司的经营风险更多地向债权人转移。从现行《公司法》的利润分配规则看,这种亏损状态下的支付型减资,在逻辑上也与"无盈不分"的原理相抵触。

然而,按照《公司法》的规则,公司减资前后无须满足某种偿付能力标准,也不必符合某种财务标准(例如不得有未弥补的亏损)。所以上述三个案件中的减资在实际操作中畅行无碍。①

《公司法》没有为减资设定特殊的财务条件,原因或许是,它本身已经提供了一套债权人保护机制(即公司有通知和公告义务,债权人有权要求清偿或担保)。但是,根据我们前面的分析,这套保护机制并未给债权人提供切实有效的保护。

《公司法》应否为减资设置一定的财务条件,或者规定减资不得损害公司的实际偿付能力?设置此等条件的话,如何使之落实?如果设置这样的财务条件或偿付能力条件,那么,现行的债权人保护机制是否还有保留的必要?假如公司债权人有机会在公司向股东返还资产前提出清偿债务或提供担保的请求,而且公司不满足债权人此等请求就无法完成减资,那么,是不是就足以保护债权人的利益了?这些问题,是我们探讨如何改进减资规则时应当认真研究的。

12.5 减资规则的未来

当前的减资规则,自 1993 年《公司法》生效实施后一直没有变化。早在 2004 年出版的一本论文集中,就有作者对减资规则提出如下批评:(1)规则单

---

① 只是在圣甲虫电商案中,二审法院判定公司在亏损状态下减资有损公司其他股东和债权人利益,应属无效。上海市一中院(2018)沪 01 民终 11780 号。

一,未区别不同类型的减资分设规则;(2)对违反程序的减资行为,未确立明确的责任规则;(3)缺少有关公司管理者责任的规则;(4)债权人提出担保请求后,如何落实缺乏可操作性。[①] 针对这些缺点,作者提出了相应的立法建议。诸如:区分不同事由的减资分别设置规则;规定债权人有权诉请法院判令公司停止减资或者确认减资无效;规定有重大过失的董事承担责任;规定公司提供担保的适当标准;设立法院批准减资的机制等。[②] 然而,十多年来,《公司法》的减资规则依然故我,纹丝未动。

减资规则看起来似乎未到亟待修改的地步。原因或许在于,审判实践发展出来的债权人救济措施起到了一定的补充作用。法院在个案裁判中创设的未通知债权人的减资"不得对抗债权人"规则(或类推适用抽逃出资规则),为债权人提供了一定的救济路径。而公司登记机关要求减资公司的股东签署债权担保声明的做法,又为法院的此种实践提供了合同上的依据。

但是,正如前文分析的,审判实践和公司登记机关发展出来的应对措施还不足以弥补法规漏洞。而且,由于因循股东瑕疵出资和抽逃出资责任的裁判逻辑,这两种应对措施存在无法忽视的缺陷。基于当前的实践情况,重新梳理问题症结,结合审判机关和登记机关的机制创新,探讨可行的改进方案,仍有必要。

12.5.1 症结所在

当前的减资规则充分体现了"公司自治":法律不限制减资目的,也未设定减资的财务条件,公司自行作出减资决议,自行实施减资。减资过程中,如无纠

[①] 李智(2004:251-252)。蒋国艳(2017:101)也持类似观点。
[②] 李智(2004:252-254)。蒋国艳(2017:103-105)、余斌(2018:146)也提出类似立法建议。

纷,法院和公司登记机关均不介入。法律提供的保护债权人的办法是,让债权人在公司减资过程中自行主张清偿债务或要求提供担保。看起来,这套规则给债权人提供了周到而实用的保护。

但实际上,现行债权人保护机制并未有效地自行运转。债权人常常得不到减资通知,看不到报纸上的减资公告,无法及时行使请求权。即便侥幸得知消息,提出清偿债务或设定担保的请求,公司也未必理睬。债权人即使请求得不到满足,即使提出异议,也不影响债务人公司把减资进行到底。有些地方的公司登记机关要求股东签署债务担保声明,但这无法阻止公司故意不通知债权人而悄声减资。因为,减资完全是公司自行处理的事务,在公司办理变更登记前,没有外部机构事先审查公司是否履行了对债权人的保护程序。即便是负有信息披露义务的上市公司,它们在回购股份注销的过程中,也只公布与回购股份相关的信息,而不披露是否已向债权人清偿债务或提供担保的信息。

减资公司及其股东就算在与债权人的诉讼中败诉,法院判令公司继续清偿债务、股东在减资范围内承担补充清偿责任,他们所承担的责任也没有超过本应承担的义务。况且,债权人提起诉讼时,股东大多已经通过减资提前取回资产并转移别处,法院判决对债权人很可能起不到实质性的救济作用。

由上可见,减资规则对债权人的保护之所以薄弱,关键原因有两点:一是,债权人常常没有机会及时提出清偿债务或提供担保的请求。二是,债权人即便提出清偿或担保请求,也无法阻止减资继续推进。减资公司可以不理会债权人的清偿或担保请求,在债权人的请求未获满足时,率先向股东支付减资财产。现有规则没有为债权人提供任何足以阻止公司实施有害减资的合法手段。

公司减资时极力避免债权人知晓,也与这套债权人保护机制运行成本过高有关。目前尚无对减资成本的量化研究。但是,从规则逻辑和上市公司的减资实践看大致可有一个估量。首先,当前的债权人保护规则是不区分减资方式和原因的,无论是否向股东返还资产,公司债权人均有权要求公司清偿债务或提供担保。对于以减免股东出资义务为手段或者以弥补公司亏损为目的的减资(以及前面提到的1元价格回购股份的减资),赋予债权人主张立即清偿债务或提供担保的请求权,可能有过度保护之嫌。其次,从上市公司回购"激励对象"的"限制性股票"的实践看,回购金额无论多大,无论对公司清偿能力有无实质性影响,公司都必须按照减资规则公告债权人,债权人均有权要求清偿债务或提供担保。看起来也是不加区分地加重了减资公司的负担。

总结来看,当前的减资规则显示出了两方面的弱点:一方面,保护债权人的实际效果不佳;另一方面,机制运行成本过高。

12.5.2 修补现有规则

如果继续保留资本维持模式的减资规则,要扭转债权人不知情、提出请求不被理睬的局面,以下四点措施是不可缺少的:

其一,修改减资通知和公告的规则,使债权人尽可能及时得到消息。例如:法律可以明确规定哪些债权人必须通知;可以要求公司在企业信用信息公示系统、企业网站、微信公众号等互联网平台公布减资信息;延长公告期限,例如从目前的45天延长到3个月。

其二,加重法律责任,促使相关人员履行通知和公告义务。主要是要加重公司管理者(尤其是董事)和股东的责任,使负有过错的董事和股东对债权人承担赔偿责任,甚至承担惩罚性赔偿责任。或者,对之施以行政处罚,乃至刑事处罚。一些公司登记机关要求股东出具债务担保声明,是一条有益的经验。如果能够将担保声明的要求提升为法律规则,并将担保人扩大为股东和公司董事,则规范效果可能更好。

其三,规定减资行为生效和实施的条件。首先应当区分减资决议、减资程序和减资行为(包括财产处分、会计处理、登记变更等)。减资决议的作出符合法律和公司章程规定即为有效决议。有效减资决议是公司启动减资程序的原因。减资程序首先是债权人保护程序。未履行债权人保护程序时,公司不得实施减资行为。公司实施减资行为的前提条件是:无人申报债权,或者已申报债权的债权人在规定时间未提出清偿债务或提供担保的请求,或其偿债或担保请求已得满足。不满足减资行为的前提条件,公司就不得以减资为由向股东转移资产,不得减免股东出资义务,也不得根据减资方案弥补亏损。如有违反,公司为实施减资所做出的行为应归于无效,股东取得的财产应返还给公司,而有过错的董事也应当连带承担赔偿责任。

其四,通过事前、事中的外部监督,迫使公司遵守通知和公告义务,尊重债权人的请求。但是,外部监督和介入是有成本的。一方面,没有外部的监督和介入,完全依赖对公司管理者和股东的事后追责,无法避免一些公司冒险逃避债权人保护规则。另一方面,让外部机构介入甚至监管减资过程(例如,像英国对待公开募股公司的减资那样,由法院对公司减资全程监管),则可能令减资程序进展迟缓、耗费巨大。所以,保护减资债权人的措施应当主要依赖扩大信息披露义务和加重法律责任,还是通过外部机构直接介入监管的方式,需要立法机构慎重研判。

此外,需要考虑是否应当为减资设定的一个财务标准。一家公司如果已经出现某种程度的亏损,此时再允许其实施减资,其偿付债务的能力极有可能受到损害。这是许多诉讼案件反映出来的现实问题。如果法律规定,公司有未弥补之亏损则不得实施减资(除非减资的目的是弥补亏损),那么,这类偿付能力通常不足(因而有较大动因逃避债权人保护程序)的公司将被提前排除于减资程序之外。

12.5.3 降低减资成本

降低减资成本,一来可使公司免于为不必要的程序支付费用、浪费时间,二来有助于降低减资程序的"逆向激励"效果。降低减资成本可以考虑的措施是:针对不同目的和方式的减资,设置不同的债权人保护规则。为此,我们可以分析英国和德国的不同做法。

英国的方法,首先是区分公开募股公司和非公开募股公司,规定繁简不同的减资程序;其次,法院对公开公司的减资全程监管,法官根据债权人的举证、减资的具体方案等情形,斟酌决定是否要求公司向特定债权人提供担保。而德国则是对不同类型的减资规定不同的程序和保护机制。以下具体说明。

英国《2006年公司法》第646节专门规定了公司债权人对减资的异议权。如前所述,对公开募股公司的减资,英国公司法设定了一套法院全程监控下的严格程序(第641-653节)。在公司法2009年修订之前,债权人可以无条件地对减资提出异议。只要债权人提出请求,法院就会要求公司对其债权提供担保。但是,2009年的一项修订对债权人的异议权添加了一个条件,即债权人必须证明公司减资确有现实可能导致公司无法偿付对其负有的债务。[1] 这就意味着,法院不会一概批准债权人提出的担保请求,而是必须审查债权人提供的证据,判断特定债权是否有不受清偿的现实可能性。只有那些确实有可能受到减资损害的债权人才能得到公司的担保。

非公开募股公司的减资程序有少许弹性:可以不必申请法庭许可,只需公司董事作一个"清偿能力声明"。[2] 不过,由于董事忌惮将来承担法律责任,非公

---

[1] UK Companies Act 2006, s. 646 (1)(b).
[2] UK Companies Act 2006, ss. 642-644.

开募股公司事实上很少经由董事声明而减资,它们宁愿也采取征得法庭许可的途径。①

英国公开募股公司减资规则的突出特点是:债权人负有证明减资危害其债权的举证义务,而法官对债权人的异议请求拥有举足轻重的审查权。不是任何债权都能够得到担保,法官的审查发挥了甄别和分流的作用。

德国《股份公司法》针对股份公司不同目的的减资,设置三种程序:普通减资、简易减资和通过收回股份而减资。分述如下。

(1)普通减资:这种程序适用于向股东返还财产或减免出资义务的减资。普通减资须由公司股东大会作出特别多数(3/4)通过的决议。公司管理委员会(或称董事会)和监督委员会(或称监事会)主席应当将该减资决议交公司商事登记机关登记。减资决议自登记时生效。同时,通过登记程序公开宣告减资程序正式启动。不享有破产优先受偿权的债权人,有权在减资公告后的6个月内登记债权,要求公司对其尚未届期的债权提供担保。只有在6个月届满且登记债权的债权人得到清偿或者担保的情况下,公司才可以基于减资而向股东返还财产或者减免股东出资义务。减资程序实施完毕后,公司管理委员会还要再作商事登记,以终结此次减资。②

(2)简易减资:这种程序仅适用于弥补公司资产减值、冲抵亏损或者将股本转为资本公积之目的的减资。如果公司有足够利润实现上述三个目的,则不允许实施简易减资。《股份公司法》要求公司率先以法定公积金、资本公积金、盈余公积金弥补亏损、弥补资产减值或转增资本公积。因此,当公司的法定公积金与资本公积金之和超出股本总额的10%以上或者盈余公积金尚有余额时,公

---

① Ferran & Ho (2014: 281).
② Germany Stock Corporation Act, ss. 222—227.

司不得实施简易减资。

简易减资无须适用普通减资的债权人保护程序。这是它被称为"简易减资"的主要原因。它对公司债权人的保护措施,一是限制适用范围,不允许公司通过简易减资向股东返还财产或者减免股东出资义务。二是,《股份公司法》对公司简易减资之后的盈余分配也有限制,防止利益过分向股东倾斜。首先,法定公积金和资本公积金之和如果少于股本的10%,则公司不得分红;其次,简易减资后的2年内,即使具备分红条件,分红的年股息率也不得超过4%,除非公司向债权人清偿债务或提供了担保。①

(3)通过回购股份减资:公司可以通过回购股份的方式减资,向股东返还过剩资本,也可以通过回购股份实施企业整顿。与普通减资和简易减资必须同等对待全体股东不同的是,回购股份式减资可以只涉及个别股东的股份。② 股份回购可以是强制性回购,但强制性回购必须以公司章程事先有特别规定为前提。一般情况下,普通减资的规则均适用于回购式减资,除非属于某些例外情形。③

归纳起来看,德国《股份公司法》的减资债权人保护程序实际上只有两种,即普通减资程序和简易减资程序。普通减资程序适用于向股东支付财产和减免出资义务的减资,程序相对复杂。④ "回购股份式减资"(当公司只回购个别股东的股份时,其情形类似于我国实践中的"非同比减资"),也适用普通减资程序。简易减资程序主要适用于弥补亏损的减资。由于不直接减少公司资

---

① Germany Stock Corporation Act, ss. 229-233.
② 莱塞尔、法伊尔(2019:429)。
③ Germany Stock Corporation Act, s. 237.
④ 莱塞尔、法伊尔(2019:424)指出,德国股份公司通过普通减资程序向股东返还资本的情况实际上很少见。在笔者看来,减资程序复杂、公司为担保债务而负担过重,或许是原因之一。

产,故程序比较简易。但如前所述,弥补亏损并非不牵涉债权人利益(弥补公司亏损的目的常常是为股东将来的分红准备条件),所以德国法对公司简易减资后的分红行为设置了一定限制。

德国的办法相当程度上是一种**"自我实施型"机制**。它按照减资对债权人的影响区分了繁简程度不同的两种减资程序:对债权人影响微弱的采取简易程序,利益冲突尖锐的就采取比较复杂的普通程序。这样就把为弥补亏损而启动的减资从普通减资的债权人保护程序中解放出来了。驱动和约束公司依规则减资的因素也主要是事后的责任追究,而不是法官的提前介入。这套"自我实施型"规则能否发挥作用,取决于责任追究机制是否有效率。

英国的办法则是把法院当作公司减资的监管者。债权人承担举证责任,法官行使判断某个债权人是否应得到担保的审查职能。这是一种**"司法依赖型"机制**。法官审查债权人证据时所执行的审查标准、所耗费的时间等,都可能影响减资成本。这种机制能否降低减资成本,是无法确定的。

比较而言,对我国来说,为不同目的和不同方式(因而对债权人具有不同程度影响)的减资分设繁简不同的减资程序,而不是将甄别权全部交给法官,似乎更为可取。比如:可以将弥补亏损的减资作为单独一类(适用简易程序),其他目的减资另作一类(适用普通程序);也可以以是否向股东支付资产为标准,区分为支付型减资和非支付型减资,分别适用不同的程序。

本章小结

- 我国减资规则将减资事项完全交给公司自行办理,并无外部机构事前或事中介入监管。减资目的不受限制,减资无须满足一定财务条件。公司法对所有目的和方式的减资适用统一规则。

- 非等比例减资(或"定向减资")极易引发股东之间的利益冲突,股东会通过此类减资决议时,表决规则应有特别设置,以便反映所有利益相关的股东的意志。

- 现行减资规则对债权人保护薄弱的关键原因有二:一是,债权人常常没有机会及时提出清偿债务或提供担保的请求。二是,债权人即便提出清偿或担保请求,也无法阻止减资继续推进。

- 作为法律补充,法院创设了违反通知义务的减资"不得对抗债权人"的规则,公司登记机关要求股东声明担保公司债务。

- 在现行减资规则框架内,要扭转债权人不知情、提出请求不被理睬的局面,需要作出四方面改进:一是修改减资通知和公告的规则;二是加重法律责任,促使相关人员履行通知和公告义务;三是明确规定减资行为的生效和实施条件;四是通过事前、事中的外部监督,迫使公司遵守通知和公告义务,尊重债权人请求。

- 现行的减资债权人保护机制,实质上是一种"非解散的清算",成本巨大。有必要区分不同目的、不同方式的减资,分别设置不同程序。

13. 股份回购规则

潜在的投资者将根据股份回购规则统筹考虑他们是否以及如何进行权益投资。所以,退出机制反而影响着投资决策,退路一定程度上预示着进路。

无论是股份公司还是有限公司,都有可能从股东手中回购自己的股份(或股权,以下统称股份)。其动因,有时是自愿的(例如为实施对高管人员的股权激励计划、提振上市公司股价、调整资本结构、变更股权结构等),有时是非自愿的(例如异议股东行使股份回购请求权、公司为抵挡敌意收购而实施反收购等)。① 其依据,有时是法律规范或公司章程,有时则是公司与他人达成的协议(例如对赌协议)。公司回购回来的股份,未必都注销,只有注销股份的情况下才发生减资。因此,股份回购规则与减资规则的规范目标是不同的。

公司回购自己的股份,对本公司股东和债权人均有影响。但是,股东和债权人关心的问题是不一样的。

依美国学者格瓦兹(Franklin A. Gevturtz)的看法,从股东视角看,当公司回购股份时,有三种经常引发争议的问题。其一,如果公司回购了部分股东的股份,那么,股份未被回购的股东可能提出自己未获得股份变现机会,遭受了不公正待遇;其二,在上一情形中,股份被回购的股东也可能发出抱怨,主张自己受到压制或者被公司发布的回购信息误导了,公司以过低的价格回购了自己的股份;其三,公司回购股份时,公司股价通常会发生波动,这时购买了该公司股份的人(之后成为股东),也可能指控公司的股份回购行为人为抬高了股价,造成了自己的损失。② 总之,公司(尤其是上市公司)回购股份的行为,可能引发当前的、过去的和未来的股东从不同角度提出指控。

从公司债权人的视角看,公司回购股份导致公司资产流向(或回流)股东,与分配利润、分配剩余资产或者取回股本殊途同归,可能危及公司债务偿付

---

① 对股份回购动机的简要综述,参见邓峰(2009:330-332)。
② Gevurtz (2010:168-173).

能力。① 在资本维持规范框架内,法律从防止"侵蚀股本"的角度规范股份回购。股份回购适用与利润分配一致的规则。在实际偿付能力检测法(例如 MBCA)框架内,股份回购和利润分配等都被纳入"广义分配"概念,适用同一规则。资本或股本不是约束公司分配事项的尺度,保持公司实际偿付能力成为衡量分配事项合法性的标准。

本章不对股东视角的上述三种问题展开研究,而主要从债权人视角,讨论涉及债权人与股东利益冲突的问题。《公司法》经过 2018 年的修订后,全部去除了股份回购的财务约束,仅有减资规则可能对债权人起到一定保护作用。除此之外,其他的债权人保护规则和措施主要是由证监会规章、证券交易所规范和法院审判意见建构起来的,既不能覆盖所有类型的公司,也缺少系统性和内在协调性。

以下两节首先对我国《公司法》的股份回购规则做一回顾和梳理;然后结合实例,对证监会规章、证券交易所规则和法院审判意见所构建的债权人保护机制进行分析。

13.1 《公司法》规则的演变

我国《公司法》对股份回购的态度,起初是禁止或严格限制,目前是比较宽松开放的。但无论过去还是现在,《公司法》的股份回购规则既未遵循资本

---

① 有观点认为,股份回购危及公司债权人利益可能是"伪命题"。因为,公司回购自己的股份后,公司资产只是发生形态变化(即一部分资金变为本公司股份),并不当然减损"公司资产价值"。只有在"公司回购股份后股价下跌导致公司资不抵债"时,才会损害公司债权人利益。参见张勇健(2019:69)。这里显然存在某种误解。公司为回购股份而向股东支付资金,公司用于经营和偿付债务的最具有流动性的资产必然减少,这时就有损害公司债权人利益的可能了,无须以公司股价下跌为条件。

13. 股份回购规则

维持规范的一般做法,也没有以保持公司实际偿付能力为标准。只有在回购股份注销而引发减资的情形下,公司的债权人才可以借助减资程序寻求一定保护。

13.1.1　1993年《公司法》

从1993年《公司法》条文看,立法者对股份回购采取了非常谨慎的态度。对于有限公司,它规定股东"不得抽回出资",[1]没有规定什么情况下股东可以要求公司回购股权。对于股份公司,则明确规定"公司不得收购本公司的股票",例外情形仅限于为减资而注销股份或者与持有本公司股票的其他公司合并;公司如果依上述规则收购了自己的股票,则必须在10日内注销这部分股票,并办理变更登记和公告;为防止公司持有自己的股票,法律禁止公司接受本公司的股票为抵押物。[2]

13.1.2　2005年《公司法》

2005年《公司法》转变了立场,股份回购规则大幅放开。

在有限公司规范部分,股东不得"抽回出资"的表述被修改为不得"抽逃出资"。[3] 这表明,法律不再不加区别地禁止一切返还出资的行为。同时,增设了异议股东的股权回购规则,即在法定情形下,对公司某些重大决策或行为持反对意见的股东,有权请求公司以"合理价格"收购其股权。[4]

---

[1]　《公司法》(1993年)第34条。
[2]　《公司法》(1993年)第149条。
[3]　《公司法》(2005年)第35条。
[4]　《公司法》(2005年)第75条。

在股份公司规范部分,原则上仍然禁止公司收购本公司股份,但增加了两项允许回购的例外情形:一是公司需要以本公司股份实施对职工的股份奖励;二是,对公司合并或分立决议持反对意见的股东要求公司回购其股份。① 这样,允许回购的例外情形就扩大为四项。同时,该条还对因不同原因回购的股份如何处理分设规则:为减资而回购的股份,应当自收购之日起10日内注销;因合并而取得的本公司股份或者收购异议股东的股份,应当在6个月内转让或注销。② 对于为奖励职工而收购的本公司股份,特设三项限制:一是,收购的股份总量,不允许超过本公司已发行股份总额的5%;二是,用于收购的资金应当"从公司的税后利润中支出";三是,所收购的股份应当在一年内转让给职工。③ 公司不得接受本公司股票为抵押或质押标的的规则继续保留。④

之所以说2005年《公司法》对回购规则的修订是"大幅放开",有以下两点理由:其一,从条文上看,公司法基本上没有为公司回购股份设定财务约束。除了对股份公司为奖励职工而回购股份的"资金来源"有所限制外,其他目的的回购,无须遵循财务上的限制,也没有保持公司实际偿付能力的要求。有限公司回购本公司股权,甚至不受任何财务规则限制。有限公司回购股权不必管账面上是否有盈余,也不必管收购之后公司净资产是否多于股本,或者是否仍有债务清偿能力。唯一的约束是注销股份时要履行减资程序。

其二,从实践情况看,股份公司实际上可以在"减少注册资本"的名目下开展多种目标的回购。例如,向来有上市公司以提振股价、增强投资者信心为

---

① 《公司法》(2005年)第143条第1款。
② 《公司法》(2005年)第143条第2款。
③ 《公司法》(2005年)第143条第3款。
④ 《公司法》(2005年)第143条第4款。

由,从公开市场收购本公司股份并注销;①或者,从"激励对象"(董事、高管或者其他员工)手中回购"限制性股票"。② 这些回购回来的股份最终都要注销,所以,减资程序是不能避免的。

有限公司股份回购也不限于异议股东行使回购请求权,公司可能基于章程规定或合同约定实施回购。例如,许多有职工持股的有限公司在章程中规定:职工离职、退休、死亡等情况下,公司有权回购该职工股权。法院通常承认此类章程条款的合法性。③ 又如,有限公司或股份公司与外部投资人签订的"对赌协议"经常约定股权回购条款。有判决认为,既然法律允许股份公司以减资为目的回购股份,那么"对赌协议"中约定股份回购也是合法的。④

不过,在证监会看来,我国上市公司实施股份回购的"积极性"不高,股份回购在稳定市场和回报投资者方面没有充分发挥作用。证监会认为,这一局面至少可以部分地归咎于《公司法》的股份回购条款不够"完善":一是允许股份公司回购股份的合法事项过少,当公司股价大幅下挫时,公司无法通过回购股份

---

① 参见:桐昆集团股份有限公司关于以集中竞价交易方式回购股份的预案(上交所网站,2013年8月16日)。

② 2018年9月,中国证监会在其提出的公司法修正案的说明中指出:2014年以来,沪深两市约有2169家次公司实施股份回购。其中,主动回购148家次,金额约529.36亿元(包括减资82家次,合计367.61亿元;用于实施股权激励66家次,合计161.75亿元),被动回购2021家次(主要为购回离职股权激励对象持有的激励股票)。参见中国证监会关于《中华人民共和国公司法修正案》草案(征求意见稿)的起草说明(司法部网站 moj.gov.cn,2018年9月12日),以下简称"证监会公司法修正说明"。

③ 参见指导案例96号宋文军诉西安市大华餐饮有限公司股东资格确认纠纷案(最高人民法院2018年6月20日发布)。本书第7.3.3节讨论了这个案例。

④ 在江苏华工创业投资有限公司诉扬州锻压机床股份有限公司等案中,投资方与目标公司(股份公司)订立对赌协议约定:目标公司未在预定时间上市的话,应当回购投资机构的股权。再审判决认为,股份公司可以基于减资目的回购股份,因此"对赌协议"的上述约定是有效的。江苏省高院(2019)苏民再62号判决。下文第13.2.3节将深入讨论该案。

提振股价;二是股份回购须经股东大会决议通过,程序繁琐,公司难以迅速决策,难以及时把握市场机会;三是公司回购股份后的可持有期限过短,不便于实施股权激励。①

但仔细分析可以发现,很难说法律列举的允许回购事项过少是造成上市公司较少实施股份回购的主因。因为,上市公司实际上可以在减资名义下实施多种不同目的的股份回购。② 只不过,以减资名义回购的股份必须注销,这就既增加了操作成本(主要是不得不履行减资的债权人保护程序),又限制了股份回购的应用范围(例如公司无法将收回的股份转让给特定对象)。所以,上市公司较少实施股份回购的关键原因似乎在于,它们对收回的股份缺乏自主处分权。也就是说,解决收回的股份如何处理的问题才是最重要的事情。③ 此外,回购股份的决议必须由股东大会作出,确实会使决策程序缓慢。

13.1.3 2018年《公司法》

2018年10月,立法机关修订了股份公司股份的回购规则。④ 此次修订有四方面内容:一是,增加了允许回购股份的事项,将原法条中"将股份奖励给本公司职工"修改为"将股份用于员工持股计划或者股权激励",增加"将股份用于转换上市公司发行的可转换为股票的公司债券"和"上市公司为维护

---

① "证监会公司法修正说明"。

② 由中国证监会《上市公司回购社会公众股份管理办法(试行)》(2005年)可见,上市公司即便回购股份后不得不注销并办理减资(第2条),它们的股份回购也可以另有其他"目的"(第13条)。事实上,如前所述,2018年10月《公司法》修订前就存在上市公司为提振股价而回购股份的实例。

③ 中国证监会提出的修正案(征求意见稿)建议增设"库存股制度",大约也是对此问题的回应。见"证监会公司法修正说明"。

④ 根据2013年12月28日人大常委会通过的《公司法》修改决定,重新公布的《公司法》条文将股份公司回购条款由原来的143条调整为第142条。

公司价值及股东权益所必需"两种情形。① 这样,允许回购的事项就增加为六项。

二是,规定某些情形的股份回购可由董事会决定,提高公司持有本公司股份的数额上限,延长公司持有股份的期限。修订后的规则允许董事会在有章程规定或股东大会授权且2/3以上董事出席的情况下,自主决定以下三种目的的股份回购:(1)回购股份用于员工持股计划或股权激励;(2)回购股份用于转换上市公司发行的可转换为股票的公司债券;(3)上市公司为维护公司价值及股东权益而有必要回购。② 因上述情形回购本公司股份的,公司合计持有的本公司股份数不得超过本公司已发行股份总额的10%,并应当在三年内转让或者注销;为其他事由而回购的股份,处理方式和期限未做修改。③

三是,增设股份回购方式上的要求。规定上市公司因上述三种目的收购本公司股份时,应当通过公开的集中交易方式进行。④

四是,删去原法条中关于公司因奖励职工收购本公司股份,用于收购的资金应当从公司的税后利润中支出的规定。

第142条原有的"公司不得收购本公司股份"(第1款)这一概括性表述,以及禁止接受本公司股份为质押权标的的规定(第5款),仍旧保留。

舆论一般认为,证监会主导的此次修订,重要动机是通过修法为上市公司回购股份,回报投资者、"维护公司价值"(也即"拉升股价""护盘"),打开制度

---

① 《公司法》(2018年)第142条第1款。
② 《公司法》(2018年)第142条第2款。有证据表明,在《公司法》此次修订前,一些上市公司在回购股份实施股权激励时,已经有了股东大会授权董事会作出决议的做法。例见:湖北福星科技股份有限公司关于回购注销部分限制性股票通知债权人的公告(深交所网站,2018年4月21日)。
③ 《公司法》(2018年)第142条第3款。
④ 《公司法》(2018年)第142条第4款。

通道。① 因此,"开闸""减负"成为修订的主要目标。② 减去的负担或限制就包括原有的对回购"资金来源"的限制性规则。

总之,在《公司法》框架内,无论股份公司还是有限公司,它们回购本公司股份都无须遵循某种财务限制规则或者偿付能力标准。只是在公司要注销股份并减资时,债权人才可能借助减资程序求得一定保护。

13.2 债权人保护的现有措施

《公司法》股份回购规范在债权人保护方面留下的空白,一定程度上被证监会规章、证券交易所规则和法院的审判意见填补了。

——证监会 2005 年的上市公司股份回购办法依赖减资程序为债权人提供保护。

——交易所 2019 年发布的回购细则,吸收了美国 MBCA 的实际偿付能力检测标准,要求上市公司实施股份回购时不得损害公司的"债务履行能力"。

——法院在审判活动中尚未就股份回购的债权人保护问题形成比较确定的裁判观点。最高法院的指导意见认为,完成减资程序应当是股份回购的前提条件,公司未完成减资不得实施股份回购。

下面分别讨论证监会、证交所和法院的补白措施。

13.2.1 借助减资程序保护债权人

在公司发生股份回购时,减资程序能否有效保护债权人的关键在于,债权

---

① 雷杰展达律师事务所:《如何看待〈公司法修正案〉中对股份回购制度的重大修改?》(搜狐网,2018 年 10 月 30 日)。

② 2018 年 11 月,证监会、财政部、国资委联合发布《关于支持上市公司回购股份的意见》,其中没有关于保持公司偿付能力的内容(证监会网站,2018 年 11 月 9 日)。

人能否抢在股东取得股份回购款之前获得债务清偿或者得到担保。

中国证监会为监管上市公司的股份回购活动,2005年6月公布《上市公司回购社会公众股份管理办法(试行)》(简称《回购办法》)。该办法对股份回购的一般性要求是,应当有利于公司可持续发展,并不得损害股东和债权人利益。[①] 为此,《回购办法》规定:上市公司应当委托专业机构("独立财务顾问")对回购事项做"尽职调查",并公布"尽职调查报告";报告须"结合回购股份所需资金及其来源等因素,分析回购股份对公司日常经营、盈利能力和偿债能力的影响,说明回购方案的可行性"。[②] 此外,"上市公司做出回购股份决议后,应当依法通知债权人"。[③]

不难推测,"依法通知债权人"指的是依据《公司法》减资规则通知债权人并发布公告。[④] 上市公司如果回购股份后注销,则必须启动减资程序(事实上,如前所述,减资是许多上市公司回购股份时所声称的目的)。减资规则要求公司在股东大会作出减资决议后的一定期间内通知并公告债权人。但是,股份回购和减资程序应当按照什么顺序进行?是先减资、后回购,还是先回购、后减资?《公司法》和证监会规章对这个问题均无回答。

如果是先减资、后回购,那么,上市公司的债权人(至少在理论上)就有机会在公司向股东支付回购款之前,请求上市公司清偿债务或者提供担保。但这一操作方法的问题是:公司在完成回购之前,未必能够事先确定回收多少股份。上市公司的回购方案通常只说"拟回购"多少股份,同时还会限定回购的期间、价格区间、资金总额等。回购股份通常会导致本公司股价上涨。因此,有可能

---

① 《回购办法》第4条。
② 《回购办法》第15条。
③ 《回购办法》第18条。
④ 即1994年《公司法》第186条、2006年《公司法》第178条。

出现股价上涨过高,公司在原定回购期间内,以全部回购资金都不足以收购预定的股份数的情况。① 如果要求公司先减资、再回购,就可能导致注册资本减少额和实际回收股份数之间出现差额。而且,在股份尚未被回收且回收数量未定时,公司也很难办理股份注销手续。

如果是先回购、后减资,那么,债权人和股东从公司资产中获得支付(或担保)的次序就调转了。完全有可能出现公司回购股份后没有足够资金清偿债务或者提供担保的情况。当然,先回购、后减资,为上市公司提供了方便:它们可以在完成预定的全部回购或者回购期限终结时,按照已实际收回的具体股份数,确定减资数额。但对上市公司的债权人而言,先回购、后减资不是好消息。

实际情况是,上市公司的股份回购(确切说是拟注销股份的回购)与减资程序同时启动,互不以对方为条件。上市公司的通常做法是,公司如果拟将回购股份注销的话,它们在股东大会通过回购决议(其中包含减资事项)后,就会公告债权人有权在规定时间内请求清偿债务或提供担保。而股份回购工作从回购决议发布后就可以开始,不必等债权人的清偿或担保请求得到满足,甚至不必等债权人申报完毕。② 这意味着股份回购行为"抢跑"了。但由于回购周期比较长,债权人并不是一点机会都没有。担心债权落空的债权人必须与上市公司的股东赛跑,而且要跑得足够快,尽早赶在上市公司完成股份回购前得到清偿

---

① 上市公司股份回购报告书中通常都会提示因股价过高而无法完成预定回购数的风险。例如,四方股份(证券代码:601126)在其回购报告书中提示:"本次回购股份存在回购期限内公司股票价格持续超出回购预案价格区间,导致回购预案无法实施或只能部分实施等不确定性风险"。四方股份关于以集中竞价交易方式回购股份的回购报告书,第1页(上交所网站,2019年6月21日)。

② 以康缘药业(证券代码:600557)的回购为例:该公司股东大会于2018年11月8日通过回购股份决议;11月9日发布债权人公告,债权人被告知可以在11月9日至12月23日申报债权;但是,该公司11月16日就开始实施回购。江苏康缘药业股份有限公司关于注销已回购股份并减少公司注册资本的公告(上交所网站,2019年4月24日)。

或者担保。否则,上市公司预备的"回购资金"将全部支付给愿意出售股份的股东们,债权人很可能面临上市公司无资金清偿债务或提供担保的局面。

股份回购引发的债权人与股东之间的尖锐矛盾,在 2013 年上市公司桐昆股份(证券代码:601233)的回购终止事件中得到体现。① 该事件中,公司债券持有人直接叫停了股份回购行为——但这并不是因为减资规则赋予他们叫停回购的权利。

2013 年上半年,桐昆股份的股价持续走低。为拉升股价,桐昆股份股东大会于同年 9 月 3 日作出回购股份的决议。回购方案主要是:自股东大会决议通过回购方案之日起的 6 个月内,以不超过每股 7 元的价格回购本公司股份,回购资金总额最高不超过 5.5 亿元;回购的股份将注销,减少注册资本。

然而就在 2013 年 1 月,桐昆股份发行了一笔 5 年期、面值总额 13 亿元的无担保公司债券(简称"12 桐昆债")。② 此次股份回购的启动意味着,公司 1 月份刚刚发债募集到 13 亿元资金,9 月及随后几个月就可能以回购股份的名义向股东支付 5.5 亿元。债券持有人难免生发质疑:我们认购债券的目的难道是为了叫公司回购股份,抬升股价,让股东先走?不难推测,债券持有人不会乐见公司以这种方式消耗本不充裕的资金。

9 月 4 日,桐昆股份在报纸及上海证券交易所网站向债权人发布公告,告知债权人有权申报债权,并依减资规则请求公司清偿债务或者提供相应担保。9 月 10 日,公司专门向债券持有人发布公告称,公司决定召开"12 桐昆债"的债券持有人会议,并提请债券持有人会议作出"不要求公司提前清偿债务及提供担保"的决定。由此可见,尽管减资程序的债权人保护措施不是实施股份回购

---

① 以下所述情况如无特别注释,均出自:奋迅律师事务所关于桐昆集团股份有限公司终止回购股份及减资并实施股权激励的法律意见书(上交所网站,2013 年 12 月 3 日)。

② 桐昆股份公开发行 2012 年公司债券发行公告(上交所网站,2013 年 1 月 17 日)。

的前提条件,但由于满足债权人请求必定减少可用于回购的资金(进而可能导致回购无法推进),所以,当巨额债券持有人主张行使减资程序的债权人权利时,上市公司不得不请求他们暂不行权,为股份回购放行。

然而债券持有人却不同意放行。10月10日召开的债券持有人会议否决了上述"不行权"议案。桐昆股份于是不得不考虑如何应对债券持有人的清偿或担保请求。三天后,董事会通过一份向"12桐昆债"持有人提前清偿债务或提供担保的方案。10月30日,公司临时股东大会批准该方案,并对董事会作出如下授权:如债券持有人不接受该方案,则董事会有权终止本次股份回购,并依法处置已回购的股份。随后,董事会向债券持有人征求意见。截至11月8日,代表"12桐昆债"本金总额30%以上的持有人不同意桐昆股份的清偿和担保方案,而且,他们还提出更高额度的担保要求和更高价格的清偿要求。这让桐昆股份的回购计划变得难以实施了。

12月3日,桐昆股份董事会决定终止此次股份回购。但是,该公司于9月13日已经开始回购股份,到9月30日已回购4 329 293股,支出资金总额约2761万元(含佣金)。这部分已回购股份如何处理?如果注销的话,仍免不了减资,债券持有人依然有权要求公司提前清偿或者提供担保。为了避开减资程序,董事会决定用这批股份实施股权激励。这或许是当时法规条件下,上市公司唯一可选的退路。于是,董事会在此次会议上一并通过了一份匆忙制定的实施"限制性股票激励计划"的议案。

回顾桐昆股份的回购终止事件,有以下几点发现:

第一,该事件中的债权人能够阻止股份回购,除了借助减资程序的债权人保护措施外,还有其他重要条件。在这次事件中,"12桐昆债"的持有人否决上市公司的清偿和担保方案后,股份回购便不得不搁浅——看起来,债权人似乎掌握了上市公司股份回购的决定权(或者"异议权")。但是,我们不能基于这一特定事件夸大债权人的影响力。不是任何债权人都能有这种事实上的决定权。"12桐昆债"的持有人有能力"叫停"股份回购,是因为他们持有的债券金额足够巨大(上市公司一旦要提前清偿,则预留的回购资金将全被占用);而且,他们有债券持有人会议这种集体行动机制,在发行人出现减资、股份回购等重大事件时,有权召集会议施加压力,实施干预;①他们还有专业机构(证券公司)以债券受托管理人名义代表他们集体行动。这些条件都是金额小而且分散的债权人所不具备的。

第二,此次回购股份之所以会启动减资,是因为公司打算注销购回的股份。如果上市公司回购的股份不注销的话,自然就不会引发减资。而没有减资,债权人对上市公司股份回购是没有话语权的,更遑论决定权。如果债券发行协议或者形成债权债务关系的合同,也没有事先规定额外的债权人保护条款的话(例如规定债务人回购股份时,须经债权人同意),那么,依现行《公司法》规则,债权人对债务人的非减资的股份回购是毫无办法的。《公司法》2018年10月修订后发生的一起股份回购事件,由于上市公司回购目的是实施激励计划,不需要注销股份,债券持有人提出的异议就没有产生阻却回购的效果。②

---

① 桐昆集团股份有限公司公司债券募集说明书,第36-37页(上交所网站,2013年1月17日)。
② 2019年8月29日,湖北福星科技股份有限公司(简称"福星公司")公告称,拟以2至4亿元的资金回购股份,实施股权激励计划(福星股份关于回购公司股份方案的公告,上交所网站,2019年8月29日)。同年12月底,福星公司的债券"18福星科技MTN001"持有人召开会议,通过三个议案,要求:(1)福星公司回购股份如果用于减少注册资本,则公司应当对本期债券提供足额担保;(2)福星公司应当承诺在本期债券本息偿还之前不得违规处置任何资产;(3)福星公司不得为大股东或关联方偿还债务或提供担保。对于第(1)和第(3)项要求,福星公司均不同意。参见覃秘:《回购股票遭债权人施压? 福星股份:协调各方利益争取多赢》(中国证券网,2021年1月12日)。福星公司2020年8月18日公告称,该次回购已实施完毕。

第三,此次事件揭示了现行规则所可能导致的浪费和混乱。桐昆股份从启动股份回购,到恳求债券持有人弃权放行,被拒绝后提出清偿和担保方案,再到黯然终止回购,最后以"股权激励"收场,形同闹剧。假如股份回购之前,公司先征求债权人意见(类似于先履行减资的债权人保护程序,再实施股份回购),这场搅动股价、耗资不菲的"折腾"大约可以避免。假如公司回购股份必须满足或遵循一定的财务标准或偿付能力标准,而不需要依照减资程序让债权人请求提前清偿或担保,那么,桐昆股份也不会在回购了一部分股份后才中途被迫终止。但遗憾的是,在当时的法律和监管框架内,以上两点"假如"都不是现实而只是假设。上市公司拟注销股份的回购行为尽管必须与减资程序捆绑进行,但启动股份回购不以完成减资的债权人保护程序为条件,当然也不以债权人同意为前提。上市公司只能在减资过程中试探债权人的态度。而债权人只有在足够强势的时候,才可能通过减资的债权人保护机制阻断已经启动的股份回购。

不难发现,当股份回购触发公司股东与债权人之间的利益冲突时,现行减资程序无法提供一种有效率的意见沟通和利益调和机制。

13.2.2 证券交易所的"债务履行能力"标准

2019年1月11日,上海证券交易所和深圳证券交易所分别发布了内容雷同的《上市公司股份回购实施细则》。[①] 细则增设了新的债权人保护标准(回购不得损害公司"债务履行能力"标准),并允许公司多方筹措回购资金,不受股本、盈余等标准的约束。以上交所《回购细则》来看,涉及上市公司债权人保护

---

① 《上海证券交易所上市公司回购股份实施细则》,简称上交所《回购细则》;《深圳证券交易所上市公司回购股份实施细则》。

的规则主要有以下几项:

其一,上市公司回购股份不得损害公司的"债务履行能力"和"持续经营能力"。这是上市公司实施股份回购的前提条件之一。[1] 上市公司董事应当对公司符合此一条件作出"承诺"。[2]

其二,上市公司董事对公司决策和实施股份回购负有审慎、诚信和勤勉义务。董事会应当审慎决策和实施股份回购。[3] 董事在回购股份活动中,应当"诚实守信、勤勉尽责,维护上市公司及其股东和债权人的合法权益"。[4] "董事会应当充分评估公司经营、财务、研发、现金流以及股价等情况,审慎论证、判断和决策回购股份事项",必要时应听取专业人员意见。[5]

其三,上市公司债权人仍有可能通过减资程序获得一定保护。上市公司回购股份后,如果打算将之注销,减资便不可避免。与2005年证监会《回购办法》不同的是,《回购细则》规定,上市公司不必在股东大会作出回购决议后立即通知和公告债权人,而是只有在股东大会作出"注销回购股份的决议"后,才有义务依《公司法》通知债权人;上市公司如果发行了公司债券,还应当"按照债券募集说明书履行相应的程序和义务"。[6] 这样,《回购细则》就明确了(拟注销股份的)股份回购和减资程序的顺序:上市公司可以先实施回购,收购完毕、股东大会作出注销股份的决议(也即减资决议)后,再依减资程序通知和公告债

---

[1] 上交所《回购细则》第11条。
[2] 上交所《回购细则》第6条。
[3] 上交所《回购细则》第5条。
[4] 上交所《回购细则》第6条。
[5] 上交所《回购细则》第32条。
[6] 上交所《回购细则》第24条。

权人。当然,上市公司也可以像以前那样同时启动回购和减资程序。①

其四,上市公司可以多方筹措回购资金,不受未分配利润等科目金额的限制。股份回购的资金可以是上市公司的"自有资金",也可以是通过发行优先股或债券募集的资金、"发行普通股取得的超募资金、募投项目结余资金和已依法变更为永久补充流动资金的募集资金",还可以向金融机构借款,最后,"其他合法资金"也是允许的。②可见,上市公司筹集回购资金的渠道是宽阔的,不受有无未分配利润或者其他股本标准的限制,与资本维持规范的一般做法不同。或许在规则制定者看来,只要上市公司的"债务履行能力"和"持续经营能力"不受损害,回购资金的来源就没有限制的必要了。

从上面的前两点内容看,交易所《回购细则》没有遵循资本维持规范(通过未分配利润或股本标准去限制回购资金的"来源"和"数额"),而是效仿美国MBCA第6.40节的做法,以是否保持"债务履行能力"为标准(并附加了一项"持续经营能力"标准),对股份回购行为施加约束。上市公司如何证明某次回购不会损害公司的"债务履行能力"?《回购细则》规定:公司的回购方案应当说明,管理层关于本次回购对公司经营、盈利能力、债务履行能力等可能产生的影响的分析意见,以及防范侵害债权人利益的相关安排。③如何落实这一"债务

---

① 实际上,很多公司还是照老办法在一次股东大会上一并作出回购和注销股份的决议,因而需要同时启动减资程序。这样可免去再召集一次股东大会单独就注销股份和减资等作出决议的麻烦。例见:海航基础关于回购并注销业绩补偿股份的债权人通知暨减资的公告(上交所网站,2019年5月29日);航天长峰关于回购并注销业绩补偿股份的债权人通知暨减资公告(上交所网站,2019年5月31日)。这表明,这些上市公司不担心债权人一旦请求提前偿债或提供担保,有可能阻断回购进程。原因或许是,上市公司回购股份所需资金很少(对债权人影响甚微),或者上市公司已与主要债权人达成谅解。

② 上交所《回购细则》第14条。

③ 上交所《回购细则》第36条。

履行能力"约束标准? 看来似乎主要是依靠上市公司董事履行诚信、勤勉义务,并兑现其关于公司"债务履行能力"的"承诺"。

证券交易所显然正在推进一项令人感兴趣的实验:在《公司法》第142条对股份回购的债权人保护未作规范的情况下,交易所试图仿效美国 MBCA 的方法,对上市公司的股份回购行为建立一种"债务履行能力"约束标准。

不过,通过分析上交所网站2019年5月和6月公告的上市公司股份回购报告,我们可以看到,目前这项实验还面临诸多困难,还有很多问题需要讨论。

第一,上市公司如何证明其股份回购不损害"债务履行能力"?

在上市公司的股份回购预案和报告中,关于回购对公司"债务履行能力"的影响,据笔者的不完全检索,大致有以下几种说明方法:第一种是断语式声明,无任何财务数据为佐证。① 第二种是公布回购资金占公司资产总额、净资产和流动资产的比例,以回购资金"占比较小"为论据,证明回购对公司的债务履行能力等"均不产生重大影响"。② 第三种是以回购资金占公司资产总额、净资

---

① 例如,三一重工(证券代码:600031)董事会决定动用8至10亿元"自有资金"回购股份。关于回购可能产生的影响,该公司《回购预案》和《回购报告书》仅仅声明:"公司现金流充裕,本次回购不会对公司的经营、财务和未来发展产生重大影响。"参见《三一重工关于以集中竞价交易方式回购股份预案的公告》第4页(上交所网站,2019年5月7日);《三一重工关于以集中竞价交易方式回购股份的回购报告书》第4页(上交所网站,2019年5月29日)。

② 例如,重庆钢铁(证券代码:601005)董事会决定用3,900至6,250万元"自筹资金"回购股份。对此次回购可能的影响,《回购报告》指出:"截至2019年3月31日,公司总资产为2 641 480.00万元、归属于上市公司股东的净资产为1 868 829.50万元、流动资产为713 823.90万元。本次回购股份的资金总额上限为6,250万元,分别占公司总资产、归属于上市公司股东的净资产及流动资产的比例为0.24%、0.33%、0.88%,占比均较小。本次回购股份对公司日常经营、财务、研发、盈利能力、债务履行能力及未来发展等均不产生重大影响。"参见《重庆钢铁关于以集中竞价交易方式回购公司股份的回购报告书》第4页(上交所网站,2019年5月31日)。另见《中天科技关于以集中竞价交易方式回购公司股份的回购报告书(修订版)》第3页(上交所网站,2019年6月20日)。

产和货币资金的比例为据,辅以其他理由,说明回购将不损害"债务履行能力"。① 第四种是除公布回购资金占资产总额、净资产和货币资金总额的比例外,还公布资产负债率。②

没有公布财务数据的声明,类似于空口无凭的"拍胸脯""打保票"。而公布了一些财务数据的公司,即便公布的是回购资金与货币资金的比例甚或资产负债率,实际上也无法说明此次回购对其"债务履行能力"究竟有何影响。因为,这些报告都没有公布上市公司的负债总额、债务担保情况、债务的履行方式。尤其关键的是,没有公布有多少金额的债务将在回购期间或者回购后的一定期间(例如1年内)内届至清偿期。没有这些信息,仅仅展示回购资金与流动资产或者货币资金的比例甚或资产负债率,债权人无法判断股份回购是否可能损害上市公司的"债务履行能力"。

---

① 例如,四方股份(证券代码:601126)董事会决定以5000至8000万元"自有资金"回购股份。《回购报告书》指出:"截至2019年3月31日,公司总资产544 178.35万元、归属于上市公司股东的所有者权益389 818.40万元、合并口径下的货币资金为74 591.12万元。假设此次回购资金人民币8000万元全部使用完毕,按2019年3月31日的财务数据测算,公司拟回购资金上限8000万元所占前述三个指标的比重分别1.47%、2.05%和10.73%。公司认为使用不超过8000万元人民币进行回购,回购资金将在回购期内择机支付,具有一定弹性,且本次回购股份不以注销为目的,不会对公司经营、财务及未来发展产生重大影响,不会改变公司的上市公司地位。"参见《四方股份关于以集中竞价交易方式回购股份的回购报告书》第4页(上交所网站,2019年6月21日)。

② 例如,三棵树(603737)董事会决定以6000至11000万元"自有资金"回购股份。《回购报告书》指出:截至2018年12月31日,"公司总资产为316 560.50万元,货币资金金额29 067.23万元,归属于上市公司股东的净资产为133 533.14万元,资产负债率57.82%。假设本次回购资金上限11 000万元全部使用完毕,回购资金约分别占公司截至2018年12月31日总资产的3.47%、归属于上市公司股东净资产的8.24%。公司本次实施股份回购,若按回购资金上限11 000万元考虑,未来可能会对公司现金流产生一定的压力。公司将结合货币资金状况和市场情况,在回购实施期限内择机实施和支付回购资金,具有一定实施弹性,不会对公司经营活动、财务状况和未来发展产生重大影响。"参见《三棵树关于以集中竞价交易方式回购股份的回购报告书》第4页(上交所网站,2019年6月26日)。

第二,上市公司如何防止股份回购"侵害债权人利益"?

如果某上市公司的债权人认为该上市公司的股份回购将伤及其债权实现,他有什么救济手段?上交所《回购细则》要求上市公司在回购方案中公布"防范侵害债权人利益的相关安排"。① 但是,一些公司的回购报告书中却没有这一内容。② 有的公司尽管在报告中列出"防范侵害债权人利益的相关安排"的标题,但其下内容没有任何实质意义,只是重复一遍:回购不会损害公司的"债务履行能力"。③ 有的则声明:如果公司回购的股份没有全部按照预定目的使用,公司将依法注销未使用部分股份,按照减资程序保障债权人合法权益。④

第三,上市公司董事的"承诺"有何效力?

首先,在上交所网站 2019 年 5 月和 6 月发布的回购报告书中,没有一家上市公司披露其董事对股份回购不损害公司"债务履行能力"已经作出"承诺"。2021 年 5 月和 6 月上交所发布的报告中有部分公司有这类承诺。⑤ 那么,基于上交所《回购细则》的规定,没有披露董事承诺的上市公司,我们能否推定其全体董事对公司"债务履行能力"已作出"承诺"?其次,无论是推定,还是董事们已作出此种"承诺",以下问题都是值得探讨的:这一"承诺"具有何种法律效力?(例如:是否构成董事对公司债务的一般或连带保证?)债权人可基于该"承诺"主张何种权利?(例如:债权人可否请求法院判决全体董事对上市公司不能

---

① 上交所《回购细则》第 36 条。
② 例如,前述三一重工和重庆钢铁的《回购报告书》。
③ 例如,前述四方股份的回购报告,第 5 页。再如,前述三棵树的《回购报告书》第 6 页。
④ 例如,《华泰证券股份有限公司关于以集中竞价交易方式回购 A 股股份的回购报告书》第 8 页(上交所网站,2020 年 4 月 7 日)。
⑤ 有董事承诺的例如:《广东明珠集团股份有限公司关于以集中竞价交易方式回购股份的回购报告书》第 5 页(上交所网站,2021 年 5 月 20 日)。没有承诺的如:《江苏卓易信息科技股份有限公司关于以集中竞价交易方式回购股份的回购报告书》(上交所网站,2021 年 5 月 21 日)。

清偿的债务承担连带清偿责任?)目前我们尚未发现因该种"承诺"而发生的诉讼纠纷,法官如何处理该种"承诺"的法律效力尚不得而知。

第四,减资程序将发挥什么作用?

上市公司回购股份后,如果不打算注销这些股份,就不必启动减资程序。① 如果拟注销收回的股份,交易所细则也允许上市公司先回购、后减资。② 这意味着,债权人只能依靠减资程序,在上市公司向股东支付回购资金之后,请求上市公司清偿债务或者提供担保。假设按照这个顺序的话,桐昆股份的债券持有人只能在该公司完成股份回购后、启动减资程序时,才有权请求该公司清偿债务或提供担保,除非桐昆股份的债券募集说明书特别规定:发行人决定回购本公司股份时,债券持有人有权请求发行人提前清偿债务或者提供相应担保。然而,桐昆股份的债券募集说明书中并没有这种条款。③ 桐昆股份的债券持有人请求发行人提前清偿和提供担保的依据仍然是《公司法》的减资规则。由此可见,交易所《回购细则》有意将减资程序与股份回购脱钩。减资程序在上市公司的股份回购中的债权人保护作用将进一步削弱。

总结上述,交易所《回购细则》在规范层面构建了一条"债务履行能力"约束标准,并以董事义务为保障机制。但从目前实施的情况看,上市公司披露的信息还不足以显示公司的"债务履行能力"(评估偿债能力的标准仍不明确),董事义务的内容和范围也不清晰,更无相关的司法判决解释董事义务和责任的内涵。另一方面,《回购细则》对减资和回购顺序的安排,回购资金的规定等,便利了上市公司实施回购,但削弱了上市公司债权人的地位。

---

① 例如,前述三一重工、四方股份在2019年5月公布的《回购报告书》中,都没有关于启动减资及通知和公告债权人的信息。
② 上交所《回购细则》第24条。
③ 《桐昆股份公开发行2012年公司债券募集说明书》(上交所网站,2013年1月17日)。

13.2.3 人民法院的观点

最高人民法院并未就股份回购中的债权人保护问题制定司法解释,只是在《九民纪要》中关于"对赌协议"纠纷的指导意见中表示,目标公司应当在完成减资后回购投资方的股权。在审判实践中,有一些判决观点值得分析。

公司债权人实际上并不经常以诉讼方式去阻止公司实施股份回购,或者纠正已经实施完毕的回购。这或许是因为,法律并未明确地赋予债权人这样的权利。[①] 目前,与股份回购相关的诉讼案件大多发生于股东和公司之间,争议焦点大多是:公司有无回购股份的义务,回购价格如何确定等。在这类案件中,公司的债权人通常不是诉讼当事人,但他们并未完全缺席。有时,"债权人"的角色既不是原告或被告,也不是第三人,而只是法官宣称要给予保护的一类人。

华工创投诉扬锻公司案

2019 年 6 月公布的**江苏华工创业投资有限公司诉扬州锻压机床股份有限公司等案**(简称"华工创投案")颇有典型意义:法官没有借助减资程序或其他标准,而是直接对股份回购是否可能损害债权人利益作出评断,进而判令公司向股东支付回购款。[②]

原告是一家投资公司(简称"华工创投"),于 2011 年向被告(简称"扬锻公司")增资 2200 万元,并与被告及被告原有股东签订"对赌协议"。对赌协议约定,如果被告在 2014 年底未能在境内资本市场上市,则被告应按照约定的价额

[①] 如果股份回购涉嫌股东抽逃出资或者有其他违反出资义务的嫌疑(这种情况下,债权人的诉权是《公司法解释三》明确认可的),债权人通常不会放过起诉机会,参见第 10.2.3 节讨论的菊隆高科案。

[②] 江苏华工创业投资有限公司诉扬州锻压机床股份有限公司等案,江苏省高院(2019)苏民再 62 号判决。

计算方式,以现金回购原告所持股份。2014年底,被告果然没有实现上市目标,原告要求被告回购其股份。被告认为自己没有回购义务,理由是:对赌协议中的股份回购约定,违反《公司法》第142条(列举的允许回购事由)和公司章程的相关规定,是无效的。一审和二审合议庭均不支持原告的诉讼请求,认为原被告间的股份回购约定违反公司法的"禁止性规定",违背"公司资本维持原则",是无效的。

案件进入再审程序。**再审合议庭作出与一审和二审截然相反的判决,不仅认为股份回购约定有效,而且认为股份回购"具备履行可能性"**。再审合议庭认为回购约定有效的理由主要是两点:(1)被告尽管目前是股份公司,但在对赌协议签订之时,被告尚为有限公司,《公司法》并不禁止有限公司回购本公司股份。有限公司"履行法定程序"后回购本公司股份,"不会损害公司股东及债权人利益,亦不会构成对公司资本维持原则的违反"。(2)对赌协议关于股份回购价格的约定(年回报率为投资本金的8%),"与同期企业融资成本相比并不明显过高",与目标公司的经营成本和收益具有合理的相关性。

再审合议庭确认股份回购"具备履行可能性"的理由是:《公司法》允许股份公司通过减资回购本公司股份。因此,只要被告"履行法定程序",其股份回购行为就不违反"公司法的强制性规定",也"不会损害公司股东及债权人的利益"。这里的"履行法定程序",结合判决书上下文意思可知,应当指的是履行公司法规定的减资程序。再审合议庭这里的意思是清楚的,即只要目标公司(被告)履行了减资程序,它向投资人(原告)支付股款、回购股份,就是合法的,就不会损害其他股东和债权人的利益。

但是,再审合议庭接下来并没有要求被告先履行减资程序,再支付回购款。而是直接断定,被告依约定向原告支付回购款,"不会导致扬锻公司资产的减损,亦不会损害扬锻公司对其他债务人的清偿能力,不会因该义务的履行构成对其他债权人债权实现的障碍"。理由在于:原告对被告投资后,被告资产增加,每年都对股东分红,可见被告债务承担能力比原告投资前有明显提高;而且,被告目前仍"在持续正常经营",原告所占股权比例(2.3%)不大,被告支付回购价款金额也不高。最后,再审判决令被告于判决生效之日起10日内,依据对赌协议约定向原告支付回购款。

尽管目标公司的债权人并未参加诉讼(甚至目标公司有多少债务,有哪些债权人都是不清楚的),但审理本案的各级法官仍然把他们的利益摆在很重要的位置上考虑。一审和二审判决以股份回购约定违反"资本维持原则"(该"原则"无疑是以债权人保护为宗旨的)为由,确认回购条款无效,驳回原告诉讼请求。再审判决同样宣称要认真对待债权人利益,并指出目标公司履行减资程序是保护债权人利益的前提条件。但耐人寻味的是,再审判决最后却"闪着左灯向右转"了:没有判令被告先履行减资程序、再履行回购义务,而是判令被告直接向原告支付回购款,并认为这样做不会损害被告的债务清偿能力。由上一章内容可知,减资程序保护债权人的方法是让债权人向减资公司提出清偿债务和提供担保的请求。减资公司有无清偿能力只能在债权人行使上述权利时得到检验。① 但在华工创投案,再审合议庭实际上跨过了减资程序的检验,直接在案件审理中对公司是否具有债务清偿能力做出判断。②

依据这个判决,扬锻公司应当直接向华工创投支付回购款。如果扬锻公司要注销回购的股份,则须启动减资程序。这样的话,判决的实际效果是扬锻公司先回购股份、后实施减资:其债权人只能在华工创投取得回购款之后,请求扬

---

① 陆华强(2015:185)将减资程序对公司偿付能力的检验方式称为"即期清偿能力"测试。
② 张巍(2019a)从另一角度对华工案再审判决提出批评,他认为法院评判扬锻公司回购股份前的资产状况和偿债能力是没有意义的,关键问题是"回购实施之后——也就是华工撤回投资,并且带走8%的回报之后,扬锻公司的资产状况、偿债能力会如何"。

锻公司清偿债务或者提供担保。如果扬锻公司不注销股份,而以这笔股份对高管实施"股权激励"(如同前文讨论的桐昆股份那样),那就无须启动减资程序。问题是:**不管是否发动减资,假如扬锻公司在支付回购款后无力清偿到期债务(或者在减资程序中无力应债权人请求清偿债务或提供担保),债权人是否有机会质疑再审判决对扬锻公司偿付能力的判断?** 根据当前的诉讼规则,债权人基本上是没有机会的。

再审合议庭为什么不判令扬锻公司先完成减资程序、再支付回购款?主要原因可能是,减资程序需要股东大会作出决议,由此可能产生某些不确定的后果。假如再审合议庭决意落实减资程序以保护债权人,直接判决扬锻公司先完成减资、再支付回购款,理想的情形是:扬锻公司董事会根据判决启动减资,按照《公司法》规定召集股东大会会议审议减资议案;股东大会通过减资议案,公司依照法律要求通知和公告债权人;假如在规定时间内没有债权人提出请求,或者有债权人提出请求而扬锻公司一一满足了他们的请求,那么,扬锻公司接下来就可以依照判决向华工创投支付回购款了。

这当然是最顺利的情况。但这个过程很可能在多个环节上中断。首先,扬锻公司召开股东大会审议减资议案时,股东大会可能否决减资议案。其次,假如股东大会通过减资决议,但债权人提出了清偿债务的要求,而扬锻公司却无力清偿,或者债权人不接受扬锻公司的担保,减资程序可能被迫搁浅。其三,在第二种情况中,就算扬锻公司想方设法满足了各种债权人的请求,它可能无法筹集足够多的资金再去回购华工创投的股份。其四,在第二种情况下,如果有债权人向法院申请扬锻公司破产清算,减资程序也会被迫中止。而破产清算程序一旦启动,股份回购显然就无法实施了。

由此可见,再审合议庭基于对扬锻公司偿债能力的评估,判令扬锻公司向华工创投支付回购款,实际上避免了减资程序可能导致的各种不确定性,使股份回购真正具备了"履行可行性"。但矛盾的是,这些不确定情形可能正是债权人基于现行规则保护自身利益而需要使之发生的。所以,绕过这些不确定性,实际上就把债权人推入了不确定的风险中。所以说,**华工创投案判决实际上是法官替扬锻公司的潜在债权人做主,延后了减资程序,让股东华工创投率先退股撤资**。

华工创投案的再审判决在投资界和法律界影响颇大。不少人认为,该案显示了法院不同于2013年海富投资案中最高人民法院的司法立场:对股东与公司间的"对赌约定"(包括现金补偿约定和回购股份的约定),从否定态度转变为认可的态度。华工创投案承认股份回购约定的合法性和"履行可行性",的确是值得注意的要点。但合议庭作出这一认定的理由和逻辑更值得研究。华工创投案和海富投资案的判决尽管立场不同,但有一个共同点不应忽略,即它们都把保护案件中并未出现的债权人作为最主要的裁判理由。

海富投资案再审判决认为,目标公司与投资方约定的"对赌补偿金"条款,使投资方可以取得脱离目标公司经营业绩的"相对固定的收益",势必损害目标公司的利益和其债权人的利益。因此,判决确认该补偿金条款无效。[①] 华工创投案再审判决,同样声称要认真保护债权人利益,但判决并未否认目标公司与投资方的"对赌协议"的效力。因为,法官认为股份公司为减资而回购股份是合法的,而履行减资程序即可确保目标公司债权人利益不受损害。然而,法官并没有判令目标公司先减资、再支付回购款,而是绕过减资程序(也绕过了债权人可能提出的清偿债务或提供担保的请求),自行对目标公司的偿债能力作出评断,认为目标公司支付回购款不会减损资产、降低偿债能力,进而判令目标

---

① 最高人民法院(2012)民提字第11号判决。对海富投资案的讨论,参见第7.3.2节的附业绩补偿请求权的"仿制优先股"部分。

公司直接向投资人支付回购款。

如果说海富投资案的判决理由失之于笼统和含糊的话,华工创投案裁判理由的缺点则是声东击西、自相矛盾。

《九民纪要》

最高人民法院《九民纪要》(2019年)第5条对审判中如何处理对赌协议提出指导意见。其中关于股份回购有以下要点:第一,对赌协议如约定公司在一定条件下回购投资方股份或者予以金钱补偿,此类约定本身并不违法,不单独构成合同无效事由。第二,投资方请求目标公司履行股份回购义务的,法院应当依据《公司法》第35条关于"股东不得抽逃出资"或者第142条关于股份回购的强制性规定审查,目标公司如未完成减资程序,则法院应驳回投资方的诉讼请求。①

上述两点意见恰好回应了华工创投案的两个焦点问题。关于回购约定的效力,纪要同样认为股份回购约定本身并不违法。但关于公司如何履行回购义务,纪要的意见与华工创投案再审判决截然相反。《九民纪要》主张目标公司应当先完成减资程序,再支付回购价款,无论目标公司是否拟注销已回购股份。②

不过,如果要求目标公司必须完成全部减资程序之后才能回购股份,可能是难以操作的。首先,完成减资应以公司注销部分股份或注册资本、变更公司登记为标志。但在公司向股东支付回购价款之前,股东可能不同意公司将这部分股份注销,而不注销股份公司就无法变更注册资本的登记。其次,公司减

---

① 起草会议纪要的法官对此所做的解释是:有限公司回购股权,须遵守公司法第35条"股东不得抽逃出资"规则。据此,除非公司履行完减资程序,否则不得向股东返还出资(作者实际上认为,公司回购股份与公司返还出资在实质意义上是相同的)。股份公司回购股份则须遵守公司法第142条,而该条允许股份公司为减资而回购股份。所以,履行减资程序是有限公司和股份公司回购股份的共同前提。最高人民法院民二庭(2019:116—118)(该部分作者为杨永清)。

② 最高人民法院民二庭(2019:117)。作者强调,"必须先减资,对此不能有任何含糊"。

资,除减免股东认缴出资的义务和弥补亏损两种情形,都需要向股东支付一定金额的现金或非现金资产。公司资产负债表应当依据减资情况重新编制。但是,目标公司在回购股份前实施减资,这些资金或资产应当支付给谁?如果支付给投资方,是否违反《九民纪要》先完成减资再实施回购的要求?如果不支付给投资人,而是交给其他股东或者其他人(代收代持)是否合法?如果公司暂不向任何人支付减资资产,是否会造成会计记载失真?以上诸项问题,依据现有规则看,如果不将回购股份与减资同步进行,恐怕是难以解决的。如果要借助减资程序保护目标公司债权人,或许只有一个办法,即在目标公司回购股份之前先实施减资的债权人保护程序,债权人保护程序执行完毕后,再进行股份回购、支付回购款以及注销股份、变更注册资本。也就是说,目标公司只能先完成减资中的债权人保护程序(而不是全部程序),再回购股份。

其次,《九民纪要》的意见实际上是要求按照"对赌协议"回购的股份必须全部注销。但是,这样显然过分限制了目标公司处置购回股份的灵活性。比如,公司购回的股份因此就无法再出让给其他投资者,或者纳入公司的职工股权激励计划。

第三,先减资、再回购,可能导致目标公司履行股份回购义务时存在多重不确定性。例如:目标公司股东会可能未作出减资决议;公司在减资程序中,应债权人要求清偿债务,导致其缺少足够资金回购股份,甚至引发破产清算等。纪要起草者也认识到存在这种不确定性。但他们的看法是,"对赌协议"应当对实施股份回购可能面临的不确定事项(例如目标公司拒不召开股东会作出减资决议)事先作出安排。[①]

从海富投资案到华工创投案,再到《九民纪要》,法院处理对赌协议纠纷的

---

① 最高法院民二庭(2019:118)。

思路其实是一致的:投资方和目标公司可以订立对赌协议,前提是不得损害目标公司的债权人利益。但是,在对赌协议纠纷中,我们看不到目标公司债权人的身影(至少在有关对赌协议的几个著名案例中,都没有债权人出场)。法院实际上在力图保护一个不在场的(因而无法发声)、需要保护的"弱者"。但是,关于谁、以何种标准评判一份对赌协议是否损害了目标公司债权人利益,海富投资案、华工创投案和《九民纪要》的观点是不同的。《九民纪要》将减资程序设置为履行回购型对赌协议的前提条件,让减资程序扮演债权人的保护者,或许是现行规则下不得已的选择。但是,将减资作为股份回购的前置程序,股份回购是否还可以顺畅推进,不无疑问。① 即便可行,基于上一章的分析,减资程序对债权人的保护也绝非可靠和充分的。

近年来,上市公司常常涉足与上述对赌协议类似的交易。与海富投资案和华工创投案中的对赌协议不同,上市公司通常是在发行股份购买营业资产或企业股权的并购交易中,与营业资产或企业的原股东签订带有"对赌"特征的"业绩承诺与补偿协议"。这类协议一般约定,被收购营业资产或企业的经营业绩如达不到约定目标,则上市公司有权以1元价格,从该营业资产或企业原股东手中购回其持有的全部上市公司股份,此外还有可能获得一定现金补偿。② 这类股份回购的实施将使上市公司的股权结构恢复到资产重组交易之前的状态。

上市公司资产重组交易中的"业绩对赌"不是为了融资,这一点与海富投资案和华工创投案的对赌协议不同。海富投资案和华工创投案的目标公司是股

---

① 相关分析参见潘林(2020:119)。
② 例见:《江苏吴中关于拟回购并注销响水恒利达科技化工有限公司未实现业绩承诺所应补偿股份的公告》(上交所网站,2019年5月16日);《海航基础设施投资集团股份有限公司关于回购并注销业绩补偿股份的债权人通知暨减资的公告》(上交所网站,2019年5月29日)。相关监管规范见证监会《上市公司重大资产重组管理办法》(2019年)第35条。

份回购的义务人,而上市公司资产收购交易中的"业绩对赌",通常以被收购的营业资产(而不是上市公司)为"标的公司",上市公司不是回购义务人,而是回购权利人。

上市公司如因回购原资产所有者或企业原股东股份而发生纠纷,诉讼案件是否应当按照《九民纪要》有关"对赌协议"的指导意见处理,取决于法官如何解释《九民纪要》所称"对赌协议"的含义。

* * *

《公司法》股份回购规则没有像传统资本维持规范那样,设置与利润分配规则一致的股份回购财务标准。无论股份公司还是有限公司,它们回购本公司股份都无须遵循某种财务规则或实际偿付能力标准。如何为股份回购过程中的债权人提供有效保护,证券交易所《回购细则》和最高人民法院《九民纪要》作出不同回应。

《九民纪要》的思路是将减资程序设定为(对赌协议情境下的)股份回购的前置条件,通过减资程序保护债权人。在不创设新规则的前提下,这个思路有其合理性,尽管减资程序的保护效果不容乐观,而且严格执行减资程序极可能使股份回购无法推进。①

证券交易所《回购细则》是有制度创新的。制定者看到了《公司法》股份回购规则在债权人保护方面存在空白,也看到了减资规则的局限性。因此,试图将 MBCA 的实际偿付能力检测法引入作为上市公司股份回购的约束机制。不过,《回购细则》的规定主要还是原则性的,"口号式"的,没有为上市公司检测

---

① 应当注意,《九民纪要》对股份回购规则的补充,仅适用于对赌协议纠纷的处理,不是对《公司法》股份回购规则的一般性司法解释。

其实际偿付能力提供切实有效的标准或指引,也没有对董事的义务和责任设置明确规则。从已有实例看,债权人实际上无法依据上市公司披露的信息有效评估股份回购可能对上市公司偿付能力产生什么影响,也很难借助追究上市公司董事责任而得到必要的救济。

值得注意的是,证券交易所《回购细则》没有按照资本维持规范的思路,补建一套与公司利润分配财务规则一致的股份回购约束机制,也即限制回购的"资金来源"或金额上限。相反,《回购细则》对回购资金的要求是比较宽松的。本书第11章分析了我国现行利润分配规则,指出了它的特点是只关注公司"账面上的偿付能力",而不问利润分配是否损害公司实际偿付能力。这是资本维持模式的固有弱点。因此,即便股份回购规则采取了与利润分配一致的财务规则,它对债权人的保护效果也不会令人满意。这或许可以为《回购细则》的规范思路提供一个解释。

证券交易所《回购细则》仅适用于上市公司的股份回购活动,它的"制度创新"目前仍是一个"试点"。持续关注和研究这个"试点"的实际效果,将对我国股份回购规范(乃至整个资本报偿规范)如何吸收实际偿付能力检测标准,以及如何建设相应的董事义务规则,提供有益的经验。

本章小结

- 《公司法》股份回购规则没有像传统资本维持模式的立法那样,设置与利润分配规则一致的财务标准,也没有检测实际偿付能力的要求。

- 当股份回购触发公司股东与债权人之间的利益冲突时,现行减资程序无法提供一种有效率的意见沟通和利益调和机制。

- 审判实践尚未就公司回购股份时如何保护公司债权人形成比较确定的裁判观点。在华工创投案,再审合议庭出人意料地对目标公司的偿债能力作出评断,以股份回购不损害目标公司偿债能力为由,判决目标公司向投资方直接支付回购价款。

- 证券交易所《回购细则》(2019年)没有按照资本维持规范的思路构建债权人保护机制,而是试图建立类似MBCA的实际偿付能力检测标准,不再将股份回购与减资程序绑定。

- 最高人民法院《九民纪要》(2019年)关于对赌协议纠纷的审判指导意见,坚持通过减资程序保护股份回购过程中的公司债权人,要求以完成减资程序为实施回购的前提条件。但先减资、再回购的要求一方面难以操作实施,另一方面对股份回购又形成过度限制。

14.
改进资本报偿规范

前面第9-13章从分析两种资本报偿规制方法入手,分别检讨了我国资本报偿规范的体系结构和各项具体规则(包括抽逃出资规则、利润分配规则、减资规则和股份回购规则)。本章在以上研究基础上,进一步提出应当以"结合模式"的思路改进我国资本报偿规范。

14.1 现行规范的系统性缺陷

我国资本报偿规范的四个组成部分(即抽逃出资、利润分配、股份回购和减资规则)的规范对象具有相同的经济实质,都是公司基于股东身份及其所持股份而向股东支付现金或其他资产的行为(公司将货币或非货币资产支付给股东,而股东并未向公司交付等价资产,尽管在股份回购、减资等事项中股东相应减少持股数量)。这些行为都可能触发股东与公司债权人之间的利益冲突,都可能对公司偿付能力产生实质性影响。

但是,这四类规则的债权人保护标准各不相同:(1)认定抽逃出资须遵循司法解释的"损害权益标准";(2)股份回购规则没有设定债权人保护标准:既没有以股本为标尺设定回购"财源限制",也没有提供其他保护债权人措施;(3)公司减少注册资本时,法律允许债权人主张债务清偿或提供担保,不依靠股本标准;(4)只有利润分配规则将分配对象限于"税后利润",适用以股本(确切说是"股本+公积金")为标准的资产负债表检测法。①

由此造成的后果是:同一行为或者具有相同经济实质的行为,适用不同规则就会运用不同的债权人保护标准,发生不同法律后果。而且,各项规则在审判活动中很难作出有规律可循的体系化解释。我国《公司法》尽管有意仿效资本维持规范并且建立了基本框架,但其规则是不完整的,内部结构也是支离而

---

① 综合性说明参见第9.4.1节,各项规则的具体分析参见第10-13章。

紊乱的。①

不过,由于遵循了资本维持模式的规范逻辑,我国资本报偿规范尽管不完整,仍然避免不了资本维持模式的固有弱点——即关注公司资产的账面金额而非资产的具体构成和流动性,易受会计操作影响,难以维护公司实际偿付能力,为债权人提供的保护不够周延。② 而且,由于对资本报偿事项约束较为繁琐,公司资本运作的灵活性颇受限制。③

此外,我国《公司法》还有一条颇具特色的抽象规则——股东不得抽逃出资或抽回股本。表面看来,抽逃出资规则与英、德等国"资本不得非法返还"规则似乎形异而神似,但实际上,抽逃出资的含义十分模糊,判断标准(即"损害公司权益"标准)极有弹性。该规则的适用效果也颇不确定,没有发挥概括条款的统领和补充作用,与利润分配等资本报偿规范无法进行合理的体系解释。

上述问题已经无法在资本维持规范的框架内,通过局部规则修订予以解决。④ 我国资本报偿规范需要结构性的改造,以适当方式导入实际偿付能力检测法。

---

① 详细分析参见第10.5.1节。

② 详细分析参见第10.2.3节对最高法院适用抽逃出资规则所做判决的分析,以及第11.1节和第11.2节对利润分配规则的分析。

③ 参见第12.5.1节对减资程序成本的分析,以及第13.2.1节桐昆股份回购案分析和第13.2.3节华工创投案分析。

④ 例如,抽逃出资规则适用中的各种问题反映了整个资本报偿规则的系统性缺点,不是修改抽逃出资定义(或认定标准)和其法律责任所能解决的。实例分析(例如菊隆高科案)表明,即便抽逃出资的判断采用资产负债表检测法(即学者提出的"侵蚀股本标准"),也很难筛检出公司实际偿付能力已经受到损害的情形。详见第10.3.2节的分析。

14.2 选择结合模式的理由

与资本维持规范的理念和方法均不相同,实际偿付能力检测法通过"广义分配"概念(与本书所用的"资本报偿"概念同义)把利润分配、回购或回赎股份、股本返还等统合起来,要求董事会在决定任何资本报偿事项前,必须诚实审慎地检测公司偿付能力,否则须承担相应责任。例如,MBCA 第 6.40 节的规则是:分配不得导致公司无力偿还其已到期和按正常营业进程应到期之债务。董事如违反诚实、谨慎、尽职尽责评估公司偿付能力的义务,则须对违法分配承担个人责任。[①]

实际偿付能力检测法将公司的实际偿付能力作为约束资本报偿事项的核心标准,关注公司资产的构成和流动性,通过董事责任规则促使董事实施诚实、审慎、尽责的偿付能力检测,从而对公司债权人产生保护效果。实际偿付能力检测法的这一特点和功能正是资本维持规范所欠缺的。那么,有没有可能结合二者的优势,形成一种优势互补的资本报偿规范?以下分别讨论"结合模式"的可能性、必要性和得失损益。

先看"结合模式"是否可能。

实际偿付能力检测法能否与资本维持规范形成某种"结合模式"——资本维持规范为公司资本报偿提供一套明确的财务规则,实际偿付能力检测法对资本维持规范难以剔除的损害债权人利益的行为加以检束——从而发挥二者的优势,而不是叠床架屋、集中二者的弊端?

首先,从国外实践看,资本维持规范和实际偿付能力检测法是可以兼容的。实际上,资本维持规范中的减资规则就是一种实际偿付能力检测措施,而 MB-

---

① MBCA 实际偿付能力检测规范的详细讨论参见第 9.2.2 节。

CA 第 6.40 节也包含一个资产负债表(净资产)检测标准。① 在美国特拉华州,法院在审判中会将判例法中的实际偿付能力检测法与公司制定法中的资本维持规范结合运用。进入二十一世纪以来,一些历来奉行资本维持规范的公司法以不同方式引入实际偿付能力检测法。例如:英国《2006 年公司法》的非公开募股公司减资和股份回购规则;德国 2008 年修订《股份公司法》和《有限责任公司法》,为董事增加一项维持公司偿付能力的注意义务;荷兰 2012 年、比利时 2019 年也分别修订非公开募股公司的法律规则,规定公司董事会如明知或有理由预见实施资本报偿事项将导致公司丧失偿付能力,则不得批准该事项,否则须承担法律责任;欧洲多国学者 2017 年联合推出的第一版《欧洲示范公司法》采取了更为开放的立场,将资产负债表检测和实际偿付能力检测法并驾齐驱,作为公司分配的共同约束准则。②

其次,我国近年来也出现了引进或运用实际偿付能力检测法的实例,显示了适用实际偿付能力检测法的需求和可能性。证券交易所制定的上市公司股份回购细则针对股份回购构建了实际偿付能力检测标准和相应的董事义务要求,尽管其规则仍然是框架性和原则性的。③ 审判实践中有案例表明,合议庭结合公司资产总量和"偿债能力"为标准判断股东是否构成抽逃出资。④ 还有的案例,合议庭以公司回购股份不会损害其"清偿能力"为由,判令公司回购投资者

---

① 仿效 MBCA 第 6.40 节的澳大利亚、加拿大、南非等国公司法的资本报偿规范也是双层检测标准,详细说明参见第 9.2.3 节。
② 对美国特拉华州、英国、德国、荷兰和比利时等结合两种规制方法的详细说明参见第 9.3 节。
③ 详细分析参见第 13.2.2 节。
④ 参见:北京北大未名生物工程集团有限公司诉北京新富投资有限公司等案,(2018)最高法民申 790 号裁定;黑龙江省农业生产资料公司诉丰汇世通(北京)投资有限公司案,(2019)最高法民再 144 号判决。

所持股份。① 这些情况表明,人们在现行《公司法》的资本维持规范之外,正在尝试运用实际偿付能力标准评价公司的资本报偿事项,试图更好地调和特定情形中的公司债权人和股东的利益冲突。

不过,上述事实还无法一般性地证明"结合模式"比原来的资本维持规则具有更好的效果。正如资本维持规范和实际偿付能力检测法哪个更好的问题长期存在争论一样,"结合模式"是否更好,也取决于每个国家的法律体系、制度背景等因素,无法一概而论。对某一具体立法例而言,实施效果的考察和评价仍须时日。

再看"结合模式"是否必要。

既然资本维持规范不足以保护债权人利益,为什么我们不放弃资本维持框架,全面转向实际偿付能力检测法?为什么要"结合"两种规制方法,而不是遵循一种规制方法?笔者认为,保留资本维持框架的主要理由在于:

第一,资本维持规范有其独特优势。资本维持规范的规则较为明确,可操作性较强,②为限制公司资产流向股东建立了基本的财务框架,对于鼓励公司巩固股本或储备从而建立吸收损失的"缓冲垫",持续稳健经营,有一定作用。相比而言,实际偿付能力检测法更注重公司现金流情况,对公司远期债务关注不足,有鼓励公司短期行为的倾向。③

第二,实际偿付能力检测法也有其局限性。它主要依赖事后追究董事责任所形成的威慑力,迫使董事在公司实施资本报偿事项前诚实、审慎地评估公司偿付能力,因而主要是一种事后矫正机制。董事责任诉讼是有成本的,董事责

---

① 江苏华工创业投资有限公司诉扬州锻压机床股份有限公司等案,江苏省高院(2019)苏民再 62 号判决。对该案的详细讨论参见第 13.2.3 节。
② 参见第 10.3.1 节对侵蚀股本标准的分析。
③ Kuhner(2006:341-364);张雪娥(2015:45-49,79-83)。

任诉讼将产生何种激励和约束作用,取决于本国司法系统对董事偿付能力判断进行评判时的立场、原则和方法。① 资产负债表检测法则是一套公司参与人事前明确可知的财务规则,其规则含义的解释对司法裁判的依赖度较低,其施行一般也不需要依赖诉讼推动,故有助于弥补偿付能力检测法的上述弱点。

第三,尊重经验。即便 MBCA 第 6.40 节的资本报偿规范也是一种实际偿付能力检测和资产负债表检测相结合的双层架构,欧洲国家的结合模式立法更是如此。这表明立法者和市场参与者仍然认可资产负债表检测法具有可取之处。尊重人们基于实践经验的选择和尊重法律规范的连续性(即便是一种"路径依赖"),同时通过尝试、纠错而不断积累知识和经验,"摸着石头过河",这是推动法律渐进发展的稳妥之路。

最后分析"结合模式"的成本和收益。

"结合模式"的资本报偿规范有可能推升公司运营成本,但同时它也可能降低市场交易成本,提高负债融资的效率。"结合模式"的成本和收益需要综合评判。

以制度经济学的分析框架来看,当产权被投入各种各样的市场交易和组织活动时,除了产生"排他成本"(即界定产权、防止他人侵犯产权所需成本)

---

① Hanks(2011:219-227)通过一些美国联邦和州的案例说明:董事对公司未来偿付能力所做判断的合法性、公允性如果受到诉讼挑战,法官通常会将偿付能力判断作为董事的一种商业经营判断,依照商业判断规则(Business Judgment Rule)予以审查,不是事后基于结果审查董事的判断是否正确,而是审查董事作出判断时的态度是否审慎尽责。吸收了 MBCA 第 6.40 节规则的州公司法,对董事评估公司未来偿付能力的依据、应考虑因素等方面的规定也比较有弹性。因此,有关董事偿付能力判断的案件,法官的立场和倾向十分重要。由于遵循商业判断规则,法官通常对董事作出的无利益冲突的偿付能力判断采取推定合法且合理的立场,甚至在公司资产少于负债(即未通过资产负债表检测)的情形下法官也可能做出有利于董事的判决。司法裁判的上述倾向反过来形成了一种比较宽松的约束董事偿付能力评估的法律机制。

外,还会产生"协调成本"。"协调成本"包括两类：一是"**交易成本**",即各个产权主体在市场交易(最典型的是合同行为)中所要支付的各种成本,主要是信息成本、谈判成本、缔约成本、监督成本和惩罚违约的成本等。二是"**组织成本**",即人们将自己的产权结合进一个组织(例如企业)并运作该组织所产生的各种成本,主要包括信息成本、组建成本、组织决策成本、内部监督成本和激励成本等。①

从"组织成本"的角度看,"结合模式"的确可能导致公司负担更多的运营成本。例如,按照德国、荷兰和比利时的双层检测架构(资产负债表检测+偿付能力或流动性检测),公司董事会在决定利润分配和股份回购等分配事项时,不仅要满足资本维持的财务规则,而且要审慎评估利润分配等事项实施后的一定期间内公司能否偿还到期债务。否则,公司实施分配事项后如无力偿还债务,债权人有可能追究董事的过错责任。因此,董事在决定公司分配事项时有可能变得更为谨慎。董事除了遵守资本维持规范中的财务规则外,还可能聘请外部专业机构评估公司的长期或短期偿债能力,而承担此类费用的通常还是公司。这样的话,"结合模式"的双层检测机制无疑会增加公司的决策和运营成本。

当然,在德国、荷兰和比利时的双层检测架构下,董事的谨慎程度究竟会提升多少,是否会外聘专业机构参与评估,也要看法律对董事审慎评估提出了什么样的标准和指引,司法机构对董事评估公司偿付能力采取了何种审查原则和规则。也就是说,"结合模式"是否以及在多大程度上可能改变董事检测公司偿付能力时的审慎程度、考量因素、行为模式等,取决于立法、司法、公司治理等多重复杂的因素。不过,一般而言,如果法律能够细化偿付能力检测的操作规

---

① 柯武刚、史漫飞(2000:154-156)。

则,提升检测标准确定性,并对资本维持规范做合理精简,那么,降低法规实施成本是可能的。

另一方面,"结合模式"有助于保持公司的实际偿付能力,有利于降低整个经济体的"交易成本"。"交易成本"主要是由信息成本、谈判成本、缔约成本、监督成本和惩罚违约的成本构成。法律制度如果提升了主要市场主体——各类公司保持实际偿付能力的可能性和有效性,那么,显然会帮助市场主体节省用于调查交易对方偿付能力的信息费用(虽然不可能完全省却这类费用),提高磋商谈判的效率,降低履约监督成本以及债务不履行导致的违约责任追究成本。当市场交易表现为借贷或者其他类似关系时,交易成本的降低将帮助市场主体以更低的成本达成负债融资协议,由此也就提高了整个经济体的负债融资效率。也就是说,权益融资方式的资本报偿规范的改进反过来也有助于改善负债融资渠道的效率。

综上所述,当我们考量"结合模式"的成本和收益时,不应当只盯住它对公司内部决策和运营成本可能产生的影响,而是应当全面分析它对整个经济体的交易成本和组织成本的作用。

14.3 结合模式的基本构造

结合模式的资本报偿规范,应当兼容资本维持规范和实际偿付能力检测法各自的优势,构建一套事前和事后约束相结合,财务规则清晰,能够有效检测和维护公司实际偿付能力的新框架。其目标是:(1)重新构建利润分配、股份回购和减资的合法性判断标准(其中主要是债权人保护标准),删除与债权人保护无益且拘束过重的规则,理顺它们之间的逻辑关系,为辨别合法与违法的资本报偿行为、确定责任承担者及其责任范围建立符合逻辑的、可协调的标准。(2)规范利润分配、股份回购和减资事项的规则,不仅应当具有账面上保护股本不受

"侵蚀"的作用(合法减资不构成侵蚀股本),而且应当具有维持公司实际偿付能力的作用。

这个新框架应当结合资产负债表检测法和实际偿付能力(流动性)检测法,对资本报偿事项的合法性及相关法律责任设置明确规则。其基本构造为:

第一,利润分配和股份回购(包括回赎)具有相同的经济实质,应当遵循一致的财务规则,适用资产负债表检测法。公司用于分配股利或回购股份的资金总额,应当限制在公司未分配利润(或未分配利润+一定公积金,或其他标准)的金额范围内。或者,像欧盟资本指令那样,规定公司分配股利或回购股份后,公司净资产不得少于股本或股本与不可分配公积金之和。立法上应当注意区分公开募股公司和非公开募股公司的财务规则,使后者在利润分配和股份回购上尽量拥有较多灵活性。此外,根据我国利润分配规则的实践经验,《公司法》或者企业财务准则至少还应当提供以下规则(或要求公司章程予以规定):公积金的类型和提取规则,不可分配之公积金的种类或者范围;可作为资本报偿事项决议依据的财务报告种类和范围;公司向股东支付股利或回购款之前,公司财务状况如出现不符合上述财务规则的情形,公司应当停止支付;公司违反财务规则分配利润、回购股份,股东应承担返还责任,有过错的董事应对公司和公司债权人承担赔偿责任。[①] 当然,为减轻会计操作对利润分配的影响,遏制财务舞弊,企业会计准则的改进也是不可缺少。

第二,公司减少注册资本无法适用利润分配的财务规则,但可以以公司无

---

① 违法分配股利或回购股份的责任规则涉及许多具体问题需要仔细讨论。包括:股东何种条件下须返还财产(例如是否应以股东知悉违法分配事由为条件),返还范围如何界定(例如是否应返还违法分配的股利所产生的利息);公司不能清偿债务时,股东是否应当对公司债权人承担"补充赔偿责任"(也即是否继续延续"个别清偿"的规范思路);董事对公司的赔偿责任与股东返还责任如何协调(例如董事何种条件下可以向股东追偿);董事何种条件下须对公司债权人承担赔偿责任;董事对公司和公司债权人的赔偿责任如何区分和协调等。

亏损为减资的前提条件,除非减资目的是弥补亏损。① 现行减资规则不区分支付型减资和非支付型减资,对公司拘束过严,于债权人保护无益。如果继续沿用即期清偿方式的债权人保护办法,那么,两种减资应当分别设置债权人保护规则。例如:支付型减资以债权人无异议或者已获得清偿或足额担保为生效条件;非支付型减资不适用支付型减资的规则,而以董事或股东的审慎评估或者偿付能力声明为生效条件。②

对于支付型减资来说,如果要扭转债权人不知情、提出请求不被理睬的局面,以下改进措施是不可缺少的:首先,修改减资通知和公告的规则,使债权人尽可能及时得到消息。加重法律责任,促使相关人员及时履行通知和公告义务。其次,明确规定减资行为生效和实施的条件。观念上应当区分减资决议、减资程序和减资行为(包括财产处分、会计处理、登记变更等)。减资决议的作出符合法律和公司章程规定即为有效决议。有效减资决议是公司启动减资程序的原因。减资程序首先是债权人保护程序。未履行债权人保护程序时,公司不得实施减资行为。公司实施减资行为的前提条件是:无人申报债权,或者已申报债权的债权人在规定时间未提出清偿债务或提供担保的请求,或其偿债或担保请求已得到满足。不满足减资行为的前提条件,公司就不得以减资为由向股东转移资产。如有违反,公司所实施的减资行为应归于无效或撤销(股东取得的财产应返还给公司,公司登记的变更应予撤销等),有过错的董事应当对公

---

① 关于减资规则中设置一定财务标准的分析,参见第 12.4.3 节。
② 根据我国现行减资规则,债权人有权向减资公司主张立即清偿债务或提供足额担保,即便其债务尚未到期。这实际上是不管减资公司是否能够维持短期或长期偿付能力,都一律剥夺其基于原有债务协议享有的期限利益。这种拘束过严且"一刀切"的债权人保护规则有碍于公司开展必要的减资。值得探讨的另一种方案是:要求减资公司董事或股东承诺维持公司一定期间偿付能力,而无须立即清偿债务或提供担保。相关讨论参见陆华强(2015:172-193)。

司和公司债权人承担连带赔偿责任。

第三,所有公司资本报偿事项均须满足实际偿付能力检测标准。除支付型减资实行即期偿付的债权人保护办法外,董事会决议利润分配、股份回购等资本报偿事项前,均应结合本公司各项实际情况,诚实、审慎地评估公司实施报偿事项后的一定期间(例如 12 个月)内的实际偿付能力。董事会应当依据公司定期制作的财务报告以及其他相关信息审慎评估,必要时还应当委托外部专业机构出具评估意见。对于董事会的评估依据、标准、方法等,《公司法》可以根据实际情况分别设定强制性或任意性规则。[①] 对于违反偿付能力检测标准而实施的资本报偿,《公司法》应当明确其法律后果:公司如果在资本报偿事项实施后的一定期间内无力偿付到期债务,则未尽诚实审慎评估义务的董事应对公司和公司债权人承担连带赔偿责任;同时,股东也有义务将所受领的财产返还公司。[②]

鉴于目前股东向公司债权人"个别清偿"所造成的种种弊病,[③]《公司法》的结合模式规范应当避免落入"个别清偿"的窠臼。具体来讲,公司资本报偿行为如果因违反资产负债表检测或实际偿付能力检测要求而事后被确认无效或未生效,股东因资本报偿事项而领得的财产应当返还给公司,而不是直接向起诉

[①] 立法机关不可能在制定法中将董事会评估公司实际偿付能力的依据、标准和方法等完全地规定清楚,事无巨细的规则很可能不是合理的规则。《公司法》应当给公司参与人和审判实践的经验积累留出足够的空间。

[②] 此处参考了前述德国、荷兰、比利时公司法和欧洲示范公司法关于董事审慎评估公司偿付能力义务的规则。这里同样牵涉以下具体问题:股东何种条件下须返还分配财产(例如是否须以明知违反偿付能力标准为条件),返还范围如何界定(例如是否包括股东保有股利期间的利息);公司不能清偿债务时,股东是否应当对公司债权人承担"补充赔偿责任";董事对公司的赔偿责任与股东返还责任如何协调;董事何种条件下须对公司债权人承担赔偿责任;董事对公司和公司债权人的赔偿责任如何区分和协调等。这些问题 MBCA 部分地有所涉及,参见第 9.2.2 节的说明。

[③] 详细讨论参见第 8.3.2 节。

的债权人个别清偿。需要注意的是,在决定报偿事项时违法或者违反诚实审慎义务的董事,依照法律规定有可能直接对公司债权人承担过错赔偿责任。董事向公司债权人赔偿不属于本书批评的"个别清偿"。股东向公司返还财产是因为股东取得公司财产不具有合法基础,目的是让公司资产恢复原状,而董事赔偿公司债权人的基础是侵权责任,其赔偿不会影响公司资产恢复原状。同时,为尽量压缩"个别清偿"的可能性,使出现偿付危机的公司尽快转入破产清算或破产重整程序,《公司法》相关规则应当作必要修订,应当要求董事在发现或有理由发现公司达到破产条件时及时申请公司破产清算,否则有过错的董事应当对公司债权人承担赔偿责任。①

第四,取消抽逃出资规则。"结合模式"的资本报偿规范不再需要抽逃出资规则。② 公司向股东直接或变相"返还出资"的行为(也即抽逃出资规则原本指向的那些行为),都应当分别依照资产负债表检测法和实际偿付能力检测法处理。下面对审判实践中常见以及《公司法解释三》第 12 条最大"射程范围"的案型逐一分析:

1. 股东缴纳出资后无正当理由(包括虚构债权债务关系)从公司转走等额资金或其他财产,而其持股金额和比例未相应减少。此类行为的基本类型特征是涉事股东全部或部分撤回投资但没有履行减资程序,因此属于违规或变相减少资本。在股东一次或多次转走公司财产的情况下,也可以将股东取得的财产视作违规分配的利润。在上述情形中,公司或者公司债权人可以依据减资或利润分配的程序规则、效力规则和责任规则,要求相关股东向公司返还财产,要求

---

① 《公司法》(2018 年)第 187 条只是规定,清算组在清算过程中如果发现公司不能清偿债务应当申请破产。这一规则的适用范围应当扩大到公司开展清算之前,适用对象应当包括董事,此外还应当将董事、清算组成员违反该规则的法律责任规定清楚。

② 抽逃出资规则并非必要规范,详细说明参见第 10.5.2 节。

过错董事承担连带赔偿责任。

2. 公司没有利润或基于虚假财务数据实施利润分配,或者不管有无利润都向股东定期支付定额股息,或者超出可分配利润的数额而向股东分配。这类行为都属于"侵蚀股本"的违法利润分配。获得违法分配的股东应当向公司返还财产。决定和实施违法分配的董事应当对公司和公司债权人由此产生的损失承担赔偿责任。如果公司利润分配只是违反了程序性规则(例如未经股东会决议就实施分配)或者违反了公积金提取规则,但并未"侵蚀"公司股本,那么公司需要从程序上补正此次分配(例如补充股东会决议、补提公积金),股东根据补正结果保留或返还分配财产,而公司债权人并不能据此要求董事承担连带赔偿责任。

3. 公司实施支付型减资而不通知已知债权人,或者无视债权人提出的清偿债务或担保请求而继续向股东返还资产,属于违规减资。在公司无力清偿债务的情况下,公司债权人可以依据减资的程序规则、效力规则及责任规则,请求法院确认减资行为无效,判令股东返还财产,有过错的董事承担连带赔偿责任。

4. 股东利用关联交易,无对价地或通过不公允交易价格从公司转移资产。这种行为比较复杂,可以区别情况按变相分配利润或变相回购股份处理。以本书第10.2.3节讨论的公司为股东间转让股权提供担保的案型为例,如果受让方股东未支付股款,那么,公司承担保证责任、支付股款,实质上相当于公司付款回购转让方股东的股权(只是股权并未购回成为公司"库存股",而是记在受让方股东名下,公司对受让方股东享有追偿权)。该交易可以视作变相回购股份,并依据股份回购的债权人保护规则(例如,公司只得以未分配利润为回购资金来源,或回购股份不得导致公司净资产低于股本与特定公积金之和),审查公司负担和履行该等保证责任的合法性,进而判定相关股东和董事的责任。① 菊隆高科案也可以看作变相股权回购,应依据股份回购的债权人保护规则,审查交易的合法性并判定相关股东和董事的责任。股东通过不公允关联交易从公司获取不当利益(例如以不合理的高价向公司转让资产),可以视作变相分配利润,按照利润分配的财务规则和责任规则处理(参见上述第2点的说明)。

5. 实际偿付能力检测。按照结合模式的架构,公司的各项资本报偿和变相资本报偿行为均须接受实际偿付能力检测。(1)公司分配利润、回购股份(以及上述1—4点所说的各种变相操作)即使在账面上没有"侵蚀股本"(即通过了资产负债表检测),但如果减损了公司的实际偿付能力,例如在分配利润或回购股份后的一定期间内无力清偿到期债务,那么,利润分配或回购股份行为的合法性也是有瑕疵的。公司债权人可以请求法院审查债务人公司的董事在实施报偿事项时是否诚实、审慎地评估了公司的实际偿付能力,从而判定股东应否返还因资本报偿或变相资本报偿行为而取得的财产,董事应否就其过错对公司或公司债权人承担连带赔偿责任。(2)公司实施支付型减资,须首先满足债权人即期偿付债务或提供担保的要求。各种变相减资的行为显然违反了即期偿付或提供担保的规则,因此公司或公司债权人有权要求相关股东向公司返还财产,过错董事承担连带赔偿责任(参见上述第1点说明)。非支付型减资如不适用支付型减资的规则,董事会则须事先审慎评估公司的实际偿付能力或者依法律要求对公司偿付能力作出承诺。如果公司实施非支付型减资后的一定期间

---

① 可资比较的一个案例是适用特拉华州公司法股份回购规则的可信制造公司破产案[In re Reliable Mfg. Corp., 17 B. R. 899 (N.D. ILL. 1981)]。在该案中,可信公司的两名股东将公司股权全部转让给第三人,可信公司以其资产为第三人的付款义务提供担保。该案法官认为,可信公司一旦承担担保责任,则会基于代位权而取得第三人对可信公司股权的权益,结果将导致可信公司成为自己股权的实际持有人。因此,要求可信公司承担担保责任,就必须满足特拉华州公司法第160节关于股权回购的资本规则。

内无力清偿债务,则公司债权人可以请求法院判令有过错的或作出承诺的董事对公司或公司债权人承担连带赔偿责任。

6. 最后,我国保护公司债权人的民商事法律体系同样是由多部门法、多种制度、多层次规则构建起来的。上述各种情形,公司债权人也可以在符合法定条件的情况下,依据民法典(主要是债权人撤销权[①]、代位权规则[②]、侵权责任规则[③])、企业破产法(主要是破产无效行为和撤销权规则)[④]、公司法(否认法人独立地位规则)[⑤]等寻求司法救济。这些法律规范目前的实施效果、存在的不足、与资本报偿规范的关系以及如何改进等问题,在此不展开讨论。

[①] 《民法典》第 538-542 条。
[②] 《民法典》第 535-537 条。
[③] 《民法典》第 1165 条。
[④] 《企业破产法》第 31-34 条。
[⑤] 《公司法》(2018 年)第 20 条第 3 款。

第四部分

总结与展望

回顾历史可见,人类与资本打交道的方法和规则日趋复杂。从古代逐渐认识到区分本、利,留本固业,到十七世纪英国东印度公司区分资本与盈余、只向股东分配盈余,到十九世纪规范资本形成、利润分配、股份回购等的资本规则普遍出现于北美和欧洲,再到二十世纪直至当下各国公司法、国际金融业监管规则的发展变化,资本制度总体来说正在变得越来越复杂,越来越精细(例外的是,普通商事公司的资本形成规则却有不断简化的趋势)。造成这种发展演进的主要原因是,人类的经济活动、分工、技术和交易手段日益扩展和复杂,立法和监管机构为规范这些活动不得不制定复杂精细的规则,而复杂精细的规则又进一步激发更加复杂的交易手段("创新")——这种循环往复的游戏似乎永不终止。

自十九世纪末到二十世纪前半叶,从大清《公司律》到民国《公司法》,西式资本制度被渐次引进中国。社会主义革命成功之后,建设"社会主义计划经济"的政治决定宣告了公司资本制度在中国第一次旅程的终结。计划经济时期,"资本"在话语上和制度上被全面驱除。人们将"资本"的政治经济学意义(关注资本与劳动的利益冲突)与会计、法律和金融层面的意义(关注权益资本和负债资本提供者内部以及相互之间的利益冲突)混合起来,不加区分。到二十世纪七十年代末"解放思想""改革开放"以后,人们逐渐承认发展经济离不开"市场"和"公司",而公司又不能没有"资本"。于是,人们复将政治经济学意义的"资本"和会计、金融及法律意义的"资本"区分开,在九十年代以后开始将公司和资本制度努力恢复起来。经过改革开放以来四十多年的发展,我国公司资本制度在二十一世纪跨入第三个十年的时候,面临着继往开来的历史机遇。

本书旨在对我国当前公司资本制度做一全面检讨,通过实例分析、比较研究,评估现行规则的实际效果,讨论规则背后的理论观念,揭示其中的系统性问题。在此基础上,本书对更新公司资本制度理论,改进我国公司资本规范提出了自己的观点。以下对本书的研究发现和结论性意见作一总结和归纳。

15. 主要发现

15.1 资本含义与分析框架

"资本"一词在不同语境下呈现不同的含义。有时,"资本"指称一定范围内的经济资源,有时则指向一个抽象的概念或金额,反映某种投资权益或价值。"资本"所指的对象,有时是实在的、具体的,有时则是抽象的,需要人们通过想象在观念中构建出来。

本书以公司法意义上的"资本"即企业权益资本为研究对象。我国现行公司法反映资本的概念是"注册资本",意指公司登记注册的、全体股东承诺投入公司的出资金额。会计上确认的资本叫"实收资本(或股本)",反映股东实际投入公司并计入注册资本的出资金额。实收资本(或股本)不必与注册资本一致,实际上也常常是不一致的。

无论是注册资本还是会计资本(实收资本或股本),都具有实在性和虚拟性。实在性是指,它们都可能对应公司一定金额的实际资产。而虚拟性意味着人们通过法律文本(如出资协议、公司章程)或会计上的操作就可以不受限制地创制注册资本和会计资本,无限扩张注册资本和会计资本。注册资本和会计资本的这种抽象性、虚拟性和自我扩张能力,最终也会导致公司账面资产规模无限膨胀。

公司的两种基本融资方式——权益融资和负债融资——决定了因公司筹资而产生的三类利益冲突:一是股东与股东之间的利益冲突;二是,股东与公司债权人之间的利益冲突;三是公司债权人之间的利益冲突。资本是各种利益冲突的交汇点,发挥着利益冲突调和器的作用。本书基于上述三种利益冲突建立了分析框架,着重分析股东资产投入公司(资本形成)和公司资产流向股东(资本报偿)两种情形中,法律构建了何种约束机制,如何调和利益冲突,股东和债权人又如何回应法律的调整。

15.2 资本形成规范

本书第二部分的各章讨论了注册资本认缴制、可出资财产类型管制、出资真实性审查、股份的基本制度、股东出资义务及其法律责任。贯穿其中的中心问题,从股东出资角度看是:股东资产在何种法律框架内,经由何种机制能够被确认为公司资本(即股东资产资本化的法律框架);从公司角度看则是:公司为筹集资本,可以发行何种形式、类型和面值的股份(也即公司所有者权益股份化的法律框架)。

股东资产资本化的法律框架

资本认缴制允许投资者以出资承诺创制公司资本,不限制股东实缴出资的期限,显著扩大了人们创设普通商事公司的自由度。资本认缴制辅以其他降低公司设立成本的举措(诸如取消公司最低注册资本额、取消货币出资比例限制、一般性取消强制验资等),对投资设企产生了积极效果。

但是,从可资本化的资产范围(也即可出资财产类型)来看,法律上仍存在诸多不合理的限制。出资类型限制与维持公司偿付能力不存在可信的相关性。它们的存在对各种非货币资产便利地转化为企业资本设置了不必要的障碍。此外,出资应当"真实到位"的观念仍然统治着学界、立法和司法部门的指导思想。但"出资真实"作为衡量出资行为合法性的准则,它本身是无法在事实上予以检验的。以之为资本规范立法和司法的指针,具有极大的误导性。

资本认缴制虽然扩大了股东的出资期限自由,但在提升公司筹资灵活性和机动性方面功效甚微。因为,认缴制将公司筹集资本的对象、金额、出资方式、缴资时间、股份类型等悉数交由股东事先确定,而公司董事会没有丝毫决定筹资事项的自主权。

股东出资期限的自由化也一定程度上激化了股东与债权人间的利益冲突。

关于股东出资义务的两个尖锐问题是：一、公司在何种情况下可以修改章程减免或延后股东实缴出资的义务？二、公司不能偿付债务但又没有进入清算程序时，公司债权人是否有权要求股东提前履行出资义务？

部分学者提出了扩张股东出资义务的主张，即在公司无力清偿债务时，股东出资义务应当"加速到期"，公司债权人有权要求股东在原定实缴出资时间届至前，在其未实缴出资的金额范围内直接承担公司债务。但是，在不修改现行法律和司法解释的前提下，各种主张股东出资义务"加速到期"的理论和解释都无法令人信服地论证自己的观点。2019年11月最高人民法院发布《九民纪要》，将"加速到期"限定在两种例外情况下，表明了谨慎扩张的态度。

值得注意的是，最高人民法院构建的股东出资责任规范一直秉持"个别清偿"的政策。当公司不能清偿债务时，公司债权人有权要求违反出资义务的股东直接向其承担清偿责任（这一规则已经扩张至与股东出资有关的其他领域，例如公司违规减资时，股东也可能承担类似的"补充赔偿责任"）。这种基于民事诉讼的"个别清偿"机制与破产清算的"集体清偿"机制不同。尽管法律和司法解释也提供了强制执行与破产程序衔接的渠道（所谓"执转破"），但是两者的关系并未理顺，事实上常常发生竞争。而最高人民法院的政策导向似乎是南辕北辙的：一方面，它呼吁各级法院积极受理破产案件，更多地通过破产程序解决公司债务困境，另一方面，它的司法解释、司法指导和判决又从不放弃在股东出资责任案件中坚持"个别清偿"的指导思想。

公司所有者权益股份化的法律框架

二十世纪八十年代开始的国企"股份制改造"以及九十年代推行"现代企业制度"，对我国当前的股份制度和各类企业的股份实践产生深远影响。

《公司法》关于股份形式和面值的规定，沿袭了欧美十九世纪纸质股票时代的法律规则。有关股份形式的规定没有考虑电子化或电子记账式股份的现实情况,出台之际就成为具文。股票面值规则(即不得低于每股面值发行股票),在股份公司普遍采用1元(人民币)的低面值且普遍溢价发行的情况下,实际上已经空洞化,对公司融资通常不构成实质性妨碍。

股份类型方面,"股份制改造"初期创设的基于持股人所有制成分的分类(国家股、法人股、个人股和外资股),为公有制企业的股份制改组构建了一个利益再分配的框架,为推进公有制企业改组提供了某种激励机制,但同时也加剧了证券市场的投机性,导致了难以控制的执行和监管成本。这类身份股虽然是一种过渡阶段的临时制度,但它对中国证券市场形成某种根深蒂固的利益格局产生了深远影响。

现行《公司法》只规定了一种普通股,股份类型过于单一,极大制约了公司筹资的灵活性。投融资实务中,股权投资者与目标公司及其原股东,通过协议、章程等为普通股附加多种非典型特权,创设出不同种类的"仿制优先股"(例如固定收益型仿制优先股、附业绩补偿请求权的仿制优先股、附强制回售权的仿制优先股)。很多有限公司创设了不同形态、不同权利构造的员工股份。这些事实都表明了公司和投资者对多元化股份类型的需求。

股份类型方面值得关注的另一现象是各式员工股份的广泛存在。这类特殊的股份与我国公有制企业传统和股份制改造实践有密切关系。员工股份的核心特征是:它的取得和持有必须以员工身份(员工与公司有雇佣关系)为前提。员工可能直接持有公司股份,也可能通过工会或工会下设的职工持股会、有限合伙企业等持股载体间接持有公司股份、享有投资权益。无论直接持有还是间接持有,均难以改变员工股份对员工身份的依附关系。在间接持股的架构中,参股员工基于投资而享有的管理权和收益权由公司章程、内部规章或协议规定。他们手中的员工股份可能被笼统地称为"员工股",也可能像华为控股和平安集团那样叫"虚拟受限股"或"员工投资权益"等。参股员工不登记为公司股东。他们参与企业管理时通常要经由某个议事机构(例如持股员工会)形成集体意见,再由持股载体在股东会中代为表达,因此就形成了某种代议机制。从参股员工与持股载体的法律关系看,可以肯定的是二者之间形成了委托人(受益人)和受托人的关系,但是否构成信托关系,需要仔细分析。根据目前的法律规范和审判观点,当企业工会作为员工持股载体时,我们将持股工会与参股员工之间的关系认定或理解为信托关系,在事实上和法律上都是比较合理的。

《公司法》将有限公司排除于股份制度之外自始就是一个失误。实际上,有限公司同样有股东权益股份化、股份类型多样化的需求。尽管法律不允许有限公司发行股份,其股东权益也只能称为"股权",但实践中有许多有限公司在增减资本和计算表决权时,将1元注册资本拟制为面值1元的股份。前面提到的"仿制优先股"也主要是各种有限公司通过协议方式创设的。

要防止有限公司向公众公开募集资本,没有必要禁止有限公司发行股份。有限公司的股份类别、形式、每股金额等均可适用与股份公司同样的规则。两种公司的区别仅在于:有限公司的股东人数不得超过一定数量,股份对外转让通常须受一定限制(例如其他股东享有优先购买权);而股份公司没有股东人数限制,股份转让通常不受限制。这样,公司参与人选择不同的公司类型就意味着选择不同的股份流动性和资本筹集方式。当然,《公司法》也可以实施更大幅度改革:彻底取消"有限责任公司"这一类型,以股份流动自由度为标准,将股份有限公司划分为"公众公司"和"非公众公司"。不过,"有限责任公司"和"股份有限公司"的分类和名称已经为人们熟知,在法规文件中广泛使用,继续沿用这两个名称(同时对规则构造做必要改进)可以减少"改名"带来的混乱和资源浪费。

15.3 资本报偿规范

"资本报偿"意指股东基于其所持资本权益而获得投资回报和偿还。资本报偿的具体方式包括利润分配、股份回购、减资等。本书第三部分从分析两种资本报偿规制方法入手,分别检讨了我国公司资本报偿规范的结构和各项具体规则。

两种规制方法及其差异与兼容

当今世界主要经济体规制资本报偿主要有两种方式:一是以欧盟公司资本指令为代表的资本维持规范,又称"资产负债表检测法";二是以美国 MBCA 第 6.40 节为代表的"实际清偿能力检测法"。

资本维持规范以"巩固股本"为宗旨,以股本(或股本+不可分配之公积金)为尺度,对利润分配和股份回购设置统一的财务标准。公司分配股利或回购股份后,账面资产数额必须足以覆盖股东的投资额(表现为股本或资本额,通常还会扩大至特定范围的公积金)和债权人投资额(表现为负债总额),也即必须保持净资产额不少于股本或股本与特定公积金之和。这样,就可以让股本或资本继续发挥吸收经营损失、保障公司偿债能力的"缓冲垫"作用。公司减资时,则采取允许债权人以请求清偿债务或提供担保的方式获得保护。

实际偿付能力检测法与资本维持规范的理念和逻辑不同。它通过"广义分配"概念(与本书所称"资本报偿"同义)把利润分配、股份回购或回赎、股本返还等统合起来,要求董事会在决定任何资本报偿事项前,均须检测公司实际偿付能力——即任何分配行为均不得导致公司无力偿还其已到期和按正常营业进程应到期之债务。实际偿付能力检测法将"实际偿付能力"作为约束资本报偿事项的核心标准,关注公司的现金流情况,不限制分配的"资金来源"出于股本还是利润,因而摆脱了资本维持规范所用的"股本标准"。

简要而言,资本维持规范是一种基于资产负债表的历史数据的事前检测标准,而实际偿付能力检测法要求董事对公司当前及未来一定时期的偿付能力作出测试和预判,主要是一套事后约束机制。不过,资本维持规范和实际偿付能力检测法并非不可兼容。实际上,资本维持规范中的减资规则就是一种实际偿付能力检测措施(即要求公司立即偿付债务或提供担保),而 MBCA 第 6.40 节也包含一个资产负债表(净资产)检测标准。在美国的特拉华州,有判例表明,法院在审判中会将判例法中的实际偿付能力检测法与公司法中的资本维持规范结合运用。进入二十一世纪以来,一些历来奉行资本维持规范的国家(如英国、德国、荷兰、比利时)以不同方式引入实际偿付能力检测法。这表明,实际偿付能力检测法与资本维持规范有可能形成某种"结合模式"——资本维持规范为公司资本报偿提供一套相对明确的财务规则,实际偿付能力检测法对资本维持规范难以剔除的损害债权人利益的行为加以检束。

我国资本报偿规范的结构特征与问题

我国资本报偿规范主要由以下四部分组成:(1)抽逃出资规则;(2)利润分配规则;(3)股份回购规则;(4)减少注册资本规则。这四部分规则的规范对象具有相同或相似的经济实质。它们都会对公司偿债能力造成实质性影响,都与公司债权人利益攸关。但这四类规则的债权人保护标准各不相同:(1)认定抽逃出资须遵循司法解释的"损害权益标准";(2)股份回购规则没有设定债权人保护标准:既没有以股本为标尺设定回购财源限制,也没有提供其他保护债权人措施;(3)公司减少注册资本时,允许债权人主张债务清偿或提供担保,不依靠股本标准;(4)只有利润分配规则将分配对象限于"税后利润",适用以股本(确切说是"股本+公积金")为标准的资产负债表检测法。

由此造成的后果是:同一行为或具有相同经济实质的行为,适用不同规则就会适用不同的债权人保护标准,发生不同法律后果。**各项规则也很难作出合**

理且有规律可循的体系化解释。因此,我国《公司法》实际上并未建立起一套完整且内部结构合乎逻辑的资本维持规范。

本书对抽逃出资规则、利润分配规则、减资规则和股份回购规则逐一研究后发现:

1. 抽逃出资规则由于自身含义模糊、循环定义,且与其他资本报偿规范无法建立体系解释关系,因此,适用对象和适用标准均存在极大不确定性。实例分析表明:该规则目前的适用标准(即"损害公司权益标准")在审判实践中仍未形成足够的确定性,既可能被过度严格解释,阻碍正常的投融资活动(例如限制某些情形的股份回购),也可能失之于"宽、松、软",对股东"掏空"公司的行为束手无策,对公司债权人缺乏保护作用。以"侵蚀股本标准"改造抽逃出资规则,固然可能改进抽逃出资认定的确定性和可操作性,但由于该标准只注重公司资产账面价值而忽视资产构成,所以无法筛检出那些通过资产负债表检测但损害公司实际偿付能力的行为,无法有效保护公司债权人。

2. 利润分配规则遵循的是资本维持模式,将公司支付给股东的股利总额限制在"税后利润"弥补亏损并提列法定公积金后的余额范围内,以确保公司不因分配利润而导致净资产少于实收资本(或股本)与各种公积金之和。但是,这套利润分配的财务规则实际上很难维护公司的实际偿付能力,它只是一种维持资产数额而不控制资产构成的方法。考察实际案例可知,我国利润分配规则关注公司"账面上的偿付能力",而不问实际偿付能力;关注分配决议作出前公司是否符合分配条件,而不管决议作出后、股利支付前公司是否仍具备分配基础,更不管股利支付后一定时期内公司是否还保有实际偿付能力。现行利润分配规则与公司实际清偿能力之间的相关性极弱。

3. 减少注册资本规则将减资事项完全交给公司自行办理,并无外部机构事前或事中介入监管。减资目的不受限制,公司法也不区分减资目的和方式,一律适用统一规则。减资程序中的债权人保护机制是:公司发布减资通知和公告;债权人闻讯主张清偿或要求担保。由于缺失必要的效力规则和责任规则,这套机制很难"自行运转"。作为法律补充,法院创设了违反通知义务的减资行为"不得对抗债权人"的规则(或类推适用抽逃出资规则),公司登记机关要求股东声明担保公司债务。但是,"不得对抗债权人"规则无法有效约束公司和股东,促使他们遵守减资规则,反而可能鼓励公司和股东逃避履行通知义务。而将奉行"个别清偿"思路的股东出资责任规则适用于违法减资行为,也不利于债权人的公平保护。

4. 股份回购规则没有像传统资本维持模式的立法那样,设置与利润分配规则一致的财务标准,也没有实际偿付能力检测要求。在有关股份回购的个别诉讼案件中,法官声称应将减资程序作为约束股份回购、保护债权人的必要机制。但是,真正将减资程序作为股份回购前提条件的话,又可能增加股份回购的不确定性。在股份回购规则不设债权人保护标准而减资规则以即期偿付方式为债权人提供保护的情况下,将两种规则结合起来是难以操作的,做体系化解释是困难的。证券交易所制定的《回购细则》试图为上市公司建立类似 MBCA 的实际偿付能力标准,同时不再将股份回购与减资程序绑定。但《回购细则》的规定是原则性的,没有为上市公司检测其实际偿付能力提供切实有效的标准或指引,也没有对董事的义务和责任设置明确规则。债权人目前实际上无法依据上市公司披露的信息有效评估股份回购可能对上市公司偿付能力产生什么影响,至于能否借助追究上市公司董事责任而得到必要的救济,规则也不明确。不过,《回购细则》的"制度创新"仍然值得关注,它将对我国股份回购规范(乃至整个资本报偿规范)如何吸收实际偿付能力检测标准,以及如何建设相应的董事义务规则,提供有益的经验。

16. 观念更新与制度改进

资本制度的演进史同时也是一部观念史。法律制度的背后必定有一套思想观念作为正当性基础,不检讨制度及其实践背后的思想观念,就很难准确解释制度的结构、运行和利弊,也无法洞察制度的来龙去脉。我国公司资本制度的很多规则都是某种外来的或者内生的思想观念的产物。思想观念的存活期通常比法律制度更长。旧的政策和法律条文被废止,而贯穿其中的思想观念可能长期留存于人们的头脑中,在新的政策和法律的解释、适用中继续发挥影响力。寻求公司资本制度的改进和发展,首先要有深入分析观念基础的思想勇气和自觉。

16.1 反思成见,更新观念[①]

我国理论界和实务界关于公司资本制度已经形成不少深入人心、相当固定的观念和看法。这些观念和看法,无论是外来的还是内生的,都需要我们秉持实事求是的精神,在理性和经验的基础上一一检讨。本书认为,以下四种有关资本制度的成见是需要反思和革新的。

成见之一:资本真实(或出资真实)是一种可以客观检验的事实状态,是资本制度的规范目标。

无论在理论还是在审判实践中,主张加重或更加扩大股东出资责任的观点,都反映了在资本形成环节"充实"、"巩固"公司资本,保护公司债权人的观念。这一观念的思想基础是,注册资本或者实收资本(或股本)应当是"真实"的,应当对应真实的公司资产,否则就不足以对债权人提供保障("担保")。但

---

① 成见阻碍人们探究事实真相、理性分析问题。但成见并非面目狰狞,相反,成见常常给人带来温馨和快感,为人们营造了一个"思想舒适区",让人流连忘返。正如斯泰宾(2008:163)所说:"我们的成见引导我们歪曲证据……堵住批评,不能作进一步的思考,我们鹦鹉学舌似的人云亦云,我们害怕被拽出舒舒服服的信仰的荫蔽处"。

是,资本"真实"这个标准本身就是不真实的。

分析顾雏军虚报注册资本案使我们发现:资本"真实性"本身并不像人们想象得那样确实、可靠,它的评价标准是模糊的。非货币出资的价值需要评估。而评估避免不了不确定性,非货币出资的"真实性"自始就是不确定的。货币出资虽然不需要价值评估,但资金可以流动,出资人和目标公司之间可以发生交易,目标公司获得投资后有权支配资金的流向。"简单粗暴"的虚假出资行为容易辨别,但货币出资一旦和复杂的关联交易缠绕在一起,货币出资就不像看起来那样清晰、确定、可靠了。顾案审判过程中出现了出资真实性认定的罗生门现象。其根源就在于,出资真实性的评价标准本身是模糊的、不确定的,但立法者却假定它是恒定客观、清晰精确的,并以之为基础构建了一套出资制度,对违反者施以严厉的刑事制裁。指控出资不实的司法机关和为了躲避刑事惩罚的公司参与者,实际上都在事后按照某种逻辑,从有利于自己的角度,重构整个事件的法律叙事。这里面唯独缺少的就是真实、可靠、确定的判断标准。

安邦集团循环增资案则让我们认识到:在转投资合法且广泛存在,而"穿透式"资本监管仅限特定行业的前提下,普通商事公司通过连续或循环转投资"虚增资本"是无法避免的。在现行法律框架内,对转投资的出资真实性审查实际上陷入事实判断(转投资导致"虚增资本")和法律判断(转投资不构成"虚假出资")相互矛盾的局面。

事实表明,"资本真实"或"出资真实"不是客观可检验的事实状态,而是一个基于法律规则作出的法律判断或对当事人意思表示的解释。放弃对"资本真实"的迷信,不将"资本真实"作为建立资本规则的目的和实施资本规则的标准,是我们反思和改进资本制度的起点。

成见之二:出资类型管制有利于公司资本充实,有益于保护债权人利益。

出资财产类型限制实际上是法律对可资本化的财产范围的限定。我国《公司法》至今坚持出资财产类型管制。但事实证明,出资类型管制缺乏合理基础,与维持公司偿付能力没有直接关系。实务中有很多做法绕开或突破出资类型管制。法律、法规和公司登记管理尽管建立了严格且层层限缩的出资类型限制,但它们在很多情况下形同虚设。许多被法规明确禁止出资的财产,可能包裹在"经营性资产及相关负债"之中,借道"企业改制"、"资产重组"、"并购重组"等名义投入目标企业。此外,出资人也可以先用货币出资,再让公司购买其非货币资产,以此方式变相实现非货币资产的出资。《公司法》经 2005 年修订,扩大了股东自主配置股东权利的自由度,股东可能通过章程或协议约定与各自实际出资比例不一致的股权比例和股权权能。这实际上又进一步松解了出资方式限制的实际效果。2013 年底的资本认缴制改革又将出资自由度向前推进一大步:在出资入股时缺少合法出资财产的出资人可以暂不实缴出资。

出资类型管制在法律条文上的严厉刻板与其实际操作过程中的松严错落、参差不齐形成鲜明对照。从实际效果看,出资类型管制并未真正阻挡它要禁止或限制的东西转化为资本,而只是为它们的资本化设置了更多组织成本。这些组织成本扭曲了正常的出资行为,阻碍了弱小投资者的投资活动,也造成极大的资源浪费。《公司法》没有必要继续保留出资方式限制。放开出资财产类型限制将促使更多的资产更便利地转化为企业资本。

成见之三:资本为公司债权人提供"担保",资本维持是保护债权人的可靠机制。

"资本确定"、"资本维持"、"资本不变"三原则常常出现在教科书甚至裁判文书中。它们的正当性和权威性似乎不容置疑。摆出它们似乎就可以终止或省却分析、说理和争论。但是,当我们深入剖析这些话语的历史渊源和法律意义之后就会发现:"资本确定"、"资本维持"、"资本是对公司债权人的'担保'"等,都是过分简化、不甚确切甚至极具误导性的表述。

"资本确定原则"和"资本维持原则"源自十九世纪末的德国法学,反映了当时的德国立法和德国学者对公司资本功能的认识。即使从当时的观点来看,这些认识也不是发达经济体的通行观点。相比当时的美国和英国公司法来说,德国资本规范过于偏重公司设立和资本筹集方面的管制,而美、英的资本筹集规范已趋于宽松,规范重点集中于资本报偿规范上。德国法学的这些观点经日本学者翻译、改造后,在二十世纪初传入我国,这本身就是一个历史偶然,而中国法学界并没有进行理性比较和从容选择的机会。在之后的将近一百年中,经过数代学者不求甚解地不懈重复,"资本三原则"已经成为当今许多人头脑中不可动摇的"通说"。

但是,当我们从近三十年来自己的公司法实践认真反思时,我们发现:作为"资本确定原则"根基的出资真实性和出资类型管制理念都是可疑的,资本形成阶段的诸多管制规范实际上与公司成立后的经营效果和偿债能力没有直接关系(参见前两个"成见")。

而当我们了解了欧盟资本指令、英国、德国公司法中的资本维持规范后,我们发现:在我国广为流传的"资本维持原则"定义(即公司在存续期间,"至少须经常维持相当于资本额之财产,以具体财产充实抽象资本之原则")实际上与上述任何一部公司法的资本维持规范都是格格不入的。这几部公司法都要求公司在分配利润或回购股份后,净资产不少于资本额或资本额与特定公积金之和。而上述"资本维持原则"的定义却不考虑公司负债,仅要求公司财产(而不是净资产)不少于资本额,这与资本维持原理是无法相通的。

当我们从会计和金融视角重新审视资本的含义和功能时发现:资本"吸收"经营损失的功能只能在资本金额范围内,在资产负债表的机制和框架内发挥出来。资本维持规范(主要是利润分配和股份回购规则)"维持"的并不是资本,也"维持"不了资本。它的工作原理是,借助资产负债表的逻辑结构和数据关系,通过(表右下角)"股东权益"的不同科目的金额,为公司资产流向股东的活动设定金额上限,对公司向股东支付投资收益等资本报偿行为(反映在表左侧)施以约束。这种方法被称为"资产负债表检测法"。但是,一个公司的净资产大于股本或股本与特定公积金之和,并不能证明该公司的资产具有足够的流动性,足以在维持正常经营的情况下偿付债务。评价一个公司的偿付能力,需要结合该公司的资产结构和资产流动性进行复杂的计量和评估。我国学界对"资本信用神话"已有反思,但仍须更进一步。也即,从资产结构和流动性的角度推进对"资产信用"概念的反思,防止在抽象的"资产信用"概念上生成新的"资产信用神话"。

资本维持规范不是维护公司偿付能力的唯一方法,更不是完备的方法。它也并非天然排斥实际偿付能力检测法。例如,传统资本维持型公司法的减资规则就是一种对公司即期偿付能力予以检测的措施。近年来,欧洲历来奉行资本维持规范的几个国家的公司法更是出现不少融合实际偿付能力检测法的实例。这些都表明了传统的资本维持规范需要发展和改进。

成见之四:抽逃出资规则是资本维持规范不可割舍的组成部分。

抽逃出资规则产生于二十世纪八九十年代政府"清理整顿公司"时期的政策文件,1993 年《公司法》将之吸收保留至今。作为法律规范,抽逃出资规则过于抽象、粗放,含义不明,甚至不合逻辑。以它来认定简单"抽逃"行为尚能勉强应付,但对于复杂、迂回的利益输送,抽逃出资规则无法提供明确、可操作的判断准则。《公司法解释三》试图整顿抽逃出资的类型,澄清认定标准(提出"损害公司权益标准"),并借助抽逃出资规则弥补资本报偿规则的缺漏。但抽逃出资规则很难与其他资本报偿规范联动适用,形成有规律可循的体系解释。《九民纪要》关于"对赌协议"的审理意见也努力将抽逃出资规则与其他资本报偿规范整合起来。但这些尝试至今未见成功迹象。抽逃出资规则在审判实践中援引频率很高,但它对公司债权人的保护效果是不确定的,对公司资本报偿事项合法性的评价也是不确定的,因此有可能阻碍正常的投融资活动。

尽管如此,人们思想上似乎摆脱不了抽逃出资规则。对于公司资产不当流入股东手中的情况,许多人已经找不到"抽逃出资"以外的其他表达方式。还有观点认为,抽逃出资规则是"中国版的资本维持原则",它类似英国和德国法中的"资本不得非法返还"规则,应当所起到基础规范的作用。实际上,公司法中存在"公司不得非法返还资本"这一抽象规则的立法例是罕见的。在奉行资本维持规范的国家,其公司法大多将"公司不得非法返还资本"细化为具体的资本报偿规范,法条中并没有这样一条抽象规则。因此,将抽逃出资规则比照"公司不得非法返还资本"规则,以之为资本维持规范"标配"甚至基础规范的观点是缺乏依据的。

16.2 改进资本形成规范

资本认缴制扩大了股东的出资期限自由,但公司的筹资机动性和灵活性并无显著改善。目前学界提出两种改进方案,一是设置董事会催缴权,二是将公司增资扩股的一部分决定权分配给公司董事会。

本书较赞成第二种方案。《公司法》应当允许公司将增资扩股的一部分决定权分配给公司董事会。一方面,这是公司内部的权力配置,因此公司是否采取授权董事会行使部分增资扩股决定权的架构,应由公司自主决定,而不应由《公司法》代替股东统一规定。公司章程或者公司股东(大)会都可以作为向董事会授权的法律依据。另一方面,增资扩股涉及股东之间的利益冲突,《公司法》应设必要的防范利益冲突的规则。

具体来说,有以下问题需要解决:(1)《公司法》可以对于有"授权资本"和无"授权资本"的公司的章程必备条款、任意条款,设定指引性规范,引导公司对授权期限、授权范围(包括授权发行的股份数额、股份种类、衍生工具种类等)以及相关的表决程序等作出明确规定。(2)《公司法》应当明确以下事项:增资扩股决定权的配置方式,在公开募股公司和非公开募股公司是否应当有所区别?如果应当区别,规则应如何分别设置?董事会决定增资扩股势必影响原有股东的股份比例,如何通过增资优先认缴权或优先认股权保护原股东的"比例利益"?公开募股公司和非公开募股公司的优先认股权规则各应如何构建?(3)法律法规还应当对公司登记机关、企业公示公信系统应分别记载或披露哪些信息作出清楚的规定。(4)最后,公司法需要增设一个表示"授权资本"并与已发行资本相区别的术语,其含义是公司章程设定的,公司最多可筹集的股本总额或者最多可发行的股份总数(例如称"设定资本"或"设定股份总数"、"拟发行资本"或"拟发行股份总数")。"注册资本"原本就是已发行或已认缴资本的意思,可以保留不变。

此外,资本认缴制也要求企业会计准则作必要调整,改变会计确认的资本与注册资本脱节的现状。目前,公司实收资本(或股本)科目只反映股东实缴出资额,而不反映股东认缴的出资额。股东对公司的出资义务或公司对股东的出资实缴请求权,在公司的会计信息上没有相应的确认。一种可行的解决方案是:在资产负债表中,将原来的"实收资本"或"股本"科目改为"认缴资本",反映资产负债表日股东累计应缴的出资额,在"认缴资本"下面再单独列示"其中:实收资本",反映股东累计已缴出资额。这本应是2005年《公司法》实行认缴制之后就进行的调整。

改进资本形成规范,除了应当废除出资类型管制、清理为确保"出资真实"而创设的各种规则及相关裁判观点、纠正股东承担出资不实责任中的"个别清偿"外,在股份基本规范方面:(1)公司法应当区分实物券股份和非实物券股份(例如电子记账式股份)分别设置规则;(2)应当允许股份公司和有限公司通过章程创设不同类别的普通股和优先股;(3)由于1元低面值股已被普遍接受、相沿成习且对公司融资不构成实质性妨碍,面值规则目前可保持不变;(4)公司法应当允许有限公司发行股份,股份的类别、面值、形式等适用与股份公司同样的规则,只是在股份流动性上可以有特别规则。

16.3　改进资本报偿规范

现行资本报偿规范亟待系统性改造。本书在第14章说明了"结合模式"的必要性、基本构造及其成本收益。"结合模式"的资本报偿规范应当兼容资本维持规范和实际偿付能力检测法的优势,构建一套事前和事后约束措施相结合,财务规则清晰,能够有效检测和维护公司实际偿付能力的新框架。这个新框架综合了资产负债表检测法和实际偿付能力(流动性)检测法,其基本构造包括四方面内容:

第一,利润分配和股份回购(包括回赎)具有相同的经济实质,应当遵循一致的财务规则,适用资产负债表检测法。

第二,公司减少注册资本无法适用利润分配的财务规则,但可以以公司无亏损为减资的前提条件,除非减资目的是弥补亏损。现行减资规则不区分支付型减资和非支付型减资,对公司拘束过严,于债权人保护无益。如果继续坚持即期清偿方式的债权人保护方法,那么,两种减资有必要分别设置债权人保护规则。

第三,所有公司资本报偿事项均须通过实际偿付能力检测,董事会承担诚实、审慎地评估公司实际偿付能力的义务。

第四,取消抽逃出资规则。"结合模式"的资本报偿规范不再需要抽逃出资规则。公司向股东直接或变相"返还资本"的各种行为(也即原本作为抽逃出资规则规范对象的行为),应当按照各项具体的资本报偿规范处理。

参考文献

中文文献

A

安晋城(2021),《股东表决权排除的类推适用——兼评宋某祥诉万禹公司除名决议效力案》,《法学杂志》第7期,第147-159页。

B

巴塞尔银行监管委员会(2011),《第三版巴塞尔协议》,中国银监会译,北京:中国金融出版社。

巴曙松等(2015),《巴塞尔III与金融监管大变革》,北京:中国金融出版社。

伯里、米恩斯(2005),《现代公司与私有财产》,甘华鸣等译,北京:商务印书馆。

贝里斯、汉克斯(1990),《法律资本制度》,后向东译,王保树主编:《商事法论集》第12卷(第89-259页),北京:法律出版社。

布罗代尔(1993),《15至18世纪的物质文明、经济和资本主义》第二卷(形形色色的交换),顾良译,北京:三联书店。

C

蔡咖娣(2016),《股东能否以专利许可使用权出资?》,浩天信和律师事务所网站2016年9月23日发布(www.hylandslaw.com/qikan/laywer/130.html)。

财政部(2006),《企业会计准则——应用指南(2006)》,北京:中国财政经济出版社。

财政部工业交通财务司(1987),《国营工业交通企业财务会计制度选编》(1982-1986),北京:经济科学出版社。

财政部会计司编写组(2010),《企业会计准则讲解(2010)》,北京:人民出版社。

财政部会计制度司(1981),《执行会计制度,做好会计工作——国营工业企业会计科目和会计报表内容介绍》,《财务与会计》第3期,第15-33页。

曹兴权(2014),《抽逃出资禁止制度的嬗变》,邹海林、陈洁主编:《公司资本制度的现代化》(第183-230页),北京:社会科学文献出版社。

陈敦(2012),《有限公司股权变动模式的重构》,赵旭东、宋晓明主编:《公司法评论》第1辑(第119-128页),北京:人民法院出版社。

陈国辉、迟旭升(2016),《基础会计》第5版,大连:东北财经大学出版社。

陈锦江(1997),《清末现代企业与官商关系》,王笛、张箭译,北京:中国社会科学出版社。

陈竞辉、罗宾臣(2015),《亚洲财务黑洞》,张鲁明译,北京:机械工业出版社。

陈克(2015),《弱化抑或调整——论〈公司法〉修订后的涉出资责任诸问题》,《财经法学》,第5期,第35-47页。

崔婕(2016),《巴塞尔协议Ⅲ框架下中国商业银行资本监管研究》,北京:经济科学出版社。

陈甦(2015),《资本信用与资产信用的学说分析及规范分野》,《环球法律评论》第1期,第41-54页。

D

大塚久雄(2002),《股份公司发展史论》,胡企林等译,北京:中国人民大学出版社。

戴德生(1999),《公司转投资的法律问题》,《南京社会科学》第7期,第56-59页。

但伟(2001),《妨碍对公司、企业的管理秩序罪定罪与量刑》,北京:人民法院出版社。

德瑞斯丹等(2013),《欧洲公司法》,费煊译,北京:法律出版社。

邓峰(2009a),《资本约束制度的进化和机制设计》,《中国法学》第1期,第99-109页。

——(2009b),《普通公司法》,北京:中国人民大学出版社。

丁锋、贾华杰(2015),《安邦大冒险》,《财新周刊》第5期(2月2日出版,电子版见https://weekly.caixin.com/2015-01-30/100780098.html)。

丁勇(2018),《认缴制后公司法资本规则的革新》,《法学研究》第2期,第155-174页。

丁巧仁(主编)(2003),《公司法案件判解研究》,北京:人民法院出版社。

F

樊云慧(2014),《从"抽逃出资"到"侵占公司财产":一个概念的厘清》,《法商研究》第1期,第104-111页。

范建、王建文(2018),《公司法》第5版,北京:法律出版社。

范金民等(2007),《明清商事纠纷与商业诉讼》,南京:南京大学出版社。

范中超(2009),《证券无纸化的法律问题》,北京:中国政法大学出版社。

方流芳(1992),《公司审批制度与行政性垄断》,《中国法学》第4期,第55-64页。

——(2000),《温故知新——谈公司法修改》,郭峰、王坚主编:《公司法修改纵横谈》(第35-42页),北京:法律出版社。

——(2002a),《试解薛福成和柯比的中国公司之谜——解读1946年和1993年公司法的国企情结》,梁治平主编:《法治在中国:制度、话语与实践》(第280-318页),北京:中国政法大学出版社。

——(2002b),《解读无人领会的语言:〈公司法〉第12条第2款的诊断》,梁治平主编:《法治在中国:制度、话语与实践》(第319-326页),北京:中国政法大学出版社。

方之龙(1989),《对会计等式的再认识》,《会计研究》第3期,第30-33页。

费维恺(1990),《中国早期工业化》,虞和平译,北京:中国社会科学出版社。

费雪(2017),《资本与收入的性质》,谷宏伟、卢欣译,北京:商务印书馆。

付磊(2012),《企业改革与企业会计变迁》,中国会计协会编:《会计史专题》(2010),北京:经济科学出版社。

富尔彻(2013),《资本主义》,张罗、陆赟译,南京:译林出版社。

富尔德律师事务所(2004),《关于在香港实行无面值股份制度之影响的顾问研究总结报告》,https://www.fstb.gov.hk/fsb/co_rewrite/simpchi/pub-press/doc/no-par_c.pdf。

弗里德曼(Friedman, D. H.)(2001),《货币与银行》,潘文星译,北京:中国计划出版社。

弗里德曼(Friedman, L. M.)(2007),《美国法律史》,苏彦新等译,北京:中国社会科学出版社。

傅穹(2004a),《公司利润分配规则的比较分析》,《法学论坛》第3期,第47-51页。

——(2004b),《股票面额取舍之辩》,《比较法研究》第6期,第42-49页。

G

甘培忠、吴韬(2014),《论长期坚守我国法定资本制的核心价值》,《法律适用》第6

期,第 90-94 页。

甘培忠(2018),《企业与公司法学》第 9 版,北京:北京大学出版社。

高春乾(2011),《有限责任公司减资违反通知义务与股东责任承担》,《人民司法》第 16 期,第 90-93 页。

——(2013),《刘春辉诉白华榕等公司减资纠纷案》,《人民法院案例选》第 1 辑(第 202-209 页),北京:人民法院出版社。

高翠莲、刘畅(2010),《我国公司利润分配基础辨析》,《山西财政税务专科学校学报》第 3 期,第 57-60 页。

高煜(2008),《日本相互持股问题研究述评》,《现代日本经济》第 1 期,第 39-44 页。

葛伟军(2007),《公司资本制度和债权人保护的相关法律问题》,北京:法律出版社。

古锡麟、李洪堂(2007),《股权转让若干审判实务问题》,《法律适用》第 3 期,第 47-53 页。

顾昂然(1986),《〈民法通则〉的制定和立法精神》,最高人民法院民法通则培训班编辑组编:《民法通则讲座》(第 31-32 页),北京:北京市文化局出版处。

顾循良(1989),《工商企业注册资金验证存在的问题和应采取的对策》,《财政》第 12 期,第 24-25 页。

官欣荣(2013),《论我国无面额股制度之推行》,《华南理工大学学报(社科版)》第 5 期,第 60-64 页。

郭富青(2017),《资本认缴登记制下出资缴纳约束机制研究》,《法律科学》第 6 期,第 122-134 页。

郭婷冰(2017),《穿透安邦魔术》,《财新周刊》第 17 期(5 月 1 日出版,电子版见 http://weekly.caixin.com/2017-04-28/101084438.html)。

郭土木(2016),《台湾地区"公司法"有关公司资本三原则社会化之探讨》,朱慈蕴主编:《商事法论集》第 27 卷(第 126-139 页),北京:法律出版社。

H

汉斯曼(2000),《企业所有权论》,于静译,北京:中国政法大学出版社。

贺小荣(2018),《最高人民法院民事审判第二庭法官会议纪要》,北京:人民法院出版社。

何抒、杨心忠(2011),《股东对公司新增出资份额不享有优先认购权》,《人民司法·案例》第11期,第4-8页。

侯春木(2009),《一起股东抽逃出资案分析》,《工商行政管理》第9期,第31-33页。

怀克、温德比西勒(2010),《德国公司法》,殷盛译,北京:法律出版社。

黄澄静(1955),《工厂管理基础知识》,上海:上海人民出版社。

黄辉(2011),《现代公司法比较研究:国际经验及对中国的启示》,北京:清华大学出版社。

——(2015),《公司资本制度改革的正当性:基于债权人保护功能的法经济学分析》,《中国法学》第6期,159-178页。

黄亚颖(2015),《资本公积补亏的公司法立场》,《经济法研究》第1期,第193-209页。

J

吉南(2005),《公司法》,朱羿锟译,北京:法律出版社。

江平、卞宜民(1999),《中国职工持股研究》,《比较法研究》第3、4期,第399-410页。

姜朋(2017),《商事制度考据集》,北京:清华大学出版社。

蒋大兴(2015a),《"合同法"的局限:资本认缴制下的责任约束——股东私人出资承诺之公开履行》,《现代法学》第5期,第33-48页。

——(2015b),《质疑法定资本制之改革》,《中国法学》第6期,第136-158页。

——(2019),《论股东出资义务之"加速到期"》,《社会科学》第2期,第98-112页。

蒋国艳(2017),《论我国公司立法中的减资制度》,《桂海论丛》第6期,第99-105页。

蒋铁柱、胡瑞荃(2001),《中国法人股投资指南》,上海:上海远东出版社。

蒋学跃(2014),《公司双重股权结构问题研究》,《证券法苑》第4期,第27-44页。

蒋晓敏(2015),《美国双层股权结构:发展与争论》,《证券市场导报》9月号,第70-79页。

江苏省高级人民法院民二庭(2003),《关于股东瑕疵出资及其民事责任的认定》,《人民司法》第3期,第43-48页。

K

柯芳枝(2004),《公司法论》,北京:中国政法大学出版社。

克拉克曼等(2012),《公司法剖析:比较与功能的视角》,罗培新译,北京:法律出版社。

柯武刚、史漫飞(2000),《制度经济学:社会秩序与公共政策》,韩朝华译,北京:商务印书馆。

L

拉奥、斯加鲁菲(2014),《硅谷百年史:伟大的科技创新与创业历程(1900-2013)》,闫景立、侯爱华译,北京:人民邮电出版社。

莱塞尔、法伊尔(2019),《德国资合公司法》第6版,高旭军等译,上海:上海人民出版社。

李楯(主编)(1996),《现代企业制度通鉴》(中国卷),北京:国际文化出版公司。

李建伟(2015),《认缴制下股东出资责任加速到期研究》,《人民司法》第9期,第50-56页。

——(2018),《公司法学》第4版,北京:中国人民大学出版社。

李晓春(2013),《论公司交叉持股法律规范体系构建》,《政治与法律》第6期,第78-88页。

李秀清、陈颐(主编)(2013),《朝阳法科讲义》第5卷,上海:上海人民出版社。

李映宏(2002),《资产评估业亟需规范——我国资产评估行业现状综述》,《证券时报》5月22日。

李玉、熊秋良(1994),《试论清末〈公司律〉》,《湖南师范大学社会科学学报》第4期,第79-83页。

——(1996),《论中国近代的官利制度》,《社会科学研究》第3期,第90-97页。

李智(2004),《公司减资制度改革》,赵旭东等著:《公司资本制度改革研究》,北京:法律出版社。

利特尔顿(2014),《1900年前会计的演进》,宋小明等译,上海:立信会计出版社。

梁上上(2015),《未出资股东对公司债权人的补充赔偿责任》,《中外法学》第3期,第649-664页。

刘岸冰(2011),《公私合营后中国企业制度的历史性转折》,上海社会科学院博士学位论文。

刘贵祥(2018),《全面推进"执转破"工作,决胜"基本解决执行难"》,中国审判网(www. chinatrial. net. cn)8月22日发布。

刘俊海(2008),《公司法》,北京:中国法制出版社。

刘连煜(2002),《公司法理论与判决研究》,北京:法律出版社。

刘淼(2004),《晚清苏沪民间资本组合与股份公司经营形态》,《史学集刊》第1期,第28-33页。

刘秋根(2000),《明清高利贷资本》,北京:社会科学文献出版社。

刘燕(1997),《对我国企业注册资本制度的思考》,《中外法学》第3期,第34-42页。

——(2006),《新〈公司法〉的资本公积补亏禁令评析》,《中国法学》第6期,第151-159页;

——(2014),《公司法资本制度改革的逻辑与路径——基于商业实践视角的观察》,《法学研究》第5期,第32-56页。

——(2015),《重构"禁止抽逃出资"规则的公司法理基础》,《中国法学》第4期,第181-205页。

——(2016),《对赌协议与公司法资本管制:美国实践及其启示》,《环球法律评论》第3期,第137-156页。

刘燕、王秋豪(2020),《公司资本流出与债权人利益保护——法律路径与选择》,《财经法学》第6期,第3-18页。

刘玉妹(2016),《认缴资本制视野下公司减资制度的构建》,《法律适用》第7期,第95-100页。

刘玉廷(2009),《中国会计改革30年》,《上海国资》第1期,第12-15页。

刘仲藜、张佑才(1993),《适应市场经济要求,与国际财会制度接轨,《企业财务通则》和《企业会计准则》颁布——财政部长刘仲藜、副部长张佑才回答中外记者提问》,《交通财会》第1期,第5页。

卢宁(2018),《股份面额制度的式微与无面额股的引入》,《东岳论丛》第9期,第174-182页。

卢晓光(2001),《试论相互持股现象》,《浙江省政法管理干部学院学报》第1期,第50-55页。

陆华强(2015),《上市公司股份回购的准入标准探析》,《证券法苑》第14卷(第172-193页),北京:法律出版社。

路耀华(2002),《猴王集团稽察实录:一个特派员的稽察日记》,北京:中国时代经济出版社。

罗培新(2016),《论资本制度变革背景下股东出资法律制度之完善》,《法学评论》第4期,第139-147页。

罗斯(2012),《公司理财》(吴世农等译),北京:机械工业出版社。

M

马克思(2004),《资本论》第3卷(恩格斯编,中共中央马克思恩格斯列宁斯大林著作编译局译),北京:人民出版社。《资本论》第3卷的英文译本,见 https://www.marxists.org/archive/marx/works/1894-c3/。

马庆泉、吴清(主编)(2009),《中国证券史》第1卷,北京:中国金融出版社。

孟庆建(2019),《谁拥有华为?华为董秘:股份由员工100%持有,任正非没有决策权!》,《证券时报》,4月29日。

米什金(2016),《货币金融学》(第11版),郑艳文、荆国勇译,北京:中国人民大学出版社。

末永敏和(2000),《现代日本公司法》,金洪玉译,北京:人民法院出版社。

穆生秦(主编)(1987),《民法通则释义》,北京:法律出版社。

P

潘林(2018),《论出资不实股东债权的受偿顺位——对最高人民法院典型案例"沙港案"的反思》,《法商研究》第4期,第150-160页。

——(2020),《股份回购中资本规制的展开——基于董事会中心主义的考察》,《法商研究》第4期,第114-128页。

潘序伦(2008),《我国公司会计中股本账户之研究》,《潘序伦文集》(第78-100页),上海:立信会计出版社。

庞巴维克(1964),《资本实证论》,陈端译,北京:商务印书馆。

——(2010),《资本与利息》,何崑曾、高德超译,北京:商务印书馆。

彭冰(2004),《现行公司资本制度的实现机制研究》,《南大法律评论》春季号,第37-48页。

——(2005),《中国证券法学》,北京:高等教育出版社。

Q

前田庸(2012),《公司法入门》,王作全译,北京:北京大学出版社。

曲天明、高勇(2018),《公司资本制度改革后抽逃出资行政责任问题研究》,《中国应用法学》第6期,第142-155页。

S

邵宁(2014),《国有企业改革实录(1998-2008)》,北京:经济科学出版社。

沈宽让(2016),《认缴制下注册资本会计核算问题的探讨》,《现代经济信息》第9期,第220页。

史尚宽(2000),《债法总论》,北京:中国政法大学出版社。

史习民(2001),《资本公积补亏问题的分析》,《财务与会计》第6期,第19-21页。

史有为(主编)(2019),《新华外来词词典》,北京:商务印书馆。

施天涛(2014),《公司资本制度改革:解读与辨析》,《清华法学》第5期,第128-141页。

——(2018),《公司法论》第4版,北京:法律出版社。

施蒂格勒(1996),《经济管制论》,潘振民译,《产业组织和政府管制》,上海:上海三联书店。

斯波义信(1997),《宋代商业史研究》,庄景辉译,台北:稻禾出版社。

斯泰宾,L.S.(2008),《有效思维》,吕叔湘、李广荣译,北京:商务印书馆。

松本卓朗(2018),《有关2018年台湾"公司法"修正》,吴采模译,《万国法律》第221期,第69-79页。

宋晓明、张勇健、杜军(2011),《〈关于适用公司法若干问题的规定(三)〉的理解与适用》,《人民司法》第5期,第35-40页。

苏飞龙(2011),《支付宝VIE生死局》,《经理人》第8期,第83-87页。

孙有强(2004),《违反出资义务的民事法律责任》,赵旭东等著:《公司资本制度改革研究》,北京:法律出版社。

索托(2001),《资本的秘密》,王晓冬译,南京:江苏人民出版社。

T

童第德(选注)(1980),《韩愈文选》,北京:人民文学出版社。

佟柔(主编)(1990),《中国民法学·民法总则》,北京:中国人民公安大学出版社。

W

万如荣等(主编)(2014),《财务分析》,北京:人民邮电出版社。

王保树(2014),《商法》,北京:北京大学出版社。

王斌(2000),《企业职工持股制度国际比较》,北京:经济管理出版社。

王恒道(1986),《工商企业验证注册资金须知》,《上海金融》第3期,第40页。

王建文(2017),《再论股东未届期出资义务的履行》,《法学》第9期,第80-88页。

王军、陈翊新(2018),《注册会计师刑事责任问题及应对策略》,《财务与会计》第13期,第71-74页。

王军、於丽红(2011),《未分配利润和盈余公积转增资本对法定出资方式的规避》,《中国农业会计》第2期,第40-41页。

王军(2011),《企业公司化改组的法律性质及其表述》,《法学研究》第2期,第130-145页。

——(2017),《中国公司法》,北京:高等教育出版社。

——(2019),《有限责任公司股东增资优先认缴权解析》,彭冰主编:《金融法苑》第99辑(第79-103页),北京:中国金融出版社。

——(2020),《华为的股权与治理结构》,强世功等著:《超越陷阱:从中美贸易摩擦说起》(第211-252页),北京:当代世界出版社。

王文杰(1999),《我国台湾地区公司法律制度的变迁与发展》,《比较法研究》第3、4期,第454-468页。

王文宇(2015),《简政繁权——评中国大陆注册资本认缴制》,《财经法学》,第1期,第49-63页。

王效文(2004),《中国公司法论》(初版于1929年),北京:中国方正出版社。

王欣新、徐阳光(2015),《中国破产法的困境与出路——破产案件受理数量下降的原因及应对》,王欣新、郑志斌主编:《破产法论坛》第9辑(第26-54页),北京:

法律出版社。

王心茹、钱凯(2018),《公司资本制度功能转变背景下无面额股的引入》,《西南金融》第 11 期,第 50-56 页。

王涌(2015),《论公司债权人对未实缴出资的股东的请求权》,赵旭东、宋晓明主编:《公司法评论》2014 年 2 辑,北京:人民法院出版社。

王喆、林蔚然(2018),《VIE 模式会影响企业估值吗?》,《证券市场导报》第 8 期,第 39-46 页。

王志端(主编)(1998),《中国赋税史》,北京:中国财政经济出版社。

汪青松(2015),《股份公司股东权利多元化配置的域外借鉴与制度建构》,《比较法研究》第 1 期,第 48-60 页。

韦伯(2019),《中世纪商业合伙史》,陶永新译,上海:东方出版中心。

X

席建林(2005),《试论公司股东抽逃出资的认定及其民事责任》,《政治与法律》第 2 期,第 36-41 页。

奚晓明(2015),《努力解决破产案件"启动难"问题,推动破产审判改革试点工作》,王欣新、郑志斌主编:《破产法论坛》第 9 辑(第 3-7 页),北京:法律出版社。

肖萌(2011),《资本公积金弥补亏损研究》,中国政法大学硕士学位论文。

肖太寿(2016),《注册资本从实缴制改为认缴制后的财税处理》,中国会计视野网 2 月 17 日发布(http://shuo.news.esnai.com/article/201602/127560.shtml)。

谢白清、董娅宇(2003),《第一股权纠纷案原告败诉,华为员工持股谜团难解》,《粤港信息日报》,搜狐网 12 月 16 日转载(http://business.sohu.com/2003/12/16/43/article216974356.shtml)。

谢永芳(编著)(2016),《元積诗全集》,武汉:崇文书局有限公司。

解玉军(2006),《试论英国早期股份公司的有限责任制问题》,《山东大学学报(哲学社会科学版)》,第 5 期,第 96-102 页。

谢振民(2000),《中华民国立法史》,北京:中国政法大学出版社。

许德峰(2015),《破产法论——解释与功能比较的视角》,北京:北京大学出版社。

许德风(2019),《公司融资语境下股与债的界分》,《法学研究》第2期,第77-97页。

徐昊天(2017),《专利许可权出资可行性研究》,《法制与经济》第12期,第36-38页。

徐立志(2005),《略论〈钦定大清商律〉对外国法的移植》,《郑州大学学报(哲学社科版)》第5期,第80-82页。

徐茂魁(主编)(2003),《马克思主义政治经济学研究述评》,北京:中国人民大学出版社。

Y

杨丹(2016),《公司资本制度变革下抽逃出资"除罪化"的实证研究》,《法商研究》第3期,第70-79页。

杨凤城、阎茂旭(2010),《全行业公私合营中经济改组的制度分析——以北京市工业为例》,《中共党史研究》第1期,第31-38页。

杨纪琬(1963),《怎样阅读工业企业会计报表》,北京:中国财政经济出版社。

杨时展(1998),《1949-1992年中国会计制度的演进》,北京:中国财政经济出版社。

杨晓维(1996),《产权、政府与经济市场化——成都自发股票交易市场的案例》,北京天则经济研究所编:《中国制度变迁的案例研究》第1集(第1-22页),上海:上海人民出版社。

姚铁铮(1988),《谈注册资金法律意义及其作用》,《福建论坛(经济社会版)》第11期,第63-64页。

叶金福(2018),《从报表看舞弊:财务报表分析与风险识别》,北京:机械工业出版社。

叶林(2008),《公司法研究》,北京:中国人民大学出版社。

叶龙虎、姜兆策(2002),《公司股东抽资现象及其防范对策》,《中国工商管理研究》第5期,第38-40页。

易刚、吴有昌(1999),《货币银行学》,上海:上海人民出版社。

用友银行事业部、廖继全(2013),《巴塞尔协议Ⅲ解读与银行经济资本应用实务》,北京:企业管理出版社。

喻晓(1987),《注册资金的含义及其大小选择》,《广东金融》第8期,第35页。

余斌(2018),《公司未通知债权人减资效力研究》,《政治与法律》第3期,第138-148页。

袁田(2012),《反思折中资本制——以公司资本制度的路径选择为视角》,《北方法学》第4期,第103-112页。

Z

张保华(2011),《分配概念解析——兼评〈公司法司法解释(三)〉中的抽逃出资》,《政治与法律》第8期,第76-83页。

——(2020),《债权人保护:股份回购资金来源限制的法律漏洞及其填补》,《证券市场导报》5月号,第67-71页。

张丞(2017),《有限责任公司为股东间股权转让担保的效力认定》,西南政法大学硕士学位论文。

张国辉(1979),《洋务运动与中国近代企业》,北京:中国社会科学出版社。

张玲、王果(2015),《论专利使用权出资的制度构建》,《知识产权》第11期,第38-44页。

张巍(2020),《双重股权架构的域外经验与中国应对》,《财经法学》第1期,第64-84页。

——(2019a),《从"海富"到"华工":对赌的边界在哪里?》,微信号"比较公司治理"(bijiaogongsizhili)7月19日发布。

——(2019b),《南橘北枳话回购——二评〈九民纪要〉》,微信号"比较公司治理"(bijiaogongsizhili)11月29日发布。

张雪娥(2015),《公司信用内部性保障机制研究:以资本维持规则的考察为基础》,北京:经济日报出版社。

张勇健(2019),《股份回购制度的完善与司法应对》,《法律适用》第1期,第64-70页。

张远堂(2007),《公司法实务指南》,北京:中国法制出版社。

赵旭东(2003),《从资本信用到资产信用》,《法学研究》第5期,第109-123页。

——(2014),《资本制度变革下的资本法律责任》,《法学研究》第5期,第18-31页。

——(主编)(2015),《公司法学》,第4版,北京:高等教育出版社。

赵学业、王强(2003),《工商部门查处抽逃出资行为的难点与对策》,《中国工商管理研究》第3期,第30-31页。

赵亚辉(2014),《资本公积补亏规则中的误解及其制度根源》,《经济法论坛》第1期(第58-66页),北京:法律出版社。

朱慈蕴、沈朝晖(2013),《类别股与中国公司法的演进》,《中国社会科学》第9期,第147-162页。

朱慈蕴、刘宏光(2014),《完全认缴制下公司资本监控制度的"转型"与"升级"》,王保树主编:《中国商法年刊(2014年)》,北京:法律出版社。

朱慈蕴、皮正德(2021),《公司资本制度的后端改革与偿债能力测试的借鉴》,《法学研究》第1期,第54-70页。

朱昱(2014),《欧盟公司资本制的变革与挑战》,中国政法大学硕士学位论文。

中国工运研究所员工持股课题组(2015),《员工持股制度与员工权益保障初探》,《工会信息》第12期,第6-10页。

中国社会科学院经济研究所(1978),《中国资本主义工商业的社会主义改造》,北京:人民出版社。

中国注册会计师协会(组织编写)(2017),《会计》,北京:中国财政经济出版社。

周学峰(2003),《验资制度分析》,方流芳主编:《法大评论》第2卷(第1-16页),北京:中国政法大学出版社。

庄荞安(2018),《公司法修正之会计处理、税务议题》,《会计研究月刊》第395期,第66-75页。

邹海林、陈洁(2014),《公司资本制度的现代化》,北京:社会科学文献出版社。

最高人民法院民事审判第二庭(2016),《最高人民法院关于公司法解释(三)、清算纪要理解与适用》(注释版),北京:人民法院出版社。

最高人民法院民事审判第二庭(2019),《<全国法院民商事审判工作会议纪要>理解与适用》,北京:人民法院出版社。

最高人民法院刑事审判第一、二、三、四、五庭(主办)(2019),《刑事审判参考》(办理顾雏军再审案专辑,总116集),北京:法律出版社。

外文文献

Ackerman, T. C. & Sterrett, J. K. II (1976). California's New Approach to Dividends and Reacquisitions of Shares, *UCLA Law Review*, 23(6), 1052-1093.

Andersen, P. K. et al. (2017). European Model Company Act (1st ed.). Nordic & European Company Law Working Paper No. 16-26. Available at https://ssrn.com/abstract=2929348

Bainbridge, S. M. (2015). *Corporate Law* (3rd ed.). St. Paul, MN: Foundation Press.

Balding C. & Clarke, D. (2019). Who Owns Huawei? (April 17). Available at SSRN: https://ssrn.com/abstract=3372669 or http://dx.doi.org/10.2139/ssrn.3372669

Ben-Dror, Y. (1983). An Empirical Study of Distribution Rules under California Corporations Code 500: Are Creditors Adequately Protected, *U. C. Davis Law Review*, 16(2), 375-418.

Berle, A. & Means, G. (1933). *The Modern Corporation and Private Property*. New York: Macmillan.

Bruloot, D. & Callens, E. (2019). Regulating Distributions to Shareholders Through Balance Sheet and Solvency Tests: The Belgian and Dutch Example. Working Paper 2019-08 (Financial Law Institute, Ghent University). Available at http://www.law.ugent.be/fli/wps/pdf/WP2019-08.pdf

Butler, H. N. (1986). General Incorporation in Nineteenth Century England: Interaction of Common Law and Legislative Processes. *International Review of Law and Economics*, 6(2), 169-188.

Cahn, A. & Donald, D. C. (2010). *Comparative Company Law*. New York: Cambridge University Press.

Chen, J. (2020). Authorized Share Capital. Available at https://www.investopedia.com/terms/a/authorized-share-capital.asp

Cox, J. D. & Hazen, T. L. (2003). *Cox & Hazen On Corporations* (2nd ed.) (Vol. 3). New York: Aspen Publishers.

Davies, P. L. (2003). *Gower and Davies' Principles of Modern Company Law* (7th ed.). London: Sweet & Maxwell.

Davis, J. P. (2001). *Corporations* [PDF e-book]. Kitchener, Ontario: Batoche Books.

De Luca, N. (2017). *European Company Law: Text, Cases and Materials* [electronic version]. Cambridge: Cambridge University Press.

Bruloot, D. & Callens, E. (2019). Regulating Distributions to Shareholders Through Balance Sheet and Solvency Tests: The Belgian and Dutch Example. Available at http://www.law.ugent.be/fli/wps/pdf/WP2019-08.pdf

Eiji Takahashi (2015). "Reception" and "Convergence" of Japanese and German Corporate Law. *University of St. Thomas Law Journal*, 12(1), 228-248.

Enriques, L. & Macey, J. R. (2001). Creditors Versus Capital Formation: The Case Against the European Legal Capital Rules. *Cornell Law Review*, 86(6), 1165-1204.

Ferran, E. & Ho, L. C. (2014). *Principles Of Corporate Finance Law* [PDF e-book]. Oxford: Oxford University Press.

Fleischer, H. (2006). Disguised Distributions and Capital Maintenance in European Company Law. In M. Lutter (ed.), *Legal Capital in Europe* (pp. 94-111). Berlin: De Gruyter Recht.

Fried, J. M. & Kamar, E. (2021). Alibaba: A Case Study of Synthetic Control (February 15, 2021). European Corporate Governance Institute - Law Working Paper No. 533/2020. Harvard Business Law Review, Forthcoming. Available at SSRN: https://ssrn.com/abstract=3644019 or http://dx.doi.org/10.2139/ssrn.3644019

Garner, B. A. (ed.) (2004). *Black's Law Dictionary* (8th ed.). St. Paul, MN: Thomson.

Gevurtz, F. A. (2010). *Corporation Law* (2nd ed.). St. Paul, MN: Thomson Reuters.

Guinnane, T. W. (2018). German Company Law 1794 – 1897. In H. Wells (ed.), *Research Handbook on the History of Corporate and Company Law* (pp. 170-204). Cheltenham: Edward Elgar Publishing.

Haas, J. J. (2011). *Corporate Finance* (2nd ed.). St. Paul, MN: Thomson Reuters.

Hall, P. F. (1908). The Massachusetts Business Corporation Law of 1903. Boston: William J. Nagel.

Hamilton, R. W. (1996). *The Law of Corporations* (4th ed.). St. Paul, MN: West Publishing Co..

Hamilton, R. W. & Freer, R. D. (2011). *The Law of Corporations* (6th ed.). St. Paul, MN: Thomson Reuters.

Hanks, J. J. (2011). Legal Capital and the Model Business Corporation Act: An Essay for Bayless Manning, *Law and Contemporary Problems*, 74(1), 211-230.

Kehl, D. (1939). The Origin and Early Development of American Dividend Law. *Harvard Law Review*, 53(1), 36-67.

Kuhner, C. (2006). The Future of Creditor Protection Through Capital Maintenance Rules in European Company Law. In M. Lutter (ed.), *Legal Capital in Europe* (pp. 341-364). Berlin: De Gruyter Recht.

Lehmann, K. (1898). *Das Recht der Aktiengesellschaften* [PDF e-book]. Berlin: Carl Heymanns Verlag.

Livermore, S. (1935). Unlimited Liability in Early American Corporations. *Journal of Political Economy*, 43(5), 674-687.

Lutter, M. (2006). Legal Capital of Public Companies in Europe. In M. Lutter (ed.), *Legal Capital in Europe* (pp. 1-16). Berlin: De Gruyter Recht.

Manning, B. & Hanks, J. J. (2013). *Legal Capital* (4th ed.). St. Paul, MN: Foundation Press.

Matten, C., Mars, M. & Trout, P. (2003). Exploding some of the myths around Basel II. *The Journal (Tackling the key issues in banking and capital markets)*, 4-10.

Available at https://www.pwc.com/gx/en/banking-capital-markets/pdf/1103journal.pdf.

Muchlinski, P. (2013). The Development of German Corporate Law Until 1990: An Historical Reappraisal. *German Law Journal*, 14(2), 339-379.

Palmiter, A. R. (2015). *Corporations* (8th ed.). New York: Wolters Kluwer.

Rickford, J. (ed.) (2004). Reforming Capital: Report of the Interdisciplinary Group on Capital Maintenance. *European Business Law Review*, 15(4), 919-1027.

Rix, M. S. (1945). Company Law: 1844 and To-Day. *The Economic Journal*, 55(218/219), 242-260.

Santella, P. & Turrini, R. (2008). Capital Maintenance in the EU: Is the Second Company Law Directive Really That Restrictive?. *European Business Organization Law Review*, 9(3), 427-461.

Schön, W. (2006). Balance Sheet Tests or Solvency Tests - or Both?. *European Business Organization Law Review*, 7(1), 181-198.

Turner, J. D. (2017). The Development of English Company Law before 1900. QUCEH Working Paper Series (No. 2017-01). Available at https://www.econstor.eu/handle/10419/149911

Veil, R. (2006). Capital Maintenance: The regime of the Capital Directive versus Alternative Systems. In M. Lutter (ed.), *Legal Capital in Europe* (pp. 75-93). Berlin: De Gruyter Recht.

Warren, E. H. (1923). Safeguarding the Creditors of Corporations. *Harvard Law Review*, 36(5), 509-547.

Welch, T. et al. (2008). *Folk on the Delaware General Corporation Law*. Frederick, MD: Aspen Publishers.

Werlauff, E. (2003). *EU-Company Law: Common Business Law of 28 States* (2nd ed.) (Hanne Grøn, Trans.). Copenhagen: DJØF Publishing.

Wild, C. & Weinstein, S. (2011). *Smith and Keenan's Company Law* (15th ed.). Harlow: Pearson Education Limited.

主题词索引

（主题词后数字为本书页码）

偿债能力比率 381

长期偿债能力比率 366,381

　　负债权益比 366,381

　　利息(保障)倍数 382

　　资产负债率 381,493

短期偿债能力比率 366,382

　　流动比率 311,317,382

　　速动比率 382

　　现金比率 382

　　营运资本 382

出资 11

出资类型管制 109-132,538-539

　　债权出资 112,373

　　专利使用权出资 113,142

出资义务 246-285,528-529

　　加速到期 253-273

　　减免出资义务 248,443

　　违反出资义务的责任 273-284

　　延后缴资期限 250

出资真实性 134,151,169,537

　　出资审验(验资),134

穿透式监管　168

来回倒账　137,139,151,153

循环注资　153-171

转投资　23,160,169

抽逃出资　326,339-407,422,459,501,519,541

法律责任　386-399

清理整顿公司　79,345

损害权益标准　356-377,508

侵蚀股本标准　377-385

股本　10

侵蚀股本　21,377

股份

股份类型　199-244,530

国家股　200-209

仿制的优先股　215-224

股份回购　299,301,305,307,314,329,400,456,475-506

股份面值　182-199,261

面值退市规则　192

股份形式　174,181

电子记账股份　174

实物券股份　174

员工股份　224-244,530

持股载体(持股平台)　229-244

间接持股　229

人走股留　225-228

信托关系　238-244

虚拟受限股　231

　　直接持股　225

减少注册资本

减资方式　446-453

　　定向减资　451

减资目的　442

　　弥补亏损　444-446,469,471

债权人保护程序　454-465

结合模式

必要性　512

成本与收益　513

可能性　510

具体构造　515-522

利润分配　295,409-438,516

净利润　411

利润　411

利润调节　413

强制利润分配　427

税后利润　411

盈余公积金　417

资本公积金　419

实际偿付能力检测法　310-320

　　比利时　323

　　德国　323

荷兰　323
交易所回购细则　335,489
美国示范商事公司法（MBCA）　313-316
欧洲示范公司法（EMCA）　324
特拉华州　324
英国　322

融资

权益融资　8-9,27
负债融资　8-9,27

资本

功能　27-46
　　巴塞尔协议　34-40
　　吸收损失　31-34,97,321,410
　　调和利益冲突　40-45
含义　6-24
　　债务资本　9
　　权益资本　9
　　实收资本（或股本）　17-24
　　授权资本　15,102,542
　　现实资本　7,23
　　虚拟资本　7,22
　　依法设定之资本　298
　　注册资本　10-17,543
历史演进　48-82
　　本、利区分　48-51
　　合伙　50,55,61,67

计划经济　71-75,201

　　马萨诸塞州1836年制定法　60,63,290

　　纽约州1825年制定法　60

　　特许状　52,56-61,162

　　英国东印度公司　30,51-56

　　英国1844年公司注册法　61-62

　　英国1855年有限责任法　63,264,290

　　资本二原则和资本三原则　68

　　资金平衡表　73,74,76,346

资本报偿　292

　　规制方法　295-366

　　改进方案　515-522

资本形成　87

　　授权资本制　102-106

　　资本实缴制　11,89,92,160,418

　　资本认缴制　89-106,247,254,272,396,418

资本维持　14,18,58,168,296-309,321-326,333,339,539-541

资产负债表检测法　296-309

　　比利时　323

　　德国　303-306,323

　　荷兰　323

　　加利福尼亚州　311

　　美国示范商事公司法　315,319

　　欧盟　298-300

　　欧洲示范公司法　324

　　特拉华州　306-308

　　英国　300-302,322

　　中国　326-336

重要案例索引

（案例后数字为本书页码）

A

安徽飞彩车辆股份有限公司通过减资弥补亏损　445

B

北京北大未名生物工程集团有限公司诉北京新富投资有限公司等案,（2018）最高
　　法民申 790 号裁定　335,369,511
北京昌鑫建设投资有限公司案,最高人民法院（2014）执申字第 9 号裁定　139,370
北京同仁堂股份有限公司 2015 年度利润分配方案　412

C

陈伙官诉胡升勇、广西万晨投资有限公司等案,福建省高院（2015）闽民终字第 1292
　　号判决;（2016）最高法民申 2970 号裁定　361
陈玉和诉江阴联通实业有限公司一案,无锡市中院（2017）苏 02 民终 1313 号判决
　　451,464

D

大庆联谊案中的"公司职工股"　212
都市股份吸收合并海通证券（商誉、交易席位费作价出资）　120

G

甘肃居立门业有限责任公司诉庆阳市太一热力有限公司等案,（2016）最高法民终

528号判决 409,430

顾雏军虚报注册资本案,佛山中院(2006)佛刑二初字第65号判决;广东省高院(2008)粤高法刑二终字第101号裁定 140

贵州捷安投资有限公司诉贵阳黔峰生物制品有限责任公司等案,最高法院(2010)民申字第1275号裁定 197

H

华为的员工"虚拟受限股" 231

华宏伟诉上海圣甲虫电子商务有限公司案,上海市一中院(2018)沪01民终11780号判决 197

华荣青诉北京自由空间酒店管理有限公司案,北京市一中院(2015)一中民(商)终字第437号判决 430

猴王股份案中的"内部职工股" 211

J

江苏华工创业投资有限公司诉扬州锻压机床股份有限公司等案,江苏省高院(2019)苏民再62号判决 198,222,332,335,496,512

江苏省东晟金属材料有限公司诉江苏省燃料总公司等案,南京市中院(2016)苏01民初115号判决 411

江阴市房屋建设工程有限公司诉上海天南实业有限公司等案,上海市一中院(2009)沪一中民二(民)终字第3281号判决 455,458,462,463

L

李海平等诉玉门市勤峰铁业有限公司等案,最高人民法院(2012)民二终字第39号判决 359

林正贤诉上海年合精密模具有限公司等案,上海市二中院(2017)沪02民终9196号判决 437

刘锡恩诉常州市新东方电缆有限公司案,常州市中院(2016)苏04民初444号判决　437

M

毛信吉诉赣州菊隆高科技实业有限公司等案,最高人民法院(2015)民二终字第435号判决　363,384

P

平安的"员工投资权益"　236

Q

强静延诉曹务波等案,(2016)最高法民再128号判决　221
青岛啤酒股份有限公司整体改组为股份公司　205

S

沙港公司诉开天公司执行分配方案异议案　276
上海宝钢集团公司独家发起设立股份公司　205
上海德力西集团有限公司诉江苏博恩世通高科有限公司等案　455,458
上海捷如实业有限公司执行复议案,河南省高院(2013)豫法执复字第00015号裁定　139
上海香通国际贸易有限公司诉上海昊跃投资管理有限公司等案,上海市普陀区法院(2014)普民二(商)初字第5182号判决　248,455
参仙源参业股份有限公司行政处罚案　416
深圳市启迪信息技术有限公司与郑州国华投资有限公司等案　122
四川多多生态农业有限公司诉杰络企业管理(上海)有限公司等案,内江市中院(2016)川10民终403号判决　267
宋文军诉西安市大华餐饮有限公司股东资格确认纠纷案(指导案例96号)　225,480

T

天津市燃料油公司诉天津为尔客石油化工有限公司案,天津市高院(2018)津民终
234号判决 392

桐昆集团股份有限公司股份回购终止事件 480,486,488

W

武钢股份与武钢集团的关联交易 128

吴跃峰诉南通晓辉物产有限公司等案 135

X

厦门灿坤实业股份有限公司缩股方案 192,193,446

西部金属材料股份有限公司的出资构成(债权以流动资产名义作价出资) 118

Y

兖矿贵州能化有限公司等诉贵州东圣恒泰矿业投资管理有限公司等案,(2020)最
高法民终55号判决 391

Z

张文欣诉平顶山市巨丰混凝土有限公司案,河南省高院(2017)豫民再369号裁定
432

浙江贝沃兹贸易有限公司诉上海致云股权投资基金管理有限公司等案,杭州市西
湖区法院(2016)浙0106民初3679号判决 266

中国北京同仁堂集团公司独家发起设立股份公司 205,208

中国长城资产管理公司乌鲁木齐办事处诉新疆华电工贸有限责任公司等案,
(2008)民二终字第79号判决 14,281,332

中国金谷国际信托有限责任公司诉浙江优选中小企业投资管理有限公司等申请执
行案,北京市高院(2016)京执复106号裁定 101,250

中国中丝集团有限公司诉深圳汇金创展商业保理有限公司,海南省高院(2019)琼民终 565 号判决　138

中科软件集团有限公司诉中国科学院软件研究所案,最高人民法院(2014)民二终字第 106 号判决　391

周慧君诉嘉兴市大都市置业有限公司等案,浙江省高院(2005)浙民二终字第 288 号判决　411,414

紫金矿业 0.1 元面值股事件　195

图书在版编目(CIP)数据

公司资本制度 / 王军著. —北京：北京大学出版社，2022.1
ISBN 978-7-301-32784-5

Ⅰ. ①公… Ⅱ. ①王… Ⅲ. ①公司—资本管理 Ⅳ. ①F276.6

中国版本图书馆 CIP 数据核字(2021)第 273722 号

书　　　名	公司资本制度 GONGSI ZIBEN ZHIDU
著作责任者	王　军　著
责 任 编 辑	柯　恒
标 准 书 号	ISBN 978-7-301-32784-5
出 版 发 行	北京大学出版社
地　　　址	北京市海淀区成府路 205 号　100871
网　　　址	http://www.pup.cn　http://www.yandayuanzhao.com
电 子 信 箱	yandayuanzhao@163.com
新 浪 微 博	@北京大学出版社　@北大出版社燕大元照法律图书
电　　　话	邮购部 010-62752015　发行部 010-62750672　编辑部 010-62117788
印 刷 者	天津中印联印务有限公司
经 销 者	新华书店
	730 毫米×1020 毫米　16 开本　37.75 印张　493 千字 2022 年 1 月第 1 版　2022 年 10 月第 2 次印刷
定　　　价	148.00 元

未经许可，不得以任何方式复制或抄袭本书之部分或全部内容。
版权所有，侵权必究
举报电话: 010-62752024　电子信箱: fd@pup.pku.edu.cn
图书如有印装质量问题，请与出版部联系，电话: 010-62756370